umwelt: chemie

Neubearbeitung

Kopiervorlagen für Arbeitsblätter

Ernst Klett Schulbuchverlag

umwelt: chemie

Kopiervorlagen
für Arbeitsblätter

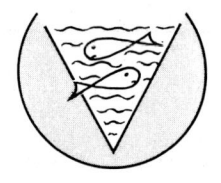

CHLORFREI

Gedruckt auf Papier, das mit chlorfrei gebleichtem Zellstoff hergestellt wurde.
Bei der Produktion entstehen keine chlorkohlenwasserstoffhaltigen Abwässer.

Autoren:

Wolfram Bäurle, Esslingen
Paul Gietz, Dorsten
Ursula Himmler, Wuppertal
Barbara Hoppe, Herrenberg
Prof. Dr. Peter Menzel, Esslingen
Reinhard Peppmeier, Grevenbroich
Bernd Schäpers, Sendenhorst

unter Planung und Mitarbeit
der Verlagsredaktion Naturwissenschaften

Hinweise für den Benutzer

Der vorliegende Band unterstützt die Arbeit mit dem Unterrichtswerk Umwelt: Chemie. Er umfaßt 181 Arbeitsblatthemen. Sie dienen der Erarbeitung, Ergänzung oder Vertiefung des Lernstoffs im Schülerbuch, können aber auch unabhängig davon eingesetzt werden.
Tätigkeiten und Aufgabenstellung sind vielseitig und abwechslungsreich. Ein Schwerpunkt liegt auf Experimentieranleitungen für Schülerversuche, die vom Schüler weitgehend selbständig durchgeführt, protokolliert und ausgewertet werden können. Ein Block von Arbeitsblättern dient der Schärfung des Sicherheitsbewußtseins. Andere Arbeitsblätter helfen bei der Auseinandersetzung mit Umweltproblemen und Anwendungen aus Alltag und Technik, üben wichtige Inhalte ein und ermöglichen die handlungsorientierte Auseinandersetzung mit ihnen. Historische Exkurse beleuchten die Entwicklung technischer Verfahren.

1. Auflage   1 5 4 3 | 1994 93 92 91

Alle Drucke dieser Auflage können im Unterricht nebeneinander benutzt werden, sie sind untereinander unverändert. Die letzte Zahl bezeichnet das Jahr des Druckes.
© Ernst Klett Schulbuchverlag GmbH, Stuttgart 1990.
Alle Rechte vorbehalten

Von diesen Vorlagen ist die Vervielfältigung für den eigenen Unterrichtsgebrauch gestattet. Die Kopiergebühren sind abgegolten.

Zeichnungen: Klaus Joas, Weinstadt
Reproduktion: Reprographia, Lahr
Satz: Steffen Hahn, Kornwestheim
Druck: Gutmann, Heilbronn

ISBN 3-12-079380-9

Bildquellenverzeichnis:

126.1–3 und 127.1 und 2 VEGLA, Vereinigte Glaswerke GmbH, Aachen;
130.2 und 3 Südwest Zement Leonberg;
154.1 und 161.2 Globus-Kartendienst GmbH, Hamburg;
176.1 Deutsches Museum, München;
178.2 und 4 Deubner Verlag, Köln;
186.1–6 und 187.1 Margarineinstitut für gesunde Ernährung, Hamburg;
188.1 Deutsches Museum, München

Inhaltsverzeichnis

Die Arbeitsblätter sind nach Stoffgebieten geordnet, die in der Regel den Kapiteln des Schülerbuchs entsprechen.
Die Zahl hinter einem Arbeitsblatt gibt die Seite an, auf der das betreffende Arbeitsblatt zu finden ist; die in Klammern gesetzte Zahl stellt die Seitenzahl der zugehörigen Lösung dar.

Experiment und Sicherheit
Wir entwerfen eine Laborordnung 6 (210)
Richtiges und falsches Verhalten beim Experimentieren 7 (210)
Eine Methode zum Ansaugen von Flüssigkeiten 8 (210)
Auf jedes Chemikaliengefäß gehört das richtige Etikett 9 (210)
Gesundheitsgefährdende Chemikalien 10 (210)
Der gefährliche Weg – ein Würfelspiel 11
Laborgeräte – Memory 12
Umgang mit Volumenmeßgeräten 14 (210)

Stoffe und ihre Eigenschaften
Stoffe erkennt man an ihren Eigenschaften 16 (210)
Wir prüfen die Leitfähigkeit von Zucker und Kochsalz 17 (210)
Der Gasbrenner 18 (211)
Wir erhitzen Wasser im Reagenzglas 20 (211)
Wir fertigen ein Versuchsprotokoll an 21 (211)
Wir erstellen eine Siedekurve 22 (211)
Wir erstellen eine Schmelz- und Erstarrungskurve 23 (212)
Die Dichte – eine meßbare Stoffeigenschaft 24 (212)
Sind unsere Geldmünzen aus Silber? 25 (213)
Die Löslichkeit 26 (213)
Wir isolieren den Farbstoff eines Bonbons 27 (213)
Prüfe dein Wissen: Destillation 28 (213)
Wir chromatografieren Farbstoffe 29 (214)
Fälschern auf der Spur 30 (214)
Prüfe dein Wissen: Stoffe und Trennverfahren 31 (214)

Vom Aufbau der Stoffe
Wir untersuchen die Größe von Tusche- und Kaliumpermanganatteilchen 32 (214)
Wir bestimmen die Größe kleinster Teilchen mit einem Ölfleckversuch 33 (214)
Wir beobachten die Eigenbewegung kleinster Teilchen 35 (214)
Wir erklären die Aggregatzustände mit dem Kugelteilchenmodell 36 (214)

Stoffumwandlung – Chemische Reaktion
Wir erhitzen ein Gemisch aus Eisen und Schwefel 37 (215)
Was passiert, wenn Kupfer und Schwefel zusammen erhitzt werden? 39 (215)

Luft und Verbrennung
Was passiert beim Erhitzen von Metallen an der Luft? 41 (215)
Wir gewinnen ein Gas und fangen es auf 42 (216)
Ermittlung des Sauerstoffgehalts der Luft 43 (216)
Was entsteht bei der Verbrennung von Kohlenstoff? 44 (216)
Prüfe dein Wissen: Element und Verbindung 45 (216)
Was verbrennt bei einer Kerze? 46 (216)
Brandbekämpfung – der Feuerlöscher 47 (216)
Brandbekämpfung – die Brandklassen 48 (216)
Wir untersuchen saure und alkalische Lösungen mit Indikatoren 49 (216)
Wir stellen eine Staubkarte her 51 (217)
Ausmaß der Luftverschmutzung 52 (217)
Wir untersuchen Luftschadstoffe 53 (217)
Wir untersuchen die Entstehung von Smog 54 (217)
Prüfe dein Wissen: Luft und Verbrennung 55 (217)

Gewinnung von Metallen
Kann einem Metalloxid der Sauerstoff entzogen werden? 56 (217)
Ist Rost ein Oxid? 58 (217)
Vom Eisenerz zum Roheisen – der Hochofenprozeß 59 (218)
Eisen und Stahl unterscheiden sich voneinander 60 (218)
Stahlgewinnung 61 (218)

Wasser
Wir bestimmen den Wasseranteil von Lebensmitteln 62 (219)
Löslichkeit von Gasen in Wasser 63 (219)
Aufbau und Funktion einer Kläranlage 64 (219)
Gewinnung und Gefährdung des Trinkwassers 65 (219)
Vom Schmutzwasser zum Trinkwasser 66 (219)
Wir stellen ein Nachweispapier für Wasser her 67 (219)
Prüfe dein Wissen: Wasser und Wasserstoff 68 (219)

Chemische Reaktion und Zeichensprache
Wir untersuchen chemische Reaktionen mit der Waage 69 (219)
Die Masse von Atomen 70 (219)
Symbole und Formeln – die Sprache des Chemikers 71 (220)
Wir erklären chemische Reaktionen mit dem Dalton-Atommodell 72 (220)
Wir üben das Aufstellen von Formeln 73 (220)
Wir stellen Reaktionsgleichungen auf 74 (220)
Experimentelle Ermittlung einer Formel 75 (220)
Rechnen in der Chemie 76 (220)

Alkali- und Erdalkalimetalle
Prüfe dein Wissen: Alkalimetalle 77 (221)
Die Flammenfärbung verrät ein Alkalimetall 78 (221)
Was hat Calcium mit den Alkalimetallen gemeinsam? 79 (221)

Halogene
Was ist der MAK-Wert? 80 (221)
Salzbildung – nicht sichtbar, aber nachweisbar 81 (221)
Wir fertigen Bilder mit selbst hergestelltem Fotopapier an 83

Von den Elementgruppen zum Periodensystem
Das Periodensystem auf der Litfaßsäule 84
Prüfe dein Wissen: Aufbau des Periodensystems 82 (222)

Der Bau der Atome
Wir untersuchen Zinkiodidlösung mit Hilfe des elektrischen Stroms 86 (222)
Schalenmodell des Atoms 87
Prüfe dein Wissen: Atombau und Periodensystem 88 (222)

Chemische Bindung
Ionenbildung und Ionenaufbau 89 (223)
Ionenbildung im Modell 90 (223)
Kristalle, die man wachsen sieht 92 (223)
Wir züchten einen großen Kristall 93 (223)
Wir basteln Kristallmodelle 94 (224)
Prüfe dein Wissen: Elektrolyse und Elektronenübergänge 96 (224)
Wie viele Elektronenpaare finden wir in Molekülformeln? 97 (224)
Molekülbildung im Modell 98 (224)
Wir erhitzen blaues Kupfersulfat 99 (225)
Bildung und Auflösung des Natriumchloridgitters im Modell 100 (225)

Säuren – Laugen – Neutralisation
Was haben saure Lösungen gemeinsam? 101 (225)
Säuren und Laugen als „Gegenspieler" 103 (225)
Wir verfolgen die Neutralisation mit Hilfe der Stromstärke 105 (226)
Wir verfolgen die Temperatur bei einer Neutralisation 107 (227)
Universalindikator 109 (227)
H_3O^+- und OH^--Ionen im Modell 110 (227)

Struktur und Eigenschaften einiger Nichtmetalle
Eigenschaften von Diamant und Graphit 111 (228)
Wir stellen Reibflächen für Zündhölzer her 112

Schwefelsäure und ihre Salze
Entstehung des sauren Regens 113 (228)
Rauchgasentschwefelung 114 (228)
Technische Herstellung der Schwefelsäure 115 (228)
Wir fertigen einen Gipsabdruck an 116 (228)
Wir experimentieren mit Schwefeldioxid 117 (229)

Kohlensäure – Nitrate – Düngemittel
Kohlenstoffdioxid als Treibgas 119 (229)
Wasserhärte 120 (229)
Nitratnachweis im Salat 121 (229)
Düngung und Nahrungsmittelqualität 122 (229)

Glas – Keramik – Baustoffe
Wir bearbeiten Glas 123
Wir stellen Glas her 124 (229)
Glas – Eigenschaften und Bedeutung 125 (229)
Glas – Herstellungstechniken im Wandel der Jahrtausende 126 (230)
Keramische Werkstoffe 128 (230)
Wie wird Zement hergestellt? 129 (230)
Zement und Beton 130 (230)
Vom Kalkstein zum Kalkmörtel 131 (230)
Wir vergleichen die Baustoffe Gips, Kalkmörtel und Zement 132 (230)

Elektronenübergänge und elektrischer Strom
Redoxreihe der Metalle und ihrer Ionen 134 (231)
Elektrischer Strom aus einem Redoxprozeß 136 (231)
Von der Redoxreihe zur Spannungsreihe 138 (231)
Wir verkupfern einen Schlüssel 139 (231)
Wir vernickeln eine Münze 140 (232)
Wir zerlegen eine quecksilberfreie Zink-Kohle-Batterie 141 (232)
Aufbau und Wirkungsweise einer Zink-Kohle-Batterie 143 (232)

Ergänzungsthema: Radioaktivität und Kernenergie

Isotope – Aufbau der Atome 144 (232)
Die Entstehung radioaktiver Strahlung 145 (233)
Zerfallsreihen und Halbwertszeit 146 (233)
Wir stark strahlt eine radioaktive Substanz? 147 (234)
Natürliche und künstliche Strahlenbelastung des Menschen 148 (234)
Wirkung radioaktiver Strahlung auf den Menschen 149 (234)
Die Kernspaltung 150 (234)
Das Kernkraftwerk 151 (235)
Sicherheit und Entsorgung 152 (235)
Anwendung radioaktiver Strahlung in Medizin und Technik 153 (235)

Kohle – Erdöl – Erdgas

Kohle – Energieträger und Rohstoff 154 (235)
Fraktionierte Destillation von Rohöl 155 (236)
Rohölfraktionen – Produkte und Eigenschaften 156 (236)
Rohölprodukte – Untersuchung von Umweltgefahren 157 (237)
Energieträger und ihre Nutzung 158 (237)
Fossile Energieträger oder Sonne, Wind und Wasser? 159 (237)

Kohlenwasserstoffe

Der Kohlenstoffkreislauf 160 (237)
Treibhaus Erde – Ursachen und Folgen 161 (237)
Prüfe dein Wissen: Eigenschaften der Alkane 162 (237)
Isomerie 163 (237)
Halogenalkane gefährden die schützende Ozonschicht der Erde 164 (237)
Vom Rohöl zum Benzin 165 (238)
Bewußt Autofahren – Energie sparen 166 (238)
Wir experimentieren mit einem Abgaskatalysator 167 (238)
Katalysator – geregelt oder ungeregelt? 168 (238)
Prüfe dein Wissen: Kohlenwasserstoffe im Vergleich 169 (238)

Alkohole und Carbonsäuren

Wir stellen Alkohol durch Gärung her 170 (239)
Gefahren durch Alkoholmißbrauch im Straßenverkehr 172 (239)
Ethanol – Eigenschaften und funktionelle Gruppe 173 (239)
Prüfe dein Wissen: Alkanole im Vergleich 174 (240)
Formaldehyd in der Diskussion 175 (240)
Essigherstellung – früher und heute 176 (240)
Wie Lebensmittel haltbar gemacht werden 177 (240)
Chemische Konservierungsstoffe – Sorbinsäure und Benzoesäure 178 (240)
Prüfe dein Wissen: Stoffe mit funktionellen Gruppen 179 (241)

Ester – Fette

Wir stellen Ethansäureethylester her 180 (241)
Wir stellen einen Aromastoff her 181 (241)
Ester als Aromastoffe – Chemiker ahmen die Natur nach 182 (241)
Aufbau und Eigenschaften der Fette 183 (241)
Wir prüfen den Emulsionstyp von Hautpflegemitteln 184 (241)
Fette und Fettsäuren 185 (242)
Geschichte der Margarineherstellung 186 (242)
Gewinnung von Pflanzenölen – früher und heute 187 (242)

Seifen und Waschmittel

Seifenherstellung – früher und heute 188 (242)
Warum sind Seifenanionen waschaktiv? 189 (242)
Seife und Wasserhärte 190 (243)
Seife – das ideale Reinigungsmittel? 191 (243)
Wir untersuchen die Zusammensetzung von Waschmitteln 192 (243)
Waschen und Umweltschutz 194 (243)
Waschmittelinhaltsstoffe gefährden Mensch und Umwelt 195 (244)

Kohlenhydrate und Eiweiße

Wir untersuchen Nahrungsmittel auf Glucose 196 (244)
Wir untersuchen Stärke 197 (244)
Bierherstellung 198 (244)
Wie sind Kohlenhydrate aufgebaut? 199 (244)
Wir untersuchen eine Eiweißlösung aus Eiklar 200 (245)
Aminosäuren und Peptidbindung 201 (245)
Die Eiweißstruktur bestimmt die Frisur 202 (245)
Naturfasern – Produkte von Tieren und Pflanzen 203 (245)

Kunststoffe

Wir lernen Kunststoffe unterscheiden 204 (246)
Polymerisation – Polykondensation 205 (246)
Synthesefasern – Fäden aus der Retorte 206 (246)
Kunststoffe – Eigenschaften, Struktur und Verarbeitung 207 (246)
Kunststoffe und Recycling 208 (246)

Wir entwerfen eine Laborordnung

Damit beim Experimentieren mit Chemikalien keine Unfälle passieren, muß man die Sicherheitseinrichtungen eines Labors kennen und sich genau an bestimmte Regeln halten. Nur so ist gesichert, daß man andere und sich selbst nicht gefährdet. In den Labors der chemischen Industrie gibt es deshalb Betriebsanweisungen für die Mitarbeiter. Auch wir wollen für unser Schullabor eine Laborordnung erstellen.

Aufgabe:

Die abgebildete Laborordnung enthält bereits einige Regeln. Ergänze die Laborordnung durch weitere Regeln, so daß möglichst alle Gefahren beim Experimentieren vermieden werden.

Giftschwaden im Klassenzimmer

Fulda. In der Realschule Großenlüder bei Fulda fingen Schüler und Lehrer plötzlich an zu husten, sie rangen nach Luft, rannten ins Freie. Durch die Belüftungsanlage waren Schwaden gefährlicher Bromdämpfe in mehrere Klassenzimmer gezogen. 22 Schüler im Alter zwischen 10 und 17 Jahren liegen noch im Krankenhaus.

Im Vorbereitungsraum des Chemiesaales war eine Flasche mit Brom zerbrochen. Die braune Flüssigkeit entwickelte sofort giftige und ätzende Dämpfe. Obwohl sofort die Feuerwehr alarmiert wurde, konnte nicht verhindert werden, daß die Belüftungsanlage die Dämpfe bereits angesaugt und verteilt hatte.

Laborordnung

Vor dem Experimentieren:

– Ohne Aufforderung oder Erlaubnis keine Geräte oder Chemikalien berühren
– Vorbereitungsräume ohne Genehmigung des Lehrers nicht betreten
_____
_____

Während des Experimentierens:

– Experimentieranleitungen genau einhalten; Mengenangaben beachten
– Reagenzglasöffnungen nie auf andere Schüler halten
_____
_____

Nach dem Experimentieren:

– Chemikalien müssen sachgerecht entsorgt werden: jeder Chemikalienrest gehört in den richtigen Behälter
– verspritzte Chemikalien mit viel Wasser entfernen
_____
_____
_____

Richtiges und falsches Verhalten beim Experimentieren   7

Unfälle beim Experimentieren lassen sich verhindern, wenn man sorgfältig arbeitet und Regeln und Vorschriften genau beachtet.
In den Bildern kannst du zahlreiche Fehler erkennen. Beschreibe jeweils a) das fehlerhafte Verhalten, b) die daraus entstehenden Gefahren, c) wie man sich in der Situation richtig verhalten müßte.

Fehler:
_____

Gefahr:
_____

Richtiges Verhalten:
_____

Fehler:
_____

Gefahr:
_____

Richtiges Verhalten:
_____

Fehler:
_____

Gefahr:
_____

Richtiges Verhalten:
_____

Fehler:
_____

Gefahr:
_____

Richtiges Verhalten:
_____

Eine Methode zum Ansaugen von Flüssigkeiten

Das Ansaugen von Flüssigkeiten mit dem Mund kann zu schweren Verletzungen führen. Es gibt deshalb für das Labor verschiedene Pipettierhilfen (Saughilfen), mit denen Flüssigkeiten sicher und genau in Pipetten eingesaugt werden können. Der Pipettierball ist eine Saughilfe, die auf viele Pipetten paßt, und deshalb häufig eingesetzt wird. Wir wollen den Umgang mit ihm kennenlernen.

Geräte/Materialien:
Pipettierball
Vollpipette, 10 ml
2 Bechergläser

Versuchsanleitung:
a) Luft herausdrücken: Schiebe eine 10-ml-Vollpipette in die untere Öffnung des Pipettierballes und nimm den Ball in die hohle Hand. Drücke mit Daumen und Zeigefinger kräftig auf das Ventil A und drücke gleichzeitig mit den anderen Fingern den Ball zusammen.
b) Ansaugen: Tauche nur das untere Ende der Pipette in dest. Wasser in einem Becherglas. Drücke vorsichtig auf das Ansaugventil S und sauge Wasser bis kurz über die Eichmarke hoch. Stelle dann durch behutsames Drücken des Auslaufventils E die Flüssigkeit genau auf die Eichmarke ein.
c) Entleeren: Halte nun die Pipette in ein anderes Becherglas. Ziehe den Pipettierball ab. Wenn die Flüssigkeit ausgelaufen ist, warte etwa 15 Sekunden und streiche dann die Pipettenspitze an der Glaswand ab. (Die Flüssigkeit, die sich dann noch in der Spitze befindet, darf nicht ausgeblasen werden. Die Pipette ist so geeicht, daß dieser Rest schon berücksichtigt ist.)
d) Wiederhole den gesamten Vorgang a bis c zur Übung einige Male.

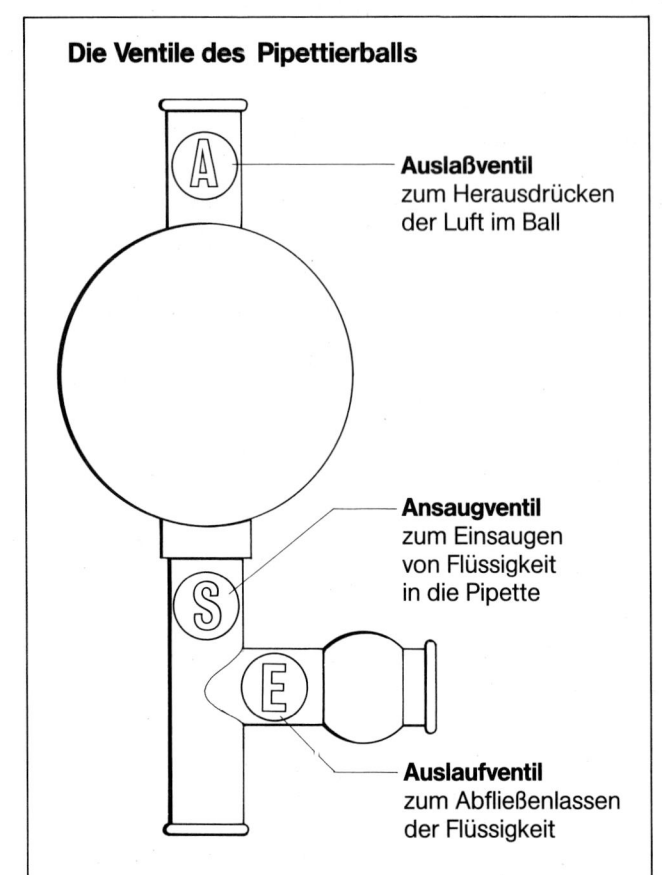

Die Ventile des Pipettierballs

Auslaßventil zum Herausdrücken der Luft im Ball

Ansaugventil zum Einsaugen von Flüssigkeit in die Pipette

Auslaufventil zum Abfließenlassen der Flüssigkeit

Die Ventile funktionieren auf sehr einfache Weise. Das jeweilige Gummiröhrchen wird durch eine Glaskugel verschlossen. Drückt man die Gummiflächen vor und hinter der Kugel zusammen, so kann Luft seitlich an der Kugel vorbeiströmen.

Aufgaben:

1. Warum darf keine Flüssigkeit in den Pipettierball gesaugt werden?

2. Warum läuft beim Drücken des Ventils E Flüssigkeit aus der Pipette?

3. Welches Ventil muß zunächst gedrückt werden, wenn der Pipettierball wieder aufgebläht, die Pipette aber noch nicht gefüllt ist?

Auf jedes Chemikaliengefäß gehört das richtige Etikett

Mit vielen Chemikalien kann man bei sachgemäßem Umgang relativ gefahrlos experimentieren. Es gibt jedoch auch zahlreiche Chemikalien, die aufgrund ihrer Eigenschaften eine besondere Gefährdung für die Gesundheit oder Umwelt darstellen. Sie können z. B. giftig, ätzend, explosionsgefährlich oder krebserregend sein. Chemikalien mit solchen Eigenschaften werden als *Gefahrstoffe* bezeichnet. Der Umgang mit diesen Stoffen ist in der *Gefahrstoffverordnung* geregelt. Diese Verordnung regelt auch die Kennzeichnung dieser Chemikalien.

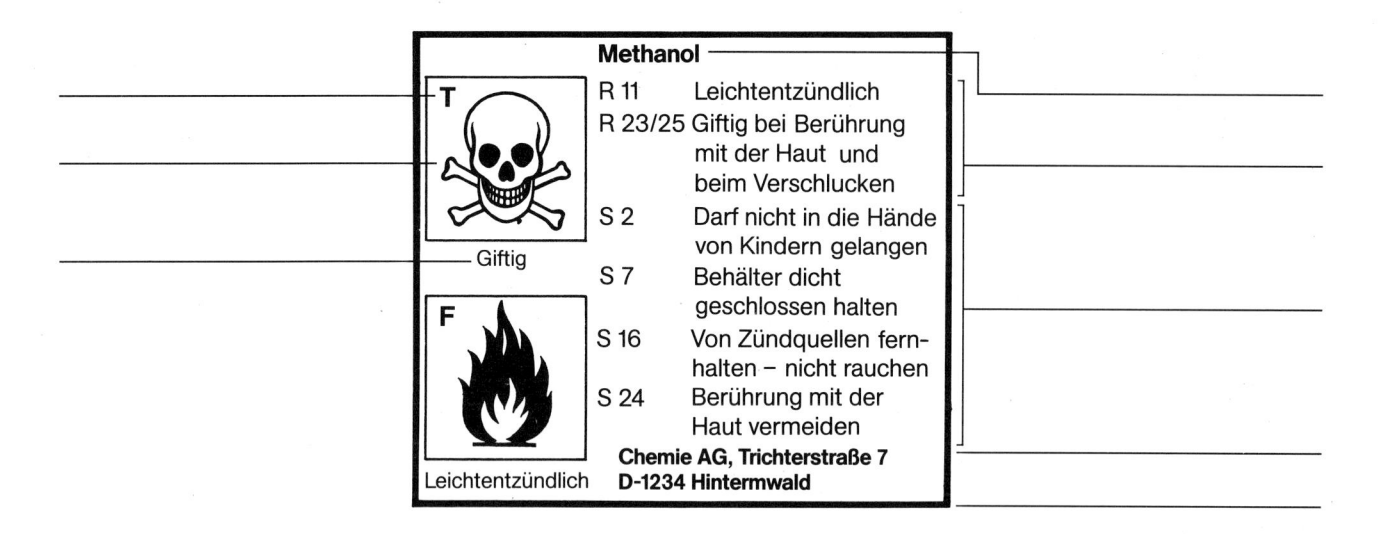

Bereits auf dem Chemikalienetikett muß eine mögliche Gefährdung sofort zu erkennen sein. Das abgebildete Etikett enthält deshalb folgende Angaben:

1. Bezeichnung des Stoffes
2. Gefahrensymbol
3. Gefahrenbezeichnung
4. Kennbuchstabe
5. Hinweise auf besondere Gefahren (R-Sätze)
6. Sicherheitsratschläge (S-Sätze)
7. Name und Anschrift des Herstellers

Aufgaben:

1. Ordne dem Etikett die 7 Angaben zu.
2. Neben den zwei im Etikett abgebildeten Gefahrensymbolen gibt es noch weitere Symbole. Trage ihre Bedeutung und den zugehörigen Kennbuchstaben ein.

Gesundheitsgefährdende Chemikalien

Zahlreiche Chemikalien können die Gesundheit gefährden, wenn sie durch Einatmen, Verschlucken oder auch durch die Haut (Hautresorption) in den Körper gelangen. Beim Umgang mit diesen Stoffen sind deshalb besondere Sicherheitsvorschriften zu beachten.
Stoffe gelten als gesundheitsgefährdend, wenn sie z. B. eine oder mehrere der nachfolgenden Eigenschaften besitzen. Gib jeweils einige Beispiele an.

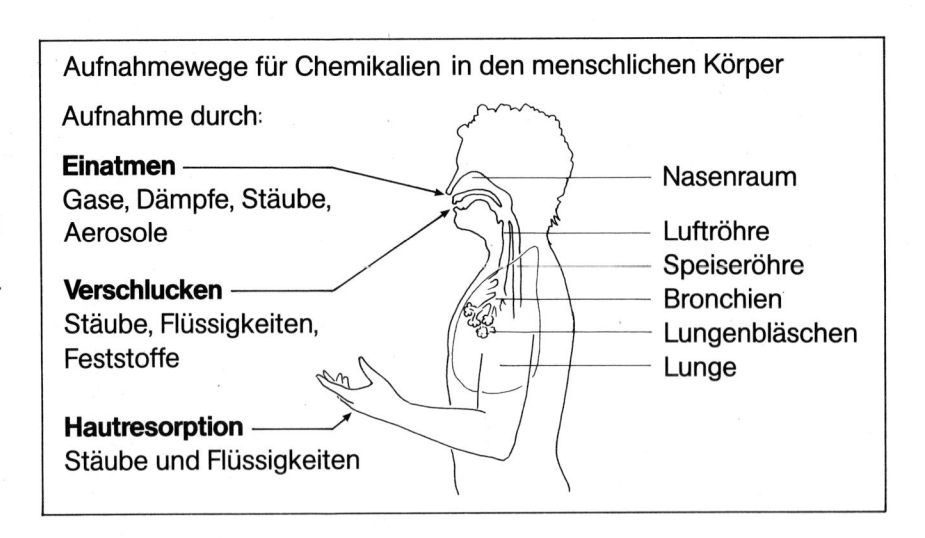

Aufnahmewege für Chemikalien in den menschlichen Körper

Aufnahme durch:

Einatmen
Gase, Dämpfe, Stäube, Aerosole

Verschlucken
Stäube, Flüssigkeiten, Feststoffe

Hautresorption
Stäube und Flüssigkeiten

Nasenraum, Luftröhre, Speiseröhre, Bronchien, Lungenbläschen, Lunge

Gefahrensymbol Kennbuchstabe	Gefahrenbezeichnung	Eigenschaften
☠ T+	Sehr giftig	Sehr giftige Stoffe können bereits in sehr geringen Mengen äußerst schwere vorübergehende oder bleibende Gesundheitsschäden hervorrufen oder auch zum Tode führen. Beispiele: _____
☠ T	Giftig	Giftige Stoffe können in geringen Mengen zu einer vorübergehenden Erkrankung, bleibenden Gesundheitsschäden oder zum Tode führen. Beispiele: _____
✗ Xn	Mindergiftig	Mindergiftige Stoffe führen in größeren Mengen zu Gesundheitsschäden von beschränkter Wirkung. Beispiele: _____
🧪 C	Ätzend	Bei Berührung mit ätzenden Stoffen kann es zur Zerstörung des Körpergewebes kommen. Beispiele: _____
✗ Xi	Reizend	Reizende Stoffe können bei der Berührung mit der Haut und den Schleimhäuten Entzündungen hervorrufen. Beispiele: _____
☠ kann Krebs erzeugen	Krebserzeugend	Krebserzeugende Stoffe regen körpereigene Zellen zu bösartigen Neubildungen (Geschwulste) an. Beispiele: _____

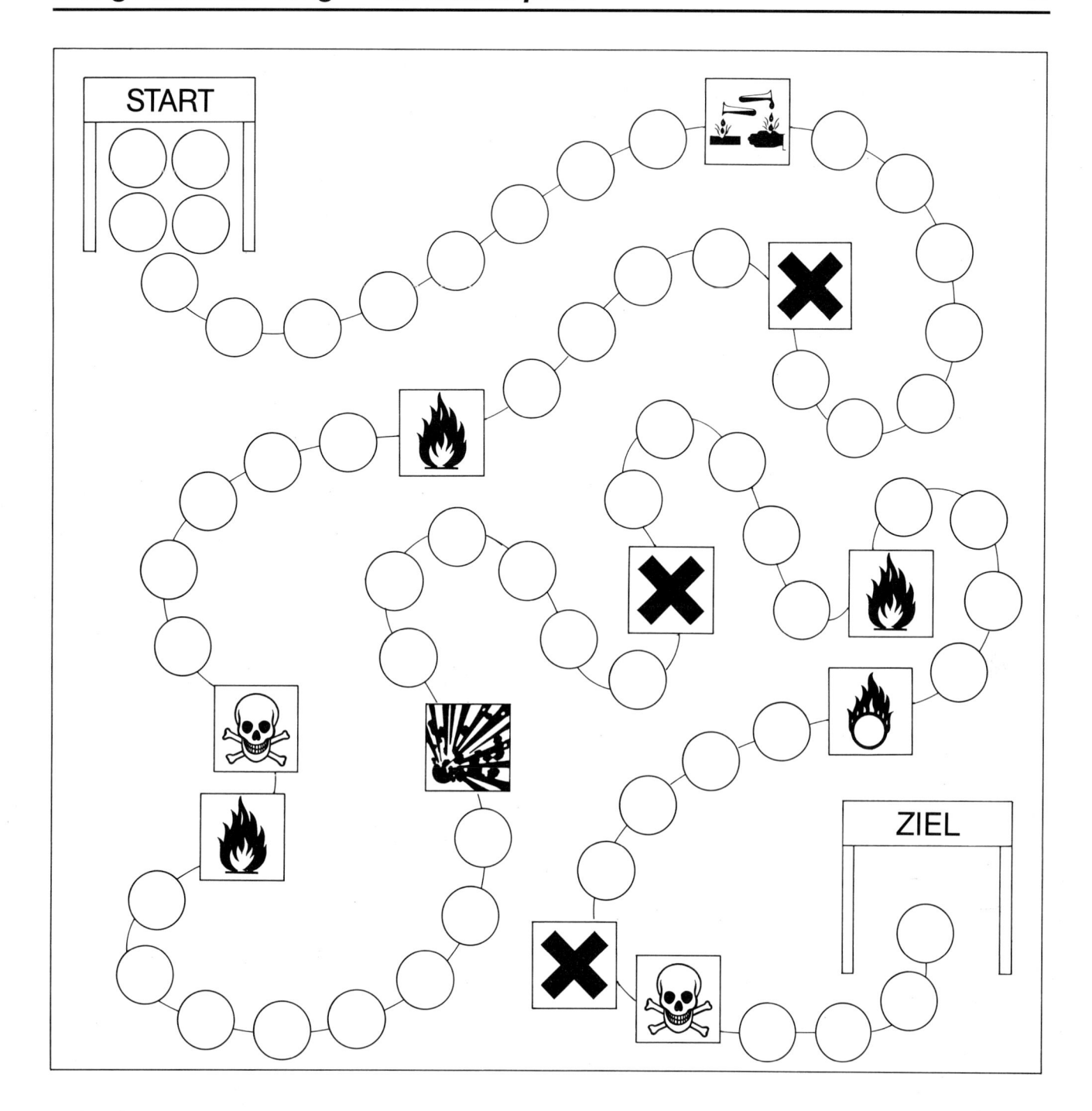

Der gefährliche Weg – ein Würfelspiel

☠	Du hast ein giftiges Gas eingeatmet. Dadurch wird ein Krankenhausaufenthalt von zwei Wochen notwendig. 2 Runden aussetzen!
🔥	Beim Umgang mit leichtentzündlichem Alkohol kommst du zu nahe an die Brennerflamme. Du ziehst dir eine Brandverletzung zu. Gehe 3 Felder zurück!
(Säure)	Konzentrierte Schwefelsäure ist über deine Hand gelaufen. Du mußt den Arzt aufsuchen. Setze 1 Runde aus!
✖	Du hast einige Spritzer verdünnte Salzsäure auf die Hand bekommen. Zum Glück hast du sie sofort mit viel Wasser abgespült. Weil du dich richtig verhalten hast, rücke 2 Felder vor!
(Flamme/O)	Bei einem Brand in einer chemischen Fabrik wird ein Tank mit flüssigem Sauerstoff aufgerissen. Dadurch vergrößert sich das Feuer und zerstört einen großen Teil der Anlage. Gehe 4 Felder zurück!
(Explosion)	Beim leichtsinnigen Umgang mit einer explosionsgefährlichen Mischung wird ein Teil des Labors zerstört. Deshalb mußt du leider von vorne beginnen!

Laborgeräte-Memory

Zur Durchführung von Versuchen werden meist Geräte aus dem Labor eingesetzt. Ihre Kenntnis erleichtert die Verständigung im Chemieunterricht. Die Bezeichnungen von Geräten lassen sich spielend erlernen. Sicher kennst du die Memory-Spielregeln, sonst laß sie dir erklären. Schneide die Karten aus und klebe sie auf Zeichenkarton, dann knicken sie nicht so schnell und können häufiger verwendet werden. Viel Spaß!

	Dreifuß		Keramik-drahtnetz
	Tiegel-zange		Reibschale mit Pistill
	Stativ		Doppel-muffe
	Stativ-klemme		Becher-glas

	Rund-kolben		Erlen-meyer-kolben
	Meß-zylinder		Liebig-kühler
	U-Rohr		Scheide-trichter
	Gaswasch-flasche		Tropf-pipette
	Abdampf-schale		Porzellan-tiegel

Umgang mit Volumenmeßgeräten

Bei der Durchführung eines Versuchs muß das Volumen einer Flüssigkeit häufig sehr genau abgemessen werden. Vielfach gebrauchte Volumenmeßgeräte sind: Meßzylinder, Vollpipette, Meßpipette, Bürette. Der Umgang mit diesen Geräten soll geübt werden, dabei lernt man auch die Vorzüge und Nachteile dieser Geräte kennen.

Geräte/Materialien:
Pipettierhilfe
Vollpipette, 10 ml
Meßpipette, 10 ml
2 Bechergläser
Meßzylinder, 100 ml
Spritzflasche
Bürette, 50 ml
Stativ
2 Büretten–
klammern

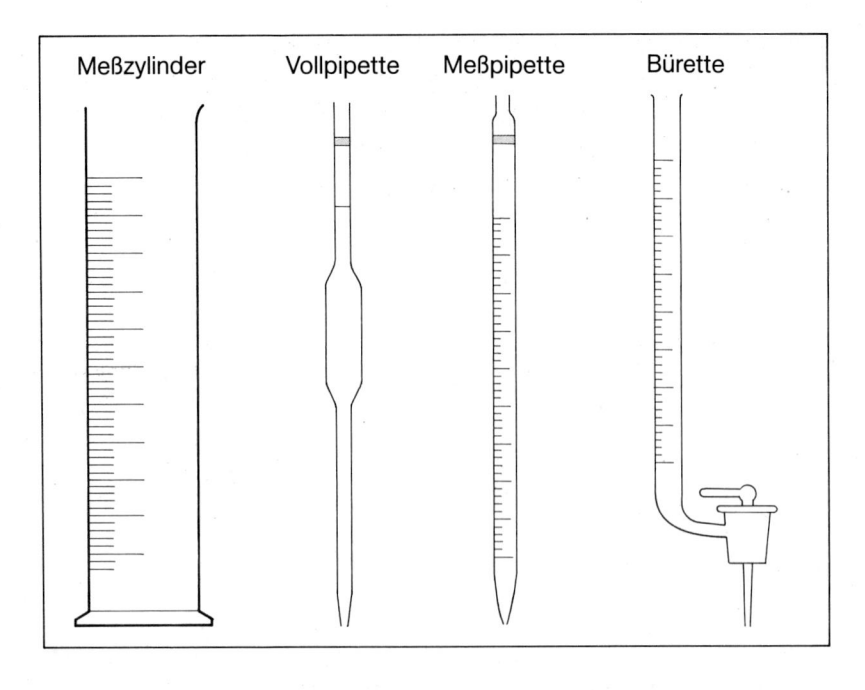

Versuchsanleitungen und Auswertungen:

1. Sauge in eine 10-ml-Vollpipette 10 ml Wasser möglichst genau. Lasse das Wasser aus der Vollpipette in einen 100-ml-Meßzylinder abfließen. Wiederhole dies weitere vier Mal. Lies das Volumen im Meßzylinder genau ab.

Volumen des Wassers
im Meßzylinder:

Worauf lassen sich eventuelle Unterschiede zurückführen? Beantworte in Stichworten.

___

___

2. Sauge in eine 10-ml-Meßpipette 10 ml Wasser möglichst genau. Lasse fünf Mal hintereinander 1 ml Wasser in einen Meßzylinder fließen.

Volumen des Wasser
im Meßzylinder: _____

Volumen des abgeflossenen
Wassers aus der Meßpipette: _____

Worauf lassen sich eventuelle Unterschiede zurückführen? Beantworte in Stichworten.

___

___

Mit welchem von den beiden Geräten (Meßpipette oder Meßzylinder) lassen sich 2 ml Flüssigkeit genauer abmessen?

___

Umgang mit Volumenmeßgeräten **15**

3. Beim Umgang mit der Bürette läßt sich auch das genaue Ablesen eines Flüssigkeitsstandes üben. Die Oberfläche einer Flüssigkeit in einem Volumenmeßgerät ist entweder nach unten (konkav) oder nach oben (konvex) gewölbt. Diese Wölbung wird als Meniskus bezeichnet. Zum Ablesen muß sich der Meniskus in Augenhöhe befinden und das Gefäß senkrecht gehalten werden.

falsch
falsch

Bei konkavem Meniskus wird an der tiefsten Stelle abgelesen

Bei konvexem Meniskus wird an der höchsten Stelle abgelesen

3.1 Befestige die Bürette mit zwei Klammern senkrecht an einem Stativ. Fülle die Bürette mit Wasser. Bewege den Hahn in verschiedene Richtungen und laß einen Teil des Wassers in ein Becherglas fließen.

3.2 Ist die Wasseroberfläche in der Bürette konkav oder konvex gewölbt? _____

3.3 Lies den Wasserstand in der Bürette ab und notiere das Volumen. Du sollst 15,5 ml Wasser aus der Bürette in einen Meßzylinder abfließen lassen. Rechne deshalb zunächst den Stand aus, den die Bürette nach dem Ablassen des Wassers aufweisen muß. Laß dann das Wasser bis zu dem errechneten Stand ab.

Stand der Bürette nach dem Ablassen des Wassers: _____

Stand der Bürette vor dem Ablassen des Wassers: _____

Volumen des Wassers aus der Bürette: _____

Volumen des Wassers im Meßzylinder: _____

Ist die Bürette oder der 100-ml-Meßzylinder zum Abmessen von 15,5 ml von 25 ml Flüssigkeit besser geeignet? Kurze Begründung!

_____

_____

3.4 Laß genau 1 ml Wasser aus der Bürette fließen und zähle die Tropfen. Welches Volumen weist ein Tropfen auf?

$$\text{Volumen eines Tropfens} = \frac{1 \text{ ml}}{\text{Zahl der Tropfen}} = \frac{1 \text{ ml}}{\boxed{}} = \boxed{}$$

Versuche, möglichst viele Tropfen aus 1 ml zu gewinnen.

Zahl der Tropfen: ☐   Zahl der Tropfen bei Mitschülern: ☐

Stoffe erkennt man an ihren Eigenschaften 16

In der Chemiesammlung deiner Schule ist eine unbeschriftete Chemikalienflasche aufgetaucht.
Sie enthält einen weißen, festen Stoff. Du sollst herausfinden, um welchen Stoff es sich handelt. Der Lehrer verrät dir, daß die Stoffe Traubenzucker, Gips, Stärke und Kochsalz in Frage kommen.

Geräte/Materialien:
10 Reagenzgläser
Reagenzglashalter
Reagenzglasständer
Spatel
Gasbrenner
Gasanzünder
Schutzbrille

Chemikalien:
Traubenzucker
Gips
Stärke
Kochsalz
dest. Wasser
unbekannter Stoff

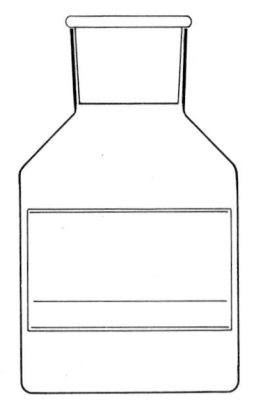

Versuchsanleitungen:

1. Gib jeweils zwei Spatelspitzen der bekannten Stoffe in ein Reagenzglas und fülle bis zur Hälfte mit dest. Wasser auf. Schüttle und stelle die Reagenzgläser in der in der Tabelle angegebenen Reihenfolge in den Reagenzglasständer.

2. Gib jeweils zwei Spatelspitzen der Stoffe in ein Reagenzglas und erhitze mit dem Gasbrenner erst vorsichtig, dann kräftig. Beende den Versuch, sobald sich eine Veränderung zeigt. Lasse die Reagenzgläser etwas abkühlen und stelle sie ebenfalls in den Reagenzglasständer.

Trage deine Beobachtungen in die Tabelle ein.

	Gips	Traubenzucker	Stärke	Kochsalz	unbekannter Stoff
Verhalten in Wasser					
Verhalten beim Erhitzen					

3. Prüfe auf die gleiche Weise den unbekannten Stoff, trage die Beobachtungen in die Tabelle ein und schreibe den Namen des Stoffes auf das Etikett der oben abgebildeten Flasche.

Aufgabe:

Traubenzucker und Kochsalz können durch ihren Geschmack von den anderen Stoffen unterschieden werden. Warum sollte jedoch eine Geschmacksprobe auf keinen Fall durchgeführt werden?

Wir prüfen die Leitfähigkeit von Zucker und Kochsalz

Zucker kann von Kochsalz außer durch den Geschmack auch mit Hilfe des elektrischen Stromes unterschieden werden. Wir überprüfen diese Behauptung mit folgendem Experiment.

Geräte/Materialien:
Batterie (4,5 V)
Glühlämpchen (3,8 V/0,07 A)
Lampenfassung
3 Experimentierkabel

2 Krokodilklemmen
Leitfähigkeitsprüfer
2 Bechergläser (100 ml)
Löffel

Chemikalien:
Zucker
Kochsalz
dest. Wasser

Zeichne die Verbindungskabel ein und erstelle eine Schaltskizze.

Versuch 1:
Gib in das Becherglas 1 cm hoch Kochsalz. Baue die Schaltung nach obiger Abbildung auf. Verbinde mit Hilfe der Krokodilklemmen die Batterieanschlüsse mit den Experimentierkabeln. Tauche den Leitfähigkeitsprüfer in das Kochsalz ein.
Teste in dem anderen Becherglas auf die gleiche Weise den Zucker.

Beobachtung: _____

Auswertung: _____

Versuch 2:
Löse das Kochsalz und den Zucker aus Versuch 1 in Wasser auf. Tauche den Leitfähigkeitsprüfer in die Kochsalzlösung, spüle ihn mit Wasser ab und prüfe anschließend die Zuckerlösung.

Beobachtung: _____

Auswertung: _____

Aufgaben:

1. Fasse die Ergebnisse aus beiden Versuchen zusammen.

2. Was kann man nach obigen Versuchen über die Leitfähigkeit von dest. Wasser sagen?

Der Gasbrenner

Im Chemieunterricht wird als häufigste Wärmequelle neben dem Bunsenbrenner, der 1855 von dem Chemiker ROBERT WILHELM BUNSEN entwickelt wurde, der ähnlich aufgebaute Teclubrenner benutzt.

A Wir lernen den Aufbau eines Teclubrenners kennen

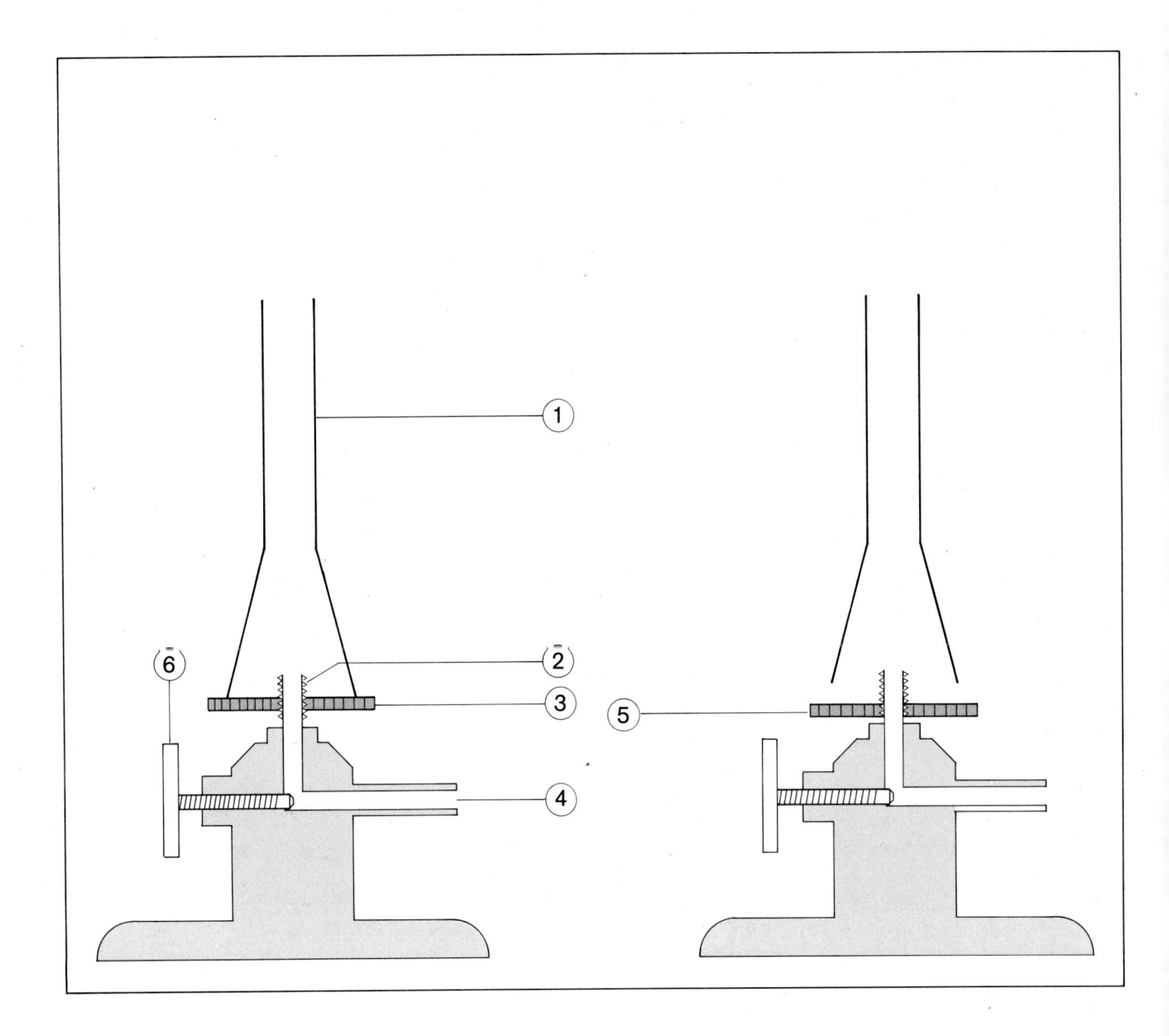

Trage die Bezeichnung für die einzelnen Teile ein.

1. _____ 2. _____

3. _____ 4. _____

5. _____ 6. _____

Aufgaben:

1. Aus der Düse strömt Gas in das Brennerrohr. Kennzeichne den Weg des Gases durch Pfeile in blauer Farbe.
2. Kennzeichne den Weg der Luft durch Pfeile in roter Farbe.

Der Gasbrenner   **19**

B   Wir setzen den Teclubrenner in Betrieb

Damit keine Unfälle passieren, müssen besondere Sicherheitsmaßnahmen beachtet werden:
Lange Haare zurückbinden! Den Brenner niemals an die Tischkante stellen und nach jedem Versuch den Gashahn schließen.
Außerdem muß beim Entzünden des Gases eine bestimmte Reihenfolge eingehalten werden. Finde die richtige Reihenfolge heraus und trage sie ein.

Streichholzflamme über die Öffnung halten   1. _____

Gasregulierung öffnen   2. _____

Streichholz entzünden   3. _____

Gashahn öffnen   4. _____

Luftzufuhr schließen   5. _____

Schutzbrille aufsetzen   6. _____

C   Wir untersuchen die Flamme

Geräte/Materialien:

Teclubrenner   Magnesiastäbchen
Streichhölzer   Tiegelzange
Schutzbrille

Versuch 1: Die leuchtende Flamme
Setze den Brenner vorschriftsmäßig in Betrieb, beobachte die Flamme und zeichne sie in das Arbeitsblatt (Teil A) ein.

Versuch 2: Die nichtleuchtende oder rauschende Flamme
Öffne die Luftzufuhr, beobachte die Flamme und zeichne sie in das Arbeitsblatt (Teil A) ein. Beschrifte die erkennbaren Flammenzonen.

Versuch 3: Temperaturen der Flammen
Für die verschiedenen Flammen und Flammenzonen wurden folgende Temperaturen gemessen:

300° C   1000° C   1500° C   1600° C

Versuche diese Zonen zu finden, indem du ein Magnesiastäbchen mit Hilfe der Tiegelzange in die Flammen hälst. Achte darauf, daß du an verschiedenen Stellen prüfst und an jeder Stelle einige Zeit lang verweilst.
Trage die oben angegebenen Temperaturen in die Flammen im Teil A des Arbeitsblatts ein.

Aufgabe:

Erkläre, warum durch Öffnen und Schließen der Luftzufuhr die Flamme verändert werden kann.

Wir erhitzen Wasser in einem Reagenzglas

Das hätte auch ins Auge gehen können!
Ein Schüler erlitt während des Chemieunterrichts Verbrennungen am Arm. Er hatte einem Mitschüler zugeschaut, der Wasser in einem Reagenzglas erhitzte. Plötzlich spritzte das Wasser heraus.

Beim Experimentieren werden oft Füssigkeiten im Reagenzglas erhitzt. Damit solche Unfälle nicht passieren, lernst du Regeln kennen, die du beim Erwärmen von Flüssigkeiten beachten mußt.

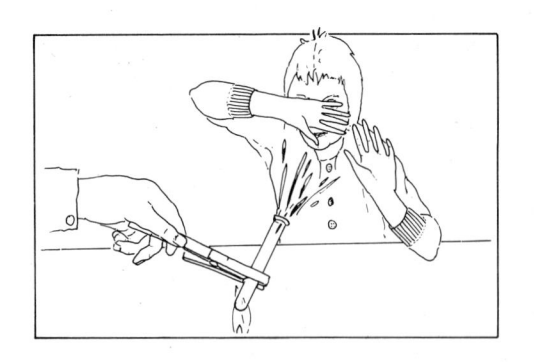

Geräte/Materialien:

Schutzbrille   Reagenzglashalter
Gasbrenner   Wasser
Reagenzglas   Siedesteine

Versuchsanleitung:

1. Setze die Schutzbrille auf.
2. Fülle das Reagenzglas etwa bis zu einem Drittel mit Wasser und gib zwei Siedesteine hinein.
3. Spanne das Reagenzglas kurz unterhalb der Öffnung in den Reagenzglashalter ein.
4. Entzünde den Gasbrenner und stelle die nichtleuchtende Flamme ein. Halte das Reagenzglas schräg in die Flamme und achte darauf, daß sich die Flamme vorwiegend etwas unterhalb des oberen Flüssigkeitsspiegels befindet.
   Achtung! Die Öffnung des Reagenzglases darf nicht auf Personen gerichtet sein!
4. Bewege das Reagenzglas leicht durch die Flamme. Beende den Versuch, wenn das Wasser siedet.

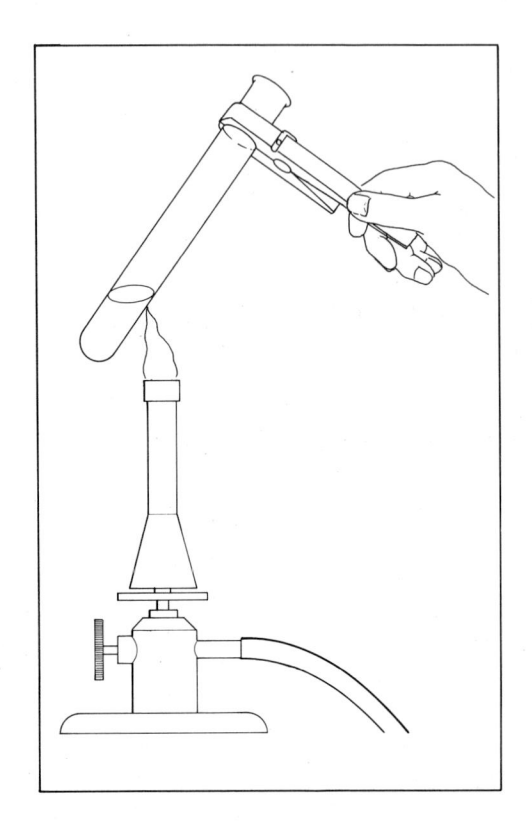

Aufgaben:

1. Warum sollte das Wasser nicht zuerst am Boden des Reagenzglases erhitzt werden?

_____

_____

2. Durch welche Maßnahmen wird ein Herausspritzen des Wassers verhindert?

_____

_____

3. Warum müssen beim Erhitzen von Flüssigkeiten in größeren Gefäßen (z. B. Bechergläsern) ebenfalls Siedesteine benutzt werden?

_____

_____

Wir fertigen ein Versuchsprotokoll an

Experimente müssen sorgfältig geplant und durchgeführt, der Ablauf genau beobachtet werden. Man kommt nicht zu einem guten Ergebnis, wenn man ungenau oder nachlässig arbeitet. Da das Experiment und dessen Auswertung auch für andere nachvollziehbar sein muß, werden Versuchsprotokolle angefertigt.

Vervollständige das Versuchsprotokoll.

Wir erhitzen blaues Kupfersulfat

Geräte/Materialien: Chemikalien: Versuchsskizze:

_____   _____

_____   _____

_____   _____

Versuchsanleitung:

Man füllt ein Reagenzglas 1 cm hoch mit blauem Kupfersulfat und spannt es etwas unterhalb der Öffnung in den Reagenzglashalter ein. Anschließend erhitzt man länger mit der nichtleuchtenden Flamme. Der Versuch wird beendet, wenn keine Veränderungen mehr zu beobachten sind. Wenn das Reagenzglas abgekühlt ist, stellt man es in den Reagenzglasständer.

Beobachtungen:

_____

_____

_____

Auswertung:

_____

_____

Aufgabe:

Inge hat ein Versuchsprotokoll über die Brennbarkeit von Benzin geschrieben. Allerdings ist ihr hierbei einiges durcheinander geraten. Ordne Inges Sätze den richtigen Abschnitten des Versuchsprotokolls zu und schreibe es in dein Heft.

Das Benzin brennt mit leuchtender Flamme.

Über der Flüssigkeit haben sich Benzindämpfe gebildet.

Wir entzünden Benzin mit einem Holzspan.

Das Benzin fängt an zu brennen, bevor der Span das flüssige Benzin berührt.

Wir geben 3 ml Benzin in eine Porzellanschale.

| Versuchsdurchführung |
| Beobachtung |
| Auswertung |

Wir erstellen eine Siedekurve

Geräte/Materialien:
Schutzbrille
Gasbrenner
Dreifuß
Keramikdrahtnetz
Stativ
Doppelmuffe
Universalklemme
Rundkolben (250 ml)
doppelt durchbohrter Stopfen
Winkelrohr
Thermometer (+ 110° C)
Meßzylinder
Siedesteine
Uhr
dest. Wasser

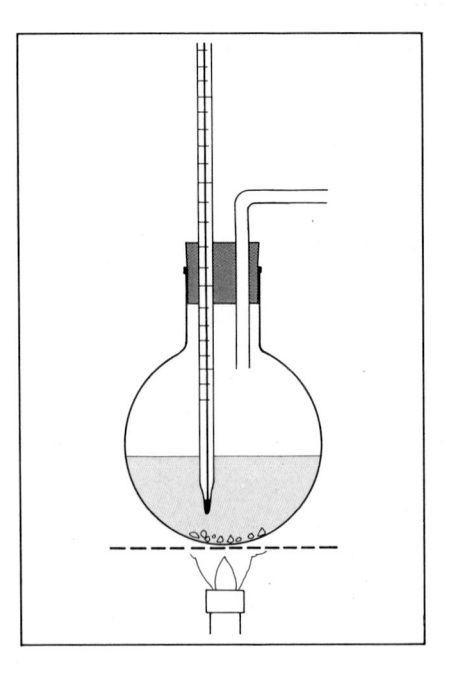

Versuchsanleitung:

Gib 100 ml Wasser und die Siedesteine in den Kolben. Baue nach nebenstehender Abbildung die Apparatur auf und erhitze das Wasser mit rauschender Flamme. Lies die Temperatur im Abstand von einer Minute ab und trage die Werte in die Tabelle ein. Beende den Versuch, wenn die Temperatur 6 Messungen lang sich nicht verändert.

Zeit in Minuten														
Temperatur in °C														

Auswertung: Erstelle ein Temperatur-Zeit-Diagramm.

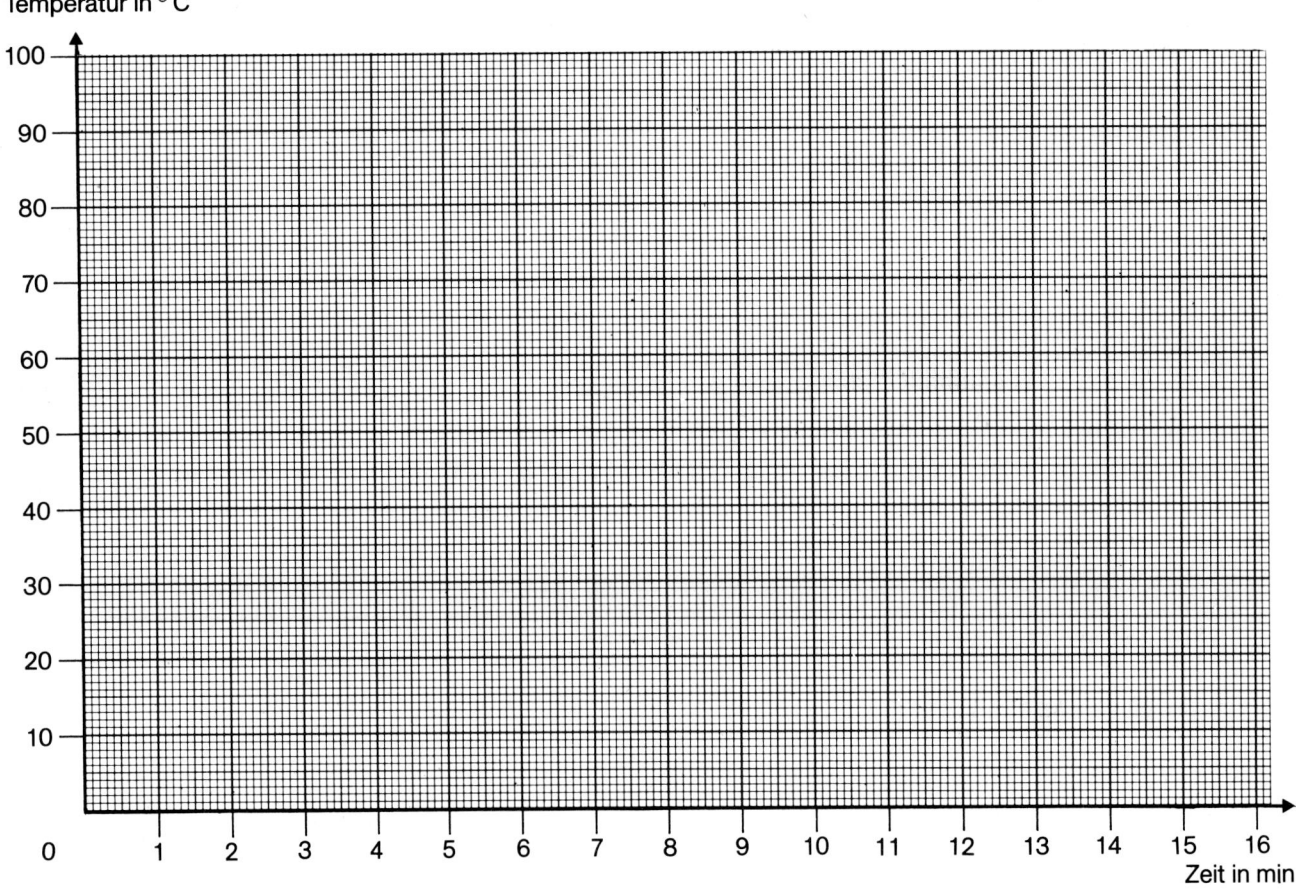

Wir erstellen eine Schmelz- und Erstarrungskurve

23

Geräte/Materialien:

Schutzbrille
Gasbrenner
Dreifuß
Keramikdrahtnetz
Becherglas (250 ml)
Reagenzglas

Stativ
Doppelmuffe
Universalklemme
Thermometer (+ 110° C)
Uhr

Chemikalien:

Stearinsäure
Wasser

Versuchsanleitung:

1. Gib in das Reagenzglas 3 cm hoch Stearinsäure und stelle es in das vorbereitete Wasserbad (85° C).
2. Tauche das Thermometer in die Stearinsäure und miß die Temperatur in Abständen von 15 Sekunden. Bewege das Thermometer vorsichtig und achte darauf, daß es die Wand des Glases nicht berührt. Nimm zum Ablesen der Temperatur das Thermometer nicht aus der Stearinsäure.
3. Trage die Werte in die Tabelle ein. Beende den Versuch einige Minuten nachdem die Stearinsäure vollständig geschmolzen ist.

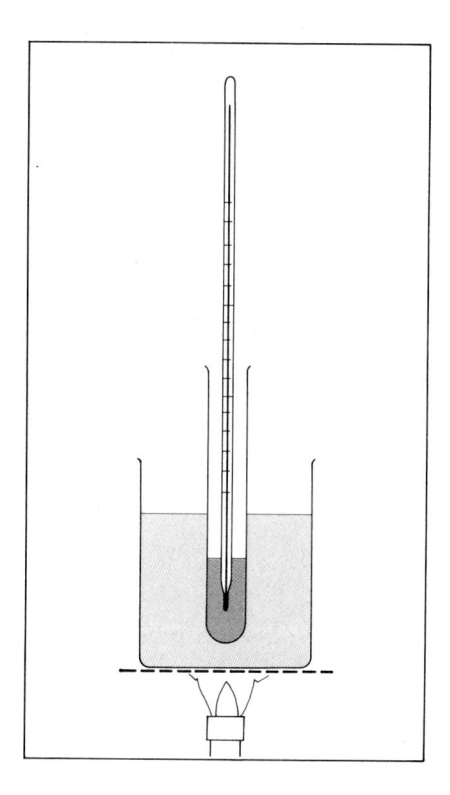

Zeit in s															
Temp. in °C															

4. Nimm das Reagenzglas aus dem Wasserbad und miß auf die gleiche Weise Zeit und Temperatur, bis die Stearinsäure wieder fest geworden ist.

Zeit in s															
Temp. in °C															

Erstelle für beide Messungen ein Temperatur-Zeit-Diagramm und werte die Kurven in deinem Heft aus.

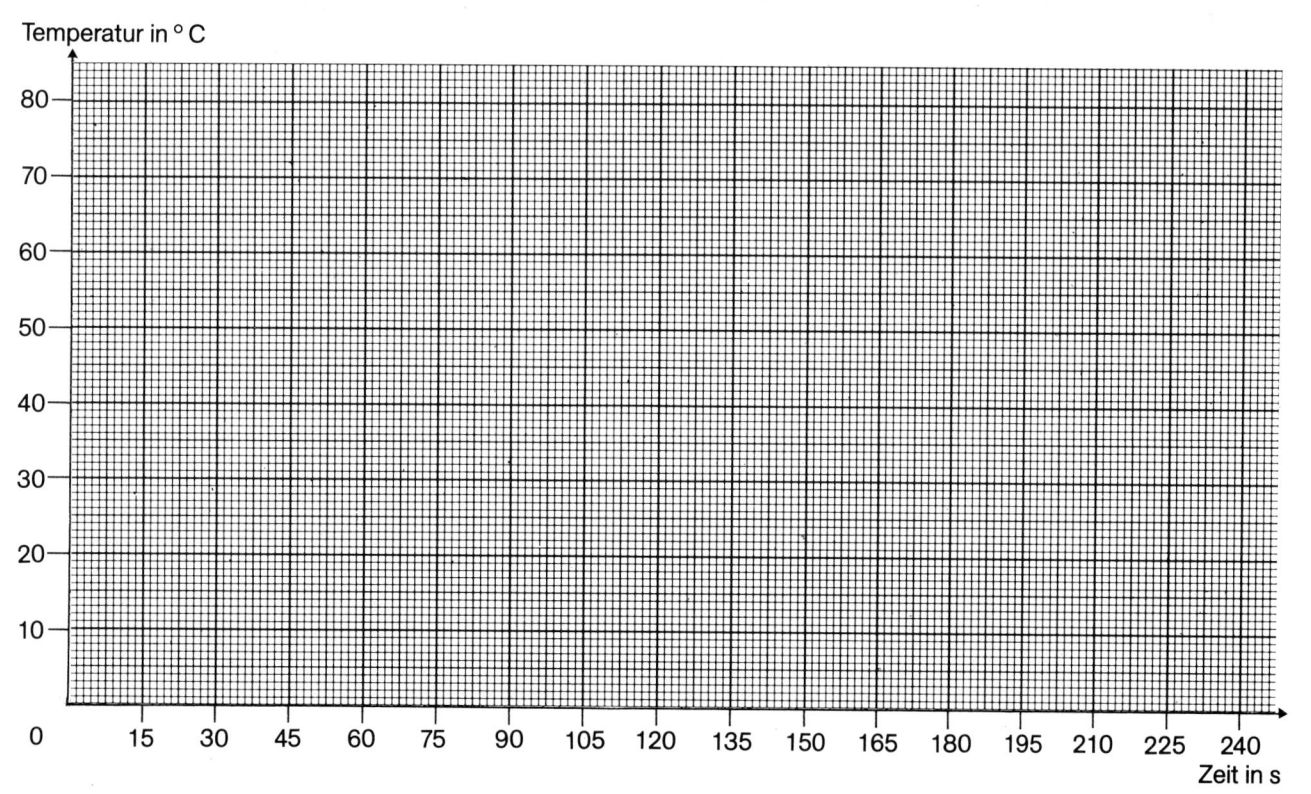

Die Dichte – eine meßbare Stoffeigenschaft

24

Ein Goldhändler hatte folgenden Verdacht: die Goldbarren, die ihm geliefert wurden, sind nur mit einer dünnen Goldschicht überzogen worden und bestehen zum größten Teil aus einem anderen Metall. Er holte einen Meßzylinder, der mit Wasser gefüllt war und eine Waage. Innerhalb kürzester Zeit hatte er den Beweis – die Lieferung bestand nicht aus Gold, sondern aus Blei.
Der Händler hatte aus Masse und Volumen die Dichte bestimmt. Gold hat eine andere Dichte als Blei.

Geräte/Chemikalien:
Waage
Meßzylinder (50 ml)
Becherglas (50 ml)
2 dünne Perlonfäden
3 Eisennägel
4 Eisenschrauben
Alkohol

$$\text{Dichte} = \frac{\text{Masse}}{\text{Volumen}}$$

Versuch 1: Bestimmung der Dichte von Eisen

a) Ermittle mit der Waage die Masse der Eisennägel

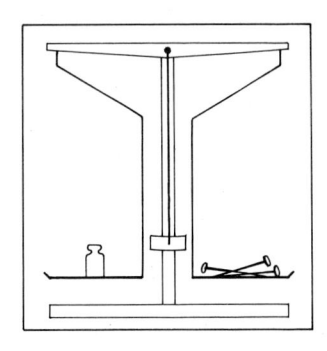

b) Fülle den Meßzylinder genau bis zur 30-ml-Marke mit Wasser. Hänge die Nägel zusammen an einen Perlonfaden. Tauche sie vollständig in das Wasser und lies die Höhe des Wasserstandes ab.

c) Verfahre in gleicher Weise mit den Eisenschrauben.

Auswertung:
Trage alle Werte in die Tabelle ein und berechne den Quotienten aus Masse und Volumen.

	Volumen Wasser + Metall	Volumen Wasser	Volumen Metall	Masse Metall	$\frac{\text{Masse}}{\text{Volumen}}$	Dichte lt. Buch
Eisennägel	ml	ml	cm³	g	$\frac{g}{cm^3}$	$\frac{g}{cm^3}$
Eisenschrauben	ml	ml	cm³	g	$\frac{g}{cm^3}$	

Versuch 2: Bestimmung der Dichte von Alkohol
Bestimme mit der Waage die Masse des Becherglases. Fülle genau 20 ml Alkohol hinein und bestimme erneut die Masse.

Auswertung:
Trage die Werte in die Tabelle ein und berechne den Quotienten aus Masse und Volumen.

	Masse Becherglas + Alkohol	Masse Becherglas	Masse Alkohol	Volumen Alkohol	$\frac{\text{Masse}}{\text{Volumen}}$	Dichte lt. Buch
Alkohol	g	g	g	cm³	$\frac{g}{cm^3}$	$\frac{g}{cm^3}$

Vergleiche deine Werte mit den Dichten von Eisen und Alkohol im Buch.

Sind unsere Geldmünzen aus Silber?

Fritz wundert sich, daß „silberne" Geldstücke nicht anlaufen. Um ihre Echtheit mit Hilfe der Dichte zu überprüfen, mißt er zunächst die Volumen der Münzen. Danach bestimmt er mit der Waage die Massen, errechnet die Dichten und vergleicht sie mit dem Wert der Dichte von Silber in seinem Chemiebuch.

Wir wollen überprüfen, was er gefunden hat.

Geräte/Materialien:
Waage, 5-DM-Münze, 2-DM-Münze,
1-DM-Münze, 50-Pfennig-Münze

Versuch:
Ermittle mit einer Waage die Massen der Münzen und errechne ihre Dichten. Vergleiche sie mit der Dichte von Silber.

Münze	Masse	Volumen	Dichte	Dichte von Silber
5 DM	g	1,12 cm³	g/cm³	g/cm³
2 DM	g	0,79 cm³	g/cm³	
1 DM	g	0,62 cm³	g/cm³	
50 Pfennig	g	0,40 cm³	g/cm³	

Aufgaben:

1. Das Münzenmetall ist eine Legierung aus zwei Metallen. Überprüfe anhand einer Dichtetabelle, welche Metalle in den Münzen enthalten sein können.

2. Begründe, warum Geldstücke, die als Zahlungsmittel benutzt werden, nicht mehr aus Silber bestehen.

3. Um Betrügereien zu verhindern, muß bei Schmuckmetallen der Feingehalt einer Legierung an reinem Edelmetall mit einem gesetzlich vorgeschriebenen Stempel angegeben werden. Was bedeutet auf einem Silberlöffel der Stempel „800"?

4. Nach Aussage eines Juweliers hat eine Goldkette 8 Karat. Welchen Stempel muß sie tragen, wenn reines Gold 24karätig ist? (Anm.: Bei Edelsteinen entspricht 1 Karat 0,2 g)

5. Warum werden die Edelmetalle nicht als Reinmetalle zu Schmuck verarbeitet?

Die Löslichkeit

Lösungsvorgänge spielen in unserer Umwelt eine große Rolle. Dabei ist es oft wichtig zu wissen, wie gut oder schlecht sich ein Stoff in einem bestimmten Lösungsmittel löst. Geringe Mengen eines Giftstoffes können lebensbedrohlich sein. Bei der Ölgewinnung kommt es darauf an, daß eine möglichst kleine Menge Lösungsmittel möglichst viel Öl aus den ölhaltigen Früchten herauslöst.
Wir untersuchen die Löslichkeit von Kochsalz und Kaliumnitrat in Wasser.

Geräte/Materialien:
2 Bechergläser (250 ml)   Gasbrenner
2 Reagenzgläser, Meßglas   Gasanzünder
Spatel   Waage
Reagenzglashalter   Dreifuß
Reagenzglasständer   Keramikdrahtnetz

Chemikalien:
Kochsalz
Kaliumnitrat
dest. Wasser

Versuch 1:

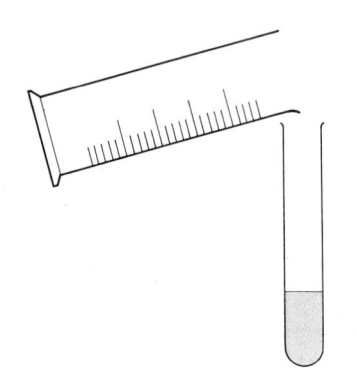

a) Fülle ein Reagenzglas mit 10 ml Wasser

b) Bestimme die Masse (m_1) des gefüllten Reagenzglases mit einer Waage

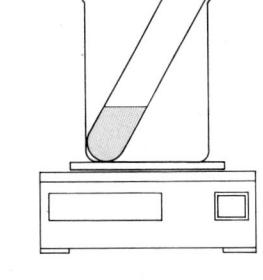

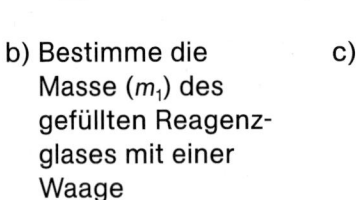

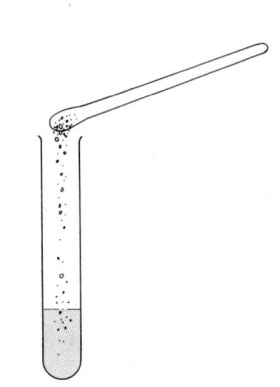

c) Löse in möglichst kleinen Portionen Kochsalz darin auf, bis sich ungelöstes Kochsalz absetzt.

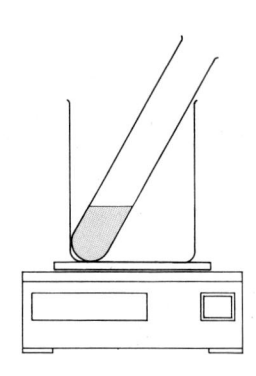

d) Bestimme erneut die Masse (m_2)

e) Wiederhole den Versuch mit Kaliumnitrat.

Auswertung: Trage die Werte in die Tabelle ein und berechne die Löslichkeit in 100 g Wasser.

	Masse m_1	Masse m_2	Masse des gelösten Salzes $m_2 - m_1$	Masse des in 100 g Wasser gelösten Salzes
Kochsalz				
Kaliumnitrat				

Versuch 2:
Gib in die jeweiligen Reagenzgläser aus Versuch 1 noch soviel Kochsalz bzw. Kaliumnitrat, bis sich ein fingerbreiter Bodensatz bildet. Erwärme beide Reagenzgläser in einem Wasserbad (ca. 90° C).

Beobachtung:

Auswertung:

Wir isolieren den Farbstoff eines Bonbons

Auf einer Bonbontüte findet man Hinweise auf Farbstoffe. Lassen sich diese Farbstoffe isolieren, d. h. von den anderen Stoffen trennen, aus denen ein Bonbon zusammengesetzt ist?

Geräte/Materialien:
2 Bechergläser (100 ml), weit
Dreifuß mit Mineralfasernetz
Gasbrenner mit Anzünder
Meßzylinder, 10 ml
Tiegelzange
Pinzette

3–5 gleichfarbige Fruchtbonbons
weißes Seidentuch,
ca. 10 x 10 cm^2
Schutzbrille

Chemikalien:
Essigsäure, verd.
Ammoniaklösung, verd.

Versuch: Führe die folgenden Arbeitsschritte aus:

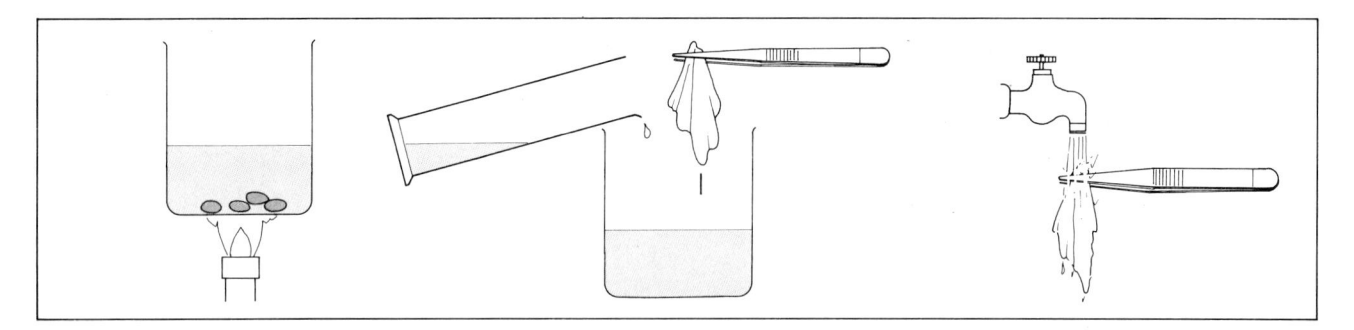

1. Gib 3-5 gleichfarbige Bonbons in ein Becherglas mit ca. 30 ml Wasser und erwärme, bis sich der Farbstoff gelöst hat.

2. Gib vorsichtig 2 ml Essigsäure hinzu, mische die Lösung durch Schwenken des Becherglases mit der Tiegelzange und tauche mit der Pinzette ein weißes Seidentuch hinein.

3. Nimm das Seidentuch nach einiger Zeit mit der Pinzette aus dem Becherglas und wasche es unter fließendem Wasser.

Beobachtung: _____

Anmerkung: Die Essigsäure sorgt für das Haften der Farbe an der Seide.

4. Gib das gefärbte Seidentuch mit der Pinzette in ein Becherglas mit verdünnter Ammoniaklösung.

Beobachtung: _____

Anmerkung: Durch die Ammoniaklösung wird die Wirkung der Essigsäure wieder aufgehoben.

Auswertung:

1. Welche Stoffe sind nach Durchführung von Arbeitsschritt 1 in der Lösung enthalten?

_____

_____

2. Durch welche Arbeitsschritte wird der Farbstoff aus der Lösung isoliert?

_____

_____

Prüfe dein Wissen: Destillation

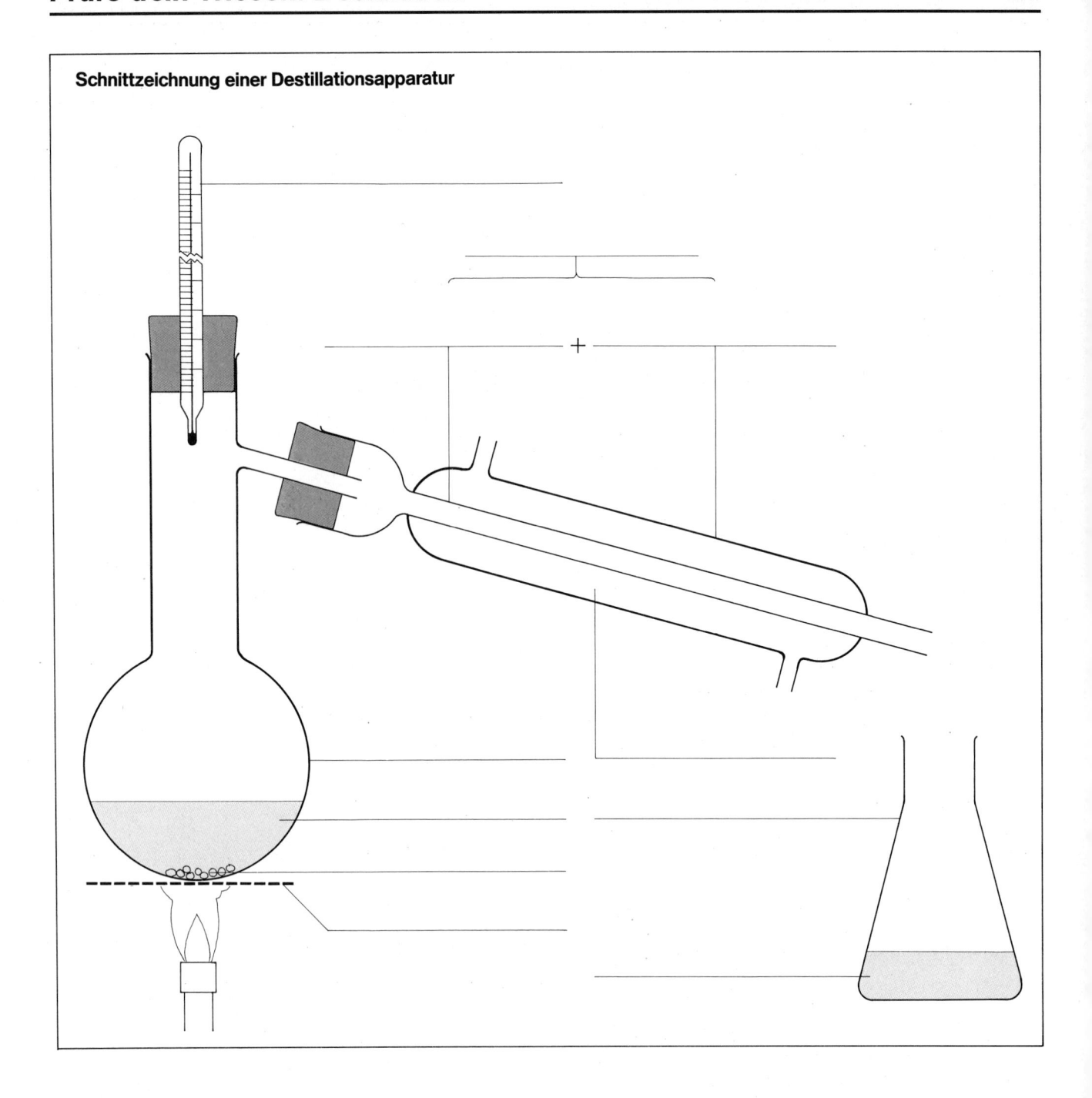

Schnittzeichnung einer Destillationsapparatur

Aufgaben:

1. Trage die folgenden Begriffe in die Zeichnung ein: Kühlwasser, Vorlage, Siedesteinchen, Lösung, Kühler, Thermometer, Keramikdrahtnetz, Destillat, Kühlmantel, Kondensationsrohr, Destillierkolben.

2. Skizziere die Fließrichtung des Kühlwassers (blaue Pfeile) und des Destillates (rote Pfeile).

3. Trage in die Tabelle Beispiele für Lösungen und die zugehörigen Destillate ein.

Lösung	Destillat

Wir chromatografieren Farbstoffe 29

Die Chromatografie ist eine Methode zur Trennung von Stoffgemischen. Der Name (= Farbschreiben) geht auf den russischen Botaniker M. S. Tswett (1905) zurück, der Chlorophyll aus Blättern herauslöste und die Lösung durch ein Rohr mit feingepulvertem Zucker fließen ließ. Im Zucker zeigten sich drei verschiedene Farbstreifen.

Wir wollen in ähnlicher Weise Chlorophyll und Tintenfarben untersuchen.

Geräte/Chemikalien:

Reibschale mit Pistill   Gras
Schere   10 ml Brennspiritus
Meßzylinder   Benzin
2 Bechergläser (50 ml)
2 Bechergläser (250 ml)
Reißzwecke
Seesand
3 Stück Tafelkreide
Tintenpatronen (z. B. schwarz und braun)

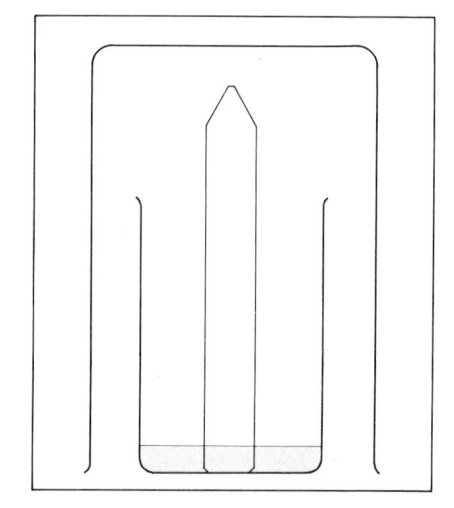

Versuchsanleitungen:

Versuch 1:

a) Zerschneide das Gras mit der Schere und zerreibe es in der Reibschale mit etwas Sand. Gib 10 ml Brennspiritus hinzu und rühre, bis sich eine dunkelgrüne Lösung gebildet hat.

b) Lasse die Mischung einige Minuten stehen und tauche die Kreide mit einem Ende hinein, bis sie etwas Lösung aufgesaugt hat.

c) Stelle die Kreide in das kleine Becherglas, dessen Boden etwa 0,5 cm hoch mit Benzin bedeckt ist. Stülpe das große Becherglas darüber.
Warte einige Minuten und zeichne die Farbzonen in das abgebildete Stück Kreide.

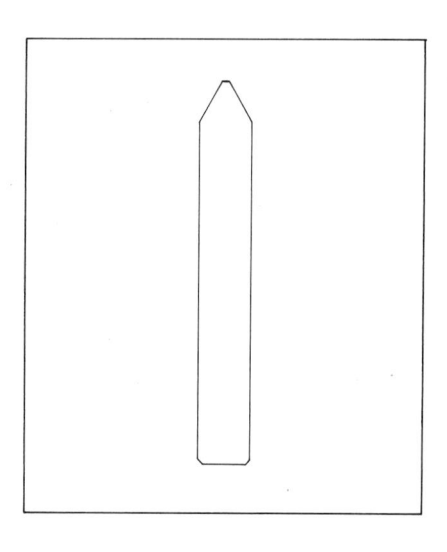

Versuch 2:
Öffne eine Tintenpatrone mit der Reißzwecke und gib eine Mischung aus 4 Tropfen Tinte und 4 ml Wasser in das kleine Becherglas. Stelle die Kreide hinein und stülpe das große Becherglas darüber.
Wiederhole den Versuch mit einer anderen Tintenfarbe.

Zeichne die Farbzonen in die abgebildeten Kreidestücke.

Auswertung: _____
_____

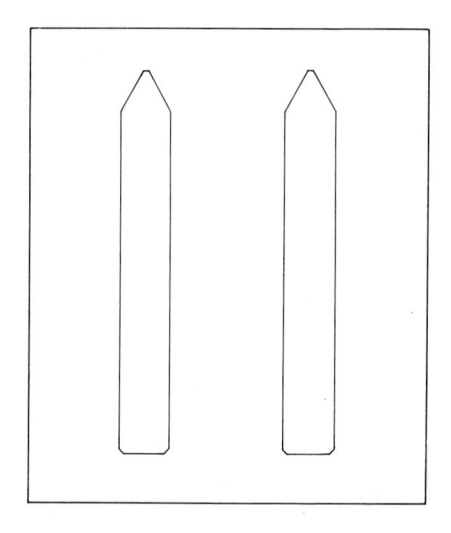

Fälschern auf der Spur

Ein Testament wurde angefochten, weil der Verdacht bestand, daß eine wichtige Eintragung nachträglich geändert worden war. Original und Änderung waren handschriftlich mit schwarzen Filzschreibern ausgeführt worden. Es kam zum Streit vor Gericht, das kriminaltechnische Untersuchungsamt konnte durch eine Analyse der Filzschreiberfarben eine Fälschung nachweisen.

Geräte/Materialien:
Petrischalenhälfte (d = 60 mm)
Rundfilter (d = 70 mm)
Streifen Filterpapier (Länge: 10 cm, Breite 2 cm)
2–3 schwarze Filzschreiber verschiedener Herstellerfirmen
Zweipfennigstück
Bleistift
Wasser

Versuchsanleitung:

1. Bohre ein kleines Loch in die Mitte des Rundfilters und male mit Hilfe des Zweipfennigstücks mit dem Bleistift einen Kreis um das Loch.

2. Trage mit den verschiedenen Filzschreibern je einen dicken Punkt auf den Kreis auf.

3. Rolle den Streifen Filterpapier zu einem Docht zusammen und stecke ihn durch das Loch des Rundfilters.

4. Fülle die Petrischale zur Hälfte mit Wasser und lege den Rundfilter darauf, so daß der Docht in das Wasser taucht.

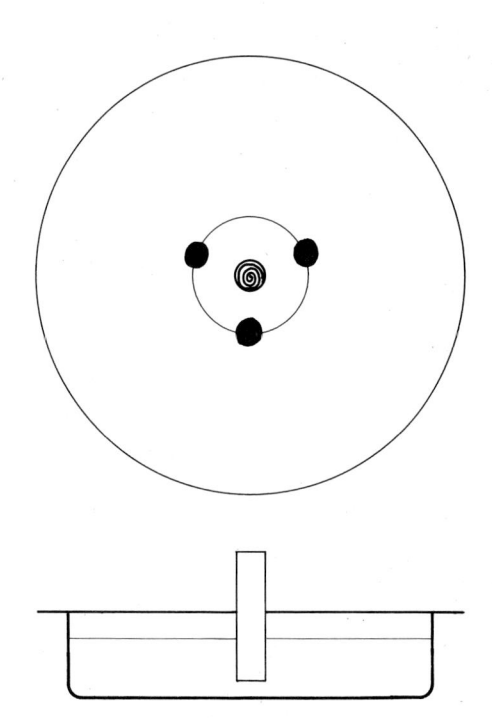

Auswertung:

1. Schildere deine Beobachtungen:

_____

_____

2. Erläutere deine Beobachtungen:

_____

_____

_____

3. Trockne das Chromatogramm und klebe es oben rechts auf das Arbeitsblatt.

Prüfe dein Wissen: Stoffe und Trennverfahren

Rätsel:

1. Gemisch aus Gips und Wasser
2. Stoffgemisch fest/gasförmig
3. Meßbare Stoffeigenschaft
4. Verfahren zur Branntweinherstellung
5. Stoffgemisch, das im Herbst zu beobachten ist
6. Stoffgemisch aus verschiedenen Metallen
7. Quotient aus Masse und Volumen
8. Tiere, die Meerwasser filtrieren
9. Fachausdruck für „herauslösen"
10. Gegenteil von homogen
11. Gemisch aus Wasser und Öl
12. Daraus wird Kochsalz gewonnen
13. Anderes Wort für Zustandsform
14. Gemisch aus Sand, Zement und Wasser
15. Flüssigkeiten, die Stoffe lösen
16. Entsteht beim Filtrieren
17. Tätigkeit der Goldsucher
18. Rötlich glänzender Reinstoff
19. Vorgang beim Kaffeekochen
20. Gegenstand, der Eisen anzieht

Aufgaben:

1. Beschrifte die Zeichnungen:

2. Ergänze:

Durch Filtration können _____ von _____ getrennt werden.

Durch _____ können _____ aus Lösungen gewonnen werden.

3. Warum können gelöste Stoffe nicht durch Filtration vom Lösungsmittel getrennt werden?

_____

4. Schmutzwasser enthält gelöste und ungelöste Stoffe. Es kann durch drei Arbeitsschritte in reines Wasser verwandelt werden. Nenne die Arbeitsschritte!

a)   b)   c)

5. Welche Stoffeigenschaft wird beim Extrahieren ausgenutzt?

_____

Wir untersuchen die Größe von Tusche- und Kaliumpermanganatteilchen 32

Der Dialyseschlauch wird bei nierenkranken Menschen zur Blutwäsche (Dialyse) verwendet. Er besteht aus einem dünnwandigen Schlauch mit einer Porengröße von nur 1/1 000 000 mm. Durch diese kleinen Poren können bei der Dialyse Salze und Harnstoff austreten, während die Blutkörperchen und das Bluteiweiß zurückgehalten werden.

Geräte/Materialien:
Dialyseschlauch, z. B. Leybold Nr. 667 199
2 Bechergläser
Stativ mit Doppelmuffe und Klemme
Trichter
Faden

Chemikalien:
Kaliumpermanganat
schwarze Ausziehtusche
Wasser

Versuchsanleitungen:

1. Lasse den Dialyseschlauch in Wasser quellen; dann läßt sich der Schlauch durch Reiben zwischen den Fingern leicht öffnen.
2. Verschließe ein Ende des Schlauches mit einem Faden und fülle in den Schlauch Kaliumpermanganatlösung ein (Abb. links).
3. Verschließe auch das andere Ende des Schlauches und hänge den Schlauch in ein mit Wasser gefülltes Becherglas (Abb. rechts).
4. Wiederhole den Versuch mit schwarzer Tusche (Tusche vorher mit Wasser verdünnen).

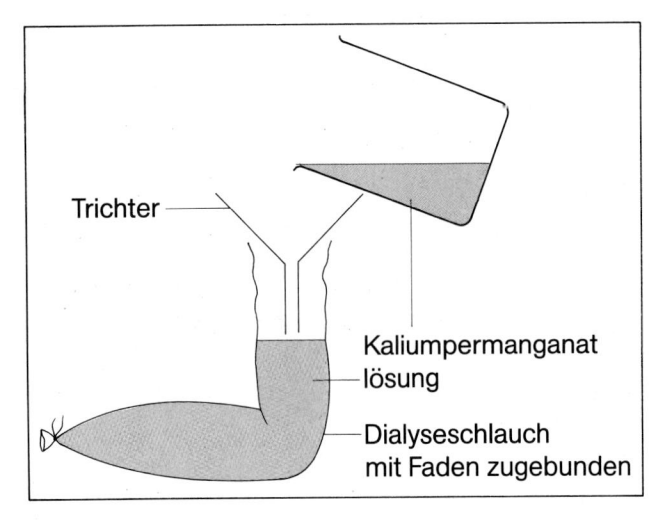

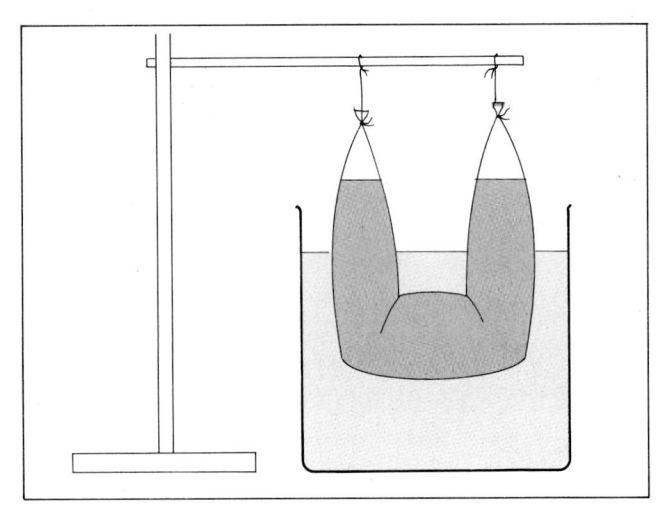

Beobachtungen:

Auswertung:

Wir bestimmen die Größe kleinster Teilchen mit einem Ölfleckversuch 33

Läßt man einen Tropfen Ölsäure auf eine Wasseroberfläche tropfen, breitet sich die Ölsäure nach allen Seiten gleichmäßig aus und bildet einen kreisrunden Ölfleck. Dieser Ölfleck ist so dünn, daß er nur aus einer Einteilchenschicht besteht, in der die Ölsäureteilchen lückenlos nebeneinander liegen. Hat man die Fläche dieses Flecks ausgemessen, kann man die Größe der Ölsäureteilchen berechnen. Um Ablauf und Auswertung dieses Versuches zu verstehen, wollen wir zunächst einen Vorversuch durchführen, bei dem statt der Ölsäureteilchen Erbsen verwendet werden. Da die Erbsen ein Modell für die kleinsten Teilchen der Ölsäure sind, bezeichnet man einen solchen Versuch als *Modellversuch*.

Geräte/Materialien:
Meßzylinder (100 ml)
Erbsen

Lineal
Millimeterpapier oder kariertes Papier
(Rechenkästchen)

Versuchsanleitung:

1. Fülle in einen Meßzylinder (100 ml) 50 ml (cm^3) Erbsen ab.
2. Schütte die Erbsen auf ein Blatt Millimeterpapier oder ein Blatt mit Rechenkästchen. Achte dabei darauf, daß die Erbsen nicht wegrollen können (z. B. Fläche durch Bücher begrenzen). Ordne die Erbsen (wie in der Abbildung) zu einem Rechteck an.
3. Ermittle die Fläche des Rechtecks: Bestimme Länge und Breite des Rechtecks und berechne die Fläche: Fläche = Länge x Breite; z. B. Fläche = 11 cm x 8 cm = 88 cm^2

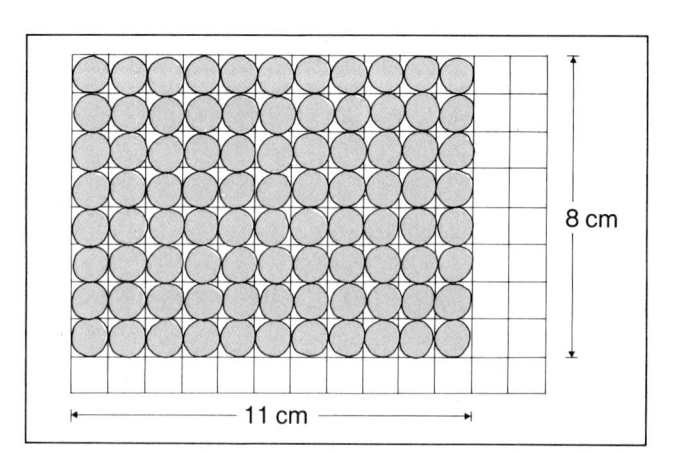

Auswertung:

Die rechteckig angeordneten Erbsen bilden die Form eines Quaders. Die Höhe eines Quaders wird nach der Formel Höhe = Volumen : Fläche berechnet. Da der Quader nur aus *einer* Schicht Erbsen besteht, ist die berechnete Höhe gleich dem Durchmesser einer Erbse. Folgendes Beispiel soll den Rechenweg verdeutlichen:

Volumen: 50 cm^3 Fläche: 88 cm^2 $Höhe = \dfrac{Volumen}{Fläche} = \dfrac{50\ cm^3}{88\ cm^2} = 0{,}57\ cm$

Der Durchmesser einer Erbse beträgt demnach **0,57 cm**.

Aufgabe:

Wiederhole den Versuch mit verschiedenen Mengen Erbsen, Senfkörnern und anderen kugelförmigen Teilchen. Miß jeweils das Volumen, die Länge und Breite des Rechtecks. Trage die Ergebnisse in nebenstehende Tabelle ein. Berechne danach die Fläche und die Durchmesser der Teilchen.

Bestimmung von Teilchendurchmessern:

Art der kugelförmigen Teilchen:		
Volumen:		
Länge des Rechtecks:		
Breite des Rechtecks:		
Fläche des Rechtecks:		
Durchmesser des Teilchens:		

Wir bestimmen die Größe kleinster Teilchen mit einem Ölfleckversuch

Geräte/Materialien:
Bürette (oder Meßpipette)
Glaswanne (d = 20 cm)
Millimeterpapier oder kariertes Papier (Rechenkästchen)

Chemikalien:
Ölsäure
Leichtbenzin
Bärlappsporen oder Puder

Versuchsanleitung:

1. Stelle eine stark verdünnte Lösung von Ölsäure in Leichtbenzin her (Verdünnung 1:1000) oder laß dir diese Lösung vom Lehrer ausgeben.
2. Fülle eine Glaswanne mit Wasser und bestreue die Oberfläche mit Bärlappsporen (oder Puder). Stelle die Wanne auf ein Blatt Millimeterpapier oder ein Blatt mit Rechenkästchen.
3. Gib vorsichtig mit der Pipette oder Bürette einen Tropfen der Lösung in die Mitte der bestreuten Fläche.
4. Beobachte die Ausbreitung des Flecks. Nach dem Verdunsten des Leichtbenzins bleibt ein runder Ölsäurefleck zurück.
5. Miß die Fläche des Ölflecks (Vereinfachung: Fleck als Quadrat annehmen).
6. Ermittle die Tropfenzahl von 1 cm³ der Ölsäurelösung (aus Bürette ausfließen lassen und zählen).

Auswertung (Beispiel):

Die Höhe (und damit der Teilchendurchmesser) läßt sich nach folgendem Rechengang berechnen:

Meßwerte: 1 cm³ Lösung $\triangleq$ 80 Tropfen; Fläche: 125 cm²

Rechnung: 80 Tropfen $\triangleq$ 1 cm³ Lösung
    1 Tropfen $\triangleq$ 1/80 cm³ Lösung

Bei der Verdünnung von 1:1000 bedeutet das:
1 Tropfen $\triangleq$ 1/80 000 cm³ reine Ölsäure

$$\text{Höhe} = \frac{\text{Volumen}}{\text{Fläche}} = \frac{1/80\,000 \text{ cm}^3}{125 \text{ cm}^2} = \frac{1 \text{ cm}^3}{80\,000 \cdot 125 \text{ cm}^2}$$

$= 1/10\,000\,000$ cm $= 1/1\,000\,000$ mm

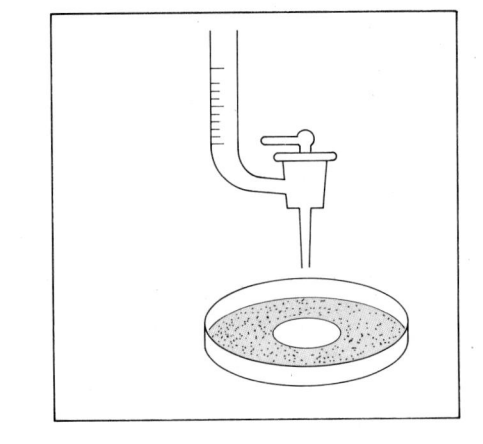

Ergebnis: Der Teilchendurchmesser der Ölsäureteilchen beträgt 1 Millionstel Millimeter.

Aufgabe:

Führe den Versuch selbst durch und trage die Ergebnisse in die Tabelle ein:

a) **Meßergebnisse:**
   Tropfenzahl von 1 cm³ Lösung: _____   Fläche des Ölflecks: _____

b) **Rechnung:**
   1 Tropfen $\triangleq$ _____ cm³ reine Ölsäure

   $\text{Höhe} = \dfrac{\text{Volumen}}{\text{Fläche}} =$

c) **Ergebnis:** Der Teilchendurchmesser beträgt: _____ mm

Wir beobachten die Eigenbewegung kleinster Teilchen 35

Die Herstellung von Teegetränken ist besonders einfach, wenn man fertige Teebeutel verwendet. Neben verschiedenen Teeinhaltsstoffen werden dabei auch – je nach verwendeter Teesorte – unterschiedliche Farbstoffe in heißem Wasser gelöst. Für den Versuch sind Teesorten mit einer kräftigen Farbe (z. B. Hagebutte, Malve, Hibiscus, Früchtetee) am besten geeignet.

Geräte/Materialien:

Becherglas   Büroklammer
Glasstab   heißes Wasser
Teebeutel

Versuchsanleitung:

1. Beschwere einen Teebeutel mit einer Büroklammer und befestige ihn so an einem Glasstab, daß er etwa in halber Höhe in dem Becherglas hängt. Nimm den Glasstab mit dem Teebeutel wieder aus dem Becherglas heraus.
2. Fülle das Becherglas mit heißem Wasser und hänge anschließend den Teebeutel in das Becherglas.
3. Beobachte genau die Ausbreitung der Farbstoffe und skizziere die Beobachtung (Farbstoffe als Punkte markieren) in Abständen von etwa 5 Minuten.

Beobachtungen:

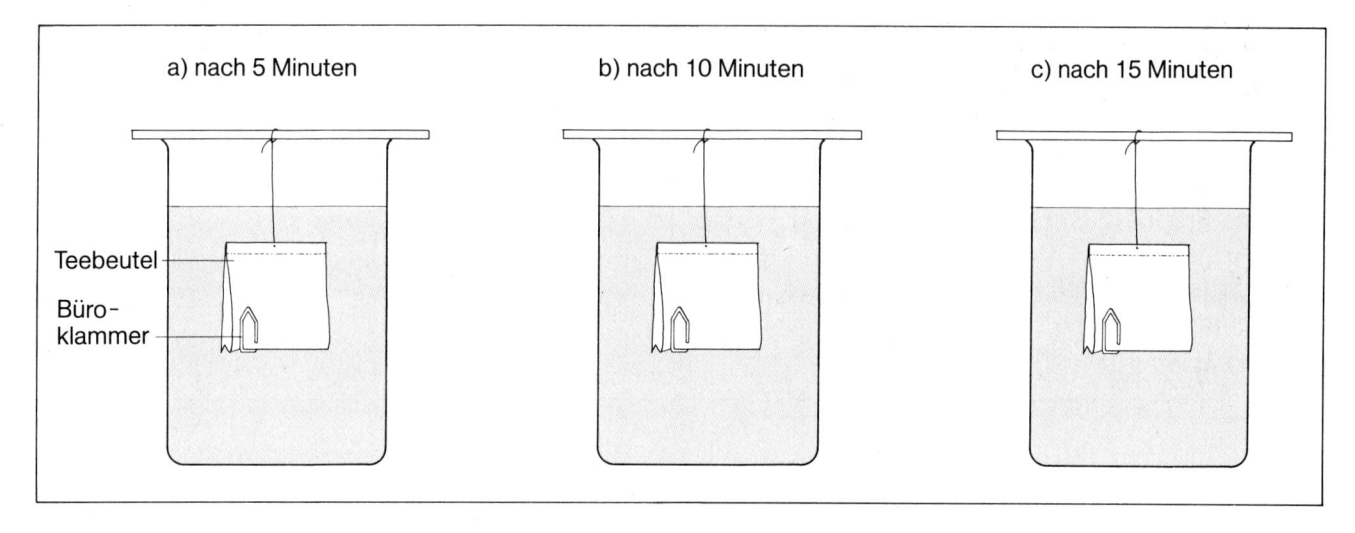

a) nach 5 Minuten   b) nach 10 Minuten   c) nach 15 Minuten

Aufgabe/Auswertung:

Erkläre die Ausbreitung der Farbstoffe.

1. Zu Beginn: _____

2. Nach einiger Zeit: _____

Wir erklären die Aggregatzustände mit dem Kugelteilchenmodell 36

1. Stelle in den Kreisen der beiden folgenden Abbildungen den jeweiligen Aggregatzustand durch eine entsprechende Teilchenanordnung dar.

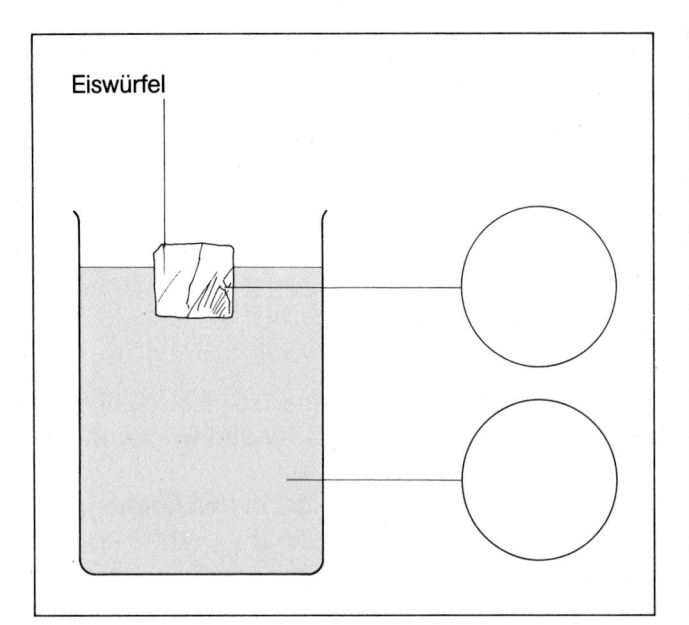

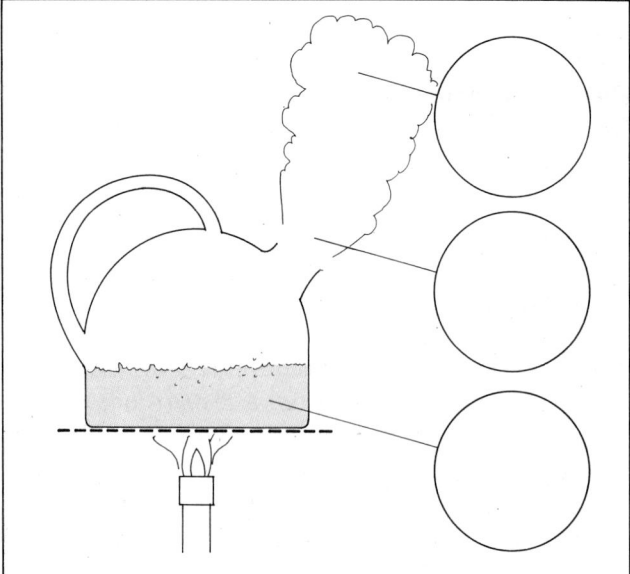

2. Ordne die folgenden Begriffe in die untenstehende Abbildung ein:
   a) Siedetemperatur – Schmelztemperatur
   b) flüssig – fest – gasförmig

3. Die Pfeile 1–6 zeigen die Übergänge zwischen den Aggregatzuständen an. Ordne ihnen folgende Begriffe zu:
   Verdampfen – Schmelzen – Sublimieren – Erstarren – Sieden – Resublimieren

4. Verdeutliche in den Kreisen die jeweiligen Aggregatzustände durch die Anordnung der Kugelteilchen.

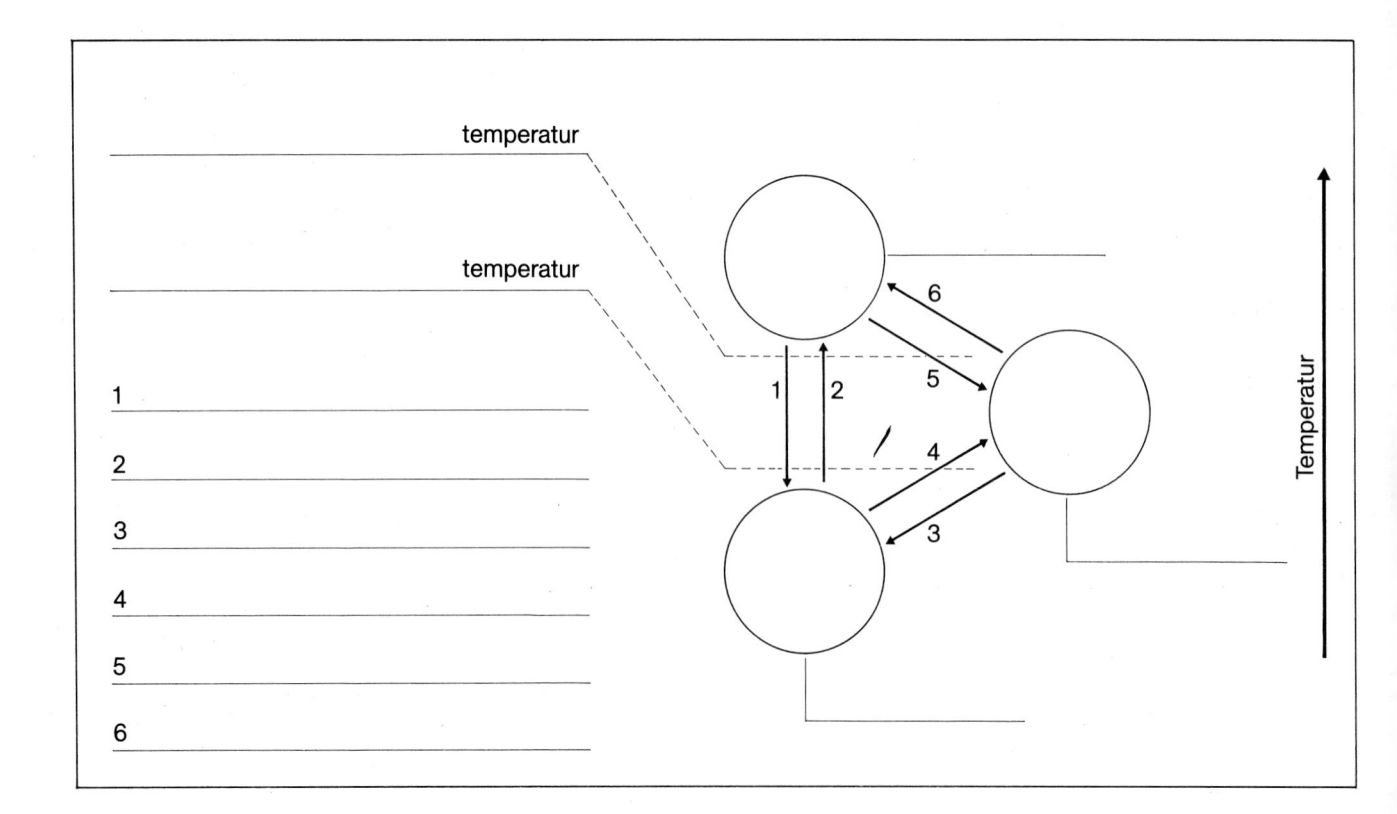

_____temperatur

_____temperatur

1 _____
2 _____
3 _____
4 _____
5 _____
6 _____

Wir erhitzen ein Gemisch aus Eisen und Schwefel

Geräte/Materialien:
Schutzbrille
Gasbrenner
Stabmagnet
Keramikdrahtnetz
Reibschale mit Pistill
Reagenzglasgestell
Reagenzglasklammer

2 Reagenzgläser
Filterpapier
Spatellöffel
Pinzette
Lupe
Waage

Chemikalien:
Eisenpulver
Schwefelpulver

Versuchsanleitung:

Versuch 1: Erhitzen des Gemisches

1. Wiege 14 g Eisen- und 8 g Schwefelpulver auf je einem Filterpapier ab und mische durch Verreiben mit einem Pistill in einer Reibschale. Halbiere das Gemisch.

2. Gib die eine Hälfte in ein Reagenzglas und schüttle das Gemisch zusammen, so daß die Luft weitgehend verdrängt wird.

3. Halte das Reagenzglas so mit einer Reagenzglasklammer in die nichtleuchtende Flamme, daß der Reagenzglasboden über dem blauen Kern der Flamme ist.
   Glüht das Gemisch an einer Stelle auf, nimm das Reagenzglas aus der Flamme.

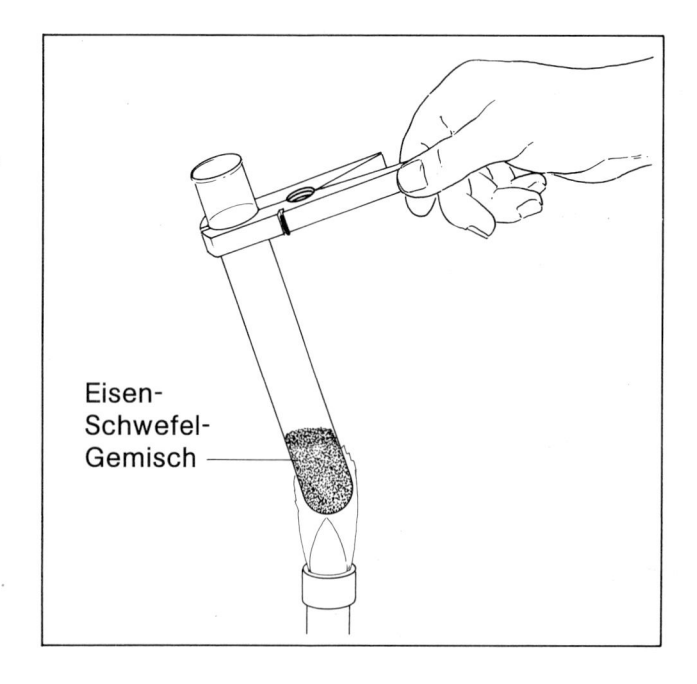

Eisen-Schwefel-Gemisch

Beobachtungen: _____

Wir erhitzen ein Gemisch aus Eisen und Schwefel **38**

Versuch 2: Vergleich des Reagenzglasinhaltes mit Eisen und Schwefel

1. Umwickle nach dem Abkühlen das Reagenzglas mit Papier und zerschlage es auf dem Keramikdrahtnetz. Sammle die Glasscherben mit einer Pinzette und gib sie in den Behälter für Glasreste. Trage die Schutzbrille!

2. Untersuche die Magnetisierbarkeit des Reagenzglasinhaltes im Vergleich zu den Ausgangsstoffen. Schiebe dazu ein Papier zwischen Probe und Magnet.

3. Zerreibe den Stoff in der Reibschale und betrachte ihn unter der Lupe. Vergleiche mit dem Eisen-Schwefel-Gemisch.

4. Fülle zwei Reagenzgläser etwa zur Hälfte mit Wasser und gib in das erste eine kleine Portion des zerriebenen Stoffes und in das andere etwas von dem Eisen-Schwefel-Gemisch. Schüttle kräftig und lasse die Reagenzgläser eine Weile im Reagenzglasständer stehen.

Beobachtungen: Fülle die vorgegebene Tabelle mit deinen Beobachtungen in Stichworten aus.

Eigenschaften	Gemisch	Stoff, der nach dem Erhitzen vorliegt
Farbe		
magnetische Anziehung		
Aussehen unter der Lupe		
Verhalten in Wasser		

Auswertung: a) Deute die Beobachtungen, die du bei beiden Versuchen gemacht hast, in einer Zusammenfassung.

_____

_____

_____

b) Die Schmelztemperatur des Stoffes, der nach dem Erhitzen vorliegt, beträgt 1193° C, seine Dichte 4,7 g/cm³. Suche die Schmelztemperaturen und Dichten von Eisen und Schwefel aus deinem Buch heraus und vergleiche.

_____

_____

_____

Was passiert, wenn Kupfer und Schwefel zusammen erhitzt werden? 39

Geräte/Materialien:

Schutzbrille
Gasbrenner
Spatellöffel
Stativ
Doppelmuffe
Stativklammer
Thermometer

Lupe
Pinzette
4 Reagenzgläser
Reagenzglasgestell
Reibschale mit Pistill
Becherglas, 100 ml
Steinwolle

Chemikalien:

Kupferblechstreifen 1 cm x 4 cm
(Dicke 0,1 mm)
Schwefelpulver
Schwefelstück
kleines Kupferblech
Kupferpulver
heißes Wasser (etwa 80° C)

Versuchsanleitung:

Versuch 1: Erhitzen von Kupfer und Schwefel

1. Gib in ein Reagenzglas etwa 1 cm hoch Schwefelpulver und spanne es fast waagerecht ein. Knicke den Kupferblechstreifen entlang der Mitte, schiebe ihn bis zur Mitte in das Reagenzglas und verschließe dieses locker mit einem Steinwollebausch.

2. Erhitze das Kupferblech und bringe dann den Schwefel zum Sieden, so daß der Schwefeldampf über das heiße Kupferblech streicht. (Schutzbrille tragen!)

3. Ziehe den noch heißen, nun blauschwarzen Steifen mit der Pinzette aus dem Reagenzglas und gib ihn in ein zweites Reagenzglas. Verschließe auch dieses locker mit Steinwolle und erhitze den Streifen, damit der noch anhaftende Schwefel verdampft.

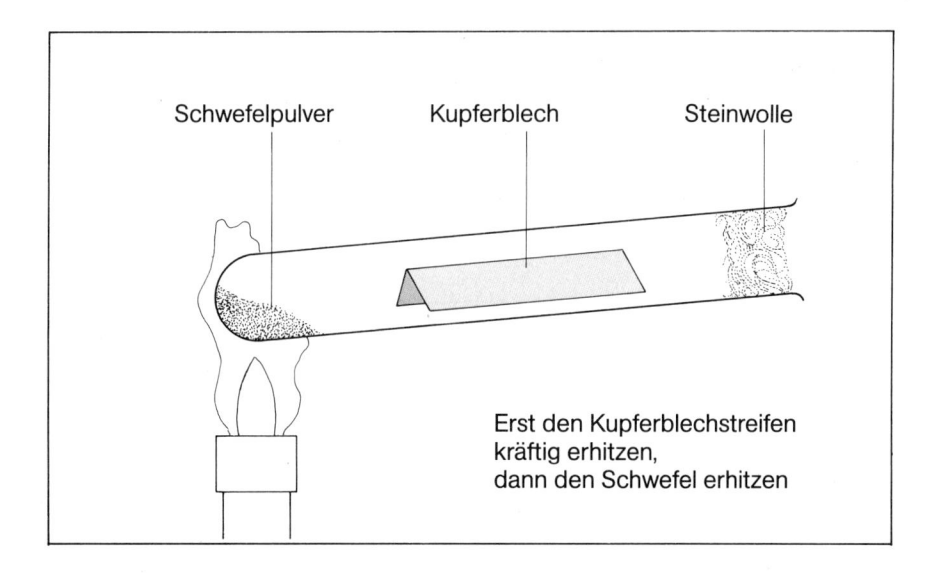

Schwefelpulver — Kupferblech — Steinwolle

Erst den Kupferblechstreifen kräftig erhitzen, dann den Schwefel erhitzen

Beobachtungen:

Was passiert, wenn Kupfer und Schwefel zusammen erhitzt werden? **40**

Versuch 2: Vergleich des blauschwarzen Streifens mit Kupfer und Schwefel

1. Halte zur Untersuchung der Wärmeleitfähigkeit ein Schwefelstück, ein Kupferblech und den blauschwarzen Streifen in ein Becherglas mit heißem Wasser.

2. Versuche, den blauschwarzen Streifen zu verbiegen. Vergleiche mit einem Kupferblech und einem Schwefelstück.

3. Zerreibe einen Teil des blauschwarzen Streifens mit einem Pistill in einer Reibschale. Betrachte den zerriebenen Stoff unter der Lupe. Vergleiche mit einem Gemisch aus Kupfer- und Schwefelpulver.

Beobachtungen: Fülle die vorgegebene Tabelle mit deinen Beobachtungen in Stichworten aus.

Eigenschaften	Kupfer	Schwefel	Stoff, der nach dem Erhitzen vorliegt
Farbe			
Wärmeleitfähigkeit			
Verformbarkeit			
Aussehen unter der Lupe	des Kupfer-Schwefel-Gemisches		

Auswertung: a) Deute die Beobachtungen, die du bei den Versuchen gemacht hast, in einer Zusammenfassung.

_____

_____

_____

_____

b) Die Schmelztemperatur des Stoffes, der nach dem Erhitzen vorliegt, beträgt 1130° C, seine Dichte 5,6 g/cm^3. Suche die Schmelztemperaturen und Dichten von Kupfer und Schwefel aus deinem Buch heraus und vergleiche.

_____

_____

_____

Was passiert beim Erhitzen von Metallen an der Luft? 41

Wenn man Kohle und Holz an der Luft erhitzt, entzünden sie sich und verbrennen. Was passiert, wenn Metalle an der Luft erhitzt werden?

Geräte und Chemikalien:
Schutzbrille
Porzellanschale
Gasbrenner
Tiegelzange
Eisenwolle
Kupferblech
Silberblech

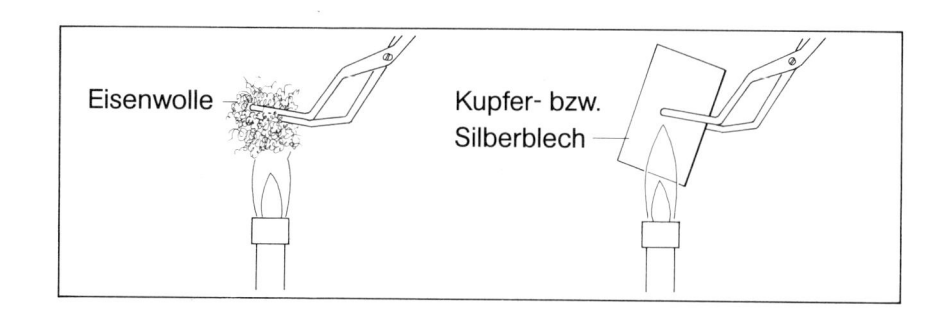

Versuchsanleitung: Während der Versuchsdurchführung Schutzbrille tragen!

1. Setze den Gasbrenner bei geschlossener Luftzufuhr in Betrieb. Laß die Gaszufuhr ganz geöffnet und öffne die Luftzufuhr teilweise, so daß eine nichtleuchtende Flamme entsteht.

2. a) Reiße ein kleines Büschel Eisenwolle ab und lege es zur Seite.
   b) Ergreife das übrige Eisenwollebüschel an einem Ende mit der Tiegelzange und halte es kurz in die nichtleuchtende Flamme, so daß es zu glühen beginnt. Nimm das Büschel dann schnell aus der Flamme heraus und halte es über die Porzellanschale. Puste einige Male in das Büschel.
   c) Vergleiche das erhitzte Büschel mit dem zur Seite gelegten Eisenwollebüschel auf Aussehen und Verformbarkeit.

3. a) Fasse das Kupferblech an einem Ende mit der Tiegelzange und halte es in die nichtleuchtende Flamme, so daß es eine kurze Zeit glüht. Ziehe das Blech dann aus der Flamme.
   b) Laß das Blech abkühlen und verbiege es dann einige Male.

4. Wiederhole Versuch 3 mit einem Silberblech.

Auswertung: Schildere und deute deine Beobachtungen.

Wir gewinnen ein Gas und fangen es auf

Geräte und Chemikalien:

Schutzbrille
Gasbrenner
Stativ
Doppelmuffe
Universalklemme
Reagenzglasgestell
2 Reagenzgläser mit Stopfen
Holzspan
Kunststoffwanne (ca. 20 x 10 x 10 cm)
Gasableitungsrohr
Stopfen (durchbohrt)
Teflonband
Steinwolle
Reagenzglas mit ca. 1 g Kaliumpermanganat

Versuchsanleitung: Während der Versuchsdurchführung Schutzbrille tragen!

1. Baue die Versuchsapparatur wie in der obenstehenden Skizze auf. Achte darauf, daß die Universalklemme am oberen Ende des Reagenzglases befestigt wird.

2. Lege in die Wanne mit Wasser zwei vollständig mit Wasser gefüllte Reagenzgläser.

3. Erhitze das Kaliumpermanganat zunächst vorsichtig durch Befächeln mit der rauschenden Flamme und danach kräftig.
   Lasse die ersten Gasblasen entweichen. Fange nach etwa 10 Sekunden die Gasblasen in einem mit Wasser gefüllten Reagenzglas auf. Ist das Reagenzglas gefüllt, verschließe es mit einem Stopfen und stelle es in einen Reagenzglasständer. Fülle noch ein zweites Reagenzglas. Löse zuerst den durchbohrten Stopfen mit dem Gasableitungsrohr und entferne dann den Brenner.

4. Führe einen glimmenden Holzspan senkrecht von oben in ein Reagenzglas mit dem aufgefangenen Gas, ohne die feuchte Wand zu berühren. Wiederhole die Glimmspanprobe mit dem zweiten Reagenzglas, wenn die Probe beim ersten Mal mißlungen oder nicht eindeutig ist.

Aufgaben: Beantworte *vor der Durchführung des Versuchs* die folgenden Fragen.

1. Warum soll die Universalklemme am oberen Ende des Reagenzglases und nicht in der Mitte befestigt werden?

_____

_____

2. Warum muß am Ende des Versuchs erst der durchbohrte Stopfen mit dem Gasableitungsrohr gelockert werden, bevor der Brenner entfernt wird?

_____

_____

_____

Auswertung:
Welches Gas ist beim Erhitzen des Kaliumpermanganats entstanden, wodurch unterscheidet es sich bei der Glimmspanprobe von der Luft?

_____

_____

Ermittlung des Sauerstoffgehalts der Luft

Die abgebildete Apparatur eignet sich zur Bestimmung des Sauerstoffgehalts der Luft.

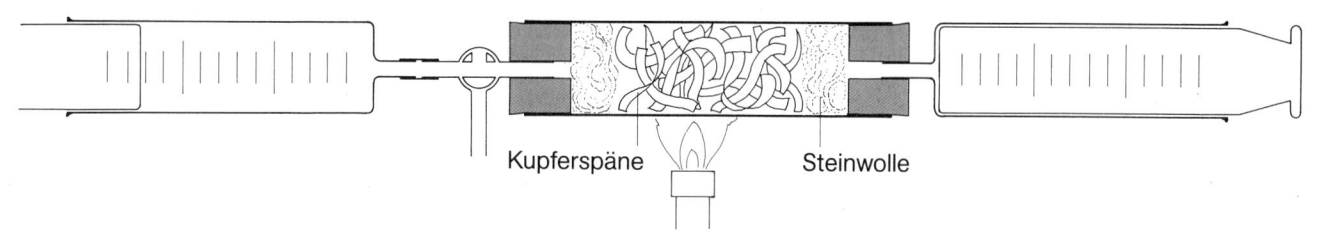

Kupferspäne   Steinwolle

Versuchsdurchführung und -beobachtungen: In der abgebildeten Apparatur wird mehrere Male Luft über erhitzte Kupferspäne geleitet. Zu Beginn beträgt das Volumen der Luft 100 ml. Jedesmal, wenn die Luft über die Kupferspäne von einem Kolbenprober in den anderen gedrückt wird, wird das Volumen des Gases in der Apparatur abgelesen und in einer Tabelle notiert.
Nachdem sich das Volumen nicht mehr geändert hat, wird das Erhitzen eingestellt und die Gaszufuhr abgestellt. Im Anschluß daran können noch die folgenden Beobachtungen gemacht werden: Die meisten Späne im Glasrohr sind schwarz, nur die Späne im linken und rechten Ende des Glasrohres sind rot. Das Volumen nimmt langsam ab, am Ende beträgt es etwa 80 ml, das Glasrohr und sein Inhalt haben sich auf Zimmertemperatur abgekühlt.

Tabelle:

Nummer des Überleitungsvorgangs	Volumen des Gases in der Apparatur
1	104 ml
2	99 ml
3	93 ml
4	87 ml
5	84 ml
6	80 ml
7	80 ml

Aufgaben:
1. Deute die Beobachtungen. (Tabelle nicht vergessen!)

2. Welches Volumen würde das Gas im Kolbenprober am Ende aufweisen, wenn anstelle von 100 ml nur 40 ml Luft zu Beginn in der Apparatur wären? Erläutere deine Antwort.

3. Leitet man das Restgas in ein Reagenzglas und hält in das Reagenzglas einen brennenden Holzspan, erlischt dieser sofort. Deute diese Beobachtung.

Was entsteht bei der Verbrennung von Kohlenstoff? 44

Geräte:
Schutzbrille
Gasbrenner
Verbrennungslöffel
Porzellanschale
2 Weithals-Erlenmeyer-
  kolben (300 ml)
2 passende Stopfen

Chemikalien:
Holzkohlestück
Kalkwasser
(frisch filtriert)
Sauerstoff

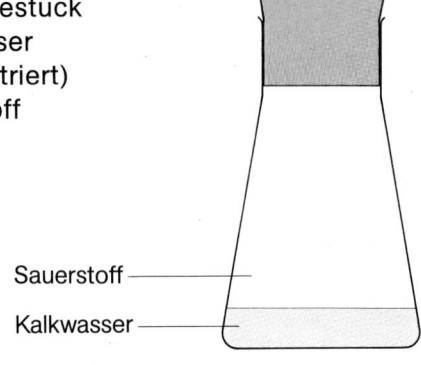

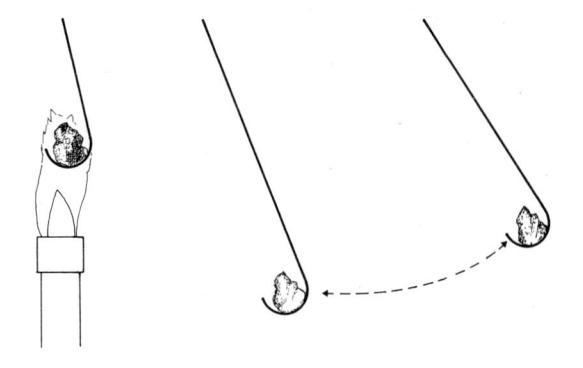

Versuchsanleitung:
1. Gib in die beiden Erlenmeyerkolben etwa 1 cm hoch Kalkwasser. Verdränge anschließend die Luft in den Kolben durch Sauerstoff. Verschließe die Kolben.

2. Entzünde das Holzkohlestück in der nichtleuchtenden Brennerflamme. Schwenke es anschließend in der Luft.

Sauerstoff
Kalkwasser

Beobachtungen: _____

3. Senke das glühende Holzkohlestück in den Erlenmeyerkolben.

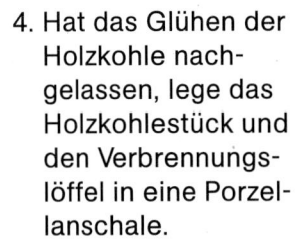

4. Hat das Glühen der Holzkohle nachgelassen, lege das Holzkohlestück und den Verbrennungslöffel in eine Porzellanschale.

5. Verschließe den Erlenmeyerkolben und laß ihn einige Zeit stehen.

6. Schüttle den zweiten Kolben mit Kalkwasser und Sauerstoff zum Vergleich.

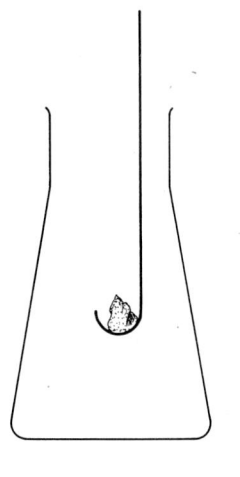

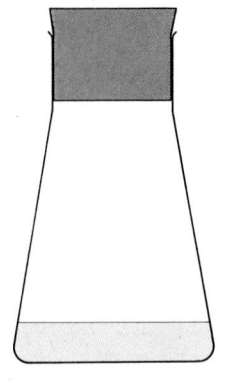

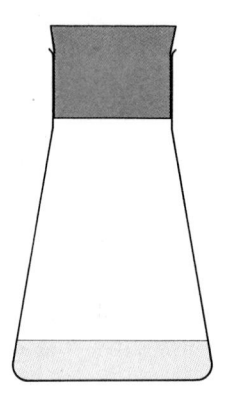

Beobachtungen: _____

Beobachtungen: _____

Auswertung:
1. Vergleiche und deute die Beobachtungen, die beim 2. und 3. Versuchsschritt auftreten.
2. Vergleiche und deute die Beobachtungen, die beim 5. und 6. Versuchsschritt auftreten.
3. Worauf weist die Trübung von Kalkwasser hin?
Nimm die Auswertung auf einem separaten Blatt vor.

Prüfe dein Wissen: Element und Verbindung 45

Im Unterricht hast du Trennverfahren und chemische Reaktionen kennengelernt, die auch zu einer Einteilung der Stoffe geführt haben. Durch die Auswertung des geschilderten Versuchs und die Aufgaben kannst du das Ordnen von Stoffen noch einmal üben.

Silbersulfid wird erhitzt

Versuchsdurchführung und -beobachtungen:
Erhitzt man – wie in der rechten Versuchsanordnung – eine kleine Portion Silbersulfid sehr stark, so beobachtet man nach kurzer Zeit, daß das grau- bis blauschwarze Pulver zu einer Kugel zusammenschmilzt. Zu beiden Seiten der Kugel bildet sich ein ringförmiger Beschlag an der Glaswand. Er ist anfangs rötlich, später gelb. Treibt man die glühende Kugel aus dem Rohr und läßt sie in eine Porzellanschale fallen, so erstarrt sie sofort zu einem silbrig glänzenden Tropfen. Dieser läßt sich zu einem biegsamen Blättchen aushämmern.

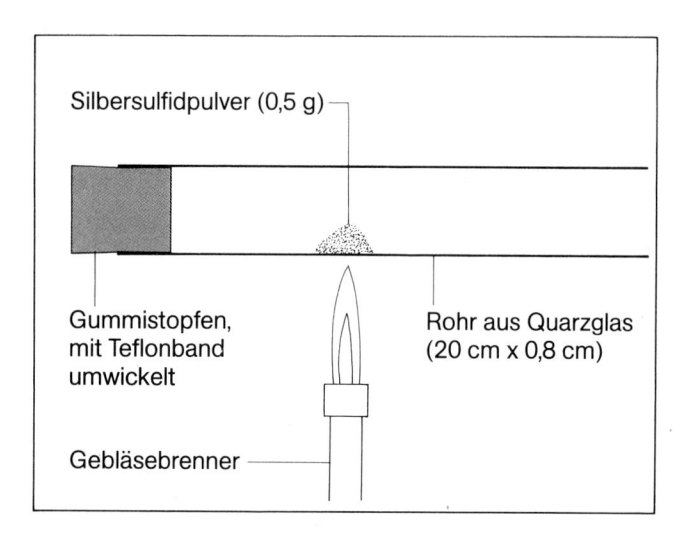

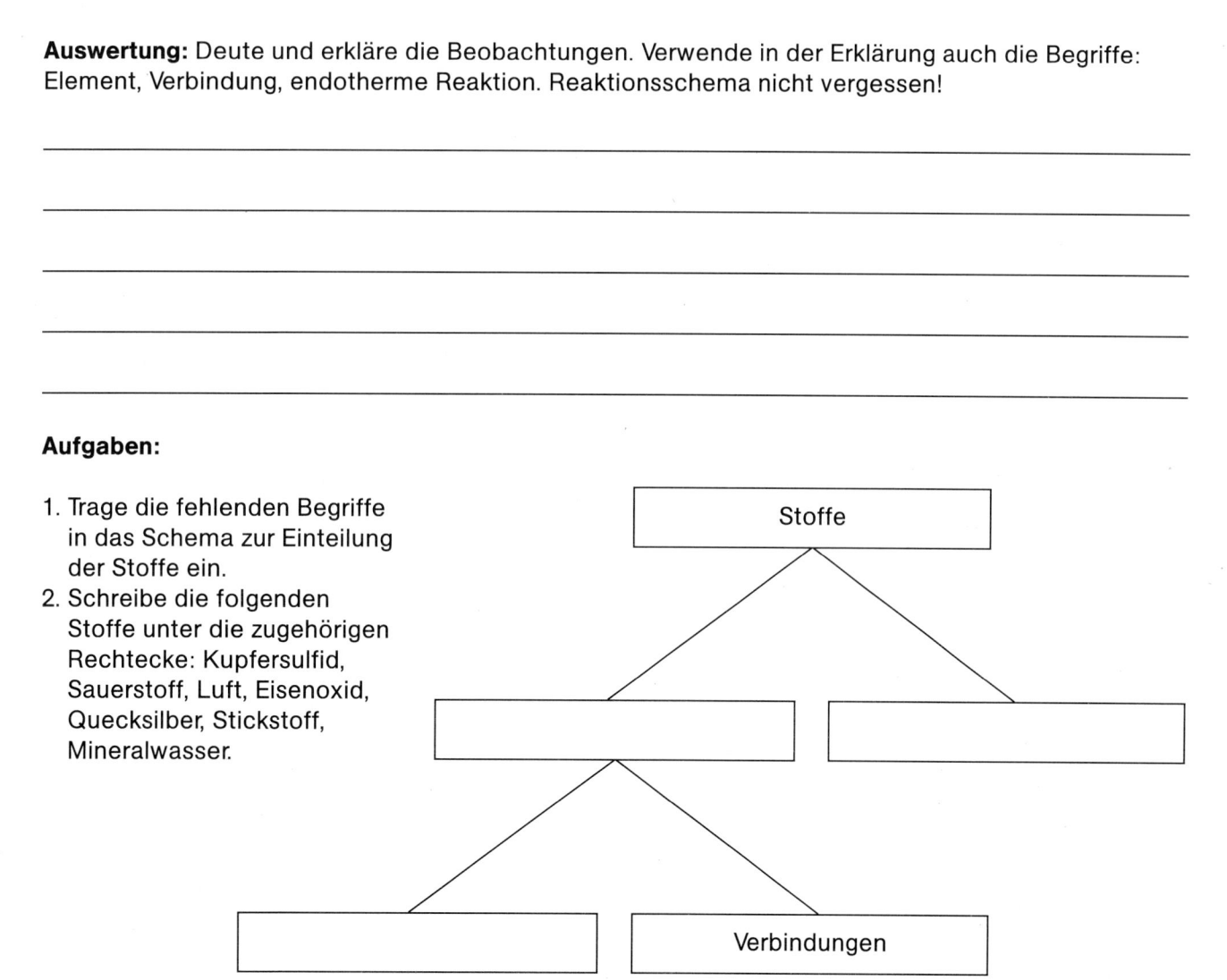

Auswertung: Deute und erkläre die Beobachtungen. Verwende in der Erklärung auch die Begriffe: Element, Verbindung, endotherme Reaktion. Reaktionsschema nicht vergessen!

_____

_____

_____

_____

Aufgaben:

1. Trage die fehlenden Begriffe in das Schema zur Einteilung der Stoffe ein.
2. Schreibe die folgenden Stoffe unter die zugehörigen Rechtecke: Kupfersulfid, Sauerstoff, Luft, Eisenoxid, Quecksilber, Stickstoff, Mineralwasser.

Was verbrennt bei einer Kerze? 46

Geräte/Materialien:
Kerze   Glasröhrchen
Zündhölzer   Tiegelzange

Versuch 1:
Entzünde eine Kerze, deren Docht von festem Wachs durchsetzt ist. Beobachte genau den Vorgang des Entzündens!

Beobachtung: _____

_____

_____

Auswertung: Warum entzündet sich die Kerze erst nach einer Weile?

_____

Versuch 2:
Blase eine brennende Kerze aus, wenn ein Teil des Wachses geschmolzen ist, und nähere dich dem Docht von oben mit einem brennenden Streichholz.

Beobachtung: _____

_____

_____

Versuch 3:
Halte ein Ende eines Glasrohres mit einer Tiegelzange unmittelbar über das Dochtende einer brennenden Kerze. Entzünde die am anderen Ende austretenden Dämpfe.

Beobachtung: _____

_____

_____

Aufgabe:

Benenne die Vorgänge bei einer brennenden Kerze.

_____

_____

_____

_____

Brandbekämpfung – der Feuerlöscher

In der Bundesrepublik Deutschland kam es 1989 zu nahezu 200 000 Bränden. Viele solcher Brände lassen sich bei rechtzeitiger Entdeckung mit einem Feuerlöscher erfolgreich bekämpfen.

Wir bauen das Modell eines Kohlenstoffdioxid-Schaumlöschers und löschen damit brennendes Benzin.

Geräte/Materialien:
Schutzbrille
Erlenmeyerkolben (500 ml)
einfach durchbohrter Stopfen
kleines Reagenzglas
gebogenes Glasrohr
Porzellanschale
Meßzylinder
Holzspan
feuerfeste Unterlage

Chemikalien:
Zur Herstellung von
Kohlenstoffdioxid und
zur Schaumbildung:
200 ml Natriumcarbonat-
lösung (5 %)
8 ml Salzsäure (10 %)
1 ml Tensidlösung, z. B.
Spülmittel
Benzin

Versuchsanleitung:

Fülle die Natriumcarbonatlösung und die Tensidlösung in den Erlenmeyerkolben, die Salzsäure in das kleine Reagenzglas und baue das Gerät nach obiger Abbildung auf.
Gib einige Tropfen Benzin in die Porzellanschale und entzünde es mit einem Holzspan.
Kippe den Kolben zur Seite, so daß die Salzsäure in die Natriumcarbonatlösung fließt. Wenn die Schaumbildung einsetzt, hältst du das Ende des Glasrohres seitlich auf das brennende Benzin.

Beobachtung:

___

Auswertung:

___

___

___

Aufgaben:

Wichtig für den Erfolg der Brandbekämpfung ist die Wahl eines geeigneten Löschmittels. Feuerlöscher enthalten verschiedene Löschmittel. Bildliche und schriftliche Darstellungen auf den Feuerlöschern enthalten darüber wichtige Informationen.

1. Informiere dich über die Anwendungsbereiche und die Löschmittel verschiedener Feuerlöscher. Fülle die Tabelle aus.

Brandklassen				
Löschmittel				

2. Was tun, wenn es brennt? Besorge dir Merkblätter bei der Feuerwehr.

Brandbekämpfung – die Brandklassen

Im Hauswirtschaftsunterricht einer Schule wurde in einem offenen Fritiergerät Öl erhitzt. Das Gerät blieb einige Zeit unbeaufsichtigt. Plötzlich brannte das Öl lichterloh.

Wie kann solch ein Brand wirkungsvoll gelöscht werden?

_____

Warum sollte auf keinen Fall mit Wasser gelöscht werden?

_____

_____

Um einen Überblick über geeignete Löschmittel für Brände zu bekommen, hat man die brennbaren Stoffe in *vier Brandklassen* eingeteilt.

Brandklasse A
Brennbare feste Stoffe
(z. B. Holz, Papier, Stroh, Textilien, Kohle)

Brandklasse B
Brennbare flüssige Stoffe
(z. B. Benzin, Öle, Fette, Teer, Alkohol, Paraffinöl)

Brandklasse C
Brennbare gasförmige Stoffe
(z. B. Erdgas, Propan, Wasserstoff)

Brandklasse D
Brennbare Metalle
(z. B. Magnesium, Aluminium)

Mit Wasser dürfen in der Regel nur die Brände der Brandklasse A gelöscht werden. Für die anderen Brandklassen stehen geeignete Feuerlöscher zur Verfügung. Auf ihnen sind die Anwendungsbereiche in Form der oben abgebildeten Symbole deutlich erkennbar dargestellt.

Aufgaben:

1. Ein Pkw-Brand wird den Brandklassen A und B zugeordnet. Begründe!

_____

2. Aus einem überhitzten Ölofen schlagen Flammen. Welche Brandklasse liegt vor?

_____

3. Nenne drei Brände, die mit Wasser gelöscht werden können.

_____

4. Auf einem Feuerlöscher stehen die Brandklassen B und C. Welche Brände dürfen mit diesem Feuerlöscher gelöscht werden?

_____

5. Für welche Brände ist Wasser als Löschmittel ungeeignet?

_____

Wir untersuchen saure und alkalische Lösungen mit Indikatoren 49

1. Wir gewinnen einen Indikator

Geschmacksproben saurer und alkalischer Lösungen können zu gefährlichen Verätzungen führen. Zur Prüfung solcher Lösungen eignet sich Rotkohlsaft.

Geräte/Materialien:
Schutzbrille
Schere
Mörser mit Pistill
Becherglas (100 ml)
Gasbrenner
Dreifuß
Keramikdrahtnetz
Trichter
Filterpapier
Erlenmeyerkolben (100 ml)
3 Reagenzgläser
Reagenzglasständer
Tropfpipette
Farbstifte

Chemikalien:
Rotkohlblatt
Essig
Kernseifenlösung
Kochsalzlösung

Versuchsanleitung:

Zerschneide ein Rotkohlblatt in feine Streifen. Zerquetsche die Streifen mit dem Pistill im Mörser zu einem Brei. Koche den Brei etwa 10 Minuten in wenig Wasser auf dem Dreifuß mit Keramikdrahtnetz. Filtriere nach dem Abkühlen den Rotkohlsaft in einen Erlenmeyerkolben. Gib a) zu Essig, b) zu einer Kernseifen-Lösung und c) zu einer Kochsalz-Lösung jeweils einige Tropfen Rotkohlsaft, bis eine deutliche Farbe auftritt.

Auswertung: Zeichne die Farbe, die Rotkohlsaft in saurer, neutraler und alkalischer Lösung zeigt.

Essig: [   ]   Kochsalzlösung: [   ]   Kernseifenlösung: [   ]

    sauer   neutral   alkalisch

2. Wir bestimmen die pH-Werte verschiedener Lösungen

Zur genauen Kennzeichnung, wie stark sauer oder alkalisch eine Lösung ist, kann der pH-Wert mit Hilfe von Universalindikator bestimmt werden.

Geräte/Materialien:
Universalindikator-
papier pH 1-14
Uhrglas
Glasstab
Papierhandtuch
Becherglas
Salzsäure $c = 0{,}1$ mol/l
Essig
saures Mineralwasser
destilliertes Wasser
Kochsalzlösung

Chemikalien:
Leitungswasser
Seifenlösung
Ammoniaklösung
Natronlauge, $c = 0{,}1$ mol/l

Versuchanleitung:

Reiße kleine Stückchen Universalindikatorpapier ab. Lege ein Stückchen Papier an den Rand eines Uhrglases und gib dann mit dem Glasstab einen Tropfen Salzsäure auf das Universalindikatorpapier. Spüle den Glasstab mit Wasser und trockne ihn dann mit dem Papierhandtuch ab. Fahre dann mit der nächsten in der Tabelle aufgeführten Lösung fort. Bestimme auch den pH-Wert dreier Lösungen von Stoffen aus dem Haushalt, die du selbst auswählst.

Wir untersuchen saure und alkalische Lösungen mit Indikatoren **50**

Auswertung:

Vergleiche die Farbe des Indikatorpapieres jeweils mit der Farbskala. Bestimme den zugehörigen pH-Wert oder pH-Bereich. Zeichne die Farbe in die Tabelle.

Prüflösung pH-Wert	← mehr – **sauer** – weniger →						neutral	← weniger – **alkalisch** – mehr →						
	1	2	3	4	5	6	7	8	9	10	11	12	13	14
Salzsäure														
Essig														
saures Mineralwasser														
dest. Wasser														
Kochsalzlösung														
Leitungswasser														
Seifenlösung														
Ammoniakwasser														
Natronlauge														

3. Rotkohl als Universalindikator

Auch Rotkohlsaft zeigt bei verschiedenen pH-Werten unterschiedliche Farben und Farbabstufungen. Er kann auch als Universalindikator eingesetzt werden.

Geräte/Materialien:
6 Reagenzgläser
Reagenzglasständer
Tropfpipette

Chemikalien:
Rotkohlsaft (frisch gewonnen)
Weitere Lösungen (Auswahl aus obenstehender Tabelle)

Erstellung der Farbskala:
Wähle aus den Prüflösungen der obigen Tabelle jeweils die Lösung aus, die den pH-Wert hat, der für die Erstellung der Farbskala erforderlich ist. Gib jeweils so viele Tropfen Rotkohlsaft zu, bis eine deutliche Farbe auftritt. Zum Vergleich sollten etwa gleich viele Tropfen verwendet werden.
Beschreibe und zeichne die jeweilige Farbe.

Farbskala für Rotkohl als Indikator:														
pH-Wert	1	2	3	4	5	6	7	8	9	10	11	12	13	14
Farbe														

Wir stellen eine Staubkarte her

Bei vielen Verbrennungsvorgängen und anderen industriellen Verfahren entstehen Stäube, die beim Einatmen die Gesundheit gefährden können. Werden z. B. Stäube mit Blei- oder Cadmiumverbindungen (Blei und Cadmium gehören zu den Schwermetallen) eingeatmet, können beim Menschen schwere Leber- und Nierenschäden hervorgerufen werden.

Mit einem einfachen Versuchsaufbau können wir die Staubbelastung an unserem Wohnort ermitteln. Trägt man die ermittelten Werte in eine Übersichtskarte ein, erhält man eine *Staubkarte*. Damit die Werte vergleichbar sind, müssen sie an denselben Tagen ermittelt werden.

Geräte/Materialien:
Trink- oder Marmeladenglas
Tesafilm oder selbstklebende Folie
Millimeterpapier oder kariertes Papier (Rechenkästchen)
Lupe

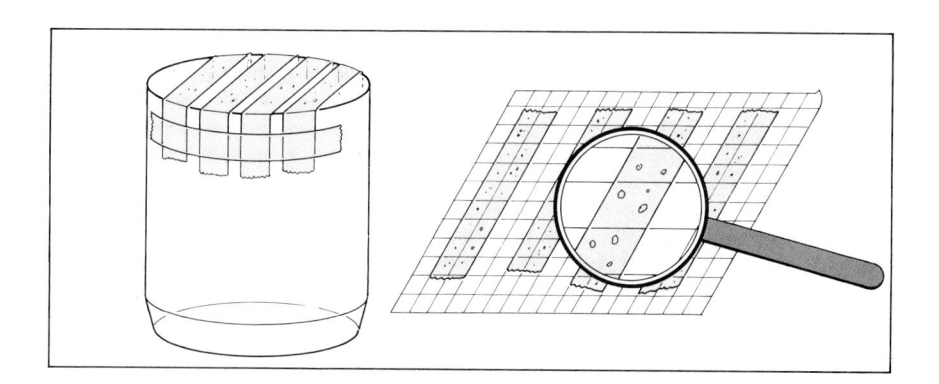

Versuchsanleitung:

1. Spanne über die Öffnung des Glases einen oder mehrere Streifen Tesafilm oder Klebefolie (mit der Klebefolie nach oben).
2. Stelle das vorbereitete Glas zu Hause einen Tag lang auf (24 Stunden, z. B. von 15.00 Uhr bis 15.00 Uhr am nächsten Tag).
3. Entferne den Streifen vom Glas und befestige ihn auf dem Millimeterpapier (oder dem karierten Papier).

Aufgaben/Auswertung:

1. Betrachte die Staubteilchen mit der Lupe. Wie könnten sie entstanden sein?

_____

_____

2. Die Staubteilchen auf dem Klebestreifen sind meistens sehr unregelmäßig angeordnet. Es ist deshalb übersichtlicher, wenn man einen Durchschnittswert bildet. In dem Beispiel unten erkennst du, wie man dabei vorgeht. Führe die Berechnung auch für dein Meßergebnis durch.

Man zählt die Staubteilchen z. B. von 5 Quadratzentimeter aus und dividiert den erhaltenen Wert anschließend durch 5.
Beachte: Kleine Staubteilchen sind evtl. nur mit der Lupe zu erkennen.

Beispiel:
Auf 5 cm² kommen 35 Staubteilchen, also kommen im Durchschnitt
auf 1 cm² 35 : 5 = 7 Staubteilchen.

Rechnung mit eigenem Meßwert:
Auf _____ cm² kommen _____ Staubteilchen, also kommen im Durchschnitt
auf 1 cm² _____ : _____ = _____ Staubteilchen.

Ausmaß der Luftverschmutzung

Um einen Überblick über das Ausmaß der Luftverschmutzung zu erhalten, werden die Emissionswerte der wichtigsten Luftschadstoffe vom Umweltbundesamt in Tabellen und Diagrammen zusammengefaßt. In dem abgebildeten Diagramm findest du Angaben über die Schadstoffe

- Schwefeldioxid
- Stickstoffoxide
- Staub

in Millionen Tonnen pro Jahr.

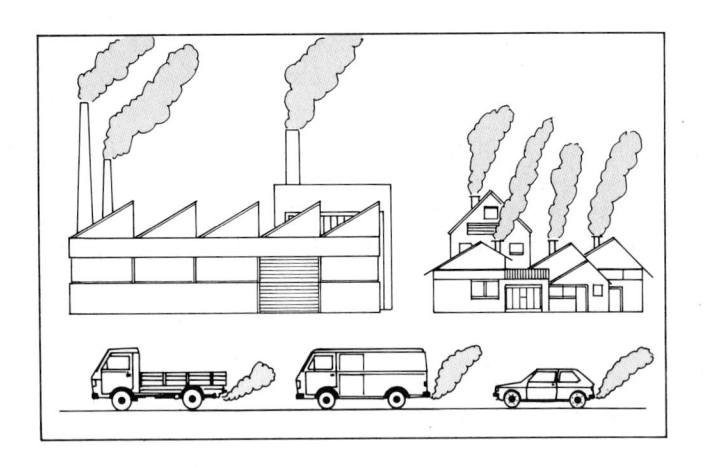

Für das Jahr 1998 wurden die voraussichtlichen Emissionswerte nach 2 verschiedenen Verfahren berechnet. Bei Prognose I geht man von den bereits bestehenden Vorschriften für Grenzwerte aus, Prognose II setzt voraus, daß es zu weiteren Vorschriften für den Straßenverkehr sowie zu einer Absenkung des Schwefelanteils im Heizöl und im Dieselkraftstoff kommt.

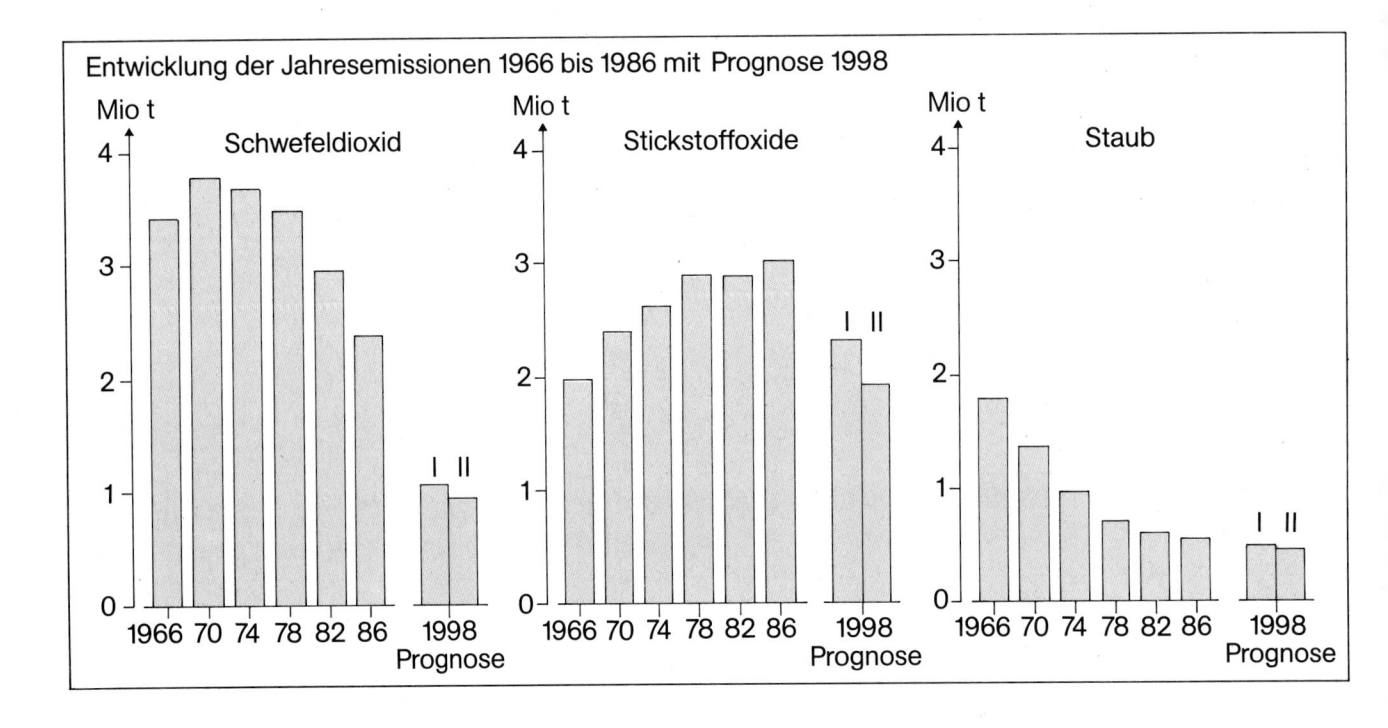

Entwicklung der Jahresemissionen 1966 bis 1986 mit Prognose 1998

Aufgaben:

1. Bei den Schadstoffen Schwefeldioxid und Staub kannst du eine Abnahme der Emissionswerte erkennen. Erkläre.

2. Für jeden Luftschadstoff gibt es einen Hauptverursacher. Gib mit Hilfe deines Buches den Hauptverursacher an für

Kohlenstoffmonooxid: _____   Schwefeldioxid: _____

Stickstoffoxide: _____   Staub: _____

Wir untersuchen Luftschadstoffe

Bei der Verbrennung von Benzin oder Diesel im Automotor entstehen zahlreiche Luftschadstoffe wie Kohlenstoffmonooxid, Kohlenwasserstoffe, Schwefeldioxid und Stäube. Da diese Stoffe gesundheitsgefährdend sind, hat man zur Überprüfung des Volumenanteils dieser Schadstoffe in der Luft Prüfröhrchen hergestellt. Leitet man die Luftproben durch das Prüfröhrchen, verfärbt sich die darin befindliche Substanz. Anhand einer Skala kann der Meßwert ermittelt werden. Die Meßwerte werden meistens in ppm angegeben, das bedeutet: **p**art **p**er **m**illion (engl., Teil von 1 Million Teilen). Ein komplettes Gasspürgerät besteht aus einer Gasspürpumpe und einem Prüfröhrchen. Ist in der Chemiesammlung eine Gasspürpumpe nicht vorhanden, kann man im Versuch auch mit einem Kolbenprober arbeiten.

Geräte/Materialien:

Gasspürpumpe oder
Kolbenprober (100 ml)
Plastiksack (Mülltüte)
Gummischlauch-Stücke
Gummistopfen
Dreiwegehahn

Glasrohrstücke
Prüfröhrchen für
– Kohlenstoffmonooxid (Volumenanteil: 0,3–7 %)
– Stickstoffoxide (20–500 ppm)

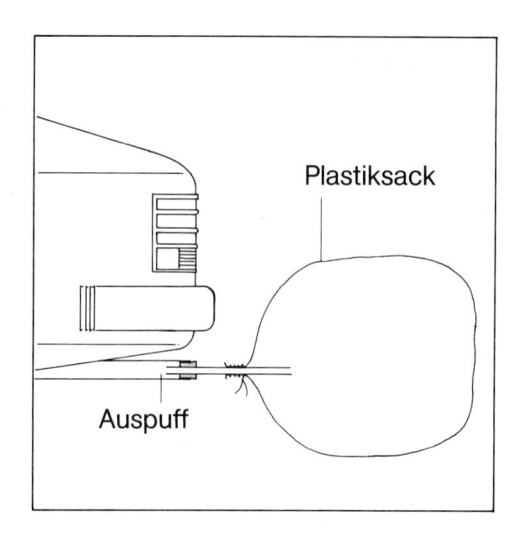

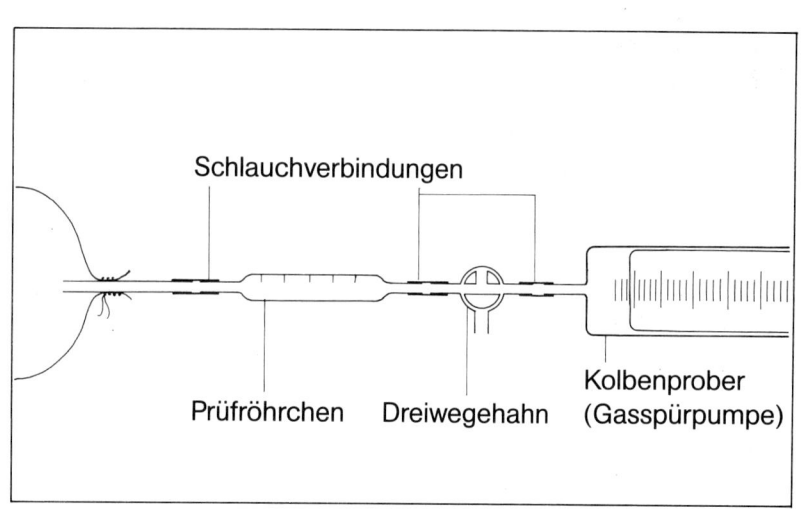

Versuchsanleitung:

1. Schließe einen luftfreien Plastiksack mit Hilfe eines passenden Stopfens an das Auspuffrohr eines laufenden Motors an (Abbildung links). Wenn der Plastiksack gefüllt ist, verschließe das Glasrohr mit einem kleinen Gummistopfen.

2. Verbinde den mit Autoabgas gefüllten Plastiksack mit dem Prüfröhrchen und dem Kolbenprober oder der Gasspürpumpe (Abbildung rechts).

3. Ziehe mit dem Kolbenprober mehrere Male je 100 ml Abgas aus dem Plastiksack. Beachte den Aufdruck des Prüfröhrchens; z. B. n = 10 bedeutet: 10 mal 100 ml Abgas durch das Röhrchen ziehen.

4. Lies an der Skala des Prüfröhrchens den Volumenanteil ab und notiere den Wert in der Tabelle.

	Benzinmotor ohne Katalysator	Benzinmotor mit Katalysator	Dieselmotor
Stickstoffoxide	ppm	ppm	ppm
Kohlenstoffmonooxid	%	%	%

Wir untersuchen die Entstehung von Smog

54

Bei ungünstiger Wetterlage können sich Luftschadstoffe in so hoher Konzentration ansammeln, daß die Gefahr einer Smogbildung besteht. Smog bildet sich besonders leicht bei einer Inversionswetterlage, wenn sich über bodennaher Kaltluft wärmere Luftschichten befinden. Diese Inversionswetterlage soll durch folgenden Modellversuch dargestellt werden.

Geräte/Chemikalien:
2 Standzylinder
2 große Bechergläser
(oder Glaswannen)
Thermometer

Zigaretten oder Räucherstäbchen
Eis
Kochsalz
heißes Wasser

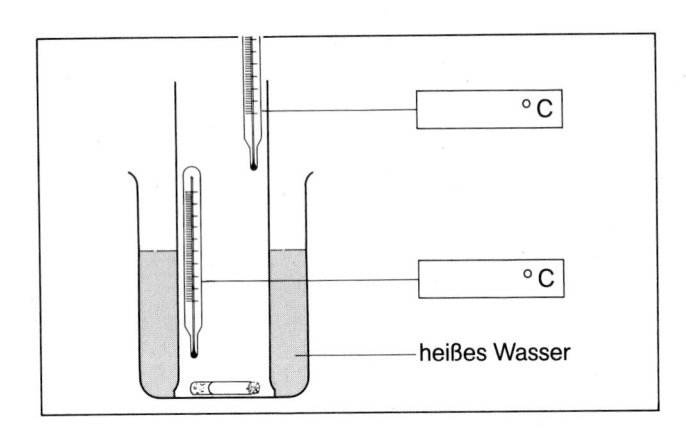

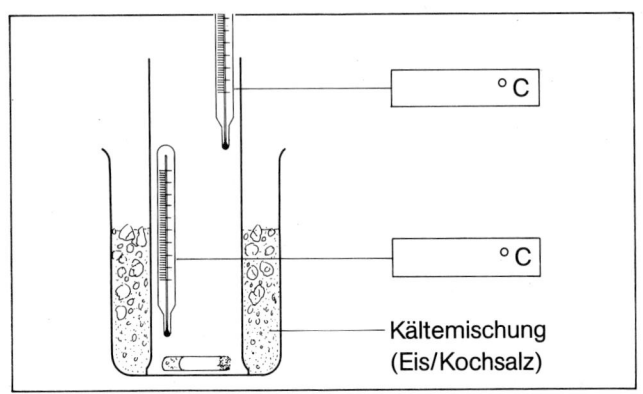

Versuchsanleitung:

1. Stelle je einen Standzylinder in ein großes Becherglas (oder eine Glaswanne), das a) mit heißem Wasser, b) mit einer Kältemischung aus Eis und Kochsalz gefüllt ist.

2. Lies nach einigen Minuten die Temperaturen in den verschiedenen Bereichen ab und trage sie in die Felder ein.

3. Gib auf den Boden des Standzylinders eine brennende Zigarette oder ein glimmendes Räucherstäbchen und beobachte den aufsteigenden Rauch.

Beobachtung:

_____

_____

_____

Aufgaben:

1. Zeichne die Ausbreitung des Rauches in die beiden Abbildungen ein.
2. Erkläre mit Hilfe des Modellversuchs die Bildung von Smog.

_____

_____

_____

Prüfe dein Wissen: Luft und Verbrennung

Gesucht wird der folgende Begriff aus dem Kapitel „Luft und Verbrennung".

1. Sie läßt sich in Elemente zerlegen.
2. Bei der Reaktion mit Sauerstoff entstehen sie.
3. In Sauerstoff verbrennt es mit gleißender Flamme.
4. Es muß ständig Energie zugeführt werden.
5. Sie ist ein Gemisch verschiedener Gase.
6. Beim Schutzgasschweißen verhindert es den Luftzutritt.
7. Sie sind zu einem geringen Anteil in der Luft enthalten.
8. Es bildet sich bei der Reaktion eines wichtigen Metalls mit Sauerstoff.
9. Hier wird Energie frei.
10. Bildet sich auf Eisenteilen an der Luft.
11. Seine Verbindungen werden von allen Lebewesen benötigt.
12. Festes Kohlenstoffdioxid.
13. Ist selbst nicht brennbar, unterhält aber die Verbrennung.
14. Reaktion mit Flammenerscheinung.
15. Füllgas für Ballons.
16. Eine Verbindung kann in sie zerlegt und aus ihnen aufgebaut werden.

Kann einem Metalloxid der Sauerstoff entzogen werden? 56

Metalloxide kommen in der Natur in Erzen vor. Aus ihnen werden in der Technik Metalle gewonnen. Die meisten Metalloxide lassen sich nur bei sehr hohen Temperaturen in das Metall und Sauerstoff zerlegen. Meist ist es leichter, zu einem Metalloxid einen Stoff mit einem großen Bindungsbestreben zu Sauerstoff zu geben.

Geräte/Materialien:
Schutzbrille
Keramikdrahtnetz
Gasbrenner
Filterpapier
Reibschale mit Pistill
Waage
1 Reagenzglas
Reagenzglasständer
Reagenzglasklammer
Pinzette
Lupe

Chemikalien:
Eisenpulver
schwarzes Kupferoxidpulver

Versuchsanleitung:

1. Wiege 1,6 g schwarzes Kupferoxid und 0,8 g Eisenpulver auf je einem Filterpapier. Mische die beiden Stoffe in einem Reagenzglas. Schüttle das Gemisch zusammen, so daß die Luft weitgehend verdrängt ist.

2. Halte das Reagenzglas so mit einer Reagenzglasklammer in die nichtleuchtende Brennerflamme, daß der Reagenzglasboden über dem blauen Kern der Flamme ist. Glüht das Gemisch an einer Stelle auf, nimm das Reagenzglas aus der Flamme.

Während des Erhitzens muß die Schutzbrille getragen werden! Öffnung des Reagenzglases nicht auf Personen richten!

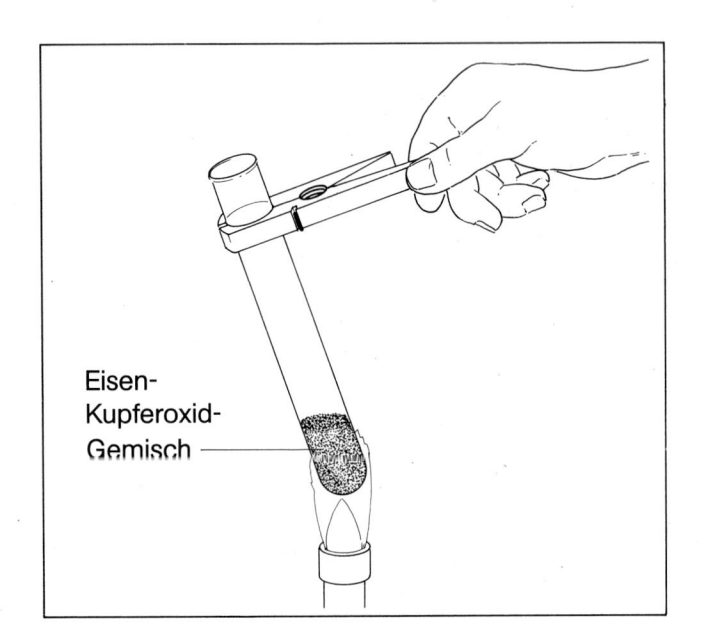

Eisen-Kupferoxid-Gemisch

Beobachtungen: _____

_____

_____

_____

_____

_____

_____

_____

3. Trage weiterhin die Schutzbrille! Umwickle das Reagenzglas nach dem Abkühlen mit Papier und zerschlage es auf dem Keramikdrahtnetz. Sammle die Glasscherben mit einer Pinzette und gib sie in den Behälter für Glasabfälle.

4. Zerstoße den Reagenzglasinhalt in der Reibschale mit dem Pistill und betrachte das Gemisch unter der Lupe.

Kann einem Metalloxid der Sauerstoff entzogen werden? **57**

Aussehen des Gemisches unter der Lupe: _____

_____

_____

Auswertung:

1. Welche Beobachtungen sprechen dafür, daß beim Erhitzen des Gemisches aus Kupferoxid und Eisen eine chemische Reaktion abgelaufen ist?

_____

_____

_____

2. Welche Stoffe sind entstanden?

_____

3. Formuliere das Reaktionsschema und kennzeichne die Oxidation und die Reduktion.

[_____] + _____ → _____ + _____

Aufgaben:

1. Im folgenden wird die Reaktion von Kupferoxid mit Eisen in zwei Sätzen beschrieben. Vervollständige diese durch richtiges Einsetzen von: oxidiert, wird oxidiert, reduziert, wird reduziert.

1. Kupferoxid [_____] Eisen zu Eisenoxid,

Kupferoxid selbst [_____] zu Kupfer.

2. Eisen [_____] Kupferoxid zu Kupfer,

Eisen selbst [_____] zu Eisenoxid.

2. Wie heißt eine Reaktion, bei der Oxidation und Reduktion gleichzeitig ablaufen?

[_____]

Ist Rost ein Oxid?

Auf Gegenständen aus Eisen, die im Freien lagern, bildet sich sehr schnell eine rotbraune Rostschicht. Rost bildet sich an der Luft. Man kann deshalb vermuten, daß das Eisen mit dem Sauerstoff ein Eisenoxid bildet. Diese Vermutung kann man überprüfen.

Geräte/Materialien:
Gasbrenner
Stativ
2 Doppelmuffen
2 Universalklemmen
Reibschale mit Pistill
Spatellöffel
Schutzbrille
Gaswaschflasche
Schlauchstück

schwerschmelzbares Reagenzglas
Gasableitungsrohr mit durchbohrtem Stopfen
Teflonband
Porzellanschale
Trichter
Filterpapier
Stabmagnet

Chemikalien:
Rost
Holzkohlepulver
Kalkwasser

Versuchsanleitung:

1. Zerreibe etwa 4 Spatellöffel Rostplättchen in der Reibschale. Vermische anschließend mit einer gleich großen Portion Holzkohlepulver.
2. Fülle das Gemisch in das schwerschmelzbare Reagenzglas. Lasse Kalkwasser durch einen Trichter mit Filterpapier in die Waschflasche laufen, so daß diese etwa zur Hälfte gefüllt ist. Baue die Apparatur wie in der Skizze auf. Auch die Waschflasche muß am Stativ befestigt sein.
3. Setze die Schutzbrille auf. Erhitze das Gemisch kräftig mit der nichtleuchtenden Brennerflamme. Löse vor Beendigung des Erhitzens das Schlauchstück von dem Gasableitungsrohr der Waschflasche, da sonst Kalkwasser in das schwerschmelzbare Reagenzglas steigen kann.
4. Schütte den erkalteten Rückstand in eine Porzellanschale. Berühre den Rückstand mit einem Magneten. Halte den Magneten zum Vergleich auch an Rost.

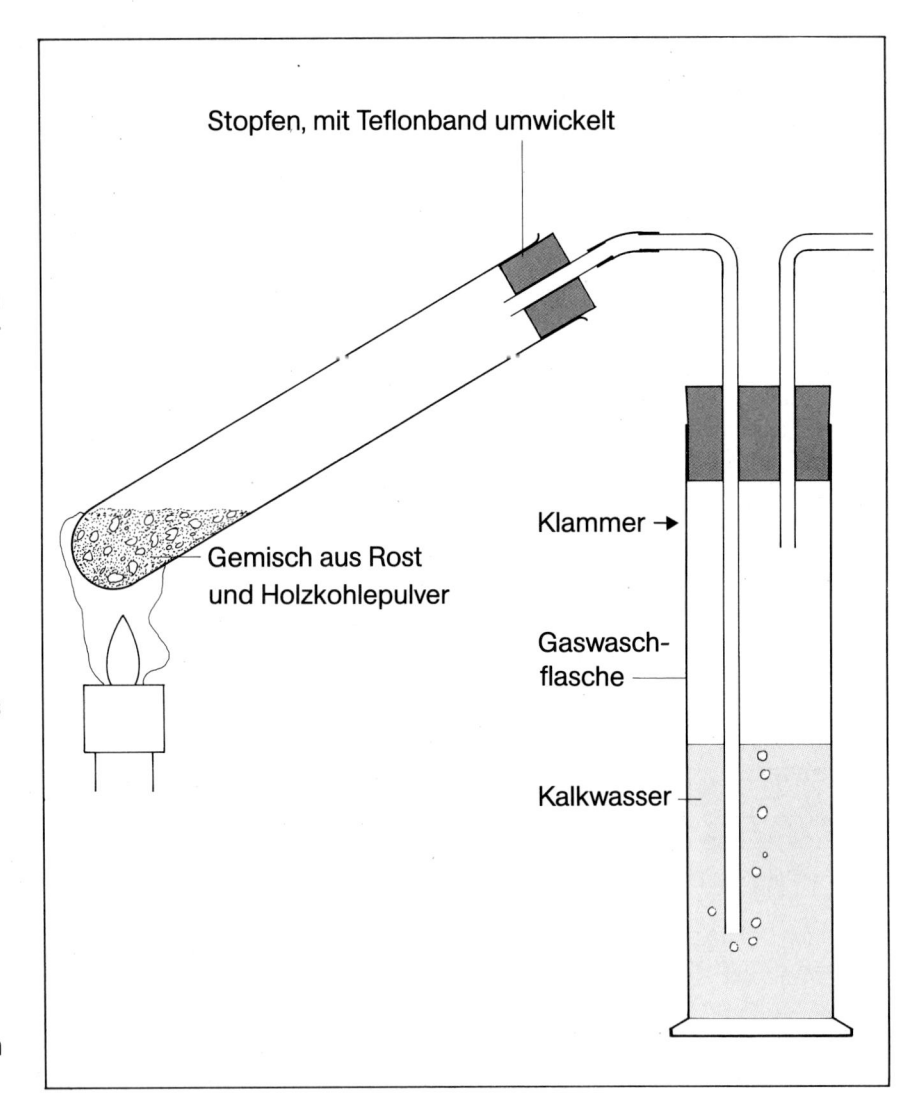

Auswertung:

1. Schildere deine Beobachtungen.
2. Deute deine Beobachtungen.
3. Ist Rost ein Oxid? Formuliere das Reaktionsschema.

Nimm die Auswertung auf einem separaten Blatt in deinem Heft vor.

Vom Eisenerz zum Roheisen – der Hochofenprozeß

Eisen ist das wichtigste Gebrauchsmetall. Es kann durch Reduktion aus Eisenoxiden in hohen Schachtöfen, den Hochöfen, gewonnen werden.

1. Beschrifte das Schemabild des Hochofens.

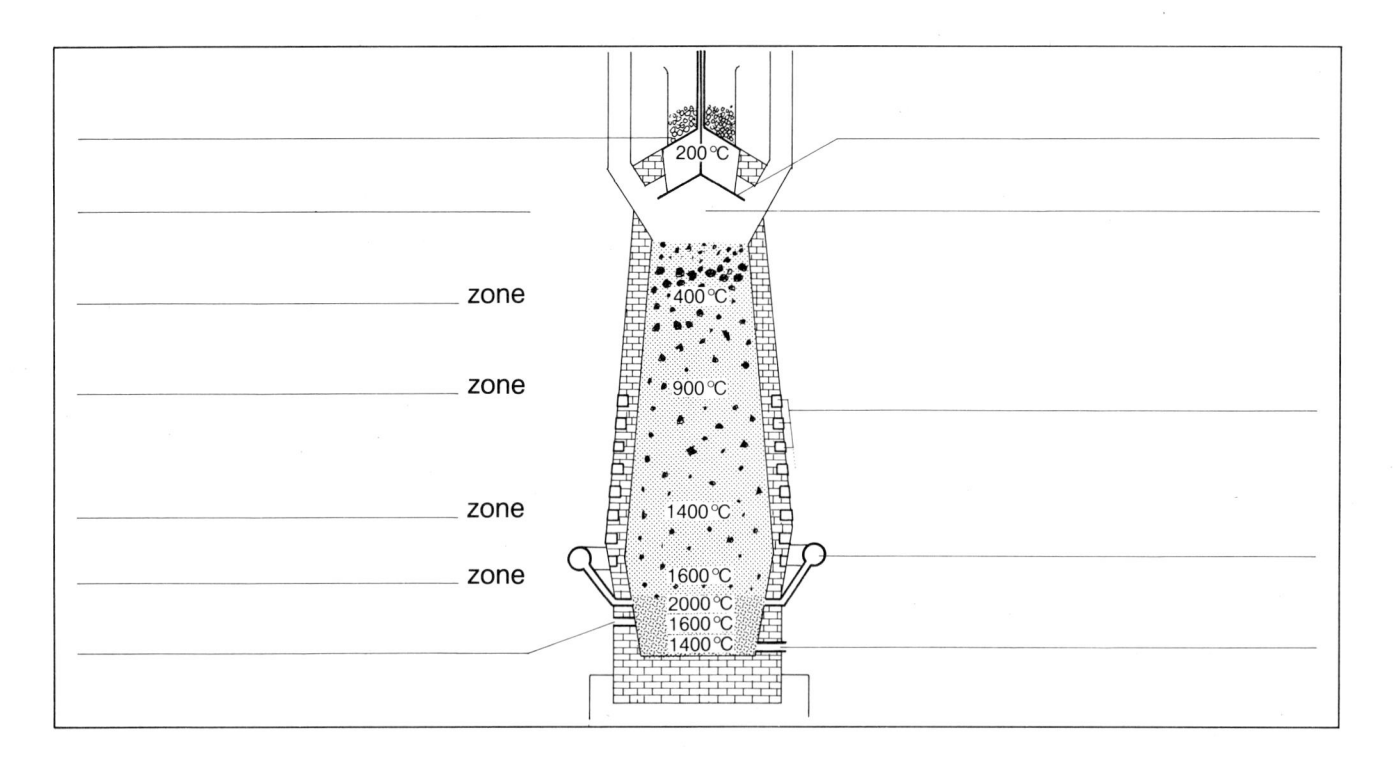

_____ zone

_____ zone

_____ zone

_____ zone

2. Gib an, welche wesentlichen Vorgänge in den einzelnen Zonen des Hochofens von oben nach unten ablaufen.

Zonen im Hochofen	Vorgänge
_____ zone	
_____ zone	
_____ zone	
_____ zone	

Eisen und Stahl unterscheiden sich voneinander 60

Zahlreiche Gegenstände in Alltag und Technik sind aus Stahl gefertigt. Stähle sind Legierungen. Obwohl der Eisenanteil der Legierung meistens am größen ist (sehr häufig liegt er über 90 %), weisen Stähle andere Eigenschaften als Eisen auf.

Geräte/Materialien:
Schutzbrille
Gasbrenner
2 Rasierklingen (entschärft)
Blumendraht
Pinzette
Tiegelzange
Becherglas
Glasrohr
Bleistift

Information:
Blumendraht besteht aus Eisen, das nur einen sehr geringen Kohlenstoffanteil aufweist

Achtung, Rasierklingen sind scharf! Fasse sie deshalb vorsichtig an! Rasierklingen können auch zerbrechen. Trage während der Durchführung der Versuche die Schutzbrille!

Versuchsanleitung:

1. a) Fasse eine Rasierklinge mit der Pinzette und drücke die Klinge auf den Experimentiertisch. Vergleiche mit der Elastizität von Eisen. Umwickle dazu einen Bleistift mit einem Stück Blumendraht, so daß du eine Eisenfeder erhältst. Ziehe die Feder an den Enden leicht auseinander und lasse ein Ende los.
   b) Versuche, mit der Rasierklinge bzw. mit der scharfen Ecke des Blumendrahtes Glas zu ritzen.
2. a) Fasse die Rasierklinge mit der Tiegelzange und lasse die Rasierklinge in der Brennerflamme durchglühen. Lasse die Klinge anschließend außerhalb der Brennerflamme abkühlen und prüfe erneut die Elastizität. Wiederhole den Versuch mit einem Stück Blumendraht.
   b) Wiederhole auch die Ritzversuche.
3. a) Glühe die Rasierklinge wieder aus und schrecke sie durch Eintauchen in kaltes Wasser ab. Prüfe anschließend ihre Biegsamkeit. Führe auch diesen Versuch mit einem Stück Blumendraht durch.
   b) Versuche erneut, Glas zu ritzen.
4. Fasse die zweite Rasierklinge mit der Tiegelzange und lasse sie in der Brennerflamme durchglühen. Ziehe die Klinge aus der Flamme und tauche sie sofort in kaltes Wasser. Schwenke die Klinge anschließend ab und erhitze sie über der Brennerflamme, bis sie gerade schwach rot glüht. Prüfe die Elastizität der Klinge. Wiederhole auch diesen Versuch mit einem Stück Blumendraht.

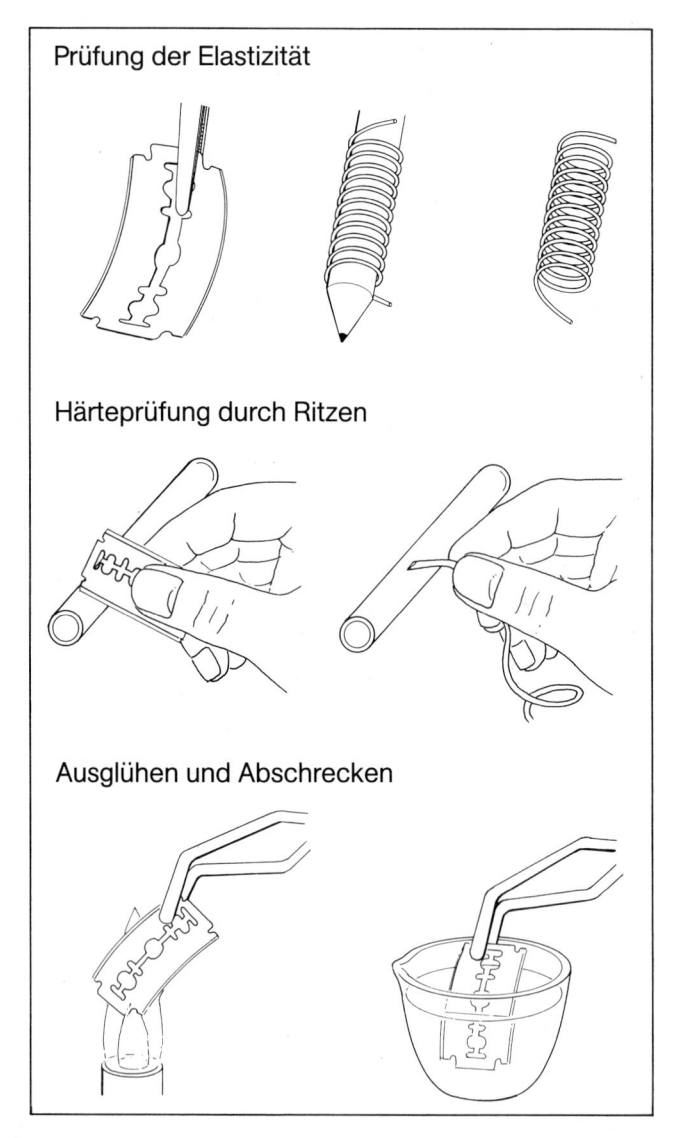

Prüfung der Elastizität

Härteprüfung durch Ritzen

Ausglühen und Abschrecken

Auswertung:

1. Trage deine Beobachtungen in Stichworten in eine Tabelle ein, die du selbst entwirfst.
2. Worin unterscheiden sich Stahl und Eisen bei diesen Versuchen?

Nimm die Auswertung auf einem separaten Blatt in deinem Heft vor.

Stahlgewinnung

Das im Hochofen gewonnene Roheisen enthält Kohlenstoff und geringe Anteile anderer Stoffe. Roheisen ist hart und spröde. Aus dem Roheisen wird der schmiedbare und walzbare Stahl gewonnen. In den Abbildungen werden zwei wichtige Verfahren zur Stahlerzeugung schematisch dargestellt und im folgenden Text behandelt. Um welche Verfahren handelt es sich? Beschrifte die Abbildungen und fülle die Lücken im Text aus.

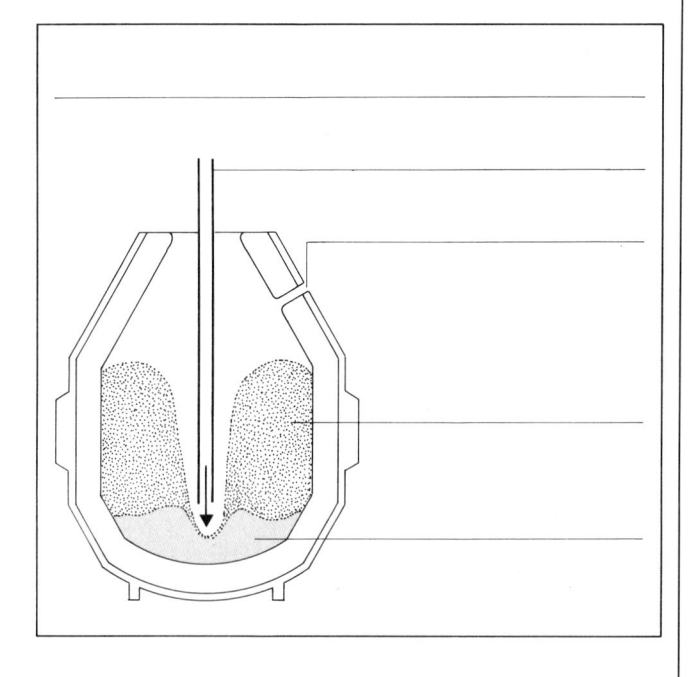

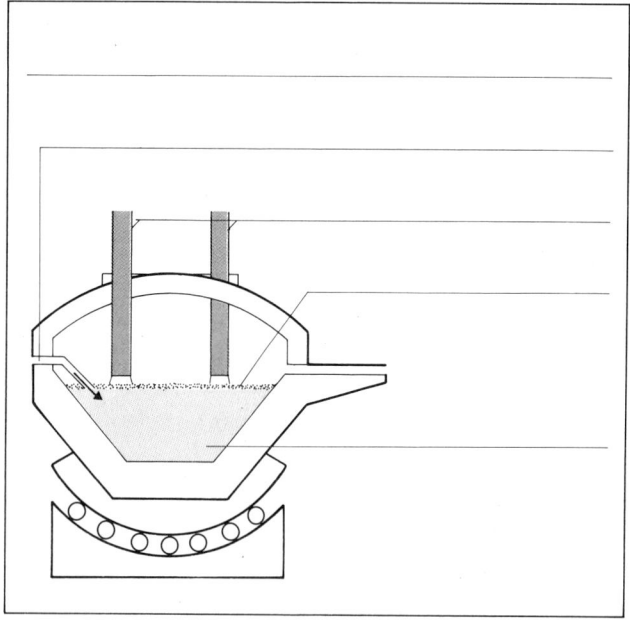

Die Stahlerzeugung erfolgt in einem schwenkbaren Gefäß, dem _____. Von oben wird _____ unter Druck auf das _____ geblasen. Dabei werden die _____ des Roheisens _____. Die entstehenden gasförmigen Oxide entweichen, die anderen bilden mit zugegebenem Kalk _____, die auf der _____ der Stahlschmelze schwimmt. Die Oxidation der Begleitstoffe verläuft stark exotherm, deshalb werden zur „Kühlung" noch _____ und _____ zugefügt. Da der Kohlenstoff zuletzt oxidiert wird, kann man durch die Dauer der Oxidation (30 bis 40 Minuten) den gewünschten _____ des Stahls einstellen.

In einem Elektroofen werden mit Hilfe eines _____ bei Temperaturen von etwa 3000° C _____ und _____ eingeschmolzen. Der zur Oxidation notwendige Sauerstoff stammt aus den _____ des _____. Außerdem kann bei Bedarf noch _____ zugesetzt oder von außen _____ in das Metallbad eingeblasen werden. Die Aufarbeitung einer Ofenfüllung beträgt im Durchschnitt 4 Stunden. Dieses Verfahren dient vor allem zur Herstellung _____. Durch Beimischen (Legieren) von Chrom und Nickel kann man _____ erhalten.

Wir bestimmen den Wasseranteil von Lebensmitteln

Wasser ist ein lebensnotwendiger Stoff. Ein Erwachsener muß täglich 3 Liter Wasser zu sich nehmen, um seinen Wasserbedarf zu decken. Dies bedeutet aber nicht, daß er täglich 3 Liter Wasser trinken muß, denn viele Nahrungsmittel verfügen über einen hohen Wasseranteil. Diesen Anteil wollen wir im folgenden Versuch genauer bestimmen.

Geräte:
Reagenzgläser
Reagenzglasgestell
Reagenzglashalter
Brenner
Uhrglas
Waage
Schutzbrille
verschiedene Lebensmittel-
proben: Kartoffel, Tomate,
Apfel, Salat, Brot, usw.

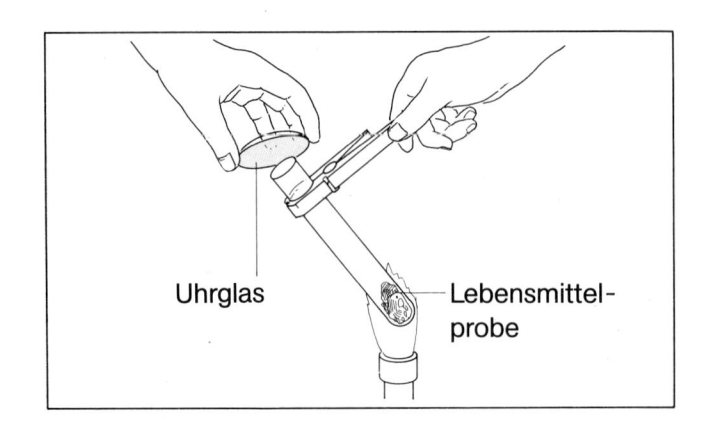

Versuchsanleitung:

1. Bestimme die Masse jeder Lebensmittelprobe mit Hilfe einer Waage.
2. Erhitze die Lebensmittelprobe im Reagenzglas so vorsichtig, daß sie nicht verkohlt. Halte während des Erhitzens ein trockenes Uhrglas über die Reagenzglasöffnung. Während des Erhitzens Schutzbrille tragen, Öffnung nicht auf andere Personen richten!
3. Bestimme die Masse der Proben nach dem Erhitzen und trage die Ergebnisse in die Tabelle ein. Berechne die Masse des Wassers und den Wasseranteil (in Prozent).

Lebensmittel-probe	Masse vor dem Erhitzen (m_1)	Masse nach dem Erhitzen (m_1)	Masse des Wassers in Gramm $m_3 = m_2 - m_1$	Wasseranteil in Prozent $\frac{m_3}{m_2} \cdot 100\%$

Aufgaben:

1. Wasser erfüllt verschiedene lebenswichtige Funktionen. Beschreibe sie.

2. Nur ein geringer Teil des täglich verbrauchten Wassers dient als Lebensmittel. Gib an, wieviel Wasser durchschnittlich pro Tag für andere Bereiche verbraucht wird.

Löslichkeit von Gasen in Wasser

Menschen und Tiere benötigen Luft zum Atmen. Beim Atmen wird der Luft Sauerstoff entzogen. Dieser Atmungsvorgang ist nicht nur für Landtiere, sondern auch für im Wasser lebende Tiere lebensnotwendig. Woher nehmen Wasserlebewesen den benötigten Sauerstoff? Der folgende Versuch soll darüber Auskunft geben.

Geräte/Materialien:
Gasbrenner
Stativmaterial
Reagenzglas
Trichter
Keramikdrahtnetz
Becherglas (500 ml, hohe Form)
Thermometer

Chemikalien:
Wasser (frisches Leitungswasser)

Versuchsanleitung:

1. Fülle das Becherglas mit frischem Leitungswasser und stelle (wie in der Abbildung gezeigt) einen Trichter in das Becherglas.
2. Befestige ein Reagenzglas, das ebenfalls mit frischem Wasser gefüllt wurde, mit Hilfe einer Stativklemme oberhalb des Trichters. Die Reagenzglasöffnung muß dabei in das Wasser eintauchen. In dem Reagenzglas darf sich keine Luft mehr befinden.
3. Erhitze das Wasser auf etwa 90° C. Die Siedetemperatur des Wassers darf auf keinen Fall erreicht werden. Notiere deine Beobachtungen.

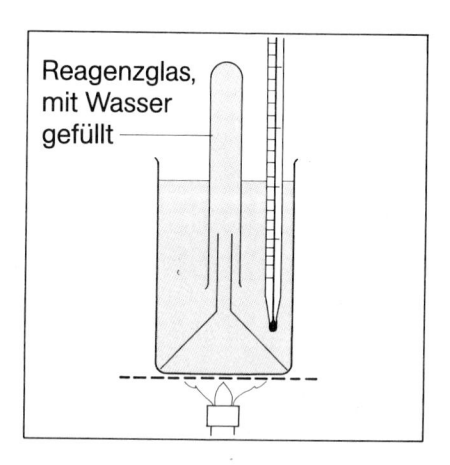

Beobachtung: _____

Auswertung: _____

Aufgabe:

Bei Wasseruntersuchungen wird die Löslichkeit des Sauertoffs meistens in mg pro Liter Wasser angegeben. Die Abhängigkeit der Löslichkeit von der Temperatur ist besonders gut zu erkennen, wenn du die Werte aus der Tabelle in das Diagramm überträgst und die Punkte zu einer Kurve verbindest.

Löslichkeit des Sauerstoffs der Luft in Wasser:

Temperatur (in °C)	0	5	10	15	20	25	30
Löslichkeit (in mg pro Liter bei 1013 mbar)	14,2	12,4	10,9	9,8	8,8	8,1	7,5

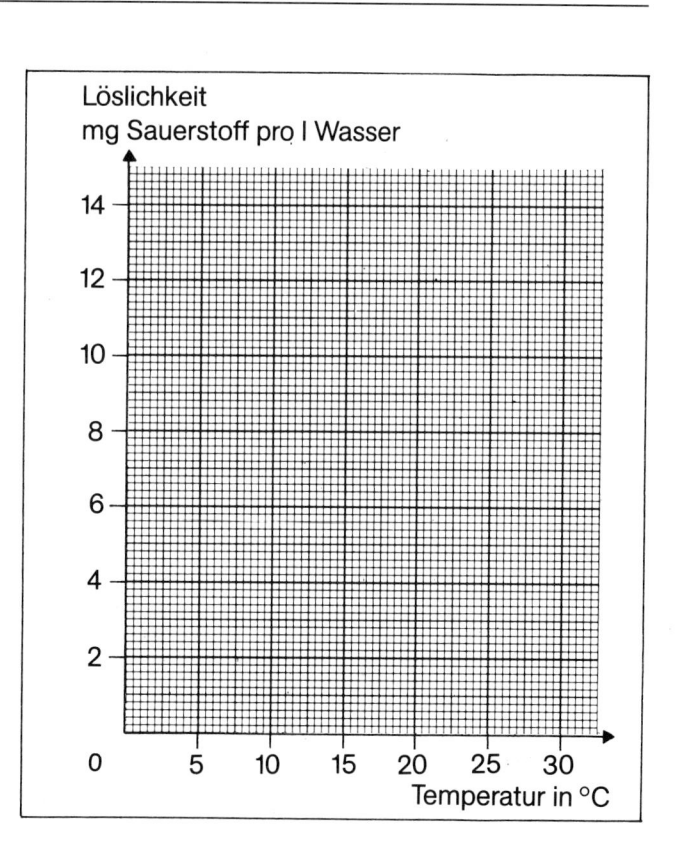

Aufbau und Funktion einer Kläranlage 64

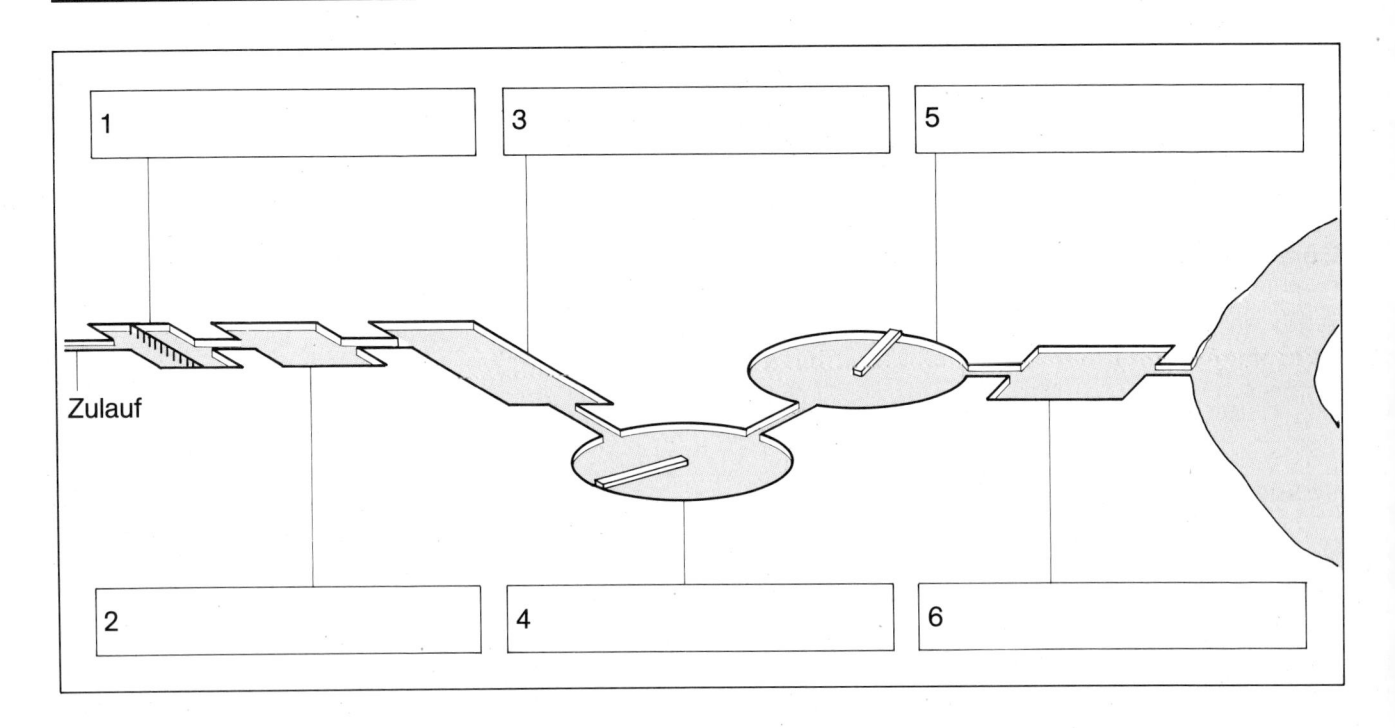

| 1 | | 3 | | 5 | |

Zulauf

| 2 | | 4 | | 6 | |

Aufgaben:

1. In der Abbildung kannst du sechs verschiedene Stationen einer Kläranlage erkennen. Die sechste Station findet man jedoch nur bei einigen Kläranlagen. Trage in die entsprechenden Felder die Namen der Stationen ein.

2. Erkläre, nach welchem Prinzip die Reinigung in den Stationen abläuft. Trage deine Ausführungen in die Tabelle ein.

	Station	Arbeitsweise
1		
2		
3		
4		
5		
6		

3. Nicht alle Abwässer aus den Haushalten werden in einer Kläranlage behandelt. Auch verfügen nicht alle Kläranlagen über eine chemische Reinigung. Es ist deshalb wichtig, daß der Verschmutzung der Gewässer schon im Haushalt vorgebeugt wird. Dazu kann jeder beitragen, denn ein großer Teil der Stoffe, die das Grundwasser und die Gewässer verunreinigen, kommen aus dem Haushalt: Reinigungs-, Putz- und Waschmittel, Körperpflegemittel, Lacke, Farben, Lösungsmittel, Medikamente und Speiseöl. Formuliere Regeln, die zu einer Verringerung der Wasserverschmutzung beitragen (Ausführung in deinem Heft vornehmen).

Beispiele:
1. Mit Reinigungs- und Putzmittel sparsam umgehen.
2. Phosphatfreie Waschmittel verwenden.
3. Waschmaschinen und Geschirrspüler können oft im „Spargang" betrieben werden.

Gewinnung und Gefährdung des Trinkwassers

Trinkwasser wird aus Grundwasser oder Oberflächenwasser gewonnen. Da das Oberflächenwasser aus Seen und Flüssen jedoch stark verschmutzt ist, muß dieses Wasser erst aufbereitet werden.

1. In der Skizze kannst du den Weg des Wassers vom Flußwasser zum Trinkwasser verfolgen. Beschreibe den Weg durch Ergänzung des folgenden Textes.

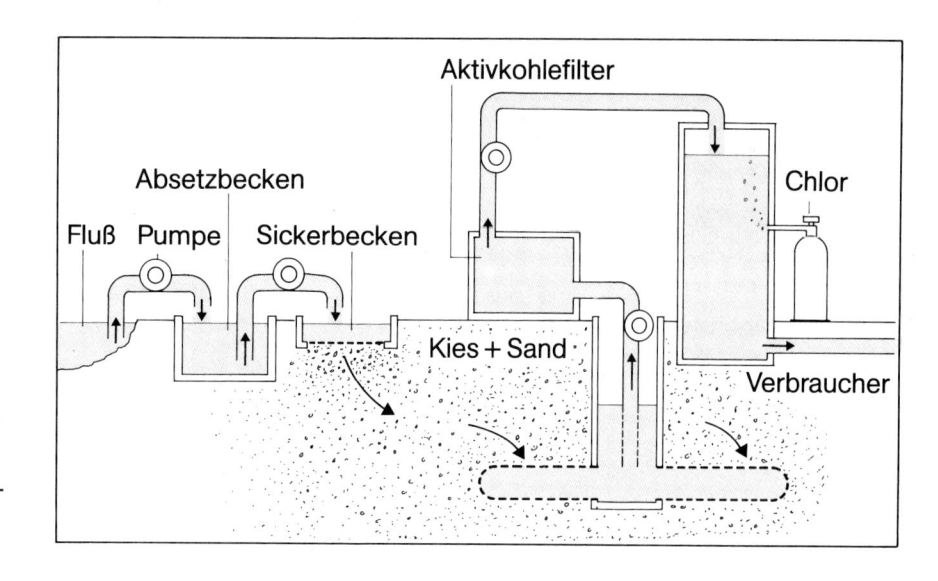

Das Oberflächenwasser wird zunächst in ein _____ gepumpt, in dem grobe

Verunreinigungen _____. Aus dem folgenden _____ sickert

das Wasser durch _____ schichten, die wie _____ wirken.

Gelöste Verunreinigungen werden mit Hilfe von _____ entfernt.

Um Bakterien und Keime abzutöten, wird das Wasser zum Schluß noch _____.

2. Die Verschmutzung der Oberflächengewässer ist auf zahlreiche Faktoren zurückzuführen. Betrachte die Skizze genau und beschreibe, wer die Verschmutzung verursacht.

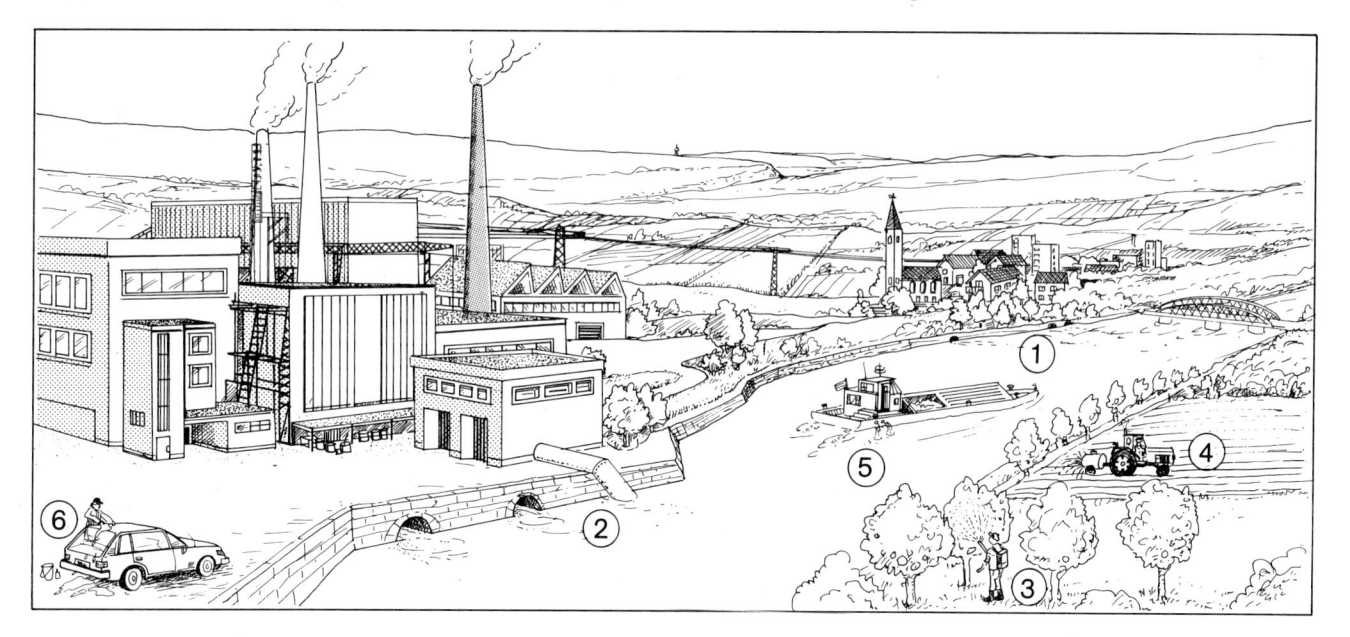

Verursacher:

① _____   ④ _____

② _____   ⑤ _____

③ _____   ⑥ _____

Vom Schmutzwasser zum Trinkwasser

Da das Grundwasservorkommen zur Trinkwassergewinnung nicht mehr ausreicht, muß man auch auf Oberflächenwasser aus Seen und Flüssen zurückgreifen. Dieses Oberflächenwasser ist jedoch z.T. stark verschmutzt. In den Versuchen wollen wir zeigen, wie man dieses Schmutzwasser reinigen kann.

Geräte/Materialien:
Becherglas
Trichter
Verbrennungsrohr
Watte
Uhrglas
Glasstab
Gasbrenner
Tiegelzange
Stativmaterial
Glasrohrstück
Gummistopfen, durchbohrt

Chemikalien:
Sand (gereinigt)
Aktivkohle
Waschpulver
Parfüm
Kochsalz
Erde

Versuchsanleitung:

1. Stelle in einem Becherglas Schmutzwasser her, indem du zu Leitungwasser z. B. Erde, Kochsalz, Waschpulver und Parfüm gibst. Rühre mit einem Glasstab mehrfach um.
2. Baue – wie in der Abbildung gezeigt – einen Sandfilter und einen Aktivkohlefilter.
3. Reinige das Schmutzwasser zunächst mit dem Sandfilter. Beurteile die Wasserqualität nach Aussehen und Geruch. Gib einige Tropfen des gereinigten Wassers auf ein Uhrglas und lasse das Wasser verdunsten (Uhrglas mit Tiegelzange fassen und über Brennerflamme leicht erwärmen).

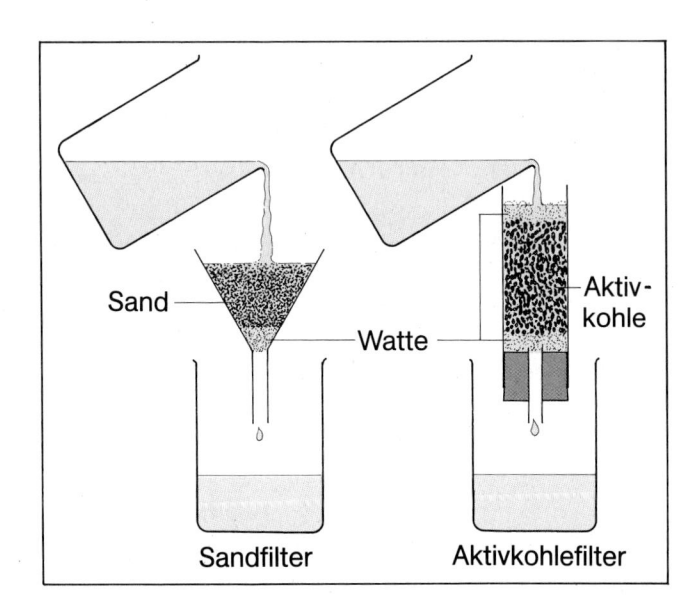

Beobachtung:

_____

_____

4. Reinige das Wasser aus dem Sandfilter jetzt mit dem Aktivkohlefilter. Beurteile das gereinigte Wasser wieder nach Aussehen und Geruch. Lasse auch einige Tropfen verdunsten.

Beobachtung:

_____

_____

Aufgaben:

1. Würdest du das zum Schluß erhaltene Wasser als „Trinkwasser" bezeichnen? Begründe.

_____

2. Welchen Schritt müßte man noch durchführen, um Trinkwasser zu erhalten?

_____

Wir stellen ein Nachweispapier für Wasser her 67

Bei vielen chemischen Reaktionen bildet sich eine Flüssigkeit, von der man vermutet, daß es sich um Wasser handelt. Häufig ist die Flüssigkeitsportion zu klein, um die Siedetemperatur und Dichte zu bestimmen. Man benötigt deshalb einen einfachen und schnellen Nachweis für Wasser, bei dem auch eine sehr kleine Portion ausreicht.

Geräte/Materialien:
Schere
Filterpapier
Pinzette
Becherglas
Handtuchpapier
Fön oder
Trockenschrank
3 Tropfpipetten
Erlenmeyerkolben
mit Stopfen

Chemikalien:
Cobaltchloridlösung
destilliertes Wasser
Benzin
Aceton

Versuchsanleitung:

a) Schneide zwei Streifen Filterpapier (z. B. 1,5 cm x 4,5 cm) aus. Lege diese für kurze Zeit in das Becherglas mit Cobaltchloridlösung. Ziehe jeweils einen Streifen aus der Lösung und lasse die überschüssige Flüssigkeit über dem Becherglas abtropfen.
b) Trockne dann die Streifen mit dem Fön oder im Trockenschrank bei etwa 40° C (Unter die Streifen sollte dabei ein Handtuchpapier gelegt werden!).
c) Zerschneide einen der getrockneten Streifen in drei Stücke und lege diese auf ein Handtuchpapier. Gib dann auf das erste Papier einen Tropfen Wasser, auf das zweite einen Tropfen Benzin, auf das dritte einen Tropfen Aceton.
d) Bewahre den zweiten Streifen für künftige Versuche in einem verschlossenen Erlenmeyerkolben auf.

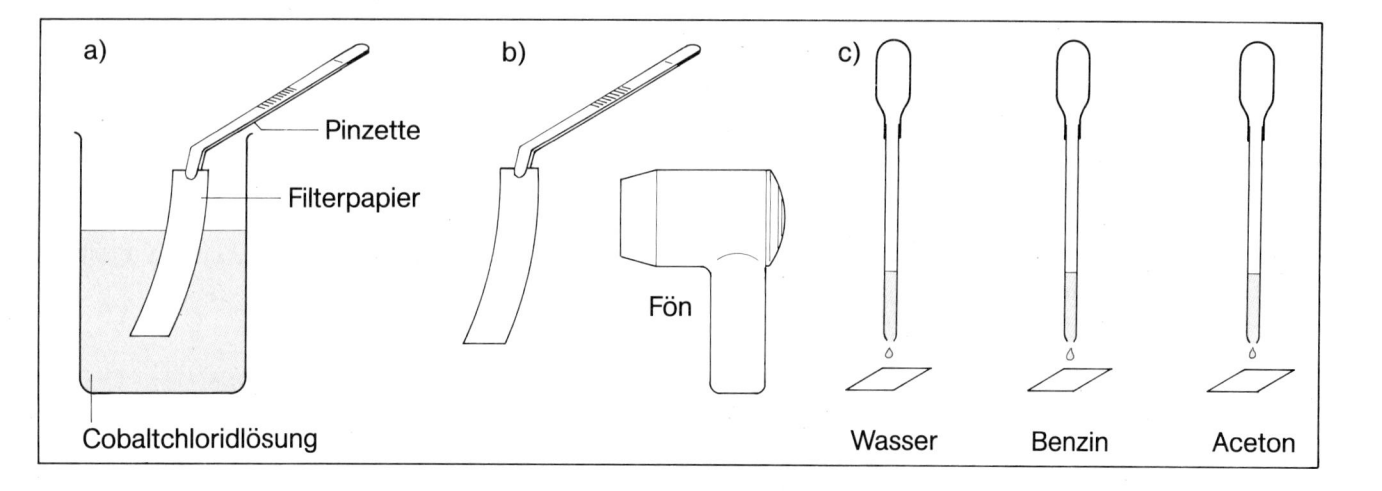

Auswertung:

1. Schildere deine Beobachtungen. _____
_____
_____
_____

2. Fülle die Lücken des Merksatzes aus:

Die _____ von blauem Cobaltchlorid ist ein _____

für _____ .

Prüfe dein Wissen: Wasser und Wasserstoff 68

1. **Die Zusammensetzung des Wassers** kann mit folgendem Versuch ermittelt werden.

In der rechten Versuchsanordnung wird zunächst das Zinkpulver stark und dann der nasse Sand schwach erhitzt. Nach kurzer Zeit glüht das Pulver hell auf, es wird nur noch der nasse Sand erhitzt, an der Spitze des Glasrohres kann ein farbloses Gas entzündet werden. Das Pulver ist nach dem Aufglühen zunächst gelb, nach dem Abkühlen wird es weißgrau.

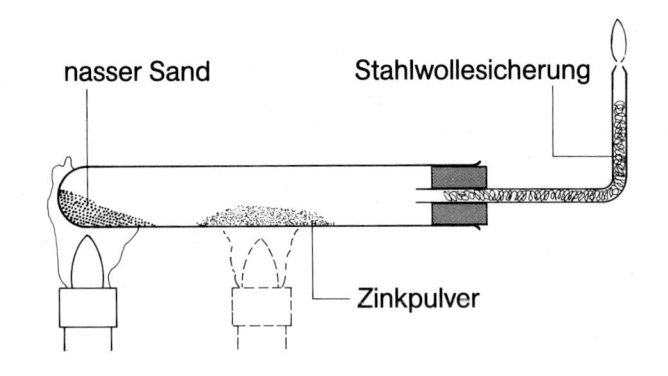

Auswertung:

a) Deute die Beobachtungen, verwende dazu auch die Wörter: Wasser, Wasserstoff, Zink, Zinkoxid, exotherm. Stelle außerdem das Reaktionsschema auf.

_____

_____

_____

b) Warum muß das Zink erhitzt werden?

_____

c) Warum wird nicht zuerst der nasse Sand und dann das Zink erhitzt?

_____

_____

2. **Aus dem Bericht eines Schulleiters an die Schulaufsichtsbehörde**

„Als Herr Fahrig die Bildung von Wasser aus den Elementen mit der rechts skizzierten Versuchsanordnung vorführte, mußte er die Schülerin Inge Z. wegen wiederholten Störens ermahnen. Dabei bemerkte er nicht, daß die Wasserstoffflamme erloschen war. Nachdem er sich wieder auf den Versuch konzentrieren konnte, sah er sofort, daß der Wasserstoff nicht mehr brannte. Schnell zog er die Düse aus dem Kolben, entzündete den Wasserstoff mit dem Feuerzeug und senkte die Düse wieder in den Kolben. Sofort erfolgte ein lauter Knall, die Kugel war völlig zerstört. Die Hand des Lehrers war voller Glassplitter und blutete, auch drei Schüler erlitten durch herumfliegende Glassplitter kleinere Gesichtsverletzungen. Lehrer und Schüler mußten im Krankenhaus ärztlich versorgt werden."

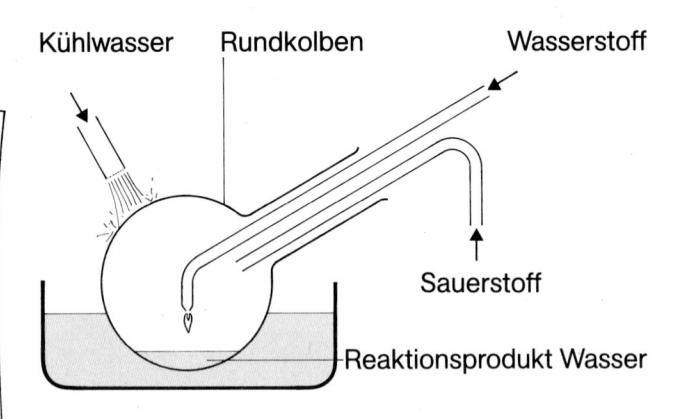

Aufgabe:

Was machte der Lehrer falsch, so daß es zu der Explosion kam?

_____

_____

_____

_____

Wir untersuchen chemische Reaktionen mit der Waage

Wir haben schon zahlreiche Reaktionen betrachtet, bei denen die Eigenschaften der Ausgangsstoffe und Reaktionsprodukte, z. B. Farbe, elektrische Leitfähigkeit und Brennbarkeit, im Vordergrund standen. Der russische Chemiker Lomonossow (1711–1765) und der französische Chemiker Lavoisier (1743–1794) haben dagegen bei vielen Reaktionen die Masse der Ausgangsstoffe mit der Masse der Reaktionsprodukte verglichen. Auch bei dem folgenden Versuch sollen die Massen der beteiligten Stoffe näher untersucht werden.

Geräte/Materialien:
Gasbrenner, Reagenzglas, Reagenzglashalter, Streichhölzer, Luftballon, Waage

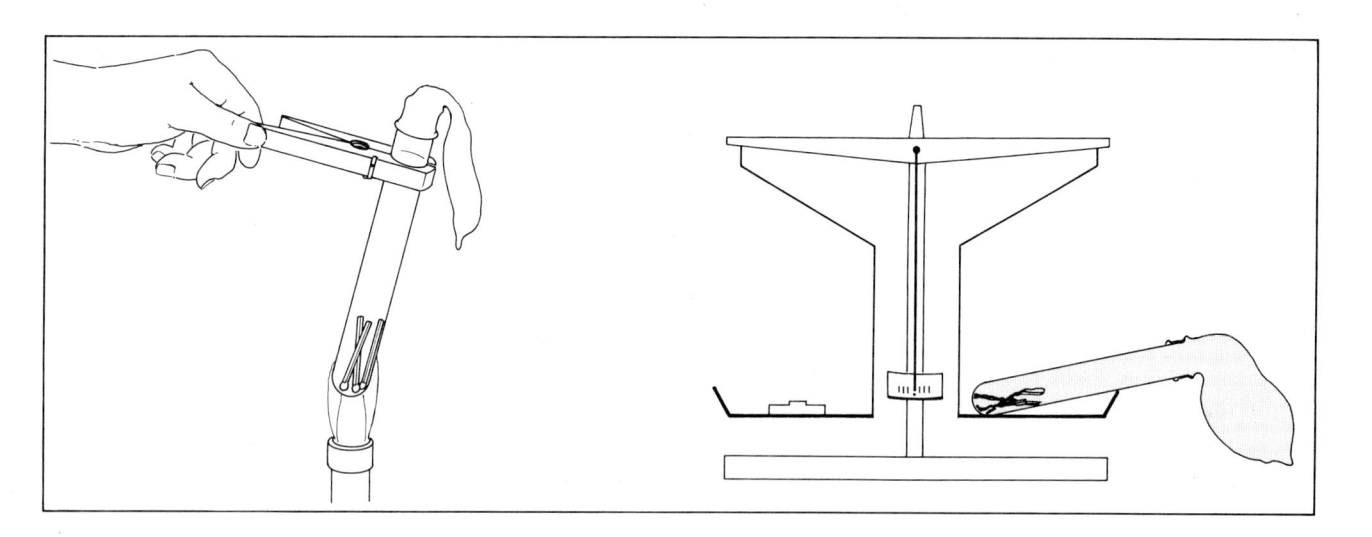

Versuchsanleitung:

1. Gib in ein Reagenzglas einige Streichhölzer und verschließe das Reagenzglas mit einem Luftballon. Stelle die Masse des so vorbereiteten Reagenzglases fest.
2. Erhitze das Reagenzglas mit der Brennerflamme, bis sich die Streichhölzer entzünden.
3. Warte, bis sich das Reagenzglas abgekühlt hat und wiege erneut.
4. Wiederhole den Versuch mit unterschiedlicher Anzahl von Streichhölzern. Trage die Ergebnisse in die Tabelle ein.

Versuch	Anzahl der Streichhölzer	Masse *vor* der Reaktion	Masse *nach* der Reaktion
1			
2			
3			

Aufgabe:

1. Die Versuchsergebnisse lassen sich in einem Gesetz zusammenfassen. Formuliere dieses Gesetz.

Die Masse von Atomen

Mit modernen Geräten lassen sich heute die Atommassen sehr genau bestimmen. Die Abbildung zeigt ein vereinfachtes Modell eines solchen Gerätes.

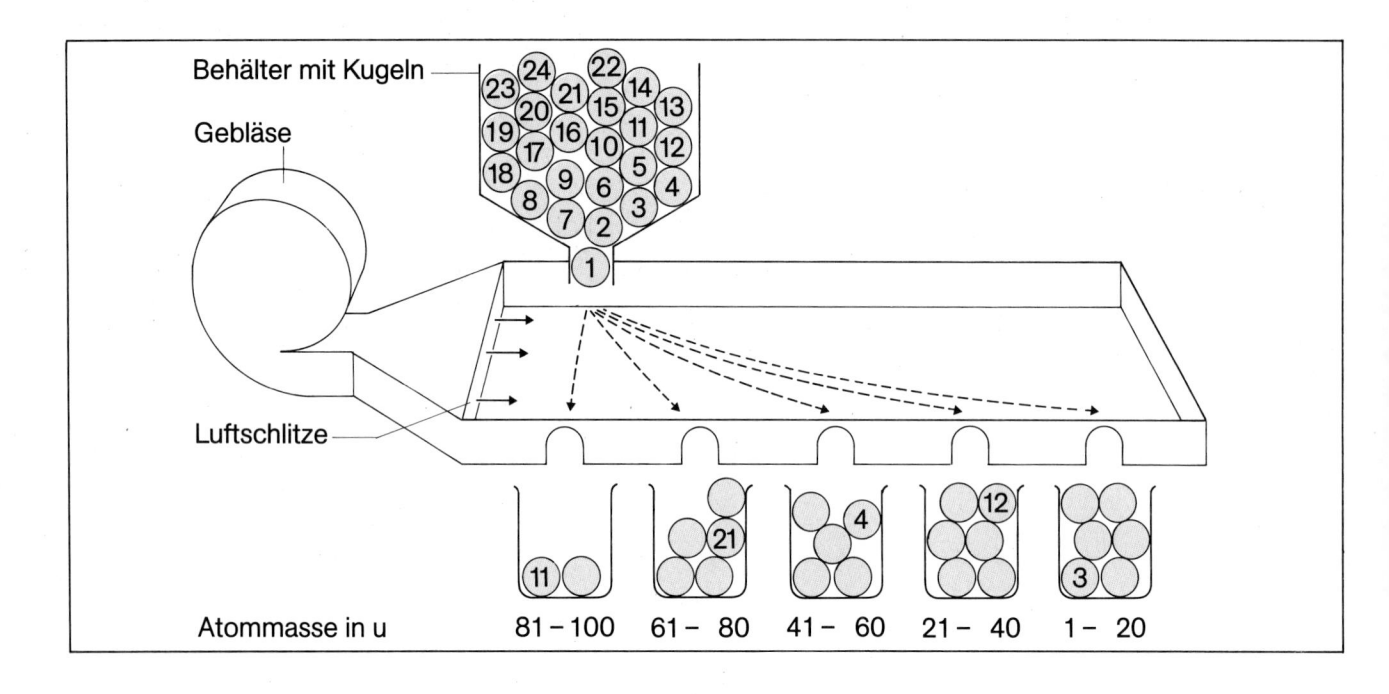

1. Erkläre die Arbeitsweise dieses Gerätes.

_____

_____

_____

2. In dem Behälter befinden sich 24 Kugeln, die 24 verschiedene Atome darstellen sollen. Ordne die fehlenden Kugeln in die 5 Behälter ein.

1: Kupfer	2: Chrom	3: Lithium	4: Nickel
5: Schwefel	6: Stickstoff	7: Fluor	8: Kalium
9: Cobalt	10: Kohlenstoff	11: Krypton	12: Aluminium
13: Wasserstoff	14: Natrium	15: Helium	16: Eisen
17: Selen	18: Magnesium	19: Titan	20: Brom
21: Arsen	22: Phosphor	23: Zink	24: Strontium

3. Ergänze auf der Balkenwaage die Atome so auf der freien Waagschale, daß sich die Waage im Gleichgewicht befindet.

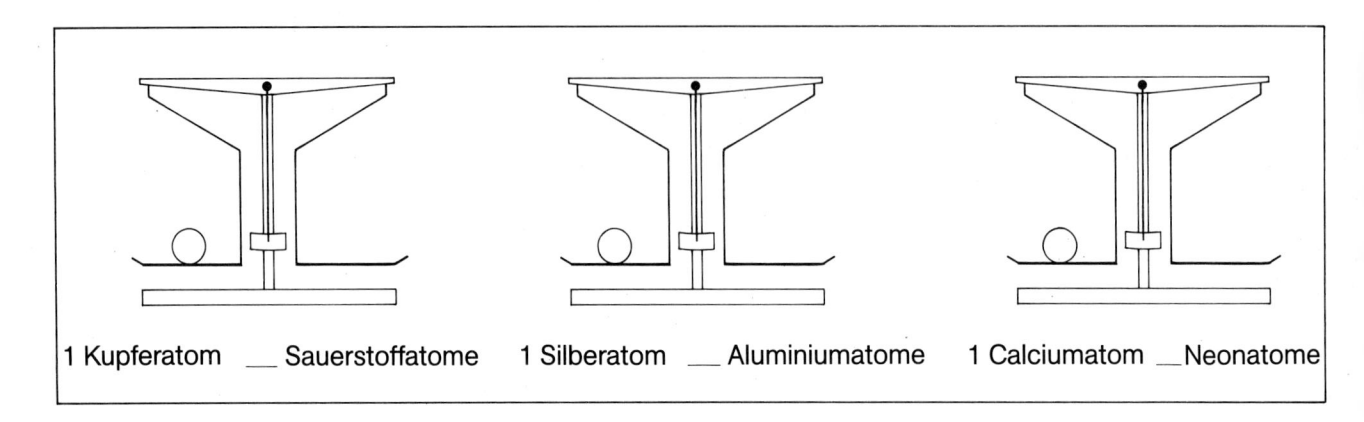

1 Kupferatom ___ Sauerstoffatome   1 Silberatom ___ Aluminiumatome   1 Calciumatom ___ Neonatome

Symbole und Formeln – die Sprache des Chemikers

1. Bestimmt sind dir folgende Symbole schon einmal begegnet. Gib ihre Bedeutung an.

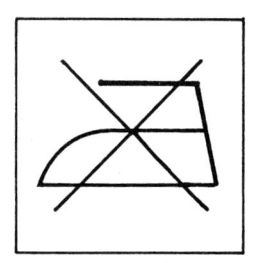

2. Zeichne weitere Symbole aus dem Alltag und trage ihre Bedeutung ein.

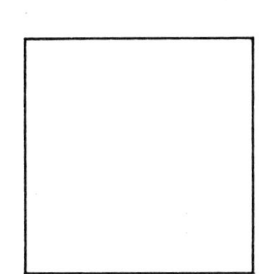

3. Für chemische Elemente hat der schwedische Chemiker BERZELIUS eine international gültige Zeichensprache eingeführt. Gib für folgende Elemente die richtigen Symbole an:

Wasserstoff:	Phosphor:	Gold:	Eisen:
Quecksilber:	Helium:	Zink:	Phosphor:
Neon:	Sauerstoff:	Magnesium:	Aluminium:

4. In einer chemischen Verbindung sind verschiedene Atome miteinander verbunden. Die Formel einer Verbindung gibt aber nicht nur die Art der beteiligten Atome, sondern auch das Zahlenverhältnis der Atome an. Will man eine Formel vollständig angeben, muß man daher die Atomsorten und das Zahlenverhältnis kennen. In der Tabelle ist beides bekannt. Gib die richtige Formel an.

Name der Verbindung	Zahlenverhältnis der Atome	Formel
Zinkchlorid	Zink : Chlor = 1 : 2	$ZnCl_2$
Natriumoxid	Natrium : Sauerstoff = 2 : 1	
Aluminiumoxid	Aluminium : Sauerstoff = 2 : 3	
Magnesiumsulfid	Magnesium : Schwefel = 1 : 1	
Kohlenstoffdioxid	Kohlenstoff : Sauerstoff = 1 : 2	
Schwefeltrioxid	Schwefel : Sauerstoff = 1 : 3	

Wir erklären chemische Reaktionen mit dem Dalton-Atommodell 72

Mit Hilfe des Dalton-Atommodells lassen sich chemische Reaktionen anschaulich erklären:
Bei einer chemischen Reaktion werden die Atome nicht zerstört oder neu gebildet, sondern voneinander getrennt oder miteinander verbunden. Diese Deutung einer chemischen Reaktion wollen wir anwenden.

Aufgabe:

Schneide die Kästchen für die Kupfer-, Magnesium- und Schwefelatome aus und klebe sie in dem vorgegebenen Raster zu den entsprechenden Reaktionen zusammen. Orientiere dich, falls erforderlich, an der Bilddarstellung im Buch.

Beachte:
Bei der Verbindung Magnesiumsulfid kommt auf je 1 Magnesiumatom 1 Schwefelatom (Formel: MgS, genauer wäre: Mg_1S_1). Bei der Verbindung Kupfersulfid sind 2 Kupferatome mit 1 Schwefelatom verbunden (Formel: Cu_2S).

Magnesium	+	Schwefel	→	Magnesiumsulfid

Kupfer	+	Schwefel	→	Kupfersulfid

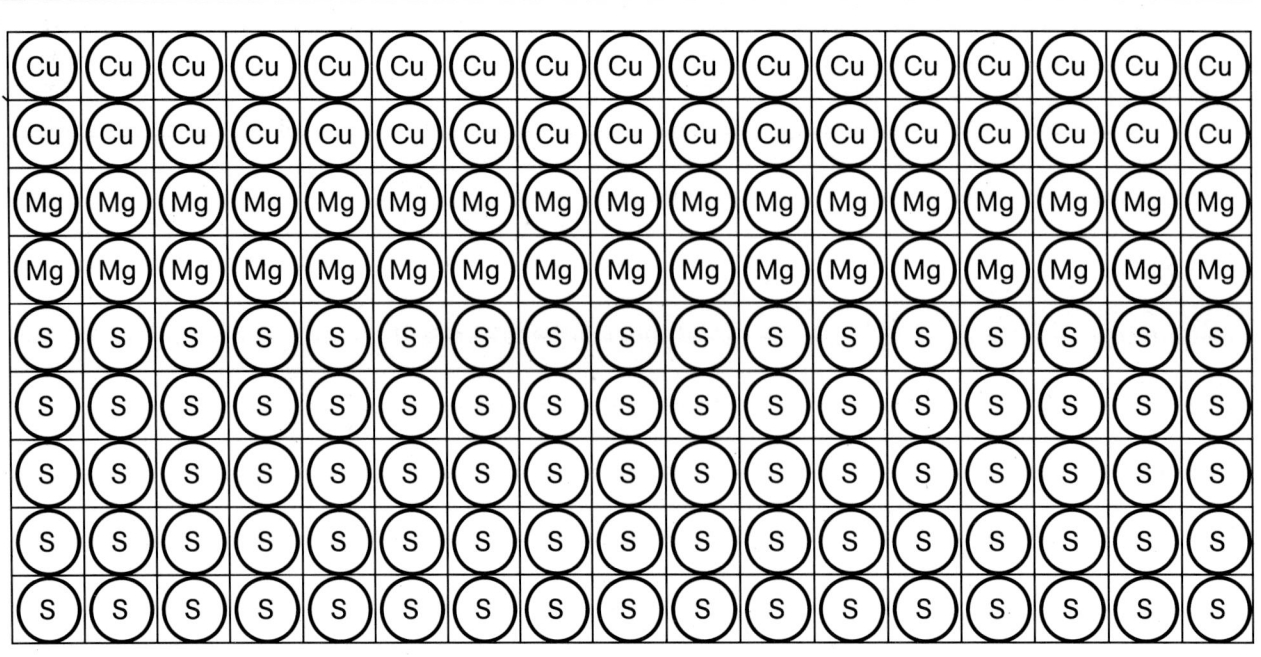

Wir üben das Aufstellen von Formeln

Zum Aufstellen der Formel einer Verbindung benötigt man die Wertigkeiten der beteiligten Elemente. Was gibt die Wertigkeit an?

_____

_____

Für die Übungen benötigen wir die Wertigkeiten folgender Elemente:

Blei: _____ Eisen: _____ Phosphor: _____ Stickstoff: _____ Sauerstoff: _____ Chlor: _____

1. Zeichnerische Ermittlung:

Beispiel: Formel von Blei(IV)-oxid

Blei: |ⅠⅠⅠⅠ| |ⅠⅠⅠⅠ| Atomzahlenverhältnis: Pb : O = 1 : 2

Sauerstoff: |ⅠⅠ| |ⅠⅠⅠⅠ| Formel: PbO_2

Ermittle ebenso

a) Formel von Phosphor(V)-oxid

Phosphor: Atomzahlenverhältnis:

Sauerstoff: Formel:

b) Formel von Eisen(III)-chlorid

Eisen: Atomzahlenverhältnis:

Chlor: Formel:

2. Rechnerische Ermittlung:

Name der Verbindung	Eisen(III)-oxid	Blei(II)-chlorid	Stickstoff(V)-oxid
1. Feststellen der Elementsymbole	Fe, O		
2. Feststellen der Wertigkeiten	III, II		
3. kgV der Wertigkeiten bilden	III · II = 6		
4. kgV : Wertigkeit	6 : III = 2 6 : II = 3		
5. Atomzahlenverhältnis bilden	2 : 3		
6. Formel angeben	Fe_2O_3		

Wir stellen Reaktionsgleichungen auf

Chemische Reaktionen werden in Form von international verständlichen Reaktionsgleichungen formuliert. Stelle nach dem folgenden Schrittschema die Reaktionsgleichungen zu den angegebenen Reaktionen auf. Orientiere dich dabei an dem vorgeführten Beispiel.

a) Aluminium und Sauerstoff reagieren zu Aluminiumoxid
b) Kupfer(II)-oxid und Wasserstoff (H$_2$) reagieren zu Kupfer und Wasser
c) Eisen(III)-oxid und Zink reagieren zu Eisen und Zinkoxid
d) Kupfer(II)-oxid und Aluminium reagieren zu Kupfer und Aluminiumoxid

1. Schritt: Aufstellen des Reaktionsschemas

a) Aluminium + Sauerstoff → Aluminiumoxid

b) _____

c) _____

d) _____

2. Schritt: Ermittlung der Symbole und Formeln

a) Aluminium: Al, Sauerstoff: O$_2$, Aluminiumoxid: Al$_2$O$_3$

b) _____

c) _____

d) _____

3. Schritt: Vorläufige Reaktionsgleichung

a) Al + O$_2$ → Al$_2$O$_3$

b) _____

c) _____

d) _____

4. Schritt: Einrichten der Gleichung

a) 4 Al + 3 O$_2$ → 2 Al$_2$O$_3$

b) _____

c) _____

d) _____

Experimentelle Ermittlung einer Formel

Von bestimmten Metallen sind verschiedene Oxide bekannt, die sich in ihren Eigenschaften (z. B. in ihrer Farbe) deutlich unterscheiden. So gibt es von Kupfer zwei verschiedene Oxide, das schwarze und das rote Kupferoxid. Um die Formeln zu ermitteln, wird bei beiden Verbindungen experimentell das Massenverhältnis von Kupfer zu Sauerstoff bestimmt. Dazu kann der folgende Versuch ausgewertet werden.

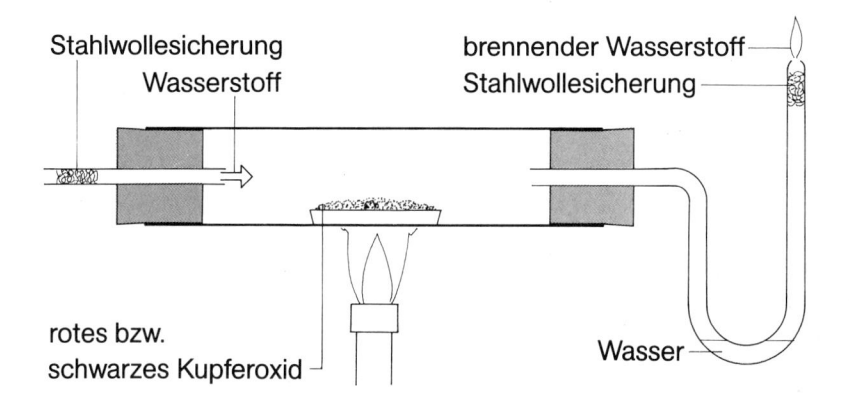

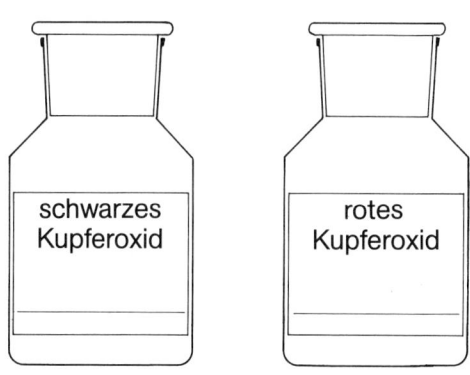

Leitet man in der abgebildeten Apparatur Wasserstoff über erhitztes Kupferoxid, so glüht die Kupferoxidportion hell auf, und man erhält die Reaktionsprodukte Kupfer und Wasser. Bestimmt man deren Massen, ergibt sich aus ihrer Differenz die Masse des Sauerstoffs dieser Verbindung.

Aufgabe: Ergänze die rechte Seite der nachfolgenden Tabelle und übertrage die Formeln auf die abgebildeten Chemikalienetiketten.

schwarzes Kupferoxid		rotes Kupferoxid	
m (Kupferoxid):	1,81 g	m (Kupferoxid):	2,97 g
m (Kupfer):	1,45 g	m (Kupfer):	2,64 g
m (Sauerstoff):	0,36 g	m (Sauerstoff):	☐ g
Massenverhältnis m (Kupfer) : m (Sauerstoff)	1,45 : 0,36 ≈ 4 : 1	Massenverhältnis m (Kupfer) : m (Sauerstoff)	2,64 : ☐ ☐ : 1

Aus dem ermittelten Massenverhältnis und den bekannten Atommassen läßt sich nach dem Schrittschema im Buch die Formel bestimmen.

$$\frac{x \cdot \text{Atommasse (Cu)}}{y \cdot \text{Atommasse (O)}} = \frac{\text{Masse (Kupfer)}}{\text{Masse (Sauerstoff)}}$$

$$\frac{x \cdot 64\,u}{y \cdot 16\,u} = \frac{4}{1} \qquad \frac{x}{y} = \frac{1}{1}$$

Formel Cu_1O_1, vereinfacht: CuO

$$\frac{x \cdot \text{Atommasse (Cu)}}{y \cdot \text{Atommasse (O)}} = \frac{\text{Masse (Kupfer)}}{\text{Masse (Sauerstoff)}}$$

$$\frac{x \cdot 64\,u}{y \cdot 16\,u} = \frac{\Box}{1} \qquad \frac{x}{y} = \frac{\Box}{1}$$

Formel: ☐ , vereinfacht: ☐

Rechnen in der Chemie

In der chemischen Industrie werden aus verschiedenen Ausgangsstoffen zahlreiche Produkte wie Säuren, Medikamente, Kunststoffe hergestellt. Oft sind die Ausgangsstoffe sehr teuer. Es muß deshalb erreicht werden, daß die Ausgangsstoffe vollständig miteinander reagieren und keine Ausgangsstoffe übrig bleiben. Dazu müssen die eingesetzten Stoffportionen genau berechnet werden. Diese chemischen Berechnungen bezeichnet man auch als „stöchiometrisches Rechnen".

Beispiel:
10 g Kupfer sollen vollständig mit Schwefel zu Kupfersulfid reagieren. Wieviel g Schwefel werden benötigt?

1. Schritt: Aufstellen der Reaktionsgleichung:

Kupfer + Schwefel → Kupfersulfid
2 Cu + S → Cu_2S

2. Schritt: Atommassen einsetzen:

Cu: 64 u   S: 32 u Cu_2S: 2 · 64 u + 32 u = 128 u + 32 u = 160 u

3. Schritt: Atommasseneinheit u durch Masseneinheit g ersetzen:

Da man im Labor nicht einzelne Atome abwiegen kann, ersetzt man die Atommasseneinheit u durch die Masseneinheit g.

128 g (= 2 · 64 g) Kupfer + 32 g Schwefel → 160 g Kupfersulfid

4. Schritt: Gesuchte Stoffportion berechnen:

128 g Kupfer reagieren mit 32 g Schwefel
10 g Kupfer reagieren mit x g Schwefel

$$x = \frac{32 \cdot 10}{128} = 2{,}5$$

5. Schritt: Antwort

Zur vollständigen Reaktion von 10 g Kupfer zu Kupferoxid benötigt man 2,5 g Schwefel.

Aufgaben:

Berechne auf einem separaten Blatt nach dem angegebenen Schema:
a) Wieviel g Schwefeldioxid bilden sich bei der Verbrennung von 45 g Schwefel?
b) Wieviel g Kohlenstoffdioxid entstehen bei der Verbrennung von 300 g Kohlenstoff?
c) Wieviel g Wasserstoff müssen verbrannt werden, um 45 g Wasser zu erhalten?

Prüfe dein Wissen: Alkalimetalle

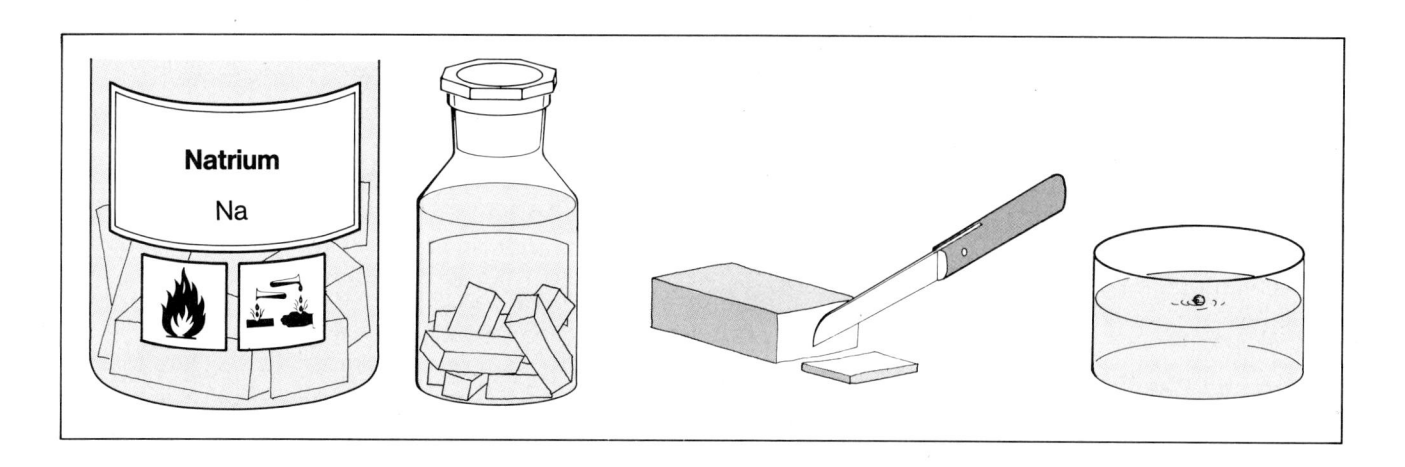

1. Fülle die Lücken aus.

Die Eigenschaften der Alkalimetalle. Die Alkalimetalle werden unter _____ aufbewahrt, da sie sich an der _____ schnell mit einem _____ überziehen. Alkalimetalle sind so weich, daß man sie mit dem _____ _____ kann. Am härtesten ist _____. Mit Wasser reagieren Lithium, Natrium und Kalium zu _____ und den entsprechenden Hydroxiden. Die Hydroxide sind _____, mit Wasser bilden sie _____ _____. Von den drei Metallen reagiert _____ am heftigsten mit Wasser. Aufgrund ihrer _____ _____ faßt man die Metalle Lithium, Natrium und Kalium zu einer _____ zusammen, zu dieser gehören auch die Elemente _____ und _____.

2. Hier stimmt einiges nicht!

Wirft man ein kleines Stück Natrium in Wasser, so bildet sich sofort ein Würfel, der im Wasser niedersinkt. Die Natriumportion wird schnell kleiner und verschwindet, gleichzeitig bilden sich Schlieren. Wird der Lösung Phenolphthalein als Indikator zugesetzt, zeigt die Grünfärbung die Bildung einer sauren Lösung an. Dampft man die Lösung ein, bleibt ein Feststoff zurück, bei dem es sich um Natriumoxid handelt.
Taucht man in das Gas, das bei der Reaktion von Natrium und Wasser entsteht, einen glimmenden Holzspan, so leuchtet dieser hell auf.

a) Unterstreiche die Falschaussagen.
b) Übertrage den berichtigten Text in dein Chemieheft.

3. Um welche Alkalimetalle handelt es sich?

a) Wirft man ein Stück des Metalls in Wasser, so schwimmt es zischend hin und her, ohne dabei zu schmelzen. _____
b) In der nichtleuchtenden Brennerflamme brennt es mit einer intensiv gelben Flamme. _____
c) Zur Aufbewahrung wird es in eine Glasampulle eingeschmolzen. Hält man die Glasampulle kurze Zeit in der Hand, schmilzt dieses Alkalimetall. _____
d) Gelangt ein Stück dieses Alkalimetalls in Wasser, schmilzt es sofort zu einer Kugel, entzündet sich und brennt mit violetter Flamme. _____

Die Flammenfärbung verrät ein Alkalimetall

Werden Alkalimetalle oder ihre Verbindungen verbrannt, so zeigen sich charakteristische Flammenfärbungen. Auch Chemiker verbrennen bei einer Untersuchung eine Probe eines unbekannten Stoffes, um über die Flammenfärbung Hinweise auf die Zusammensetzung des unbekannten Stoffes zu erhalten.
Du erhältst von deinem Lehrer eine kleine Portion einer Lithium-, Natrium- oder Kaliumverbindung. Es ist deine Aufgabe herauszufinden, welches Alkalimetall am Aufbau der unbekannten Verbindung beteiligt ist. Damit du deine Aufgabe erfolgreich lösen kannst, mußt du vorher die Flammenfärbungen der Alkalimetalle kennenlernen.

Geräte und Chemikalien:

Gasbrenner
Becherglas
Stativ
Doppelmuffe
Universalklemme
4 Uhrgläser
2 Magnesiastäbchen
Cobaltglas
Schutzbrille

Tropfpipette
Lithiumchlorid
Natriumchlorid
Kaliumchlorid
Schnappdeckelglas
mit einer unbekannten
Alkalimetallverbindung
verdünnte Salzsäure

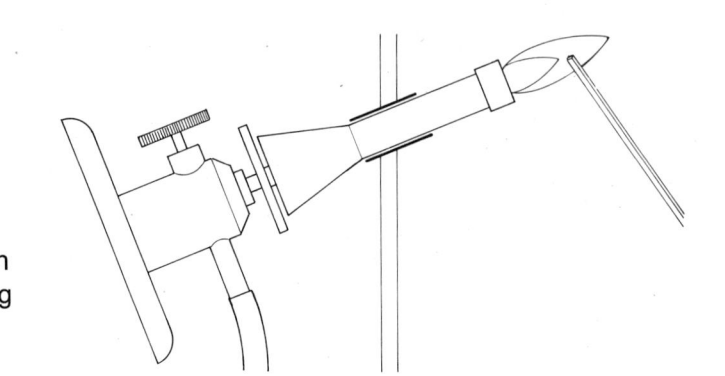

Versuchsanleitung:

1. Spanne den Gasbrenner zum Schutz vor Verunreinigungen durch herabfallende Portionen der untersuchten Stoffe schräg ein.
2. Tauche ein Magnesiastäbchen in die verdünnte Salzsäure im Becherglas und glühe es in der nichtleuchtenden Brennerflamme so lange aus, bis die Flamme nicht mehr oder nur sehr wenig gefärbt erscheint.
3. Tauche die erkaltete Spitze des Magnesiastäbchens in die durch Betropfen mit ganz wenig verdünnter Salzsäure angefeuchtete Lithiumchlorid-Probe auf dem Uhrglas.
Halte das Magnesiastäbchen mit der Stoffprobe etwas oberhalb des blauen Kerns in die nichtleuchtende Brennerflamme. Betrachte die Flammenfärbung.
4. Reinige das Magnesiastäbchen vor jeder Untersuchung einer neuen Probe durch Ausglühen.
5. Untersuche ebenso Natriumchlorid und Kaliumchlorid. Betrachte die Flammen durch das Cobaltglas.
6. Untersuche den unbekannten Stoff.

Auswertung:

1. Welche Wirkung hat das Cobaltglas?

2. Übertrage die Flammenfarben mit Buntstiften in die Zeichnungen. Welches Alkalimetall ist am Aufbau der unbekannten Verbindung beteiligt? Trage dein Ergebnis dem Lehrer vor.

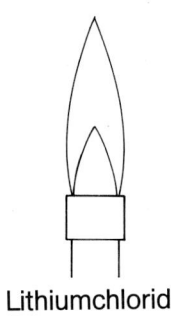

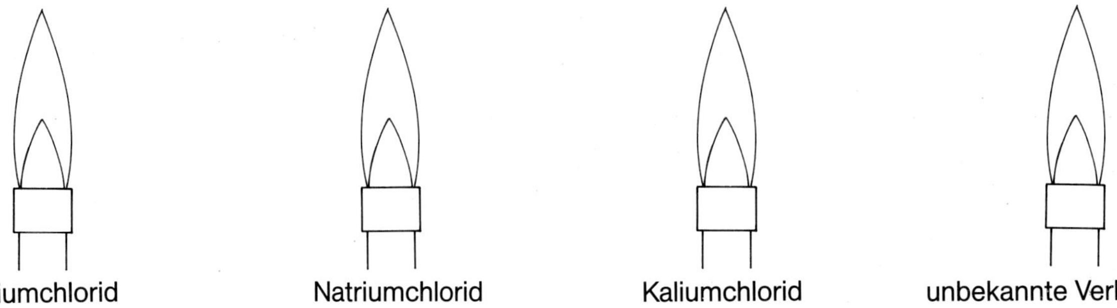

Lithiumchlorid   Natriumchlorid   Kaliumchlorid   unbekannte Verbindung

Was hat Calcium mit den Alkalimetallen gemeinsam?

Die Alkalimetalle sind ungewöhnliche Metalle, sie reagieren z. B. sehr heftig mit Wasser. Was passiert, wenn man das Metall Calcium zu Wasser gibt?

Geräte und Chemikalien:
Schutzbrille
Gasbrenner
runde Kristallisierschale
(Durchmesser etwa 14 cm,
Höhe etwa 7,5 cm)
2 Reagenzgläser
Reagenzglasgestell
Trichter
Filterpapier
Tropfpipette
Pinzette
Phenolphthaleinlösung
Calciumkörner
destilliertes Wasser

1. Fülle die Kristallisierschale zu etwa zwei Drittel und ein Reagenzglas bis zum Rand mit destilliertem Wasser. Verschließe das Reagenzglas mit dem Daumen und stülpe es mit der Öffnung nach unten in das Wasser. Halte das Reagenzglas mit einer Hand fest.

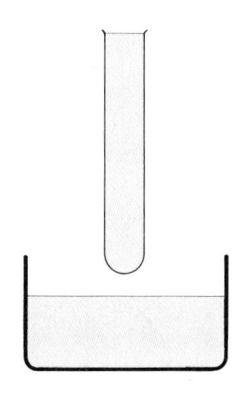

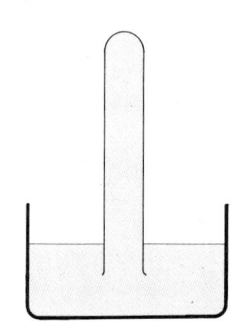

2. Bringe ein Calciumkorn mit der Pinzette unter das Reagenzglas. Wiederhole dieses so oft, bis das Reagenzglas mit Gas gefüllt ist.

3. Führe die Knallgasprobe durch.

4. Filtriere einen Teil der Flüssigkeit aus der Kristallisierschale in ein Reagenzglas.

5. Gib zu dem Filtrat 4 Tropfen Phenolphthaleinlösung.

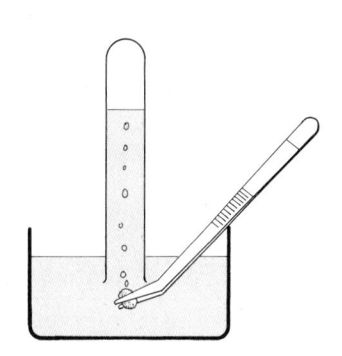

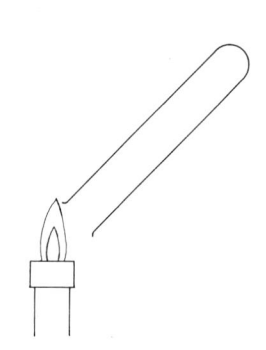

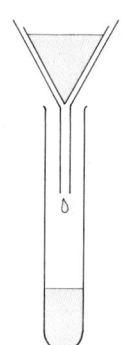

Aufgaben:

1. Schreibe zu den Arbeitsschritten 2, 3 und 5 die Beobachtungen auf und deute diese. Du kannst die Beobachtungen und Deutungen getrennt in das Chemieheft eintragen. Du kannst die Kopie aber auch so zerschneiden und in dein Heft einkleben, daß du die Beobachtungen und Deutungen direkt unter die Arbeitsschritte schreiben kannst.

2. Werte die Versuchsreihe aus, indem du die folgenden Aufgaben löst. Führe eventuell die von dir vorgeschlagenen Experimente zusätzlich durch.
   a) Worauf ist das Entstehen einer alkalischen Lösung zurückzuführen?
   b) Handelt es sich bei dem Filtrat der Flüssigkeit aus der Kristallisierschale um destilliertes Wasser oder um eine Lösung? Wie könntest du deine Antwort experimentell überprüfen?
   c) Formuliere für die Reaktion von Calcium mit Wasser des Reaktionsschema.
   d) Um welchen Stoff handelt es sich, der beim Filtrieren der Flüssigkeit bzw. Suspension aus der Kristallisierschale im Filterpapier zurückbleibt? Wie könntest du deine Antwort experimentell überprüfen?
   e) Was hat Calcium mit den Alkalimetallen gemeinsam? Wodurch unterscheidet es sich bei der Reaktion mit Wasser z. B. von Natrium sehr deutlich?

Was ist der MAK-Wert?

An vielen Arbeitsplätzen kommen die Beschäftigten mit gesundheitsgefährdenden Stoffen in Berührung. Das Ausmaß der Gefährdung hängt häufig von der Konzentration dieser Stoffe in der Luft am Arbeitsplatz ab. Um die Gesundheit der Beschäftigten zu schützen, legt seit 1965 eine Kommission von Fachleuten der Deutschen Forschungsgemeinschaft bestimmte höchstzulässige Konzentrationen für diese Stoffe fest.

Die höchstzulässige Konzentration eines Arbeitsstoffes als Gas oder Schwebstoff in der Luft am Arbeitsplatz ist der **MAK**-Wert (von **m**aximale **A**rbeitsplatz-**K**onzentration).
Bei der Festlegung der MAK-Werte müssen folgende Bedingungen erfüllt sein: Die Beschäftigten dürfen nicht unangemessen belästigt und ihre Gesundheit nach dem gegenwärtigen Stand der Kenntnis bei einer durchschnittlichen Wochenarbeitszeit von 40 Stunden nicht beeinträchtigt werden.

Der MAK-Wert wird in ml/m^3 oder in mg/m^3 angegeben.
Beispiel: Wenn der MAK-Wert eines Stoffes $1\ ml/m^3$ beträgt, darf in $1\ m^3$ Luft höchstens 1 ml des Stoffes sein.
Da ein $1\ m^3$ auch $1\,000\,000\ cm^3$ oder ml sind, ist 1 ml der einmillionste Teil von $1\ m^3$. In Zeitungen oder im Fernsehen ist deshalb häufig die Rede von 1 ppm.

1 ppm = 1 **p**art **p**er **m**illion (engl.) = 1 Teil von 1 Million Teilen

Tabelle der MAK-Werte der Halogene (Stand 1989):

Halogen	MAK-Wert ml/m^3	MAK-Wert mg/m^3
Fluor	0,1	0,2
Chlor	0,5	1,5
Brom	0,1	0,7
Iod	0,1	1

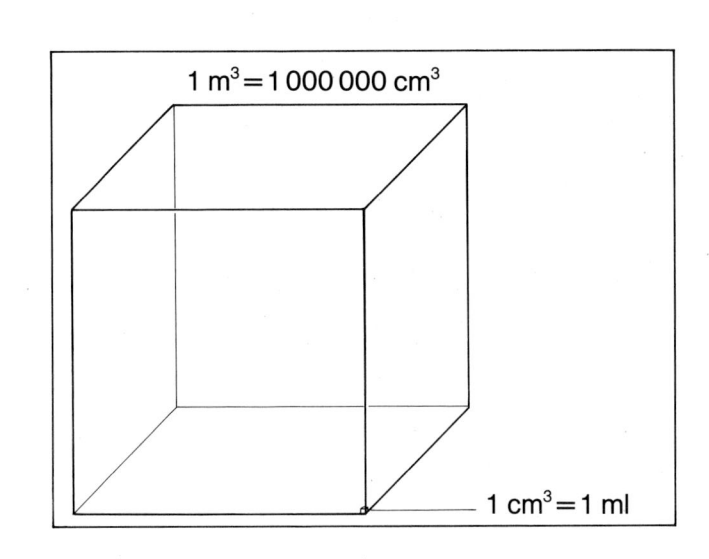

$1\ m^3 = 1\,000\,000\ cm^3$

$1\ cm^3 = 1\ ml$

1. Wieviel Chlor (in ml) ist in 10 000 l Luft, wenn die Konzentration des Chlors genau seinem MAK-Wert entspricht?

2. In einem Labor ist 1 g Brom verschüttet worden. Das Brom hat sich gleichmäßig in dem Raum verteilt. Die Ausmaße des Raumes sind: Höhe = 3 m, Länge = 10 m, Breite = 5 m. Darf in dem Labor gearbeitet werden?

Salzbildung – nicht sichtbar, aber nachweisbar

Halogene sind reaktionsfreudige Elemente, die mit Metallen Salze bilden können. Da der Umgang mit den Halogenen meist nicht ungefährlich ist, werden die Versuche häufig vom Lehrer durchgeführt. Den folgenden anspruchsvollen Versuch kannst du selbst durchführen.

Geräte/Materialien:
2 Erlenmeyerkolben (100 ml)
mit Stopfen
Trichter
Filterpapier
6 Reagenzgläser
Reagenzglasgestell
2 Tropfpipetten
Spatel
Schutzbrille

Chemikalien:
Iod
Zinkpulver
Zinkiodid
Silbernitratlösung
Nachweismittel für Zinkverbindungen
(1 Spatel Kaliumhexacyanoferrat (III)
in etwa 20 ml destilliertem Wasser gelöst)
destilliertes Wasser

Versuchsanleitung:

Gib in einem Erlenmeyerkolben zu 50 ml destilliertem Wasser drei bis vier Spatelspitzen Iodkristalle. Setze die Schutzbrille auf! Schütte anschließend einen Spatel Zinkpulver in den Erlenmeyerkolben. Verschließe mit einem Gummistopfen und schüttle. Halte den Erlenmeyerkolben dabei einige Male auf den Handrücken, damit du eine eventuelle Erwärmung oder Abkühlung des Inhaltes des Erlenmeyerkolbens bemerken kannst.

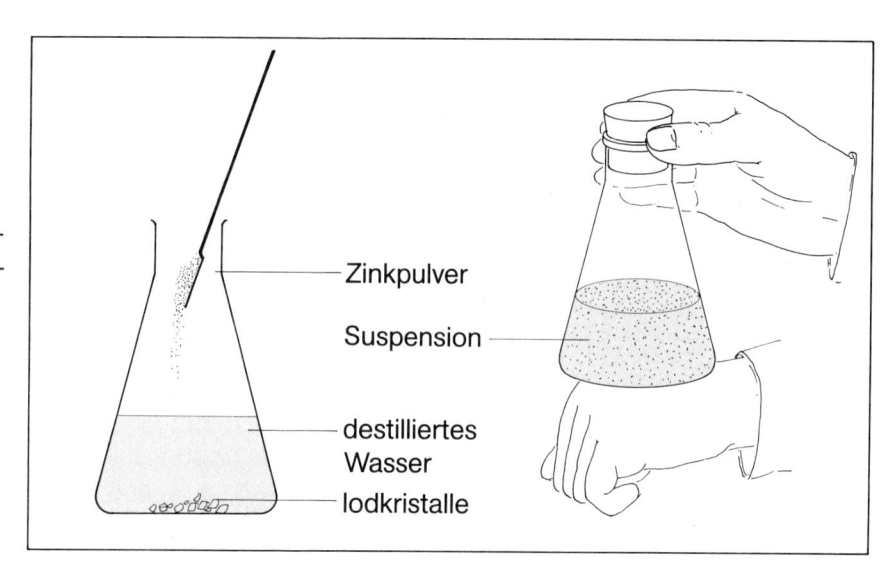

Auswertung:

1. Schildere deine Beobachtungen. _____

2. Gibt es Hinweise darauf, daß aus Zink und Iod Zinkiodid gebildet worden ist? Begründe!

Salzbildung – nicht sichtbar, aber nachweisbar　　　　　　　　　　　　　　　　**82**

Du kannst das Zinkiodid nicht sehen. Allerdings sind Salze häufig in Wasser gut löslich. Das Zinkiodid könnte also gelöst vorliegen. Dies kann überprüft werden. Du kennst sicherlich schon den Nachweis für Iodide. Zusätzlich solltest du auch auf Zinkverbindungen prüfen, damit deine Ergebnisse eindeutig sind. Zum Vergleich führst du die Nachweise auch mit einer Zinkiodidlösung durch.

Versuchsanleitung:

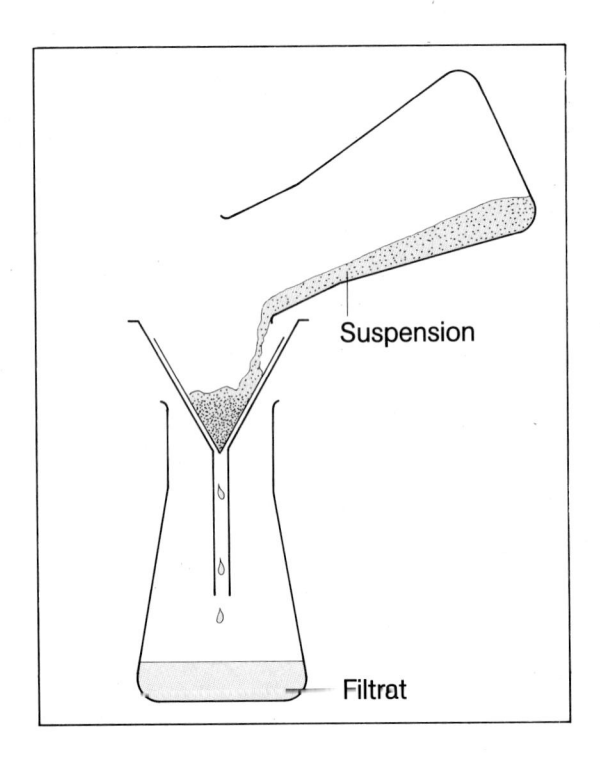

a) Filtriere die Suspension des 1. Versuchs. Gib jeweils 5 ml des Filtrats in zwei Reagenzgläser. Bewahre das restliche Filtrat auf.

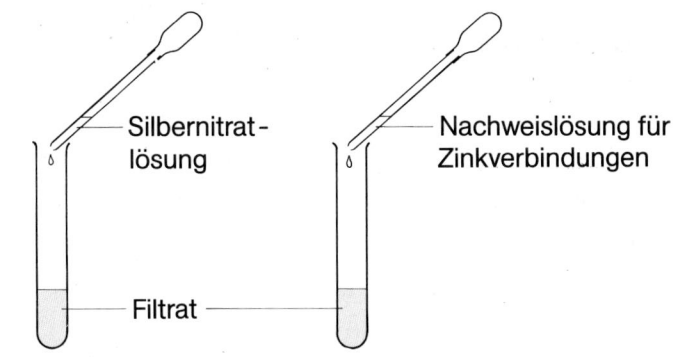

b) Gib zu dem Filtrat im 1. Reagenzglas einige Tropfen Silbernitratlösung und zu dem Filtrat im 2. Reagenzglas einige Tropfen der Nachweislösung für Zinkverbindungen.

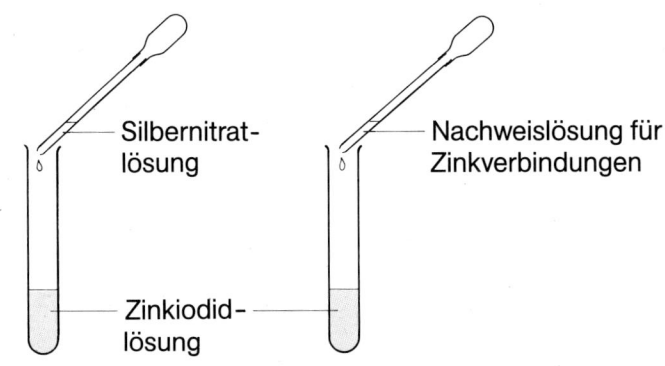

c) Verfahre zum Vergleich mit einer Zinkiodidlösung wie in b). Die Zinkiodidlösung kannst du dir durch Lösen von drei bis vier Spatelspitzen Zinkiodid in 10 ml Wasser herstellen.

Auswertung:

1. Schildere deine Beobachtungen. _____

_____

_____

_____

2. Deute deine Beobachtungen. _____

_____

3. Wie könntest du das Zinkiodid aus dem Filtrat „sichtbar machen"? _____

_____

Wir fertigen Bilder mit selbst hergestelltem Fotopapier an

Geräte/Materialien:
Gasbrenner
3 Petrischalen
Meßzylinder
Glasplatte
Bechergläser
Reagenzgläser
Spatellöffel
Pinzette (Tiegelzange)
schwarzer Karton
Filterpapier
Pappschachtel
Lampe, Schere

Chemikalien:
Natriumchlorid (oder Kaliumbromid)
Gelatine
Silbernitrat
Natriumthiosulfat

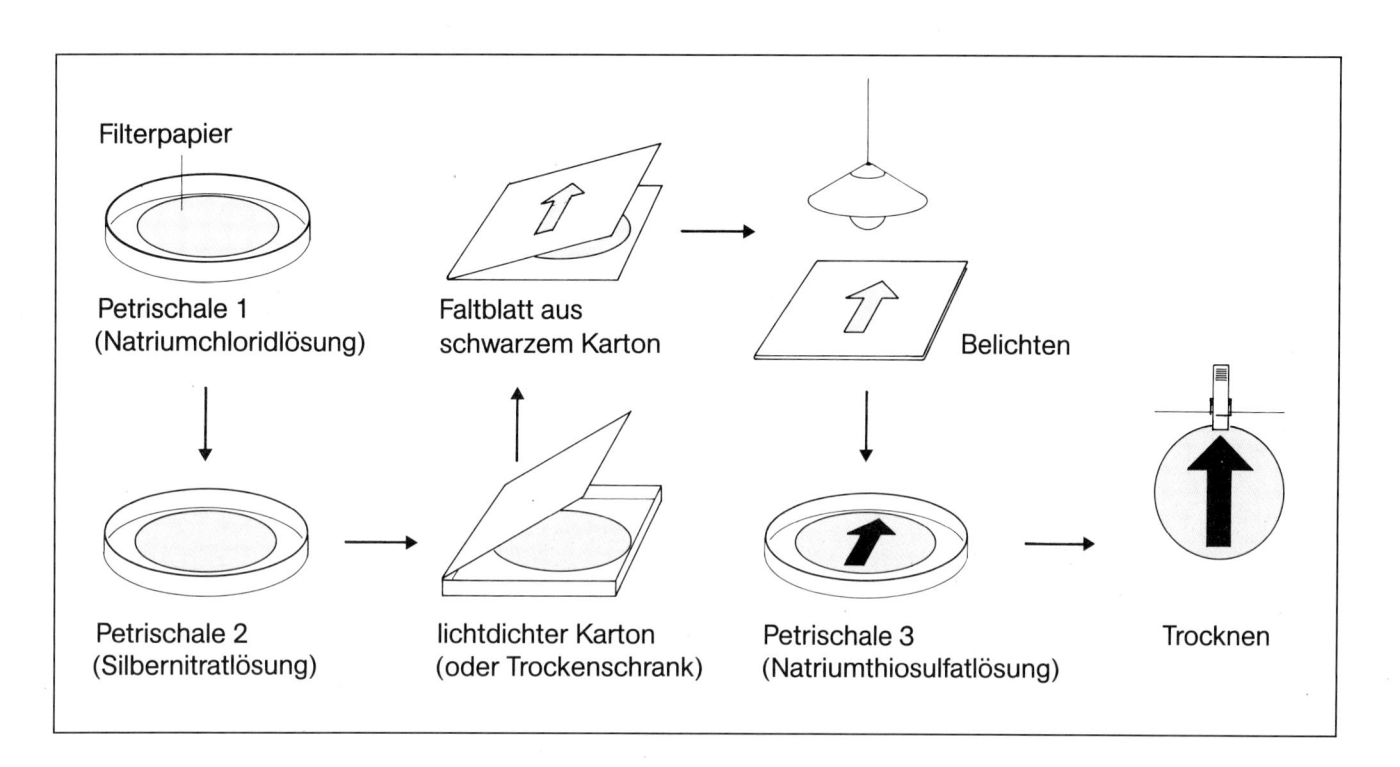

Versuchsanleitung:

1. Löse in einem Reagenzglas unter leichtem Erwärmen etwa 1/2 Spatellöffel Gelatine in 10 ml Wasser. Zu dieser Lösung gib 1/4 Spatel Natriumchlorid (oder Kaliumbromid) und schüttle, bis sich das Salz gelöst hat.

2. Gib die hergestellte Lösung in eine Petrischale (1) und in eine weitere Petrischale (2) eine Lösung aus 10 ml Wasser und 1/4 Spatellöffel Silbernitrat.

3. Lege in Petrischale 1 ein Filterpapier, bis es vollständig durchtränkt ist (ca. 2 Minuten). Entferne das Papier mit der Pinzette (oder einer Tiegelzange), laß die überschüssige Lösung abtropfen und lege es mit der gleichen Schichtseite ca. 2 Minuten in Petrischale 2. Lege das Papier mit der „beschichteten" Seite nach oben auf eine Glasplatte und lasse in einem verdunkelten Raum (oder in einer Pappschachtel oder in einem Trockenschrank) trocknen.

4. Falte einen schwarzen Karton und schneide in eine Seite eine Figur (z. B. einen Pfeil). Bringe in diese Schablone das selbst hergestellte Fotopapier mit der Schichtseite nach oben und belichte mit einer möglichst hellen Lampe, bis sich das Papier schwärzt.

5. Stelle eine Natriumthiosulfatlösung her (etwa 1 Spatel Natriumthiosulfat in 15 ml Wasser), fülle damit eine Petrischale und lege das belichtete Fotopapier hinein. Spüle das fertige Bild gut unter fließendem Wasser ab und hänge es zum Trocknen auf.

Das Periodensystem auf der Litfaßsäule

	I							VIII
1	H	II	III	IV	V	VI	VII	He
2								
3								
4								
5								

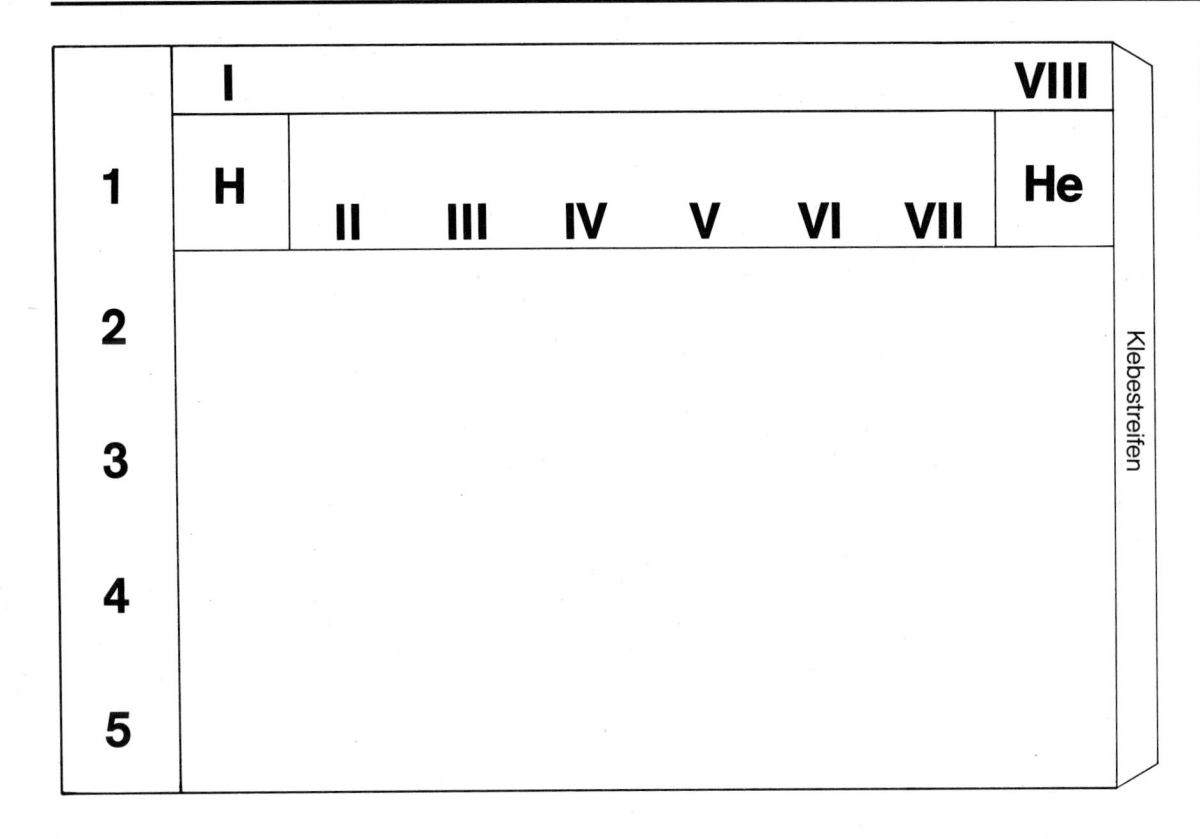

Klebestreifen

Li Be B C N O F Ne Na Mg Al Si P S Cl Ar

Der lange Streifen am rechten Rand enthält die Elemente der 2. und 3. Periode nach steigender Ordnungszahl. Der kleine Doppelstreifen enthält noch einige weitere Elemente höherer Perioden.

1. Male die Kästchen der Elemente der gleichen Elementgruppen jeweils mit gleicher Farbe aus.
2. Schneide zunächst den langen Streifen aus und zerschneide ihn hinter dem ersten Edelgas.
3. Klebe die beiden Teilstreifen untereinander in das obige Rechteck.
4. Zerschneide dann den kleinen Doppelstreifen so, daß du die Elemente unter die Gruppen in das obige Periodensystem richtig einkleben kannst.
5. Du kannst noch die Ordnungszahl in die Kästchen eintragen.
6. Du kannst das ganze Periodensystem ausschneiden und auf die Hülse einer Toilettenpapierrolle kleben. Wenn du den unteren Kreis ausmalst und ausschneidest, hast du ein Dach für deine Litfaßsäule.

Viel Spaß!

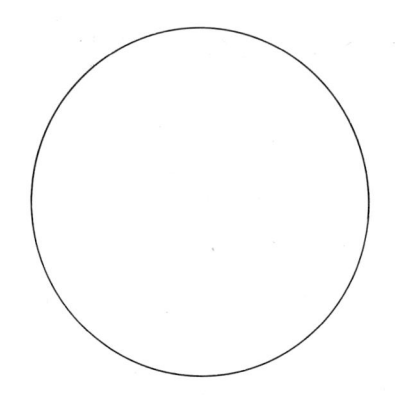

K	Ca	Br	Kr
Rb	Sr	I	Xe

Prüfe dein Wissen: Aufbau des Periodensystems

1. Ein unvollständiges Periodensystem
Das abgebildete Periodensystem ist lückenhaft. Ergänze es ohne Verwendung von Hilfsmitteln.

	I	II	III	IV	V	VI	VII	VIII
1	1,008 H 1							4,0 2
2	6,9 Li 3	9,0 Be 4	10,8 B 5	12,0 C 6	14,0 N 7	16,0 O 8	19,0 F 9	20,2 Ne 10
3	23,0 Na 11	24,3 Mg 12	27,0 Al 13	28,1 Si 14	31,0 P 15	32,1 S 16	35,5 Cl 17	39,9 Ar 18
4	39,1 19	40,1 20					79,9 Br 35	83,8 Kr 36
5	85,5 Rb 37						126,9 I 53	131,3 Xe 54
6	132,9 Cs 55							

2. Eine besondere Elementgruppe
Nur eine Gruppe des oben abgebildeten gekürzten Periodensystems weist bei Zimmertemperatur und Normdruck gasförmige, flüssige und feste Elemente auf.
a) Umrande diese Gruppe farbig.
b) Kennzeichne die Aggregatzustände durch drei verschiedene Farben.

3. Was gehört zusammen?
Bilde aus den folgenden 18 Begriffen 9 zusammengehörende Begriffspaare.
Gruppe, Periode, Hauptgruppe, Ordnungszahl, Zahlenwert der Atommasse, senkrechte Spalte, waagerechte Zeile, römische Ziffer, I. Hauptgruppe, Halogene, VII. Hauptgruppe, Erdalkalimetalle, VIII. Hauptgruppe, Zahl links oben am Elementsymbol, Zahl links unten am Elementsymbol, Alkalimetalle, Edelgase, II. Hauptgruppe.

Gruppe — senkrechte Spalte
___ — ___
___ — ___
___ — ___
___ — ___
___ — ___
___ — ___
___ — ___
___ — ___

4. Ein kleines Rätsel
Es ist ein Metall, aber kein Alkalimetall. Seine Atommasse ist größer als die des Sauerstoffs, aber seine Ordnungszahl ist kleiner als die von Aluminium. Um welches Element handelt es sich?

Name des Elements: ___

Wir untersuchen Zinkiodidlösung mit Hilfe des elektrischen Stroms   86

Wir wissen, daß Salzlösungen den elektrischen Strom leiten. Häufig kann man dabei interessante Beobachtungen an den Elektroden machen. Im folgenden soll ein Zinkiodidlösung mit Hilfe des elektrischen Stroms untersucht werden.

Geräte/Materialien:
Stativ
Doppelmuffe
Stativklemme
Gleichspannungsquelle
Stromstärkemeßgerät
U-Rohr
2 Graphitelektroden
in durchbohrten Stopfen
2 Krokodilklemmen
3 Experimentierkabel

Chemikalien:
Zinkiodidlösung
(ca. 2 g Zinkiodid in 100 ml destilliertes Wasser, flockiger Niederschlag muß abfiltriert werden.)

Versuchsanleitung:

Baue den Versuch entsprechend der nebenstehenden Skizze auf. Fülle in das U-Rohr die Zinkiodidlösung. Verschließe die beiden Schenkel mit je einem Stopfen, in dem eine Graphitelektrode steckt. Verbinde die Elektroden mit den Polen der Gleichspannungsquelle und schalte das Stromstärkemeßgerät in den Stromkreis. Erhöhe langsam die Spannung auf etwa 4 bis 5 V. Achte dabei darauf, daß der Stromstärkemeßbereich nicht überlastet wird. Wähle bei Bedarf einen höheren Meßbereich.

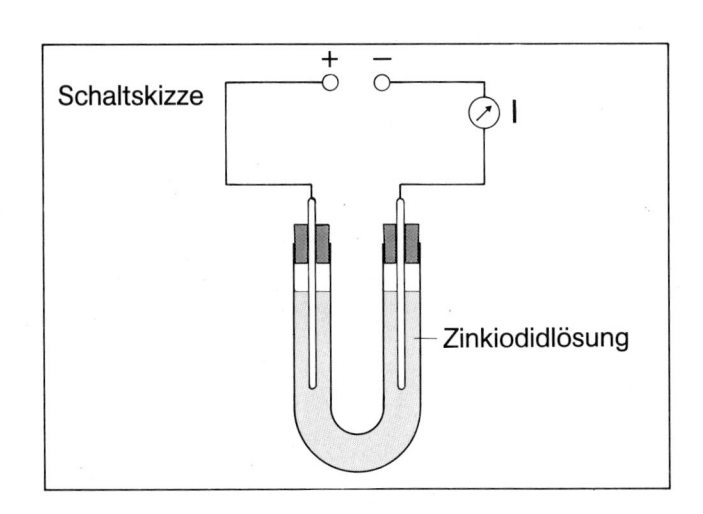

Auswertung:

1. Schildere deine Beobachtungen: _____

_____

_____

_____

_____

2. Deute deine Beobachtungen. _____

_____

_____

_____

_____

Wie heißt der Vorgang, der durch den elektrischen Strom bewirkt wird? _____

Schalenmodell des Atoms

Ein Atom ist ein räumliches Gebilde, das man sich sehr schwer vorstellen kann. Mit Hilfe dieses Ausschneidebogens kannst du ein Atommodell bauen. Es soll dir helfen, den Aufbau eines Atoms mit seinen schalenförmigen Aufenthaltsbereichen für Elektronen räumlich vorzustellen.

Das Modell stellt ein Atom der 3. Periode (Natrium bis Argon) dar. Könnte man den Aufenthaltsort eines Elektrons mehrmals nacheinander fotografisch auf demselben Bild festhalten, so würde es durch viele Punkte abgebildet werden. Die Anordnung dieser Punkte zeigt, daß die Elektronen bestimmte Aufenthaltsbereiche bevorzugen. Diese sind jedoch nicht kreisförmig, sondern kugelschalenförmig zu denken.

Bauanleitung:
1. Schneide die drei scheibenförmigen Modellteile aus und schneide die Teile an den gekennzeichneten Stellen (evtl. mit einem scharfen Messer) ein, so daß sie sich zusammenstecken lassen. Male evtl. auch auf die Rückseiten „Elektronenpunkte".
2. Stecke Teil 2 zunächst in zusammengerolltem Zustand in die Schlitze von Teil 1.
3. Stecke Teil 3 in die flach aufeinanderliegenden Teile 1 und 2.
4. Klappe die Teile 1 und 2 so auseinander, daß sie miteinander Winkel von 90° bilden.

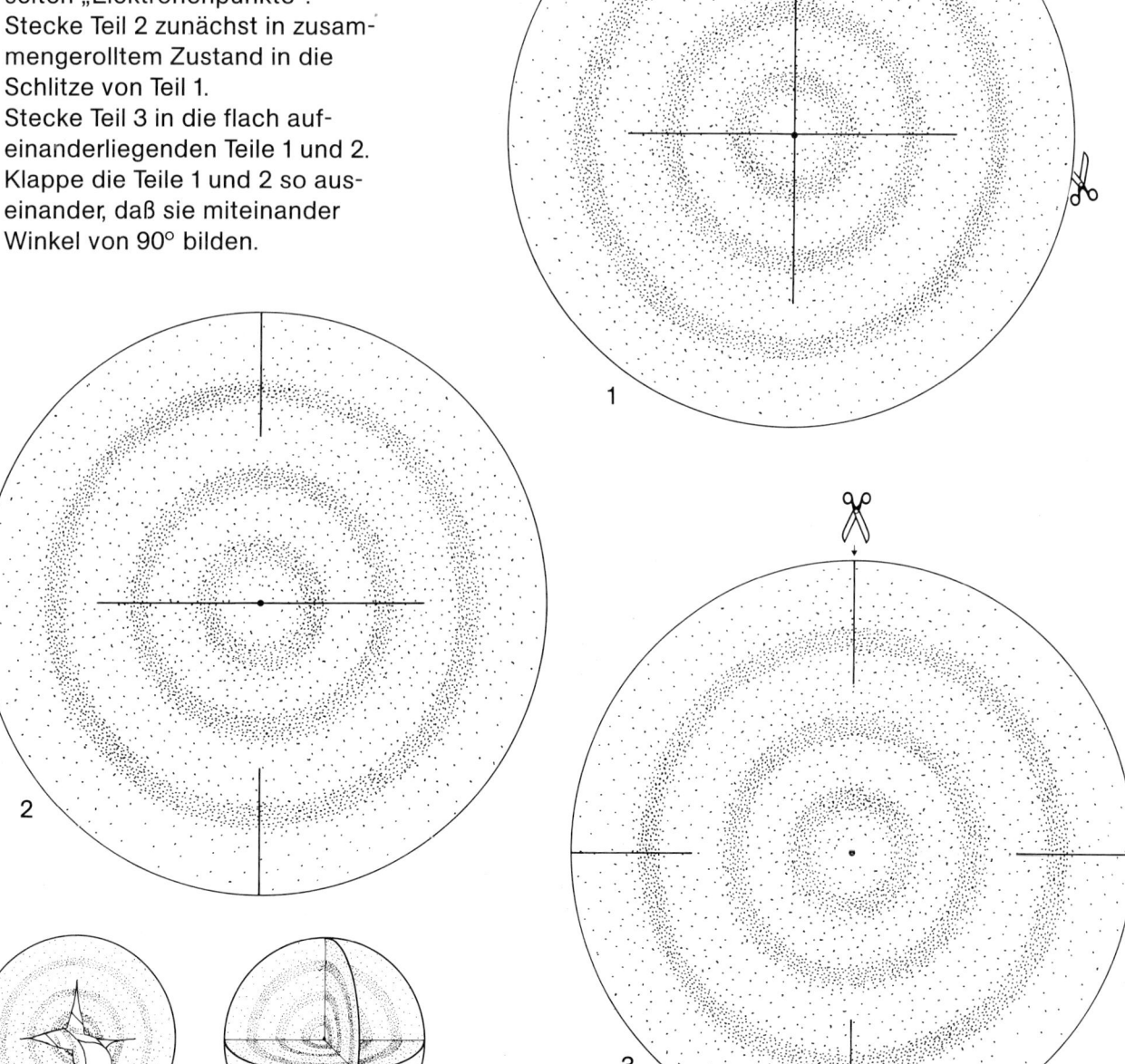

Prüfe dein Wissen: Atombau und Periodensystem

1. Ergänze die fehlenden Angaben im Text.

Der Kern eines Atoms ist aus _____ und _____ (mit Ausnahme des Wasserstoffatoms) aufgebaut. In der Hülle befinden sich die _____. Diese Elementarteilchen unterscheiden sich in ihrer _____ und _____. Alle Atome eines Elements haben die gleiche Anzahl von _____ und _____, sie stimmt mit der _____ überein. Die Masse eines _____ ist sehr klein, sie kann deshalb bei der Ermittlung der Gesamtmasse vernachlässigt werden.

2. Ermittle die fehlenden Angaben und trage diese in die Lücken ein.

Element	Symbol	Ordnungszahl	Zahl der Protonen	Zahl der Neutronen	Zahl der Elektronen	Atommasse in u
Helium		2				4
Fluor			9	10		
	S			16	16	
Kalium		19		20		
	I				53	127
Gold				118		197

3. Ein Atom eines Elements hat 12 Elektronen und die Atommasse 24 u.

a) Zeichne in die Schalen die Elektronen als Punkte ein.
b) Um welches Element handelt es sich? Trage das Symbol in das vorgegebene Schema ein und ergänze außerdem die fehlenden Angaben.

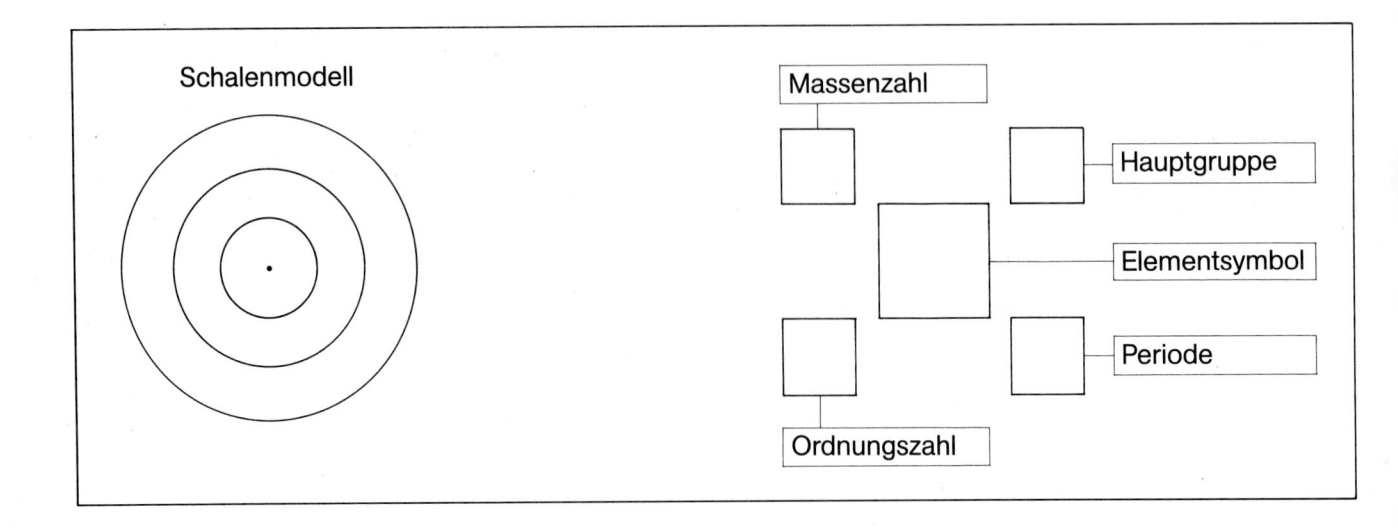

Ionenbildung und Ionenaufbau

Salze sind aus Ionen aufgebaut. Die Bildung von Ionen aus Atomen und der Aufbau der Ionen kann mit dem Schalenmodell erklärt werden.

1. In deinem Buch wird die Ionenbildung aus Atomen ausführlich am Beispiel der Bildung eines Natrium- und eines Chloridions erklärt. Du sollst jetzt deine Kenntnisse auf die Bildung eines Magnesium- und Oxidions aus den Atomen anwenden.

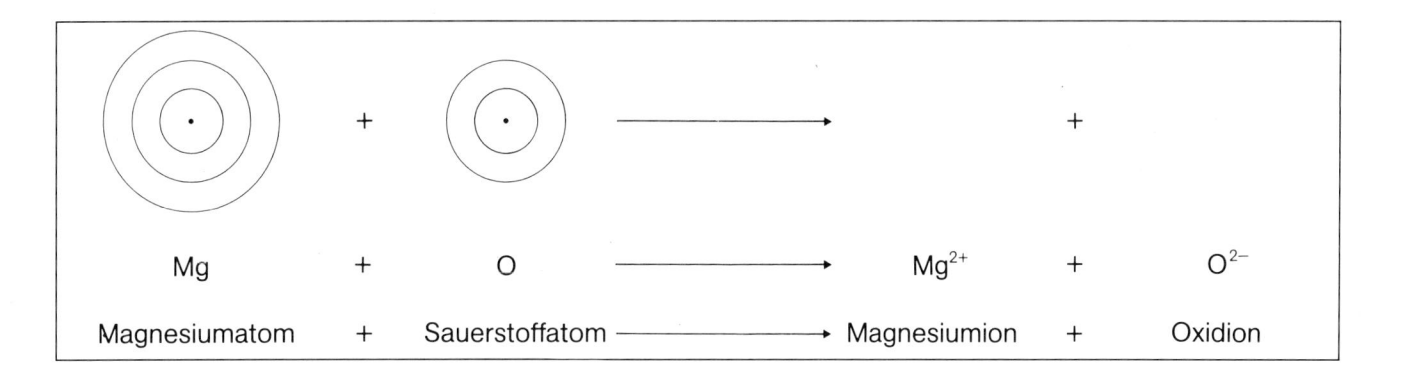

Mg	+	O →	Mg^{2+}	+ O^{2-}
Magnesiumatom	+	Sauerstoffatom →	Magnesiumion	+ Oxidion

a) Zeichne das Schalenmodell (flächenhafte Darstellung) für das Magnesium- und Oxidion.
b) Male die Schalen aus: 1. Schale – hellbraun, 2. Schale – rot, 3. Schale – grün.
c) Zeichne die Elektronen in Form von blauen Punkten in die Schalen.
d) Kennzeichne die Elektronenübertragung durch einen Pfeil.
e) Zeichne die Außenelektronen in Form von blauen Punkten an die Symbole für das Magnesiumatom, Sauerstoffatom, Oxidion.

2. Ionen unterscheiden sich durch die Zahl der Elektronen und ihre elektrische Ladung von Atomen, aus denen sie gebildet werden. Ionen weisen meist die Elektronenanzahl und -verteilung eines Edelgases auf.

   a) Trage die fehlenden Angaben in die rechte Tabelle ein.
   b) Welche der Ionen aus der Tabelle weisen die gleiche Anzahl von Elektronen auf wie die Atome der Edelgase Neon bzw. Argon? Trage die Symbole in die untenstehende Tabelle ein.

Teilchen	Anzahl der Elektronen	Anzahl der Protonen	elektrische Ladung	Anzahl der Außenelektronen	Symbol
Natriumatom	11	11	neutral	1	Na
Natriumion	10	11	einfach positiv (1+)	8	Na^+
Magnesiumatom		12			
Magnesiumion					
Kaliumatom		19			
Kaliumion					
Sauerstoffatom		8			
Sauerstoffion					
Schwefelatom		16			
Sulfidion					

Ne			
Ar			

Ionenbildung im Modell

Um sich chemische Reaktionen mit Ionenbildungen oder -umbildungen besser vorstellen zu können, lohnt es sich, flächenhafte Schalenmodelle von verschiedenen Atomen herzustellen und mit ihnen die Reaktionsabläufe auf der Teilchenebene nachzuvollziehen.

Schneide die Modelle aus und male sie mit Buntstiften farbig an.

Aufgaben:
1. Zeige den Elektronenübergang bei der Reaktion von Natrium mit Chlor.
2. Stelle mit Hilfe der Modelle dar, wie viele Chloratome mit einem Magnesiumatom bzw. wie viele Natriumatome mit einem Sauerstoffatom reagieren.
3. Zeige den Reaktionsablauf bei der Verbrennung von Magnesium.

Hinweise zu den Modellen:
1. Die Atomkerne sind überproportional groß gezeichnet, damit der Name des Elements und die Anzahl der Protonen hineingeschrieben werden können. So ist es möglich, aus der Differenz zwischen der Elektronenzahl und der Protonenzahl auf den Ladungszustand des Teilchens zu schließen.
2. Bei den Modellen der Nichtmetallatome sind alle Elektronen eingezeichnet, bei den Modellen der Metallatome sind die Elektronen der Außenschale nicht in die Schale eingezeichnet, sondern neben das Atommodell, denn sie müssen beweglich sein (wegen der besseren Handhabbarkeit können auch Hemdenknöpfe als Elektronenmodelle verwendet werden).
3. Der Kreisring, der die Außenschale darstellt, wird bei den Modellen der Metallatome abgetrennt (z. B. mit einem scharfen Messer), so daß die „Außenschale" entfernt werden kann, wenn sie nach der Elektronenabgabe als Aufenthaltsbereich für Elektronen entfällt.

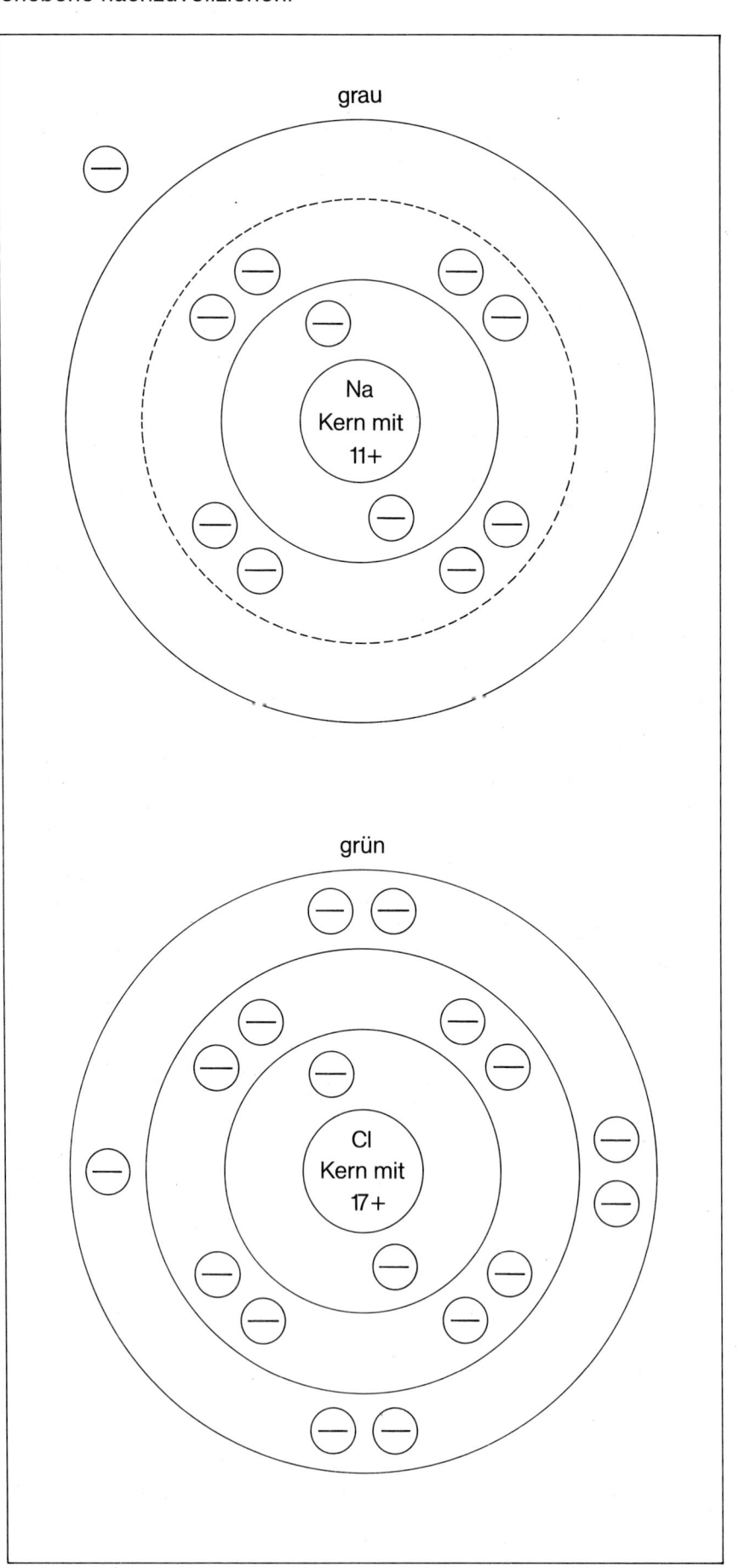

grau

Na Kern mit 11+

grün

Cl Kern mit 17+

Ionenbildung im Modell

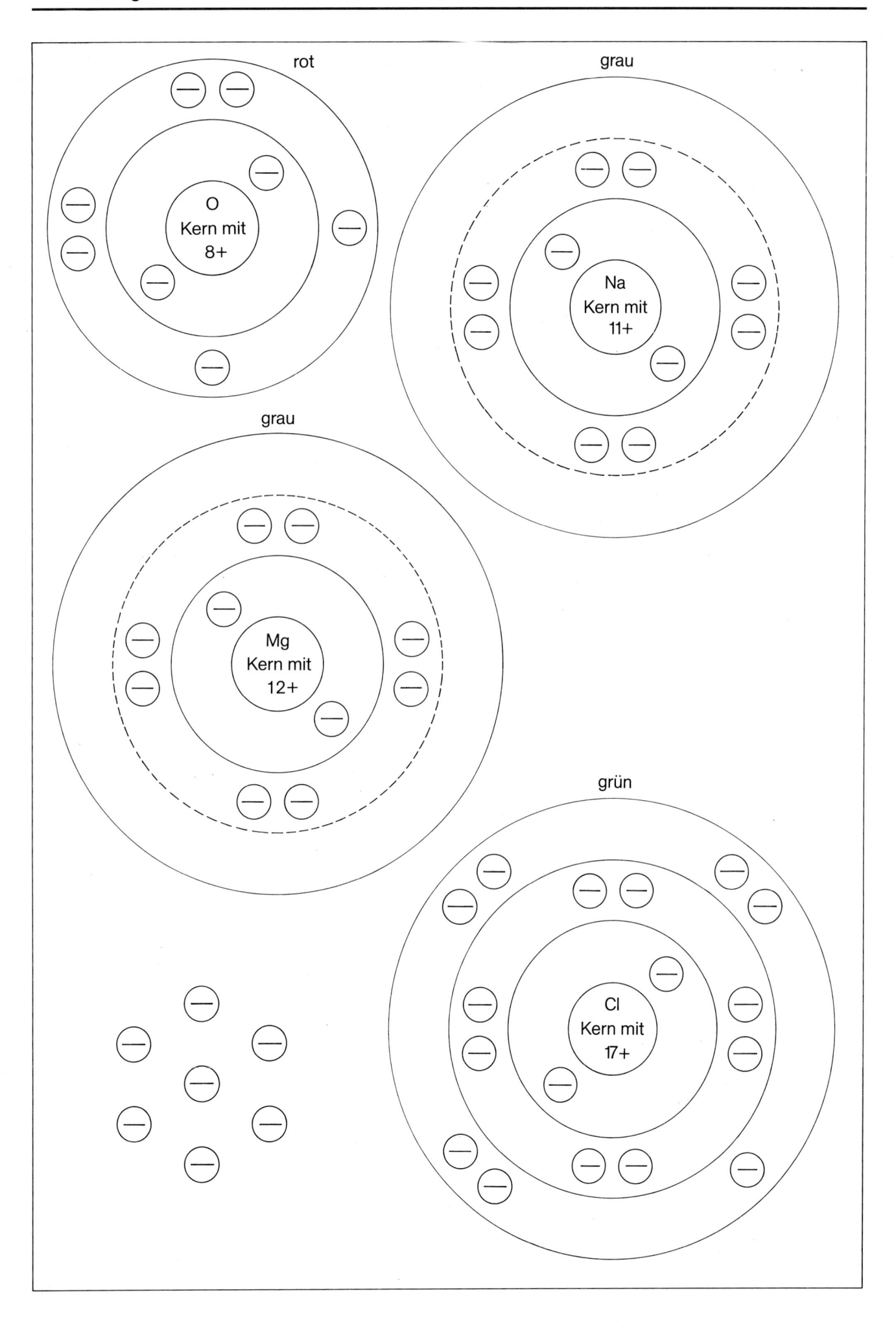

rot

O
Kern mit
8+

grau

Na
Kern mit
11+

grau

Mg
Kern mit
12+

grün

Cl
Kern mit
17+

Kristalle, die man wachsen sieht

Aus Salzlösungen kristallisieren häufig Kristalle, die durch ihre schönen Formen, ihren Glanz und ihre Farbe beeindrucken. Sehr schöne Kristalle entstehen meist nur, wenn sie zu ihrem Wachstum lange Zeiträume zur Verfügung haben. Für erste Versuche zur Kristallzüchtung ist das in der Fotografie verwendete Fixiersalz gut geeignet. Wenn man sich das Fixiersalz selbst kauft, sollte man seinen „chemischen Namen" und seine Formel kennen. Der Name ist: Natriumthiosulfat-Pentahydrat (Formel: $Na_2S_2O_3 \cdot 5\,H_2O$). Viel Freude und Erfolg bei der Kristallzüchtung!

Geräte/Materialien:
Schutzbrille
Waage
2 Bechergläser (100 ml)
Gasbrenner
Dreifuß
Keramikdrahtnetz
Kristallisierschale
Thermometer
unsichtbares Nähgarn
oder dünne Angelschnur
Tiegelzange
Meßzylinder
Spatel
Nagel
Holzstab
dest. Wasser
Eis
Pinzette

Chemikalien:
Fixiersalz

Versuchsanleitung:

1. Wiege 60 g Fixiersalz in einem Becherglas ab.
2. Erwärme in einem zweiten Becherglas 25 ml dest. Wasser auf 60° C bis 70° C. Löse anschließend unter vorsichtigem Rühren mit dem Thermometer das Fixiersalz in dem heißen Wasser. Achte darauf, daß die Temperatur nicht über 70°C steigt. Ist die Lösung klar, stelle das Becherglas in die Kristallisierschale mit Eiswasser.
3. Befestige einen Kristall des Fixiersalzes in der Schlaufe eines Fadens und befestige den Faden an einem Holzstab. Ritze vor dem Einbinden des Kristalls mit einem Nagel kleine Rillen in die Kanten des Kristalls, damit dieser nicht abrutscht.
4. Wirf nach etwa 10 Minuten den Kristall in die Lösung und lege den Stab auf den Rand des Becherglases.

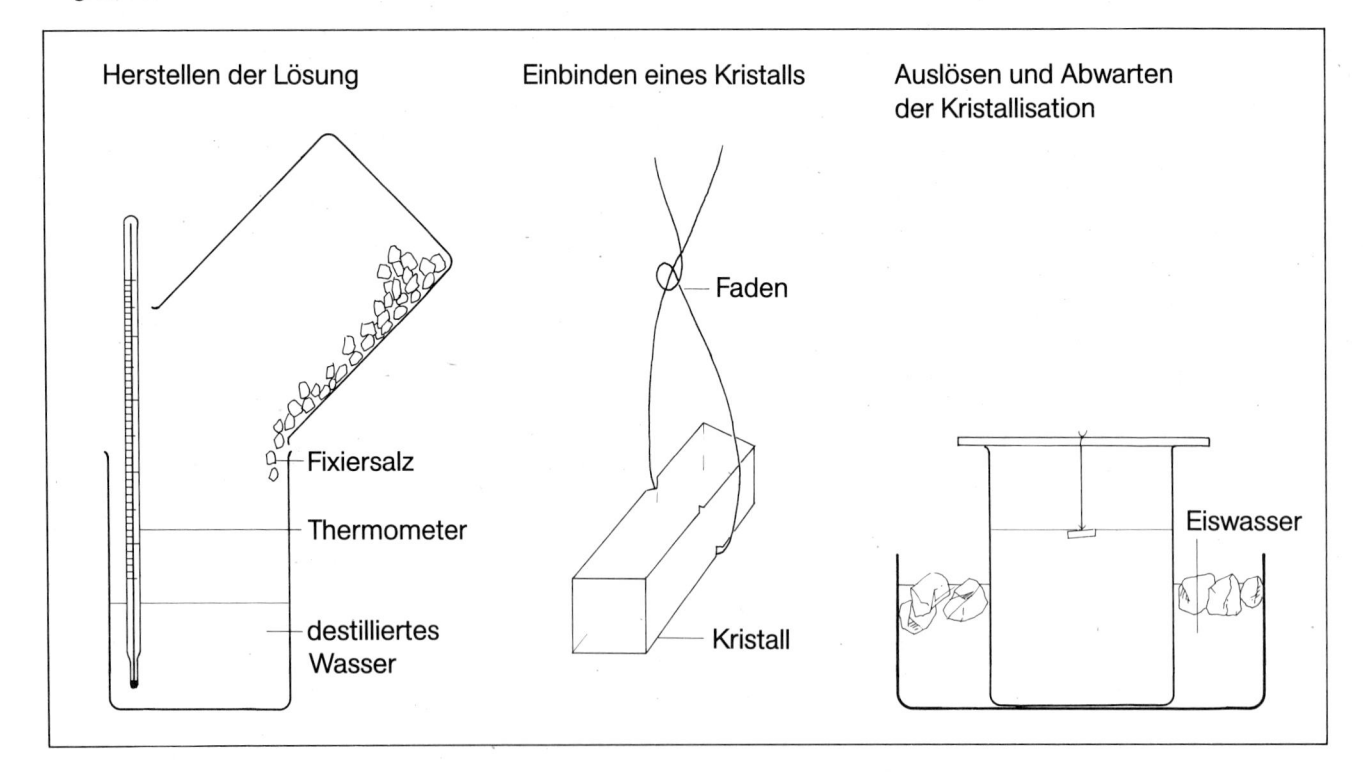

Aufgaben:

1. Schildere die Beobachtungen, die du nach dem Hineinwerfen des Kristalls machen konntest.
2. Zeichne den nach einiger Zeit gewachsenen Kristall.
  Fertige die Aufgaben auf einem gesonderten Blatt an.

Wir züchten einen großen Kristall

Bei der Züchtung eines schönen Kupfersulfatkristalls kann man eine Vorgehensweise der Kristallzüchtung kennenlernen.

Geräte und Chemikalien:

Schutzbrille
Waage
2 Bechergläser (150 ml), hohe Form
1 Becherglas, 400 ml
Meßzylinder
Spatel

Gasbrenner
Dreifuß
Keramikdrahtnetz
unsichtbares Nähgarn oder dünne Angelschnur
Thermometer
Pinzette

Nagel
Pinzette
Holzstab
dest. Wasser
Papierhandtuch
blaues Kupfersulfat

Versuchsanleitung:

1. Wiege in einem Becherglas (150 ml) 40 g Kupfersulfat ab und gib dazu 100 ml dest. Wasser. Erwärme den Inhalt des Becherglases unter vorsichtigem Umrühren mit dem Thermometer auf höchstens 50 °C. Wenn keine Auflösung mehr erfolgt und die Lösung klar ist, gieße sie in das größere, gründlich gereinigte Becherglas (400 ml).
2. Warte, bis sich größere Kristalle (Kantenlänge etwa 5 mm) am Boden des Becherglases gebildet haben. Dies kann ein oder zwei Tage dauern. Wähle einen großen Kristall aus und tupfe ihn mit einem Papierhandtuch trocken. Ritze mit dem Nagel vorsichtig kleine Rillen in die Kanten des Kristalls und befestige ihn in der Schlaufe eines Kunststoffadens. Bewahre die anderen größeren Kristalle in einem Schnappdeckelglas auf.
3. Gieße die Lösung wieder in ein gründlich gereinigtes Becherglas (100 ml). Achte beim Umgießen darauf, daß kein Bodensatz mit umgegossen wird. Spritze dann den eingebundenen Kristall kurz mit dest. Wasser ab, tupfe ihn mit dem Papierhandtuch trocken und hänge ihn anschließend in die Lösung. Stelle die Lösung an einem ruhigen, gleichmäßig temperierten Ort auf.
4. Die Lösung sollte alle zwei Tage kontrolliert werden. Wenn sich am Boden oder an den Gefäßwänden Kristalle gebildet haben oder auf der Oberfläche flache Kristallteppiche herumschwimmen, wird die Lösung in ein anderes sauberes Becherglas umgegossen. Der Kristall an dem Faden wird dann erneut kurz abgespült und abgetupft, anschließend kann er wieder in die Lösung gehängt werden.
5. Entnimm nach einigen Tagen den großen Kristall der Lösung. Spritze ihn ganz kurz mit dest. Wasser ab und tupfe ihn trocken. Bewahre ihn in einem kleinen Glasgefäß (z. B. Marmeladeglas) auf.

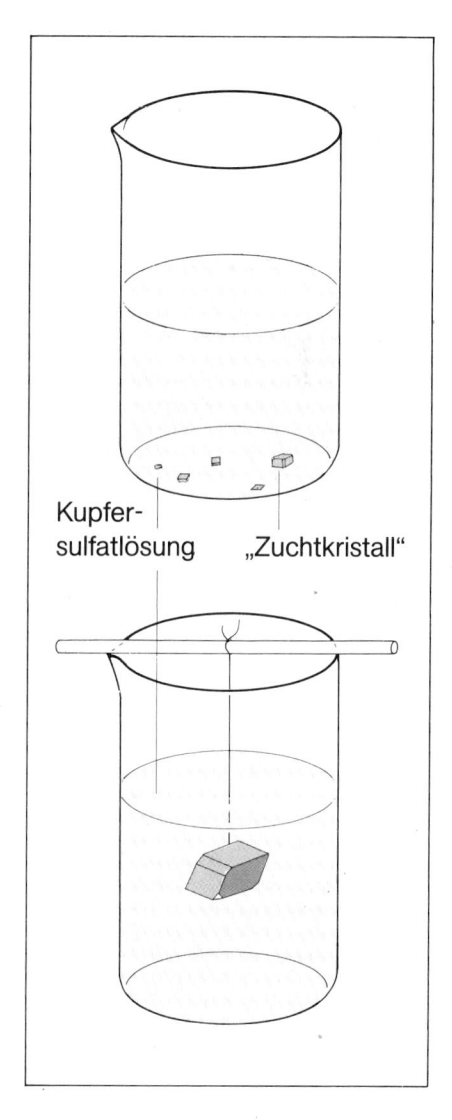

Kupfersulfatlösung   „Zuchtkristall"

Das Lösen der folgenden Aufgaben soll dir helfen, bei weiteren Züchtungsversuchen Fehler zu vermeiden oder die Ursachen für scheinbare Mißerfolge zu erkennen.

Aufgaben:

1. Du schaust nach zwei Tagen nach deiner Lösung. In der Schlinge des Fadens befindet sich kein Kristall mehr, auf dem Boden des Gefäßes liegen einige Kristalle. Erkläre diese Beobachtungen. Kleine Hilfe: In dem Raum, in dem das Gefäß steht, scheint am Tag stark die Sonne.
2. Von dem in die Lösung gehängten Kristall sinken Schlieren herab. Was wirst du nach einiger Zeit beobachten? Löse die Aufgaben auf einem gesonderten Blatt.

Wir basteln Kristallmodelle

Die Schönheit vieler Kristalle beruht auf ihrem regelmäßigen, geometrischen Aufbau mit glänzenden, spiegelnden Flächen und scharfen Kanten. Leuchtende Farben und eine starke Lichtbrechung verstärken häufig die faszinierende Wirkung. Kristalle sind deshalb schon immer begehrte Sammel- und Schmuckobjekte gewesen.

Geometrische Körper wie Würfel, Oktaeder, Pyramiden oder sechsseitige Säulen kommen in der Natur als weitverbreitete Kristallformen vor. Die meisten kristallisierten Mineralien erscheinen allerdings nicht in regelmäßig ausgebildeten Formen, sondern sind verzerrt, weil sich einige Kristallflächen auf Kosten der anderen besser entwickelt haben. In der folgenden Übersicht finden sich einige Beispiele für Kristallformen und Mineralien.

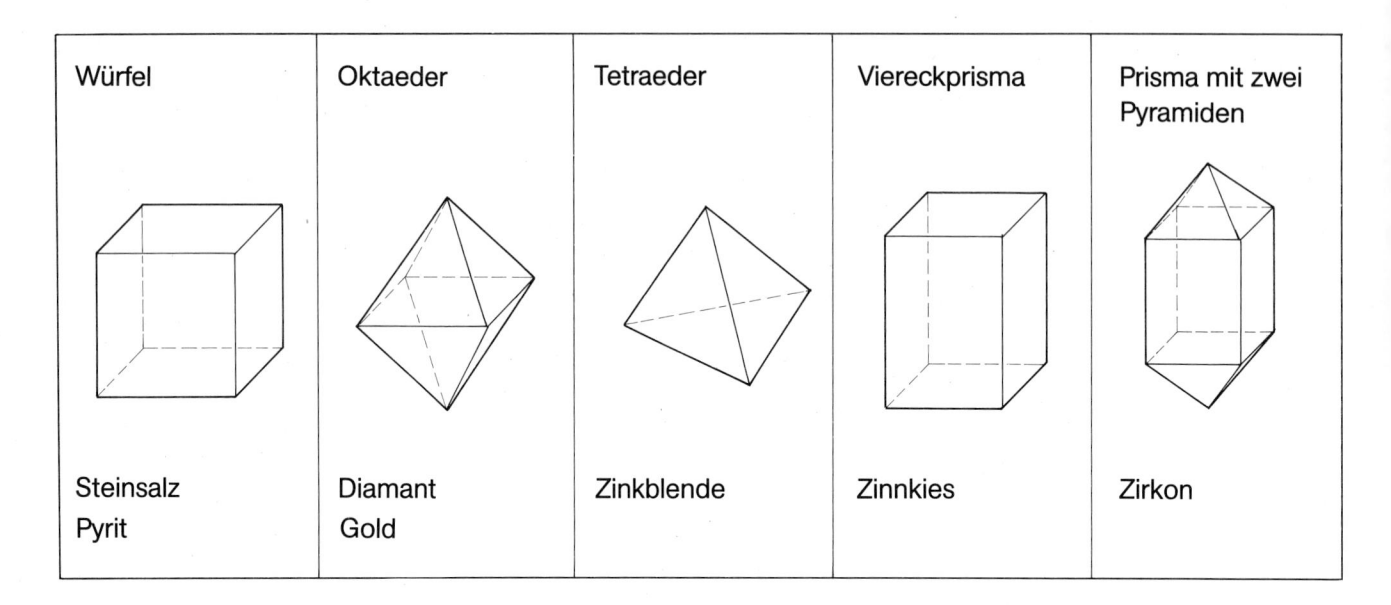

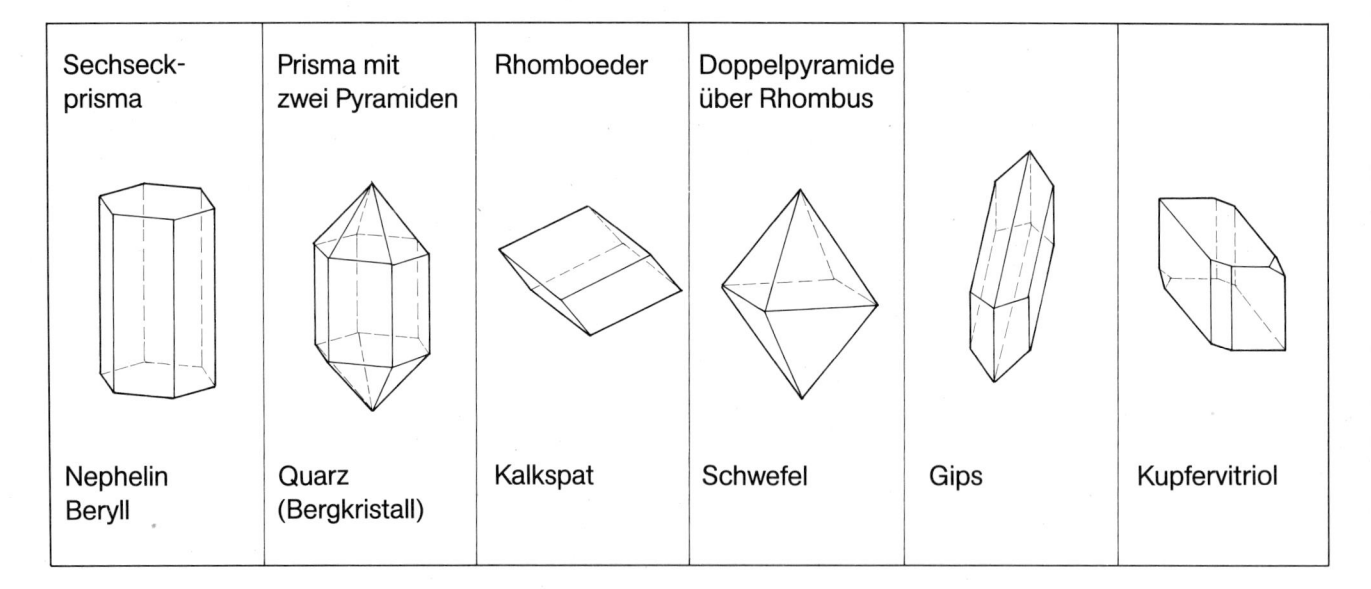

Würfel	Oktaeder	Tetraeder	Viereckprisma	Prisma mit zwei Pyramiden
Steinsalz, Pyrit	Diamant, Gold	Zinkblende	Zinnkies	Zirkon

Sechseckprisma	Prisma mit zwei Pyramiden	Rhomboeder	Doppelpyramide über Rhombus		
Nephelin, Beryll	Quarz (Bergkristall)	Kalkspat	Schwefel	Gips	Kupfervitriol

Aufgaben:

1. Welchen Stoff kennst du, dessen Kristalle häufig die Form eines Würfels aufweisen?
2. Zeichne das Netz eines Würfels.
3.1 Schneide die Netze der Kristallmodelle auf der folgenden Seite aus und klebe sie zusammen. (Die Kanten müssen sorgfältig gefaltet werden.)
3.2 Zu welchen Kristallformen aus der obigen Übersicht gehören die Modelle?
   Bearbeite die Aufgabe 2 und die Fragen auf einem gesonderten Blatt.

Materialien zu Aufgabe 3.1: Schere und Alleskleber

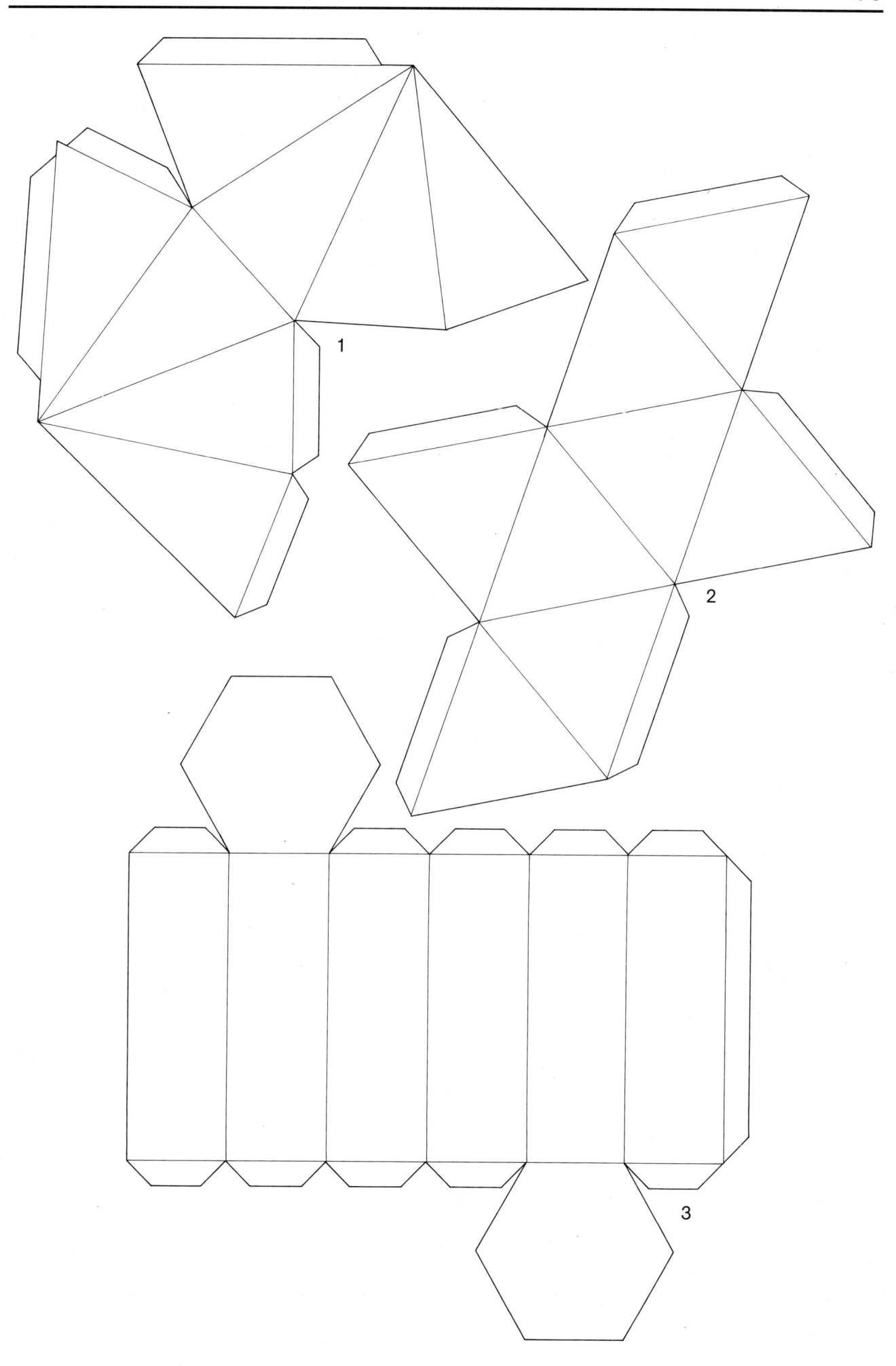

Wir basteln Kristallmodelle 95

Prüfe dein Wissen: Elektrolyse und Elektronenübergänge 96

Viele Metalle und Nichtmetalle, die in Alltag und Technik eine bedeutende Rolle spielen, werden durch Elektrolysen gewonnen. Mit den folgenden Aufgaben kannst du deine Kenntnisse über die Elektrolyse überprüfen und dir die Grundlagen noch einmal einprägen.

1. Im unteren Schema werden die Vorgänge bei der Elektrolyse einer Zinkchloridlösung veranschaulicht.

a) Trage in die Tabelle die Kreissymbole und die chemischen Symbole für die Teilchen ein.
b) Gib für die Ionen in dem Schema die Wanderungsrichtung durch Pfeile an.

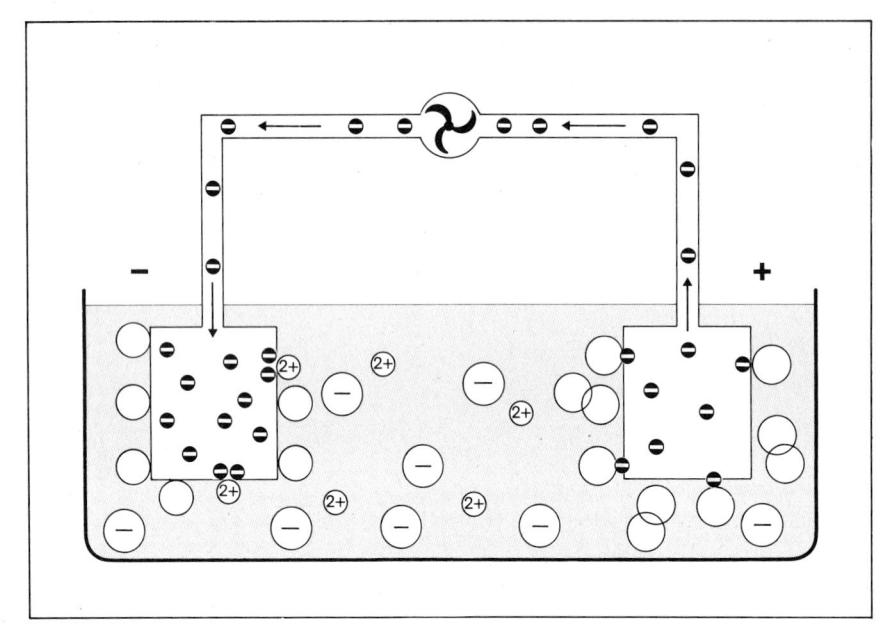

Teilchen	Kreissymbol	chem. Symbol
Elektron	⊖	e^-
Zinkion	②+	Zn^{2+}
Zinkatom		
Chloridion		
Chloratom		
Chlormoleküle		

c) Formuliere die Reaktionsgleichung für den Vorgang an der Kathode: _____

d) Beschreibe die Kathodenreaktion mit ein oder zwei Sätzen:

_____

_____

e) Formuliere die Reaktionsgleichung für den Vorgang an der Anode: _____

f) Beschreibe die Anodenreaktion in ein oder zwei Sätzen.

_____

_____

2. Der folgende Text enthält einige Lücken. Ergänze die fehlenden Wörter.

„Die negativ geladene Elektrode enthält mehr _____ als die positiv geladene Elektrode.

Bei der Elektrolyse werden die positiv geladenen Ionen, die _____, von der negativ

geladenen Elektrode, der _____, angezogen. Sie _____ an dieser Elektrode

Elektronen _____. Die negativ geladenen Ionen, die _____, wandern zur positiv geladenen

Elektrode, der _____. Sie _____ an diese Elektrode Elektronen _____."

Wie viele Elektronenpaare finden wir in Molekülformeln? 97

Viele Flüssigkeiten und Gase bestehen aus Molekülen. Ein Molekül ist wiederum aus mindestens zwei Atomen aufgebaut.

1. Zunächst wollen wir uns mit der Zahl der Außenelektronen eines Atoms beschäftigen. Dies erleichtert die Ermittlung und Zuordnung der Elektronenpaare in Molekülen.

   Trage in den Ausschnitt des Periodensystems die Elektronen der Außenschale an die Symbole für die Atome der Elemente. Kennzeichne dabei ein Einzelelektron durch einen Punkt und ein Elektronenpaar durch einen Strich.

H							He
Li	Be	B	C	N	O	F	Ne
Na	Mg	Al	Si	P	S	Cl	Ar

2. In den Molekülen gibt es häufig zwei unterschiedliche Typen von Elektronenpaaren. Trage die Bezeichnung für die Elektronenpaare in die Kästchen ein.

3. a) Trage in die nebenstehende Tabelle die fehlenden Einzelelektronen (Punkte) und die Elektronenpaare (Strich) ein.
   b) Wie viele Außenelektronen weisen die Wasserstoffatome bzw. die anderen Atome in den Molekülen auf?

   _____
   _____
   _____
   _____
   _____

ungebundene Atome	Moleküle	Edelgasatome
Cl Cl	Cl)(Cl	
H Cl	H)(Cl	He
H H N H	H H)(N H	Ne Ar

Molekülbildung im Modell

Die Bildung von Molekülen läßt sich nicht so leicht erklären wie die Ionenbildung. Hier wird nicht ein Elektron von einem Atom an ein anderes abgegeben, vielmehr wird ein Elektronenpaar von zwei Atomen gleichzeitig angezogen. Dadurch überlappen sich die Aufenthaltsbereiche der bindenden Elektronen. Wie bei der Ionenbildung wird auch hier meistens die Oktettregel erfüllt.

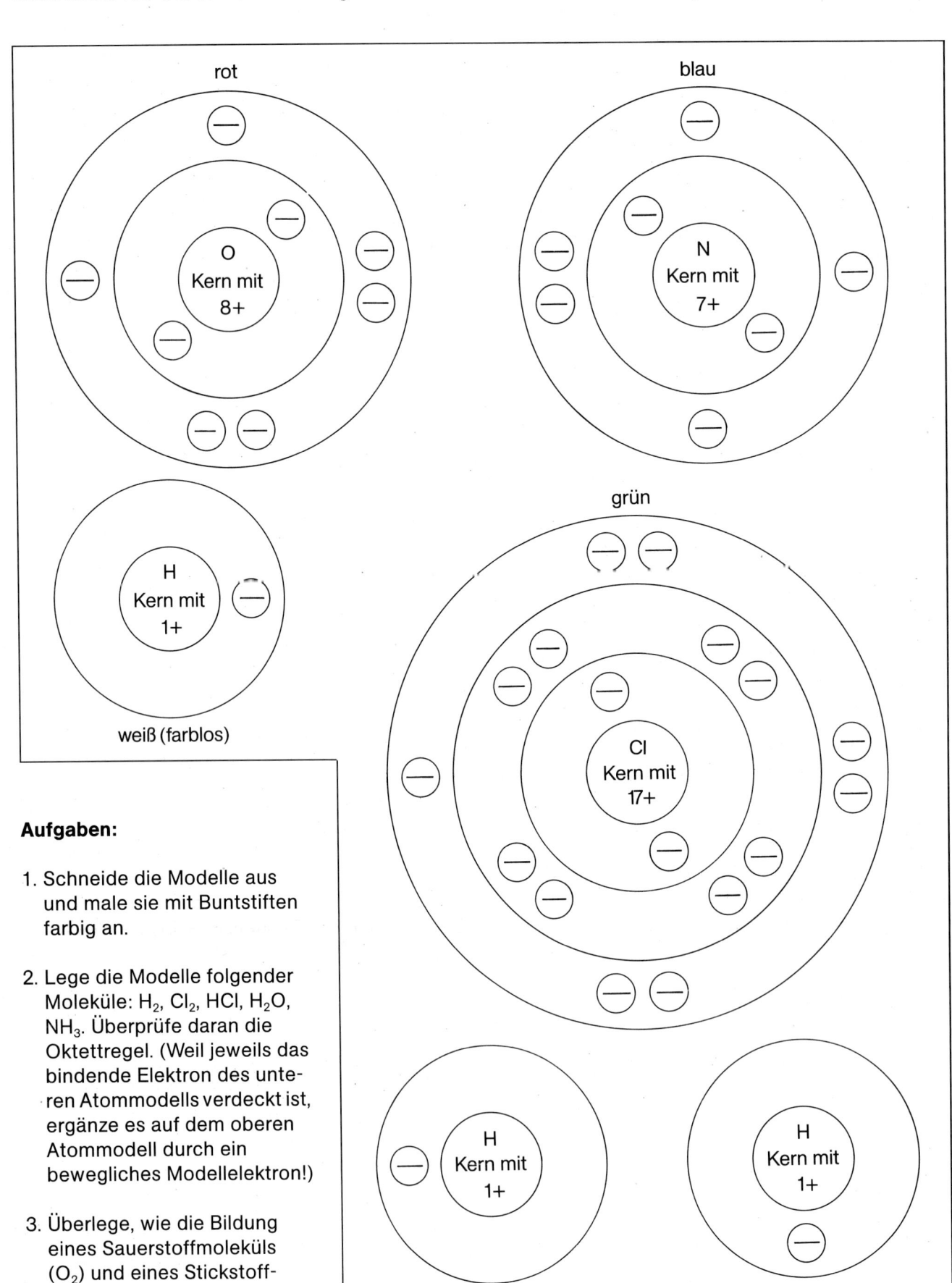

Aufgaben:

1. Schneide die Modelle aus und male sie mit Buntstiften farbig an.

2. Lege die Modelle folgender Moleküle: H_2, Cl_2, HCl, H_2O, NH_3. Überprüfe daran die Oktettregel. (Weil jeweils das bindende Elektron des unteren Atommodells verdeckt ist, ergänze es auf dem oberen Atommodell durch ein bewegliches Modellelektron!)

3. Überlege, wie die Bildung eines Sauerstoffmoleküls (O_2) und eines Stickstoffmoleküls (N_2) möglich ist.

Wir erhitzen blaues Kupfersulfat

In Versuchen zur Löslichkeit oder Kristallzüchtung hast du sicher blaues Kupfersulfat kennengelernt. Beim Erhitzen von blauem Kupfersulfat in einem Reagenzglas kondensiert an der Wand eine farblose Flüssigkeit. Vielleicht handelt es sich bei ihr um Wasser. Über die Bestimmung der Siedetemperatur der Flüssigkeit können wir prüfen, ob diese Vermutung zutrifft. Es ergibt sich auch die Frage, welche Stoffe beim Erhitzen des blauen Kupfersulfats noch entstehen.

Geräte/Materialien:
2 Stative
2 Stativklemmen
2 Doppelmuffen
1 schwerschmelzbares Reagenzglas 16 x 160 mm
3 Reagenzgläser
Reagenzglasgestell
Thermometer
Gasbrenner
Gasableitungsrohr mit durchbohrtem Stopfen
Teflonband
Watte
Siedesteinchen
Becherglas, 300 ml
kaltes Wasser
Watte
Spatel
Schutzbrille

Chemikalien:
fein pulverisiertes blaues Kupfersulfat

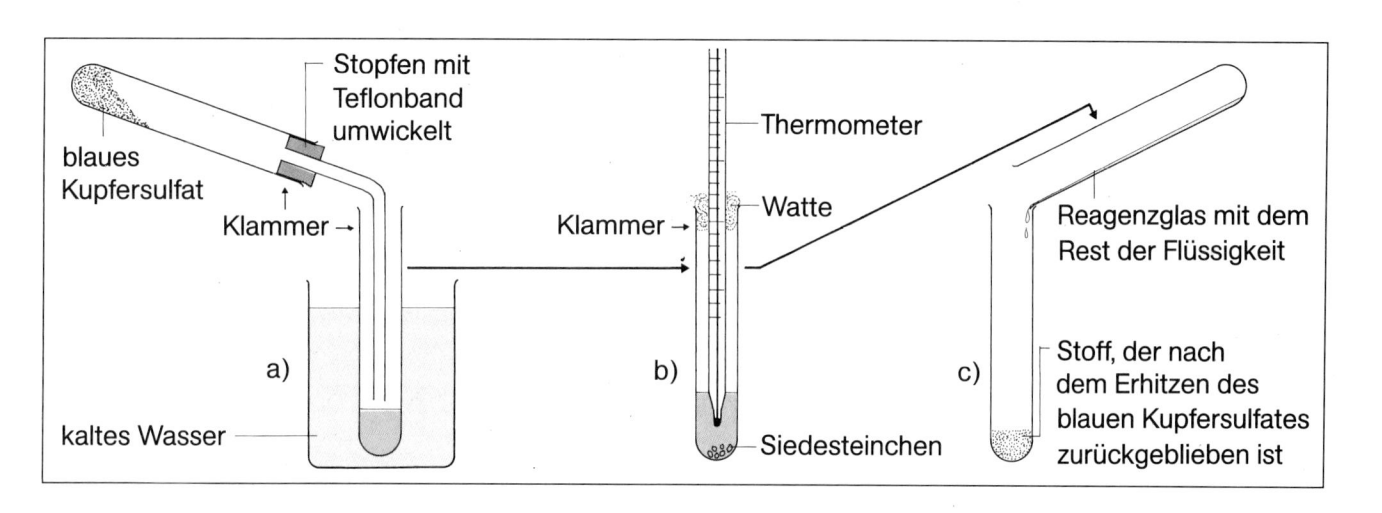

Versuchsanleitung: Während der Versuchsdurchführung Schutzbrille tragen!

a) Fülle das schwerschmelzbare Reagenzglas etwa 4 cm hoch mit dem blauen Kupfersulfat. Baue danach die Apparatur wie in der Abbildung a) auf. Erhitze das Kupfersulfat langsam und vorsichtig mit der nichtleuchtenden Brennerflamme. Halte dazu den Brenner mit der Hand, so daß du die Wärmezufuhr besser steuern kannst. Es wird so lange erhitzt, bis kein Dampf mehr entsteht. Das Ende des Glasrohres muß sich immer über dem Flüssigkeitsspiegel im rechten Reagenzglas befinden, da sonst Flüssigkeit in das erhitzte Reagenzglas zurücksteigen kann!

b) Bestimme die Siedetemperatur der gewonnenen Flüssigkeit. Baue dazu die Apparatur wie in der Abbildung b) auf. Erwärme langsam und vorsichtig die Flüssigkeit im Reagenzglas, bis sie gleichmäßig siedet. Halte auch hier den Brenner in der Hand. Verfolge den Temperaturverlauf bis zum kräftigen Sieden und lies dann die Temperatur ab.

c) Lasse die abgekühlte Flüssigkeit zu dem inzwischen erkalteten Stoff in dem schwerschmelzbaren Reagenzglas (Abb. c) fließen. Umfasse dazu das untere Drittel des schwerschmelzbaren Reagenzglases mit der Hand.

Auswertung:

1. Schildere deine Beobachtungen.
2. Handelt es sich bei der Flüssigkeit um Wasser? Begründe.
3. Gib eine weitere meßbare Eigenschaft zur Bestimmung der Flüssigkeit an.
4. Welcher Stoff ist nach dem Erhitzen des blauen Kupfersulfats im Reagenzglas zurückgeblieben? Begründe.
   Nimm die Auswertung auf einem gesonderten Blatt vor.

Bildung und Auflösung des Natriumchloridgitters im Modell 100

Wie ordnen sich Ionen zu einem Kristall an? Wie läuft der Lösungsvorgang eines Salzes in Wasser ab? Diese Vorgänge kannst Du selbst mit Modellen als „Trickfilm" darstellen.

Aufgabe:
Schneide die scheibenförmigen Modelle aus und male sie mit Buntstiften farbig an.

Zum Aufbau von Ionengittern
Lege eine Schicht eines Natriumchloridgitters. Beginne dabei mit einem Natriumion. Gruppiere die Ionen so, daß sich jeweils eine größtmögliche Anziehung ergibt. Welche Form bekommt der Ionenverband?

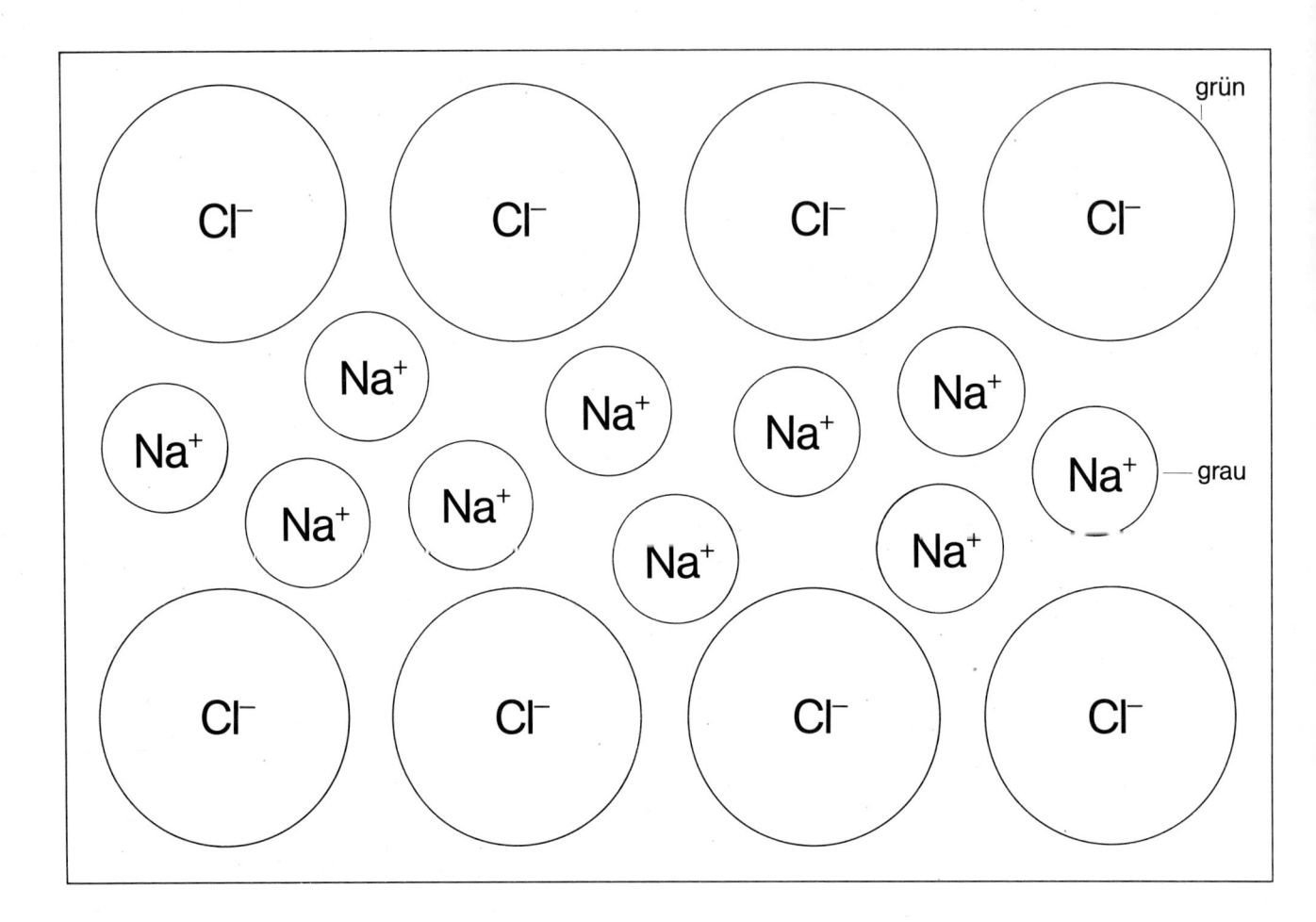

Zum Lösungsvorgang von Salz in Wasser (Hydratation)
Zeige wie die Wassermoleküle sich an den Ionenverband im Natriumchloridkristall anlagern. Ahme die Anziehung zwischen dem Wassermolekülen und den verschiedenen Ionen und den dadurch verursachten Lösungsvorgang nach. Lege die flächenhafte Anordnung der Ionen mit ihren Hydrathüllen.

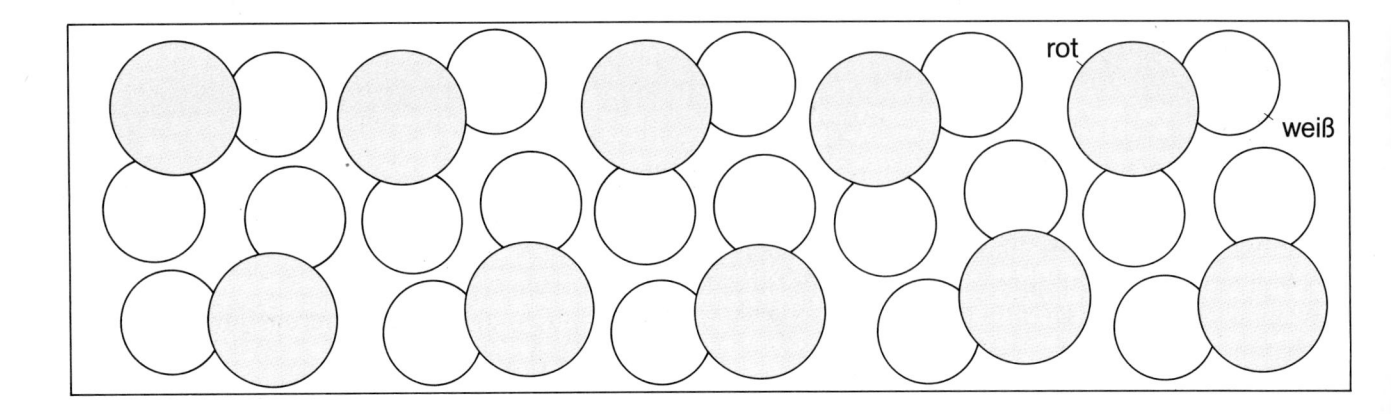

Was haben saure Lösungen gemeinsam?

1. Versuchsreihe

Geräte/Materialien:
Reagenzglas
Reagenzglasständer
Glasstab
Spatel
Universalindikatorpapier
Uhrglas

Chemikalien:
Citronensäure
Essig
verdünnte Salzsäure

Versuchsanleitung:

a) Bringe mit dem Glasstab ein oder zwei Tropfen Essig auf den Handrücken und prüfe den Geschmack.
b) Wiederhole die Geschmacksprobe mit zwei Tropfen einer Citronensäurelösung, die du durch Auflösen einer Spatelspitze Citronensäure in etwa 5 ml Wasser herstellst.
c) Gib auf ein kleines Stück Universalindikatorpapier, das auf einem Uhrglas liegt, mit dem Glasstab einen Tropfen Essig. Führe den Versuch auch mit der Citronensäurelösung und verdünnter Salzsäure durch.

Auswertung:

Formuliere die Gemeinsamkeiten der sauren Lösungen, die sich aus dieser Versuchreihe ableiten lassen.

___

2. Versuchsreihe

Geräte/Materialien:
6 Reagenzgläser (16 x 160 mm)
1 durchbohrter Stopfen
Gasableitungsrohr
Kunststoffwanne
(ca. 20 x 10 x 10 cm)
6 kleine Reagenzgläser
mit passenden Stopfen
Reagenzglasständer
Stativ
Doppelmuffe
Universalklemme
Fahrzeug
Spatel
Schutzbrille

Chemikalien:
Magnesiumspäne
Zinkpulver
Eisenpulver
Salzsäure, $c = 0{,}5$ mol/l
Essigsäure, $c = 1$ mol/l

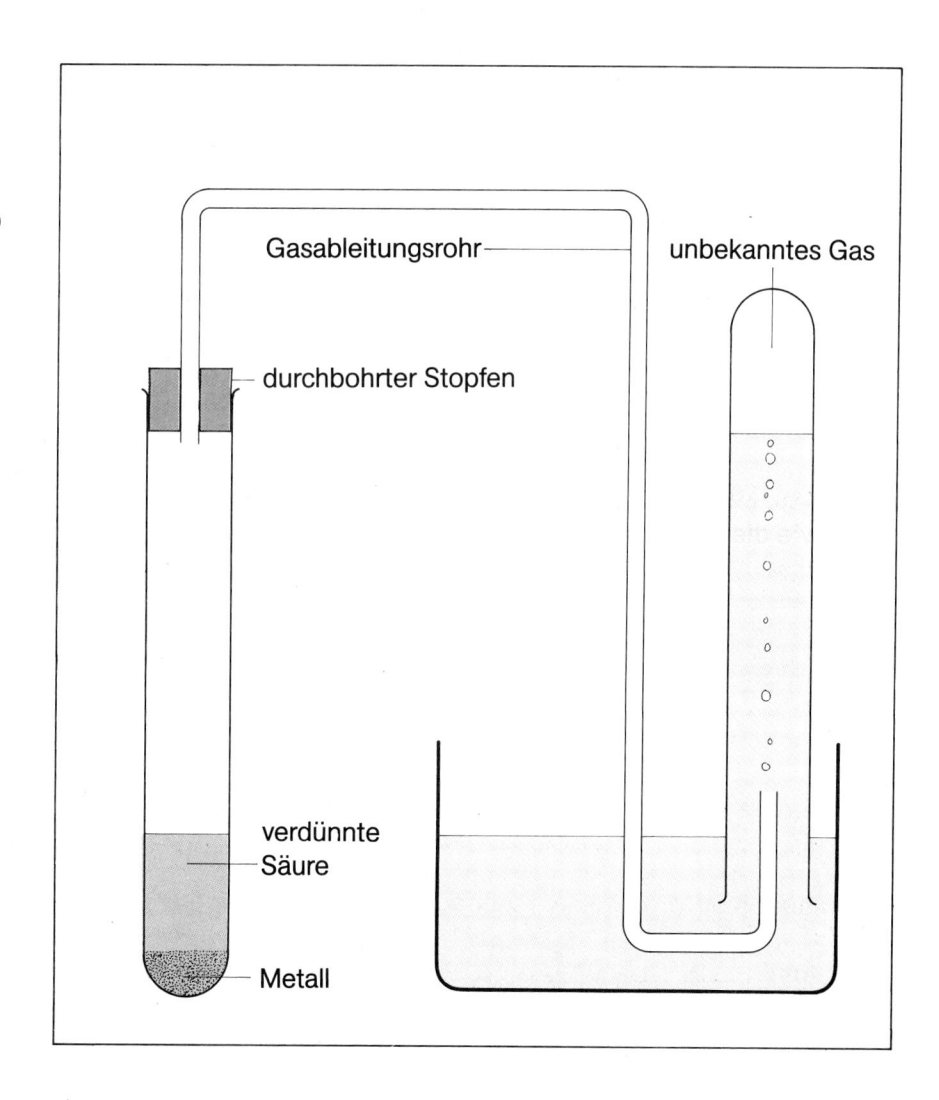

Was haben saure Lösungen gemeinsam?

Versuchsanleitung: Während der Durchführung des Versuchs muß die Schutzbrille getragen werden!

a) Baue die umseitig abgebildete Apparatur zum Auffangen eines Gases auf. Fülle das mit der Stativklemme gehaltene Reagenzglas zu etwa einem Drittel mit der Salzsäure. Gib zu der Säure eine Spatelspitze Magnesiumspäne. Verschließe das Reagenzglas mit dem durchbohrten Stopfen mit Ableitungsrohr. Fange das entstehende Gas in dem kleinen Reagenzglas auf. Führe das mit Gas gefüllte Reagenzglas mit der Öffnung an eine Feuerzeugflamme.
b) Wiederhole den Versuch mit Zinkpulver und mit Eisenpulver.
c) Wiederhole die Versuchsreihe mit verdünnter Essigsäure anstelle von Salzsäure.

Auswertung:

Die Knallgasprobe verläuft _____. Die Metalle

(Magnesium, Zink, Eisen) reagieren mit sauren Lösungen, dabei entsteht _____.

3. Versuchsreihe

Geräte/Materialien:
Spannungsquelle
Stromstärkemeßgerät
Leitfähigkeitsmeßstab
3 Experimentierkabel
2 Krokodilklemmen

Reagenzglasständer
3 Reagenzgläser
Becherglas
Spatel

Chemikalien:
verdünnte Essigsäure
verdünnte Salzsäure
Citronensäure
destilliertes Wasser

Versuchsanleitung:

Stelle eine Citronensäurelösung durch Auflösen einer Spatelspitze Citronensäure in etwa 5 ml dest. Wasser her.
Baue die Versuchsapparatur wie in der Skizze auf. Lege eine Wechselspannung von etwa 6 V an. Halte den Meßstab nacheinander in die Citronensäurelösung, die Essigsäure und die Salzsäure. Miß jeweils die Stromstärke. Nach jeder Messung muß der Meßstab mit dest. Wasser abgespült werden.

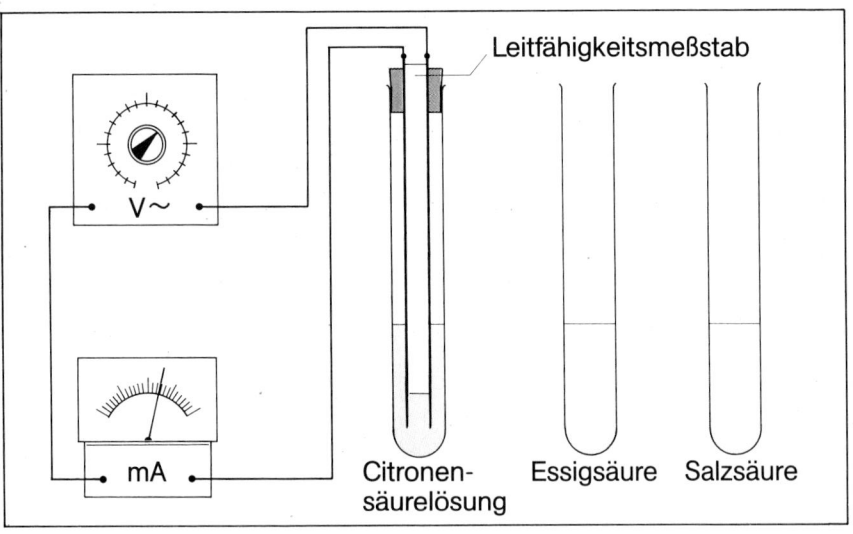

Auswertung: Deute die Versuchsbeobachtungen.

_____

_____

Aufgabe: Eine Citronensäureschmelze leitet nicht den elektrischen Strom. Was läßt sich daraus

schließen? _____

_____

Säuren und Laugen als „Gegenspieler"

1. Versuch

Geräte/Materialien:
Reagenzglas (16 x 160 mm)
Reagenzglasständer
Tropfpipette
weißes Papier
Schutzbrille

Chemikalien:
Salzsäure $c = 0,1$ mol/l
Natronlauge $c = 0,1$ mol/l
Universalindikator, flüssig,
mit pH-Tabelle

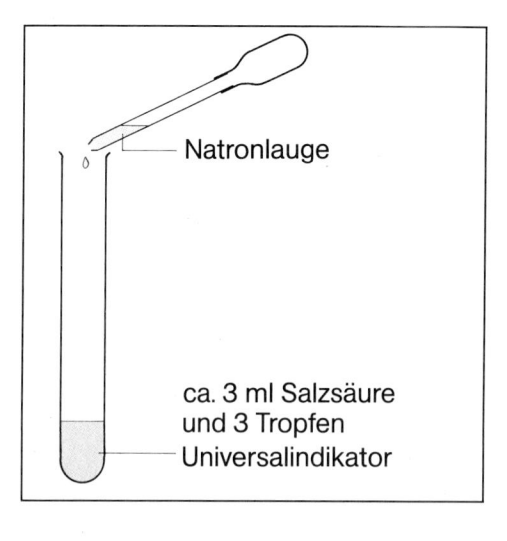

Versuchsanleitung:

Gib in ein Reagenzglas ca. 3 ml Salzsäure (2 fingerbreit) und versetze mit ca. 3 Tropfen Universalindikator. Tropfe dann Natronlauge zu der Salzsäure und schüttle nach einer Zugabe von etwa 10 großen Tropfen.
Bestimme den pH-Wert des Reagenzglasinhaltes, halte dazu ein weißes Papier hinter das Reagenzglas. Wiederhole die Natronlaugezugabe, das Schütteln und die pH-Wert-Bestimmung bis zu einer Zugabe von etwa 4 ml Natronlauge.

Natronlauge (Tropfenzahl): _____

pH-Wert der Lösung: _____

2. Versuch

Geräte/Materialien:
2 Reagenzgläser
Thermometer
Kristallisierschale
Meßzylinder
Lupe
Schutzbrille

Chemikalien:
verdünnte Salzsäure
verdünnte Natronlauge
Natriumchloridkristalle

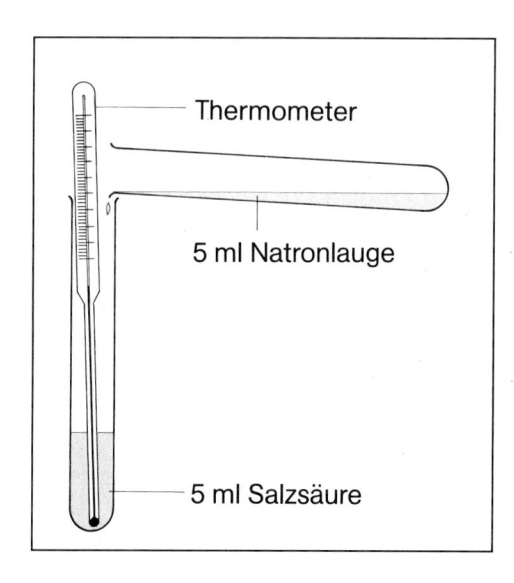

Versuchsanleitung:

Miß die Temperatur der Salzsäure und der Natronlauge. Gib dann genau 5 ml Natronlauge zu 5 ml Salzsäure, verfolge die Temperatur des Gemisches und notiere die höchste Temperatur.

Temperatur der Salzsäure: _____

Temperatur der Natronlauge: _____

Temperatur des Gemisches: _____

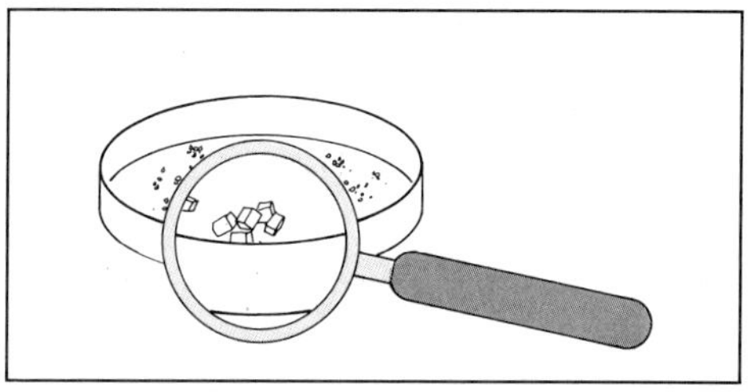

Gib die Lösung anschließend in eine Kristallisierschale und laß diese an einem warmen Ort stehen. Vergleiche die nach einigen Tagen entstandenen Kristalle mit Natriumchloridkristallen unter der Lupe.

Ergebnis des Vergleiches der Kristalle:

_____

Säuren und Laugen als „Gegenspieler" **104**

Auswertung der Versuche:

1. Sind Salzsäure und Natronlauge Gegenspieler?

___
___

2. Welche Hinweise gibt es, daß bei der Zugabe von Salzsäure zu Natronlauge eine chemische Reaktion abläuft?

___
___

3. Formuliere für die Reaktion von Salzsäure mit Natronlauge das Reaktionsschema und die Reaktionsgleichung.

___
___

Fülle die Lücken aus:

Alle sauren Lösungen enthalten _____-Ionen, alle Laugen _____. Bei einer Neutra–

lisation reagieren die _____ mit den _____ zu _____-Molekülen.

Dabei wird _____ frei. Die allgemeine Reaktionsgleichung für die Neutralisation lautet:

___

Anwendung der Neutralisation – Neutralisationsanlage

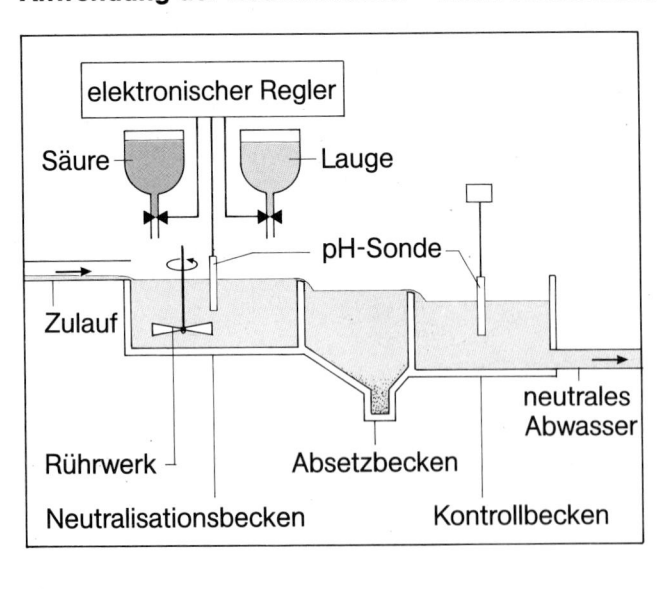

Bei vielen industriellen Prozessen entstehen Säuren und Laugen. Gelangen diese in die Gewässer, können Pflanzen und Fische geschädigt werden. Der pH-Wert von Gewässern sollte nicht stark von pH = 7 abweichen. In Fischgewässern darf der pH-Wert nicht unter 5 oder über 9, in Kläranlagen nicht unter 6 oder über 8,5 liegen. Abwässer, die sauer oder alkalisch sind, sollten deshalb neutralisiert werden.

Warum wird in der nebenstehenden Neutralisationsanlage der pH-Wert sowohl in dem Neutralisations- als auch im Kontrollbecken gemessen?

___
___

Wir verfolgen die Neutralisation mit Hilfe der Stromstärke

Die Neutralisation von Salzsäure mit Natronlauge läßt sich mit Hilfe von Universalindikator verfolgen. Wir wissen, daß Lösungen, die Ionen enthalten, den elektrischen Strom leiten. Die Neutralisation läßt sich deshalb auch dadurch verfolgen, daß man die elektrische Stromstärke während des Zutropfens der Natronlauge verfolgt. Das Prinzip dieses Verfahrens wird besonders in Neutralisationsanlagen angewendet. Zum Verständnis dieses Verfahrens benötigt man die folgenden Kenntnisse:
Die gut beweglichen H_3O^+-Ionen leiten den elektrischen Strom besser als die OH^--Ionen. Diese wiederum leiten den elektrischen Strom wesentlich besser als Na^+- und Cl^--Ionen.

Geräte:
Spannungsquelle
Stromstärkemeßgerät
Leitfähigkeitsmeßstab
3 Experimentierkabel
2 Krokodilklemmen
2 Bechergläser, 200 ml
Meßzylinder
Glasstab
Bürette
Bürettenklammer
Stativ
Doppelmuffe
Stativklemme

Chemikalien:
Salzsäure, $c = 0{,}1$ mol/l
Natronlauge, $c = 1$ mol/l

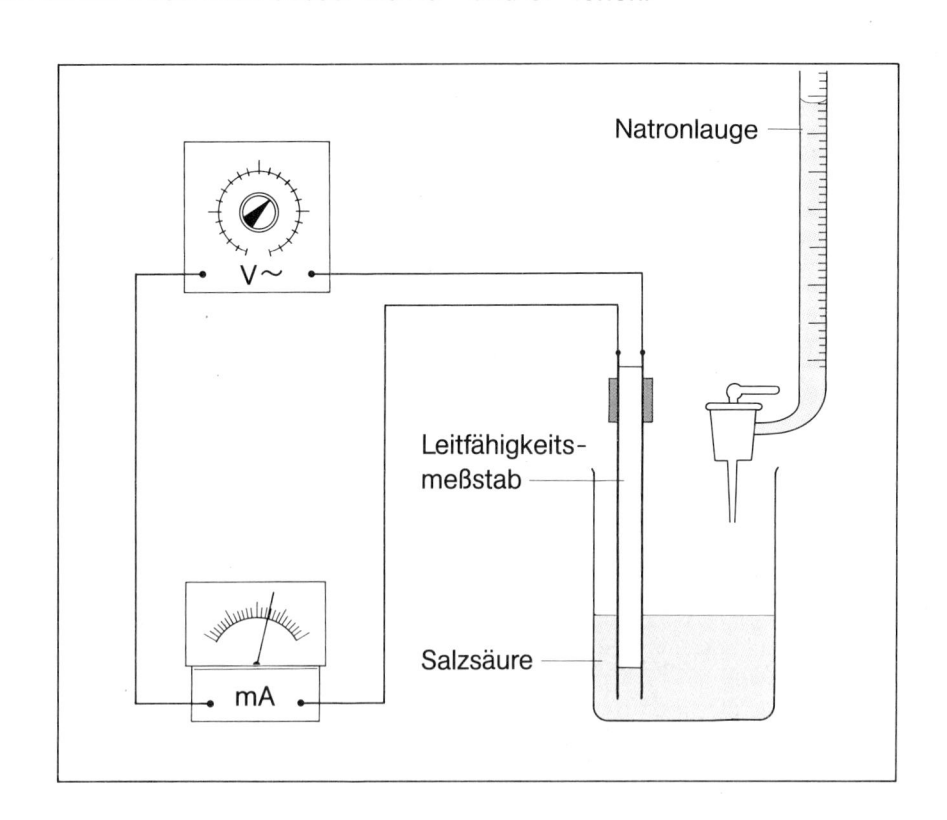

Versuchsanleitung:

Gib in ein 200-ml-Becherglas genau 100 ml Salzsäure und in die Bürette etwa 20 ml Natronlauge. Baue die Versuchsapparatur wie in der Skizze auf. Lege eine Wechselspannung von etwa 4 V an. Miß die Stromstärke. Stelle dazu den empfindlichsten Stromstärkemeßbereich ein. Notiere die Stromstärke in der Tabelle. Laß genau 1 ml Natronlauge in die Salzsäure laufen. Rühre die Lösung um. Lies die Stromstärke ab, sobald sich diese nur noch wenig verändert und trage sie in die Meßwerttabelle ein. Wiederhole diesen Vorgang, bis du insgesamt 14 ml Natronlauge in 1-ml-Portionen zugegeben hast.

Auswertung:

1. Werte die Tabelle aus, indem du die Stromstärke (y-Achse) in Abhängigkeit vom Volumen der Natronlauge (x-Achse) in das Diagramm einträgst.
2. Beschreibe den Verlauf der Kurve.
3. Stelle die Reaktionsgleichung für die obige Neutralisation auf.
4. Bearbeite zur Deutung der Kurve die folgenden Aufgaben und Fragen:
   Welche Ionen liegen in der ursprünglichen Salzsäurelösung vor:
   a) vor Zugabe der Natronlauge?
   b) bis zur Zugabe von 9 ml Natronlauge?
   c) bei Zugabe von 10 ml Natronlauge?
   d) bei Zugabe von 14 ml Natronlauge?
5. Erkläre den Verlauf der Kurve in einem zusammenhängenden Text.

Bearbeite die Aufgaben 2 bis 5 auf einem separaten Blatt.

Wir verfolgen die Neutralisation mit Hilfe der Stromstärke

Meßwerttabelle:

Volumen der Natronlauge in ml	0	1	2	3	4	5	6	7	8	9	10	11	12	13	14
Stromstärke in mA															

Diagramm:

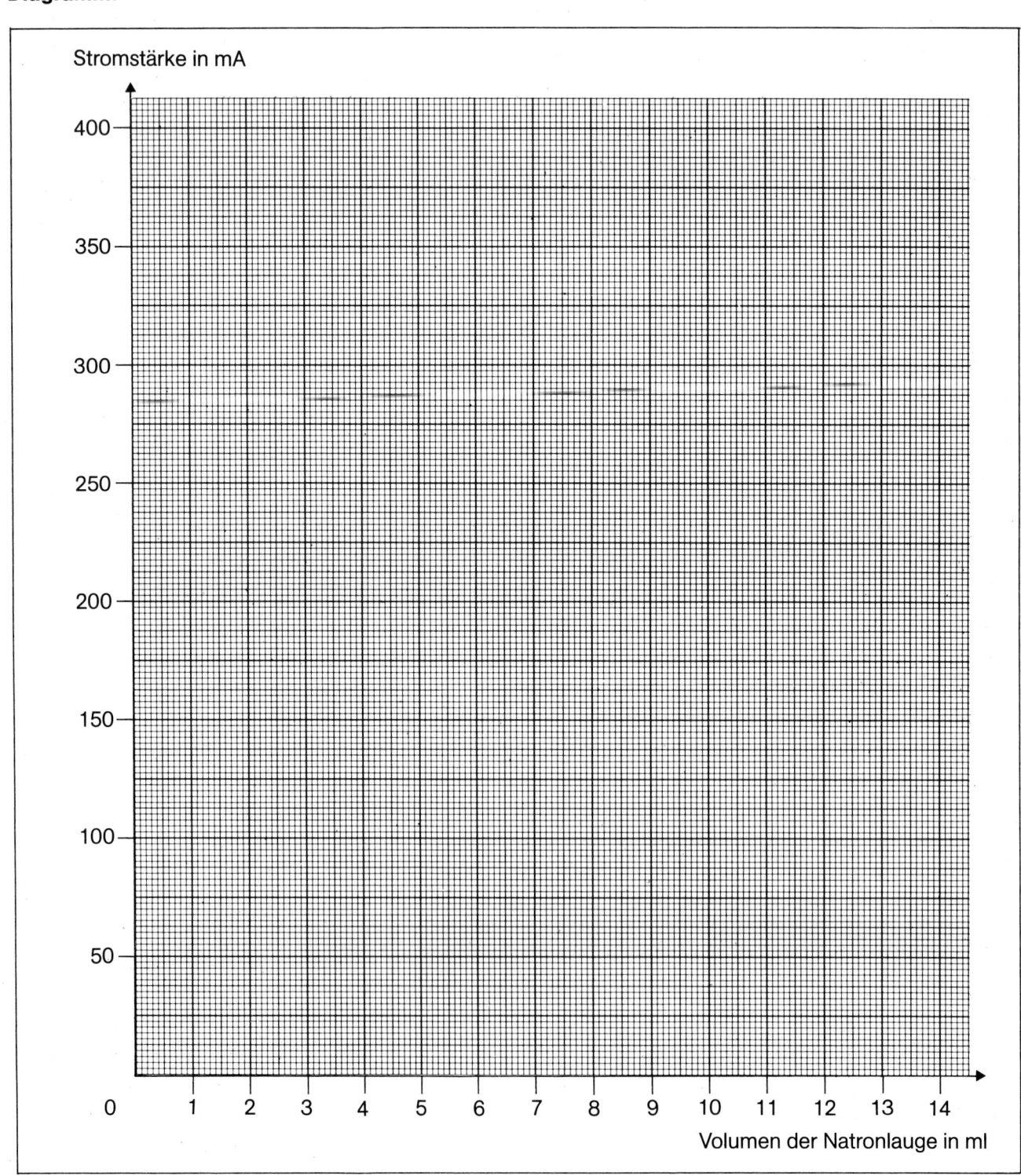

Wir verfolgen die Temperatur bei einer Neutralisation 107

Bei der Zugabe von Natronlauge zu Salzsäure ist eine Temperaturerhöhung meßbar. Die Neutralisation läßt sich deshalb über die Messung der Temperatur des Reaktionsgemisches verfolgen.

Geräte/Materialien:
Stativ
Bürettenklammer
50-ml-Bürette
Kunststoffbecher
(z. B. Joghurtbecher)
Meßzylinder
Stockthermometer
(1 °C-Teilung)
Schutzbrille

Chemikalien:
Natronlauge $c = 2$ mol/l
Salzsäure $c = 2$ mol/l
(Beide Lösungen sollten die gleiche Temperatur haben; ggf. vorher längere Zeit im Übungsraum stehen lassen)

Versuchsanleitung:

Bei Vorbereitung und Durchführung Schutzbrille tragen!

a) Mache dich mit dem Thermometer vertraut.
   Das Thermometer wird während der Versuchsdurchführung mit der Hand gehalten.
b) Gib 20 ml Natronlauge in den Kunststoffbecher und fülle die Bürette mit etwa 30 ml Salzsäure. Lies den Stand der Salzsäure in der Bürette genau ab. Bestimme die Temperatur der Natronlauge und trage sie in die Meßwerttabelle ein.
c) Laß dann schnell 2 ml Salzsäure zu der Natronlauge fließen und schüttle die Lösung kräftig und schnell, ohne die Lösung zu verspritzen. Verfolge den Temperaturanstieg und trage die höchste Temperatur in die Tabelle ein. Schätze dazu die Temperatur zwischen den ganzzahligen Temperaturwerten ab.
d) Laß dann erneut schnell 2 ml Salzsäure in die Natronlauge fließen und gehe weiter wie in c) vor.
e) Beende den Versuch, nachdem insgesamt 24 ml Salzsäure zu den 20 ml Natronlauge gegeben worden sind.

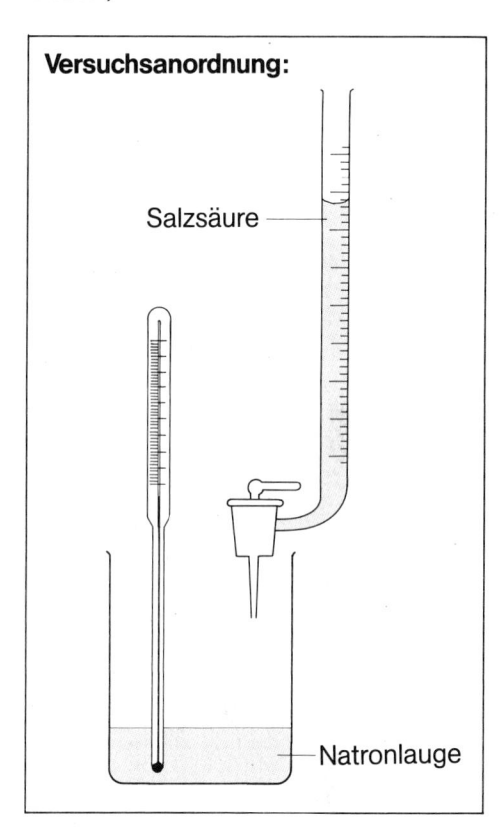

Versuchsanordnung:

Auswertung:

1. Werte die Tabelle deines Versuchsprotokolls aus, indem du die Temperatur (y-Achse) in Abhängigkeit vom Volumen der zugegebenen Salzsäure (x-Achse) in das vorbereitete Diagramm einträgst.
2. Stelle die Reaktionsgleichung für die Reaktion der Salzsäure mit der Natronlauge auf.
3. Deute den Kurvenverlauf.

Bearbeite die Aufgaben auf einem gesonderten Blatt.

Wir verfolgen die Temperatur bei einer Neutralisation

Meßwerttabelle:

Volumen der Salzsäure in ml	0	2	4	6	8	10	12	14	16	18	20	22	24
Temperatur der Lösung in °C													

Diagramm:

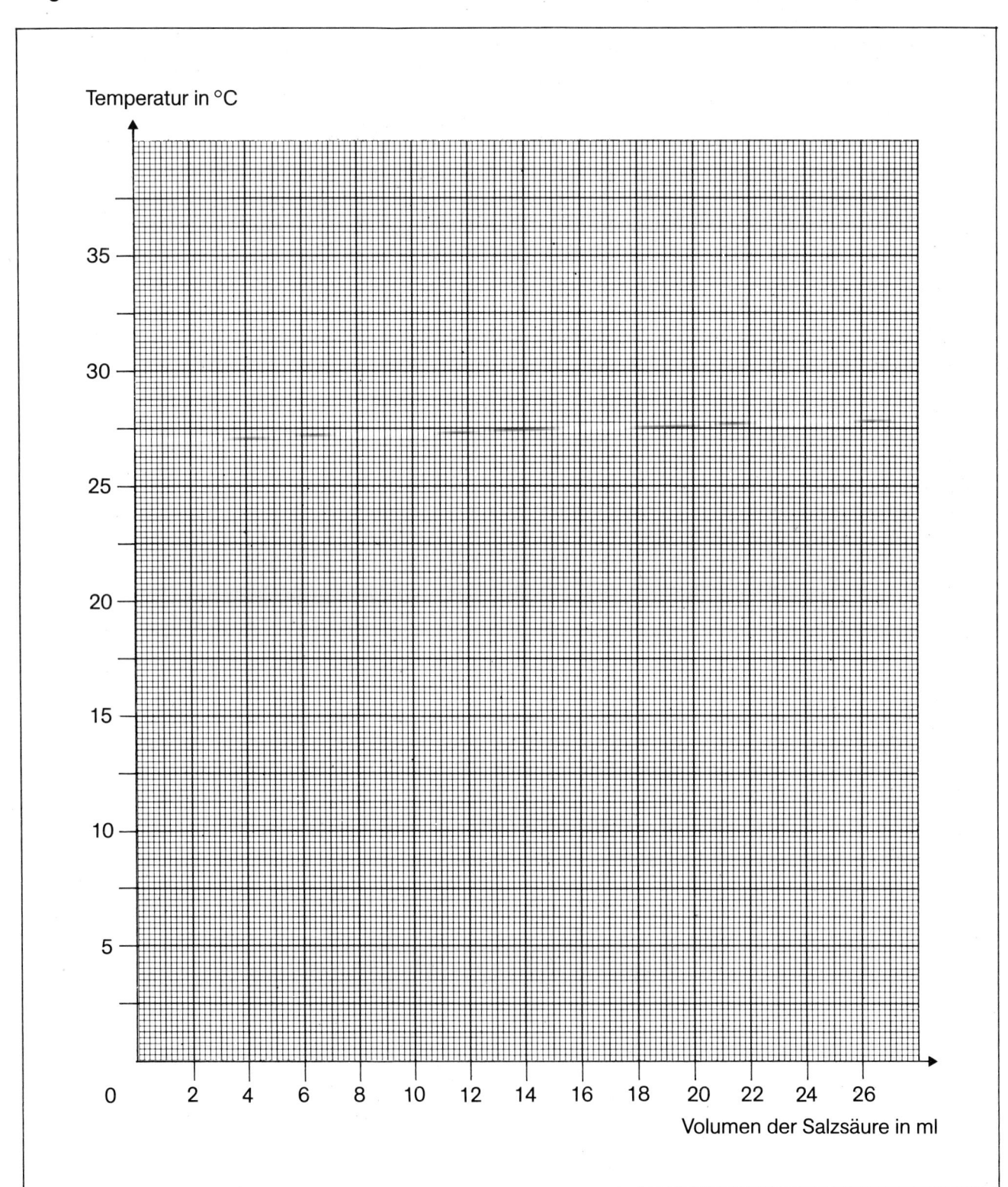

Universalindikator

Im Alltag sowie in chemischen Labors muß häufig der pH-Wert von Lösungen bestimmt werden. Z. B. prüfen Aquarienbesitzer das Wasser für ihre Fische und Gärtner den Gartenboden. Eine einfache und preiswerte Methode ist die Benutzung von Universalindikatoren.
Wie die nebenstehende Herstellungsanleitung zeigt, ist ein Universalindikator ein Gemisch aus verschiedenen Indikatorfarbstoffen. Jeder dieser Farbstoffe besitzt in stark alkalischer Umgebung eine andere Farbe als in stark saurer Lösung.

> **Herstellung eines Universalindikators**
> (nach YAMADA)
> Man löst 5 mg Thymolblau, 12,5 mg Methylrot, 100 mg Phenolphthalein und 50 mg Bromthymolblau in 100 ml Ethanol und gibt aus einer Bürette eine Lösung von 2 g Natriumhydroxid in 1 l Wasser dazu, bis die Lösung grün wird. Dann füllt man das Gemisch mit destilliertem Wasser auf 200 ml auf.

Wir wollen untersuchen, wie die verschiedenen Farben des Universalindikators zustande kommen:

Geräte/Materialien:
4 Reagenzgläser
Reagenzglasständer
Meßzylinder (10 ml)
Schutzbrille

Chemikalien:
Salzsäure, verdünnt
Natronlauge, verdünnt
Lösungen von Methylrot, Bromthymolblau, Thymolblau, Phenolphthalein in Tropfflaschen

Versuch:

Gib in 4 Reagenzgläser mit 5 ml verdünnter Salzsäure jeweils einige Tropfen der verschiedenen Indikatorlösungen. Trage die Farben der sauren Lösungen jeweils in das linke Feld neben den Indikatornamen in folgendes Schema ein.
Gib in die 4 Reagenzgläser jeweils so viel verdünnte Natronlauge, bis die Farbe des jeweiligen Indikators umschlägt. Trage die Farben der entstandenen Lösungen jeweils in das rechte Feld neben den Indikatornamen in folgendes Schema ein. (Die Farben des Indikatorfarbstoffes Bromthymolblau sind bereits als Beispiel eingetragen.)

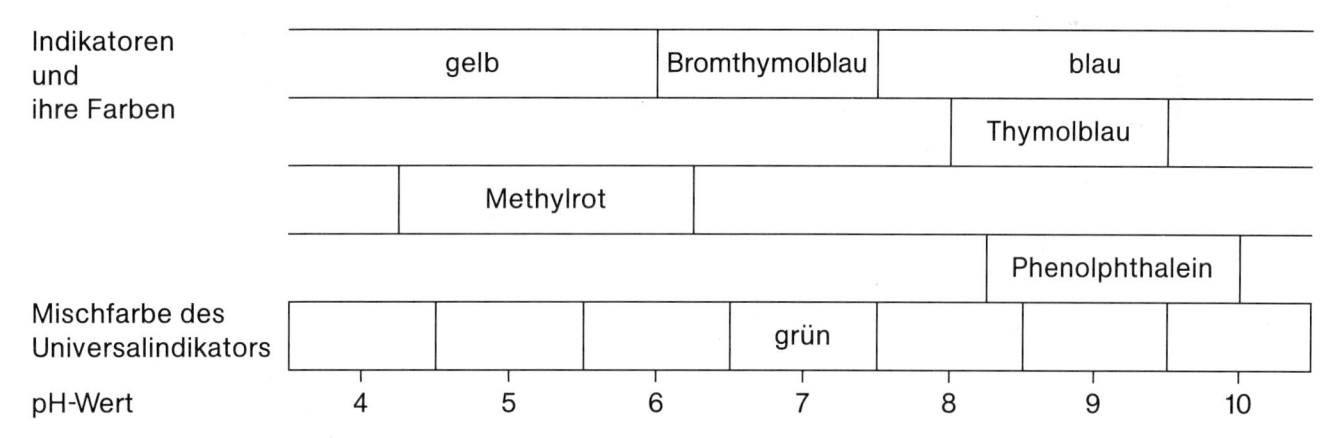

Die verschiedenen Indikatorfarbstoffe verändern ihre Farben nicht bei demselben pH-Wert, sie besitzen vielmehr verschiedene Umschlagsbereiche. Die Breite des jeweiligen Namensschildes kennzeichnet den Umschlagsbereich des entsprechenden Indikatorfarbstoffs. Bei niedrigerem pH-Wert hat der Indikator die Farbe, die links neben dem Indikatornamen steht. Bei höherem pH-Wert hat der Indikator die Farbe, die rechts neben dem Indikatornamen steht. Im Umschlagsbereich wird eine Mischfarbe sichtbar.

Aufgabe:

Überlege, welche Farbe das Gemisch der vier Indikatorfarbstoffe bei den verschiedenen pH-Werten hat und trage sie als Mischfarbe des Universalindikators in die entsprechenden Kästchen des Schemas ein. Berücksichtige, daß die dunkleren Farben (z. B. rot und blau) die helleren (z. B. gelb) überdecken.

H_3O^+- und OH^--Ionen im Modell

110

Zur Veranschaulichung besonderer Reaktionsabläufe lohnt es sich, die Schalenmodelle durch die abgebildeten Modelle zu ergänzen.

Aufgaben:

Schneide die Modelle aus und male sie mit Buntstiften farbig an. Benutze sie zusammen mit den Schalenmodellen der anderen Ausschneidebögen zur Veranschaulichung folgender Reaktionsabläufe:
1. Reaktion von Chlorwasserstoff mit Wasser (Bildung eines Hydroxoniumions)
2. Reaktion von Natrium mit Wasser (Bildung eines Hydroxidions)
3. Reaktion zwischen Salzsäure und Natronlauge (Neutralisation)

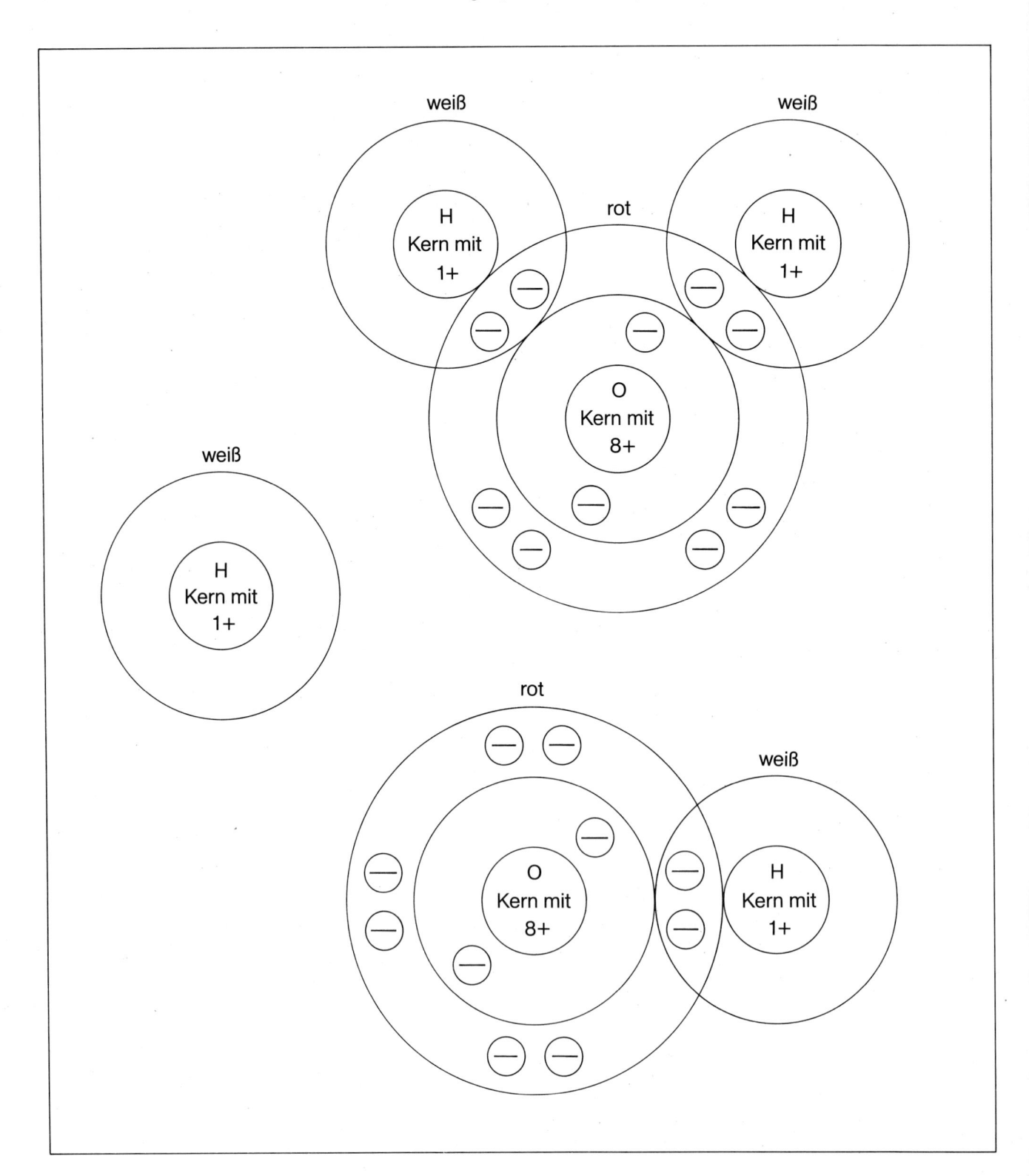

Eigenschaften von Diamant und Graphit

Um Eigenschaften von Diamant und Graphit kennenzulernen, sollen zwei Versuche ausgewertet werden.

Versuch 1: Erhitzen von Diamant und Graphit in reinem Sauerstoff

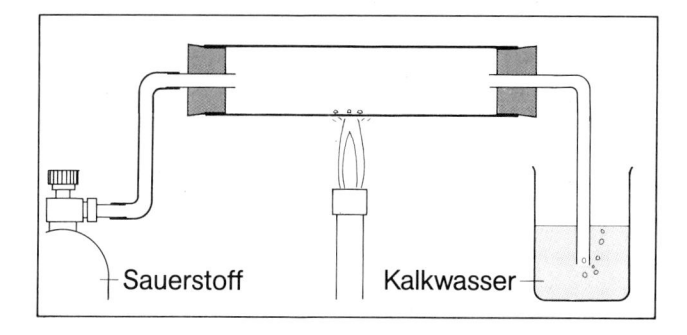

Durchführung:
Diamanten werden in einem Verbrennungsrohr, durch das reiner Sauerstoff geleitet wird, kräftig erhitzt. Das entstandene Verbrennungsgas wird durch Kalkwasser geleitet.

Beobachtung:
Die Diamanten verbrennen mit heller Flamme. Das Kalkwasser trübt sich milchig.

Auswertung:

_____

_____

Frage:
Wiederholt man den Versuch mit Graphit, ergeben sich die gleichen Beobachtungen. Was kann man daraus schließen?

_____

_____

Versuch 2: Leitfähigkeitsprüfung von Diamant und Graphit

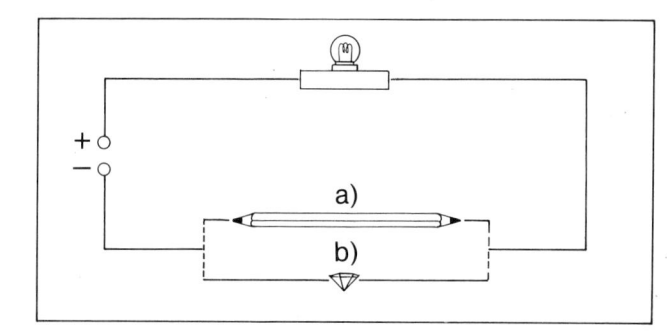

Durchführung:
Zur Prüfung der elektrischen Leitfähigkeit wird in die Prüfstrecke der abgebildeten Versuchsanordnung nacheinander a) ein angespitzter Bleistift und b) ein Diamant gebracht.

Beobachtung: _____

_____

Auswertung:

_____

_____

Fasse die unterschiedlichen Eigenschaften von Diamant und Graphit in einer Tabelle zusammen:

Eigenschaft	Diamant	Graphit
Aussehen		
Härte		
Spaltbarkeit		
elektrische Leitfähigkeit		
Dichte		

Wir stellen Reibflächen für Zündhölzer her

Geräte/Materialien:
Bechergläser
Spatellöffel
Pappe
Zündhölzer

Chemikalien:
roter Phosphor
Glaspulver (oder feiner Sand)
Dextrin (oder Gummiarabikum)
Wasser

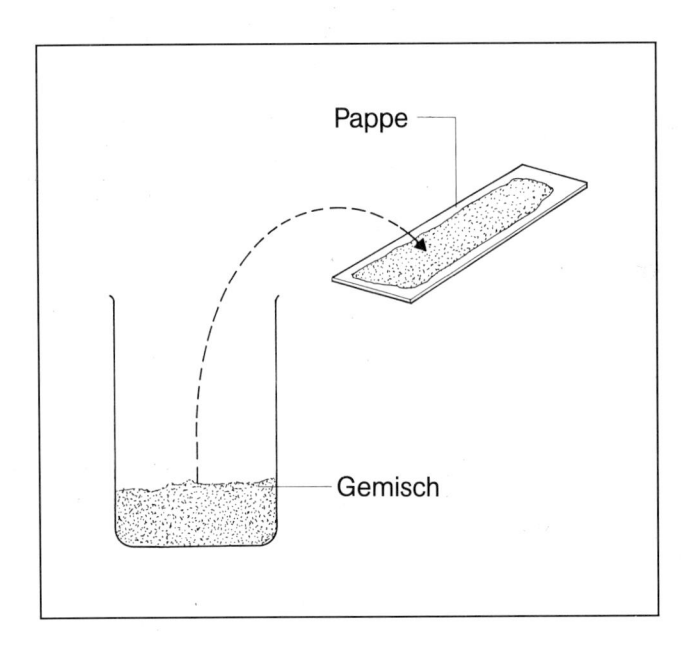

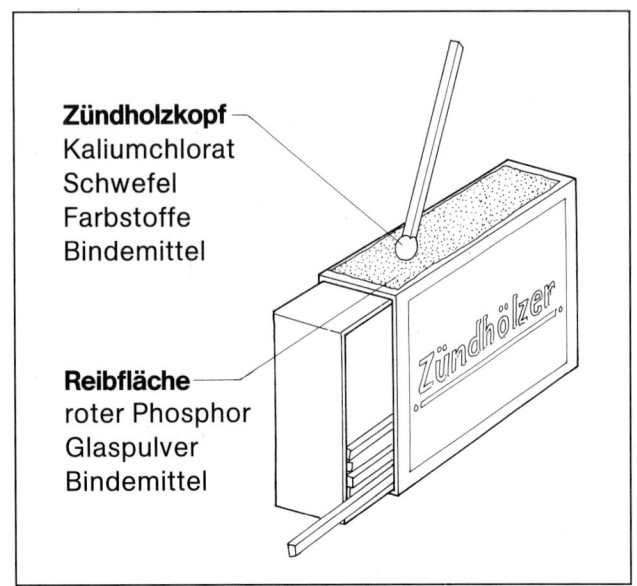

Versuchsanleitung:

Verrühre einige Spatellöffel roten Phosphor mit Glaspulver (oder feinem Sand), Dextrin (oder Gummiarabikum) und Wasser zu einem streichfähigen Brei.
Streiche den Brei in dünnen Schichten auf ein Stück Pappe. Die Schichten müssen mehrere Tage trocknen.

Versuche, einige Zündhölzer an den selbst hergestellten Reibflächen zu entzünden.

Zündhölzer – gestern und heute

Früher wurden die Zündholzköpfe aus einem Gemisch hergestellt, das Glaspulver und weißen Phosphor enthielt. Diese „Phosphorhölzer" entflammten sofort, wenn sie an einer rauhen Fläche gerieben wurden. Wegen der Giftigkeit des weißen Phosphors wurden diese Zündhölzer 1908 verboten.

1855 wurden in Schweden die sog. „Sicherheitshölzer" entwickelt, die keinen weißen Phosphor mehr enthielten, sondern Schwefel oder Antimonsulfid als brennbare Substanz. Sie wurden deshalb auch als „Schwefelhölzer" bezeichnet.

Heute bestehen die Zündholzköpfe aus einem Gemisch verschiedener Chemikalien (u. a. Kaliumchlorat). Phosphor wird nur noch für die Reibflächen verwendet. Beim Reiben des Zündholzes wird etwas roter Phosphor losgerissen, der sich aufgrund der Reibungswärme im engen Kontakt mit Kaliumchlorat entzündet. Dadurch bilden sich Funken, die dann die gesamte Zündmasse zum Entflammen bringen. Da das in der Zündmasse enthaltene Kaliumchlorat ein besonders guter Sauerstoffspender ist, kann das Zündholz hell aufflammen. Dabei entstehen Temperaturen von 1400° C bis 2000° C.

Entstehung des Sauren Regens

Der Saure Regen steht im Verdacht, Hauptverursacher des Waldsterbens zu sein. Die Entstehung des Sauren Regens soll der folgende Versuch verdeutlichen.

Geräte/Materialien:
Gasbrenner
Standzylinder mit Abdeckplatte
Plastikflasche mit Sprühaufsatz
(z. B. von Sanitärreiniger, ersatzweise:
Spritzflasche)
Tiegelzange

Chemikalien:
Schwefelfäden
Indikatorpapier
Wasser

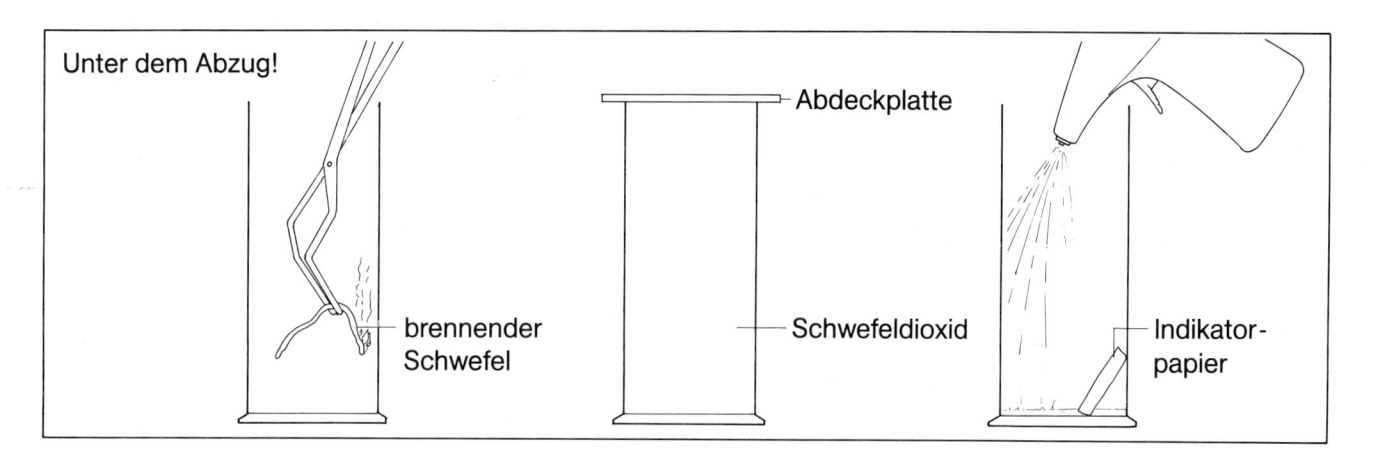

Unter dem Abzug!
— brennender Schwefel
— Abdeckplatte
— Schwefeldioxid
— Indikatorpapier

Versuchsanleitung:

1. Entzünde ein kleines Stück Schwefelfaden und halte den brennenden Faden mit der Tiegelzange in einen Standzylinder. Wegen der Giftigkeit der entstehenden Verbrennungsgase wird der Schwefelfaden unter dem Abzug verbrannt. Der Standzylinder wird mit einer Abdeckplatte verschlossen. Die weiteren Versuche können außerhalb des Abzugs durchgeführt werden.
2. Fülle die Plastikflasche mit Wasser und „beregne" den geöffneten Standzylinder.
3. Prüfe das im Standzylinder angesammelte „Regenwasser" mit Indikatorpapier.

Beobachtung:

Erklärung:

Aufgaben:

1. Formuliere die Reaktionsgleichungen für den durchgeführten Versuch.

2. Welche Luftschadstoffe sind an der Bildung des Sauren Regens beteiligt? Wer verursacht sie?

Rauchgasentschwefelung

Da Kohle eine Anzahl von Schwefelverbindungen enthält, entsteht bei ihrer Verbrennung auch giftiges Schwefeldioxid. Damit möglichst wenig von diesem Schadstoff in die Umwelt gelangt, werden Kohlekraftwerke heute mit *Rauchgasentschwefelungsanlagen (REA)* ausgerüstet. Die Abbildung zeigt ein stark vereinfachtes Schema einer solchen Anlage.

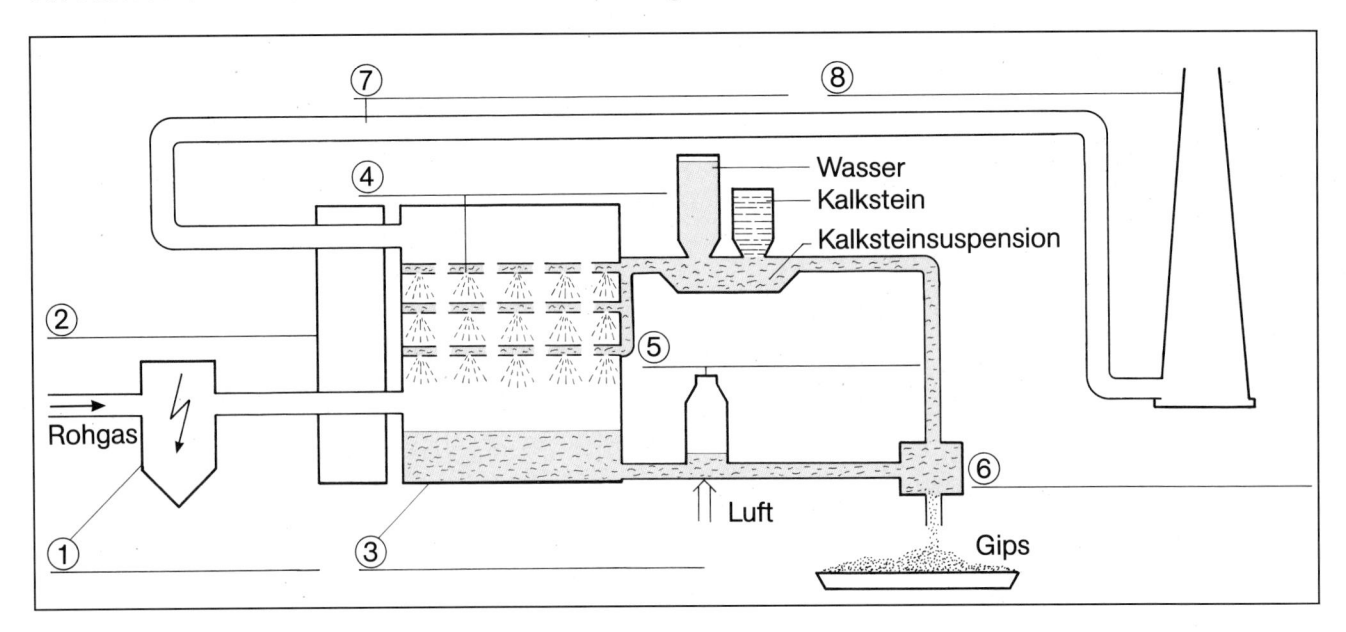

Die mit Schwefeldioxid versetzten Rohgase durchlaufen zunächst einen **Elektrofilter**, in dem feste Staubpartikel durch elektrostatische Aufladung entfernt werden. In dem anschließenden **Wärmetauscher** wird das Rauchgas von 150 °C auf 50 °C abgekühlt. Die dabei abgegebene Wärme wird an späterer Stelle wieder benötigt.

Das nahezu staubfreie Rauchgas gelangt in den **Rauchgaswäscher**, dem eigentlichen Kernstück der Rauchgasentschwefelungsanlage. In dem Rauchgaswäscher wird aus **Sprühdüsen** das von unten eintretende Rauchgas mit einer „Waschlösung" aus feingemahlenem Kalkstein und Wasser intensiv besprüht. Dabei bildet das im Rauchgas enthaltene Schwefeldioxid mit Wasser zunächst Schweflige Säure, die mit dem Kalkstein zu festem Calciumsulfit ($CaSO_3$) reagiert.

Das Calciumsulfit wird in **Oxidationsbehältern** zu Calciumsulfat (Gips, $CaSO_4$) oxidiert. Hierbei muß ständig Luft zugeführt werden.

Nachdem der feuchte Gips die **Gipsentwässerung** durchlaufen hat, kann er wie Naturgips z. B. in der Bauindustrie verwendet werden.

Das **gereinigte Rauchgas** verläßt mit 50 °C den Gaswäscher. In dem Wärmetauscher werden die Rauchgase mit Hilfe der zuvor frei gewordenen Abwärme wieder aufgeheizt, damit sie im **Kamin** genügend Auftrieb erhalten. Gesetzlich ist eine Austrittstemperatur von 72 °C vorgeschrieben.

Die Leistung einer Rauchgasentschwefelungsanlage soll am Beispiel eines *750-MW (Megawatt)-Steinkohlekraftwerks* verdeutlicht werden:

Ohne Rauchgasreinigung würde das Kraftwerk stündlich 15 t Staub und 5,5 t Schwefeldioxid ausstoßen.
Mit Rauchgasreinigung wird der Ausstoß auf 0,1 t Staub und 1 t Schwefeldioxid verringert. Dabei werden 13,5 t Gips produziert.

Aufgaben:

1. Übertrage die im Text hervorgehobenen Begriffe in die Skizze.
2. Zeichne den Weg des Rauchgases farbig ein.

Technische Herstellung der Schwefelsäure

Die Schwefelsäure gehört zu den wichtigsten Säuren in Industrie und Technik. Große Mengen Schwefelsäure werden im *Kontaktverfahren* hergestellt. Die Abbildung zeigt ein stark vereinfachtes Schema dieses Verfahrens.

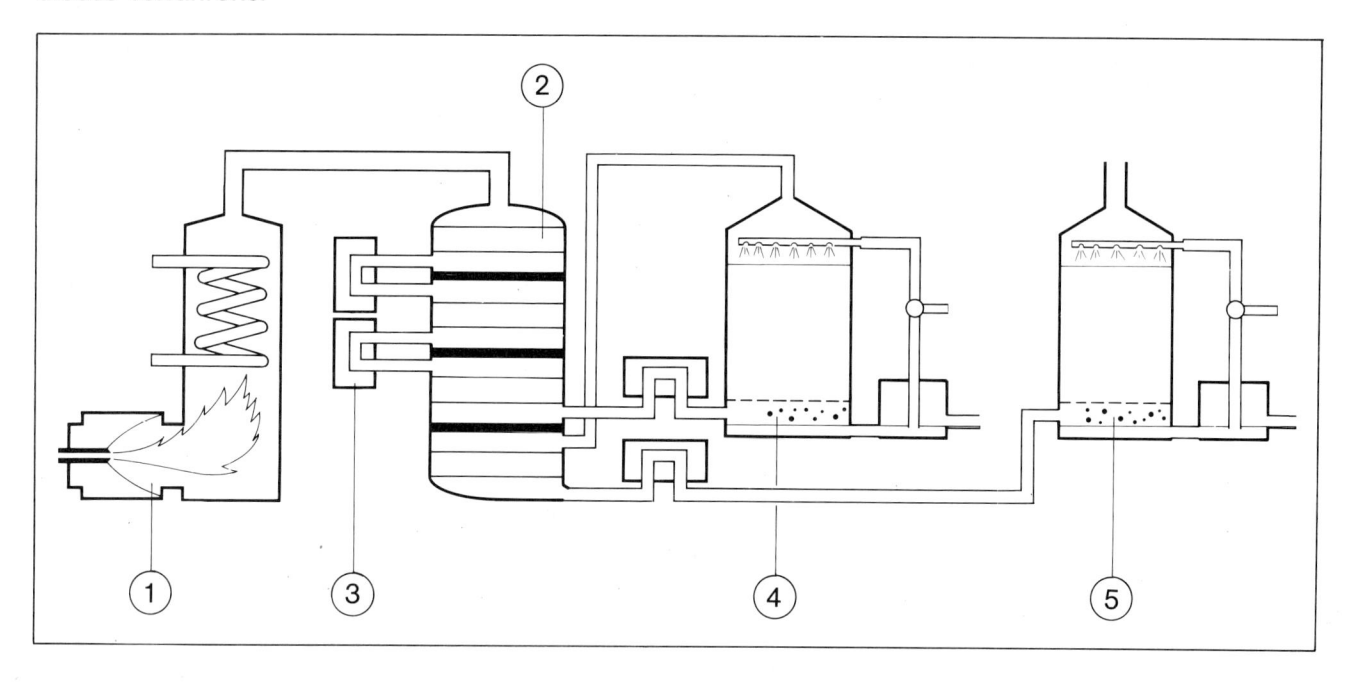

Aufgaben:

1. Beschreibe, welche Vorgänge in den einzelnen Stationen ablaufen. Gib, wenn möglich, auch eine Reaktionsgleichung an.

① _____

② _____

③ _____

④ _____

⑤ _____

2. Bevor das bei der Verbrennung von Schwefel entstehende Schwefeldioxid in die Kontaktöfen geleitet wird, muß es sorgfältig gereinigt werden. Begründe.

3. Erkläre den Namen „*Kontakt*verfahren".

Wir fertigen einen Gipsabdruck an

116

Wenn man von einem Original einen genauen Abdruck benötigt, z. B. in der Zahntechnik oder bei der Spurensicherung (Abdruck eines Reifenprofils), setzt man oft Gips ein. In dem folgenden Versuch wollen wir von einer Münze oder einem kleinen Gegenstand einen originalgetreuen Abdruck herstellen.

Geräte/Materialien:
Streichholzschachtel
Becherglas
Pinsel
Spatellöffel
Münze oder kleiner Gegenstand

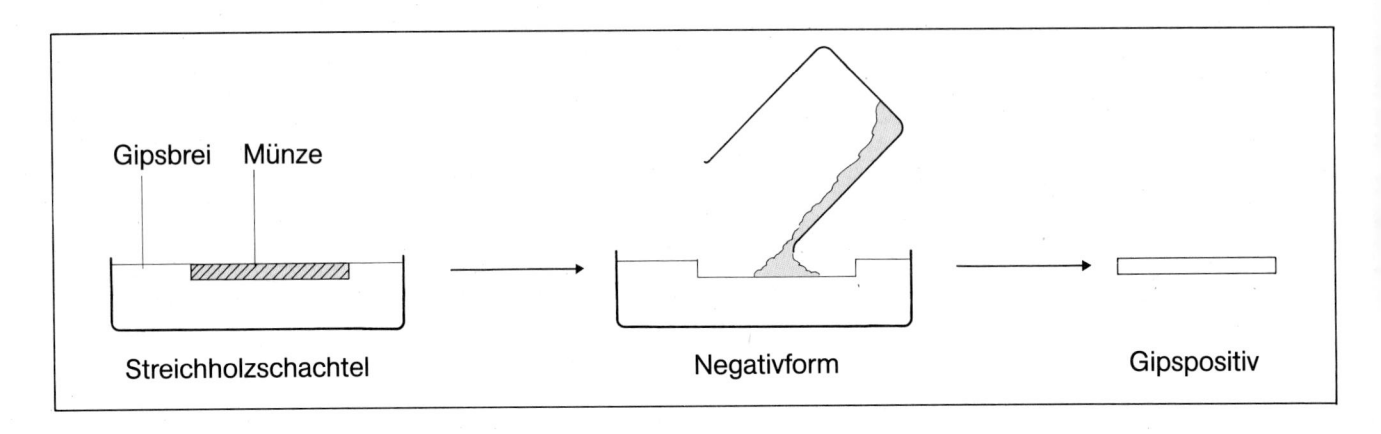

Chemikalien:
gebrannter Gips
Paraffinöl
Wasser

Versuchsanleitung:

1. Rühre in einem Becherglas einen streichfähigen Gipsbrei an.
2. Fülle den Gipsbrei in eine Streichholzschachtel.
3. Bestreiche eine Münze dünn mit Paraffinöl und drücke die Münze in den Gipsbrei.
4. Wenn der Gipsbrei abgebunden hat, entferne vorsichtig die Münze. Du erhältst eine Negativform der Münze.
5. Bestreiche die Negativform mit Paraffinöl und fülle die Form mit streichfähigem Gipsbrei. Evtl. muß der bereits angesetzte Gipsbrei mit etwas Wasser verdünnt werden.
6. Löse nach dem Abbinden den Gipsabdruck vorsichtig aus der Negativform. Der fertige Abdruck sieht besonders schön aus, wenn Unregelmäßigkeiten mit Schmirgelpapier oder mit einer Feile ausgeglichen werden und der Abdruck mit Wasserfarbe angemalt wird.

Fülle die Lücken aus:

Gips kommt in der Natur oft in Form schöner Kristalle vor. Natürlicher Gips enthält noch _____

_____ wasser, deshalb lautet die Formel _____ · _____ .

Durch Gipsbrennen bei _____ °C erhält man _____ Gips, der nur noch

_____ seines ursprünglichen _____ wassers enthält. Die Formel

des _____ Gipses lautet daher _____ · _____ .

Rührt man _____ Gips mit _____ an, so erhärtet der

Brei nach kurzer Zeit, man sagt, der Gips „_____".

Wir experimentieren mit Schwefeldioxid

Um die schädigende Wirkung von Schwefeldioxid auf Pflanzen kennenzulernen, wollen wir Pflanzen in einem geschlossenen Behälter (Einmachglas) längere Zeit schwefeldioxidhaltiger Luft aussetzen. Das Schwefeldioxid erzeugen wir mit Hilfe einer Lösung aus Natriumhydrogensulfit. Aus ihr entweichen, je nach Verdünnungsgrad, unterschiedliche Mengen Schwefeldioxid.

Bauanleitung für die Versuchsapparatur:

Geräte/Materialien:
Einmachgläser (mit oder ohne Schnappverschluß)
Bechergläser 50 ml (hohe Form) oder kleine Petrischalen
Gartenkresse
Watte, Klebeband
Waage

Chemikalien:
Natriumhydrogensulfitlösung (Massenanteil 37 %)
Universalindikator, flüssig
Wasser

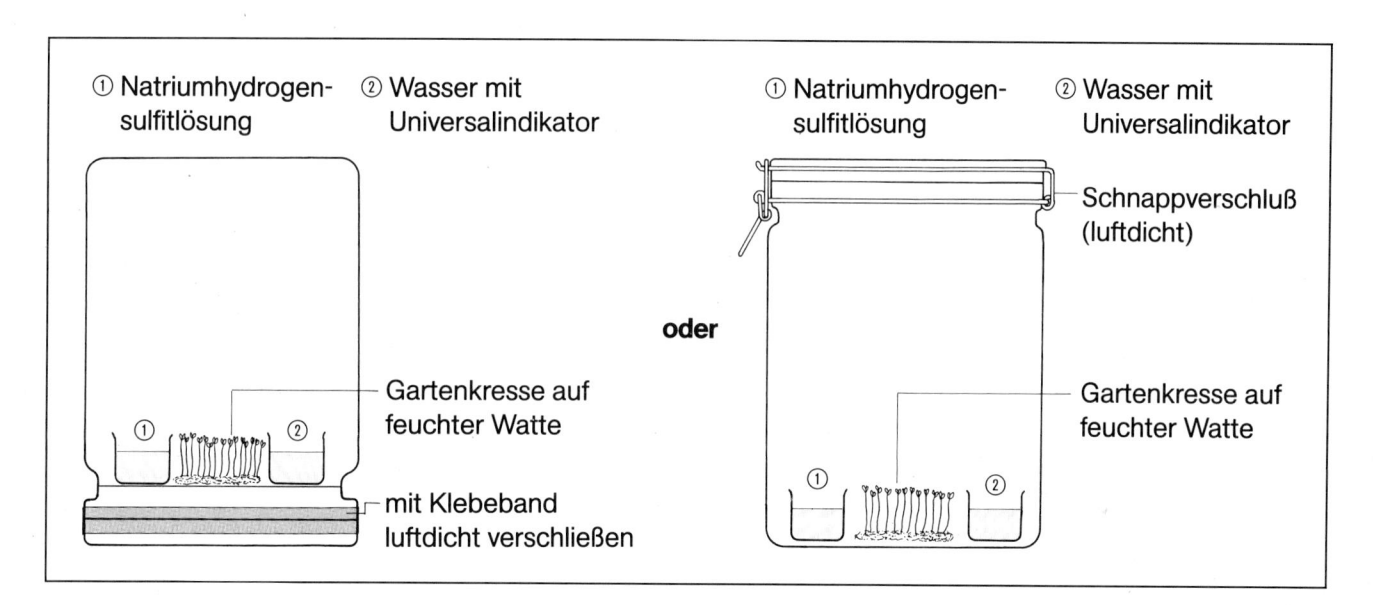

Versuchsvorbereitung:

Stelle anhand der Tabelle vier Natriumhydrogensulfitlösungen mit unterschiedlichen Konzentrationen her.

Massenanteil der Natriumhydrogensulfitlösung (in %)	Herstellung der Lösung	SO_2-Anteil in der Luft (ppm)
1	10 g 37%ige Natriumhydrogensulfitlösung und 360 g Wasser	200–260
0,1	10 g 1%ige Lösung und 90 g Wasser	20–26
0,01	10 g 0,1%ige Lösung und 90 g Wasser	2–3
0,001	10 g 0,01%ige Lösung und 90 g Wasser	0,2–0,3

Wir experimentieren mit Schwefeldioxid   **118**

Durchführung und Auswertung des Versuchs:

1. Stelle eine Schwefeldioxidapparatur gemäß Bauanleitung (Blatt 1) her.
2. Fülle ein 50-ml-Becherglas (oder eine kleine Petrischale) mit einer Natriumhydrogensulfitlösung (aus der Versuchsvorbereitung), ein weiteres mit Wasser, dem man etwas Universalindikator zugesetzt hat. Gib beide Bechergläser und etwas Gartenkresse bzw. Kressesamen auf feuchter Watte in ein Einmachglas.
3. Beobachte die Veränderungen an der Gartenkresse und den Kressesamen im Abstand von mehreren Tagen. Achte auch auf die Farbe des Indikators. Halte alle Beobachtungen in der Tabelle fest.

Zeit	SO_2-Anteil _____ ppm	SO_2-Anteil _____ ppm	Kontrollversuch ohne SO_2
1. Tag			
_____			
_____			

Aufgaben:

1. Wie läßt sich der Farbumschlag des Indikators erklären?

_____

_____

2. Welche Aussagen kann man aufgrund der Beobachtungen über die Wirkung des Schwefeldioxids auf Pflanzen machen?

_____

_____

3. Schwefeldioxid ist auch für den Menschen gesundheitsschädlich. Deshalb ist für Schwefeldioxid ein MAK-Wert von 2 ppm festgelegt worden. Wie wirkt Schwefeldioxid auf den Menschen?

_____

_____

Kohlenstoffdioxid als Treibgas

In Naß-Feuerlöschern entsteht durch eine chemische Reaktion Kohlenstoffdioxid als Treibgas. Wir wollen diesen Vorgang beobachten.

Geräte/Materialien:
Erlenmeyerkolben
durchbohrte Stopfen
Glasrohr, spitzwinkelig gebogen
Becherglas
Reagenzglas

Chemikalien:
Natriumhydrogencarbonat
Salzsäure, verdünnt
Kalkwasser
Backpulver
Citronensäure

Versuch 1:
Gib einen Löffel Natriumhydrogencarbonat in einen Erlenmeyerkolben und gieße etwas verdünnte Salzsäure hinzu. Verschließe den Kolben mit einem Stopfen, in dem ein gewinkeltes Glasrohr steckt. Halte das Ende des Glasrohres in ein Becherglas mit Kalkwasser.

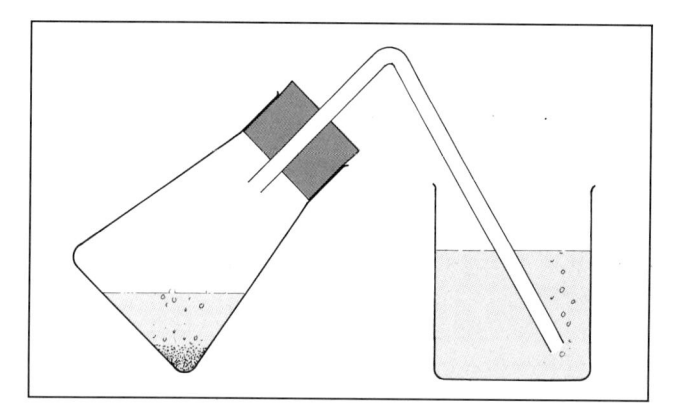

Beobachtung: _____

Erklärung: _____

Auch beim Backen wird ein Treibgas benötigt, das den Teig lockert. Wir wollen untersuchen, wie es entsteht.

Versuch 2:
Gib einen Löffel Backpulver in ein Reagenzglas und übergieße es mit Wasser. Verschließe das Reagenzglas mit einem Stopfen, in dem ein gewinkeltes Glasrohr steckt. Halte das Ende des Glasrohres in ein Becherglas mit Kalkwasser. Welche Stoffe müssen in Backpulver enthalten sein? Informiere dich anhand der Packungsaufschrift!

Da dir nun die Bestandteile bekannt sind, um in Lebensmitteln Treibgase zu erzeugen, kannst du dir selbst Brausepulver herstellen:

Versuch 3:
Mische in einem Trinkglas gründlich 1 Löffel Natriumhydrogencarbonat (Natron genannt), 2 Löffel Citronensäure und 1 Löffel Fruchtzucker. Fülle das Glas mit Wasser auf. (Anmerkung: Die Bestandteile kann man auch in Drogerien kaufen. Käufliches Brausepulver enthält darüber hinaus Farbstoffe und Aromastoffe.)

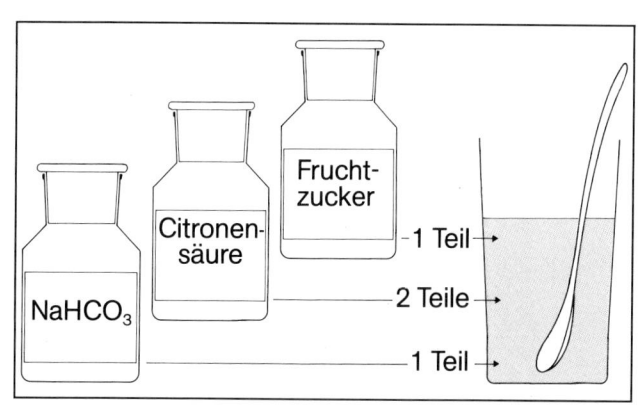

Wasserhärte

Hartes Wasser bringt Probleme: Kaffeemaschinen, Waschmaschinen, Geschirrspülmaschinen verkalken, wenn man nichts gegen die Wasserhärte unternimmt. Woher kommt der Kalk, welcher Stoff verbirgt sich hinter der Wasserhärte?

Geräte/Materialien:
Reagenzglas
Reagenzglashalter
Gasbrenner mit Anzünder

Chemikalien:
Kalkwasser (Calciumlauge)
Kohlenstoffdioxid

Versuch 1:
Leite in ein Reagenzglas, das etwa 5 cm hoch mit Kalkwasser gefüllt ist, Kohlenstoffdioxid (oder Atemluft) ein. Leite weiter ein, nachdem sich ein wasserunlöslicher Niederschlag von Calciumcarbonat (Kalk) gebildet hat.

Beobachtung: _____

Versuch 2:
Erhitze das Reagenzglas mit der entstandenen Lösung bis zum Sieden. Laß etwas Flüssigkeit verdampfen.

Beobachtung: _____

Auswertung:
Beim Einleiten von Kohlenstoffdioxid in Kalkwasser entsteht ein Niederschlag aus wasserunlöslichem Calciumcarbonat ($CaCO_3$). Gleichzeitig bildet sich auch Kohlensäure (H_2CO_3). Bei längerem Einleiten reagiert diese wiederum mit dem Calciumcarbonat, und es entsteht eine wasserlösliche Verbindung. Welcher Stoff bewirkt die Wasserhärte? Berücksichtige, daß Kohlensäure zwei verschiedene Säurerestionen bilden kann.

_____

Beim Erhitzen der klaren Lösung aus Versuch 1 entsteht wiederum ein weißer Niederschlag. Welche Reaktion läuft nun ab?

_____

_____

Woraus besteht „Kesselstein" überwiegend? _____

Aufgabe:

Vergleichbare Vorgänge laufen in der Natur ab, wenn sich Tropfsteinhöhlen bilden. Beschreibe die Vorgänge durch Reaktionsgleichungen:

Kohlenstoffdioxid löst sich in Regenwasser:

_____ + _____ → _____

Kohlensäure löst Kalkstein auf:

_____ + _____ → _____

Kohlenstoffdioxid und Wasser verdunsten:

_____ → _____ + H_2O + CO_2

Nitratnachweis im Salat

Ein Teil des Nitrats, das als Düngesalz auf Felder und Gartenbeete ausgebracht wird, kann von den Pflanzen in den Zellen gespeichert werden und gelangt somit in die Nahrung. Höchste Nitratanreicherungen wurden in Kopfsalat, Rote Beete, Rettich, Radieschen und Spinat gefunden. Wie kann man sich vor Gesundheitsschäden durch belastete Pflanzenkost schützen? Die folgende Untersuchungsreihe zeigt Möglichkeiten auf:

Geräte/Materialien:
Waage
Meßzylinder (100 ml)
Mörser mit Pistill
Trichter
Faltenfilter
Becherglas, 100 ml

Chemikalien:
destilliertes Wasser
Nitrat-Teststäbchen
0–500 ppm (Merck)

Versuch:

Wiege 10 g Salat aus und gib ihn zusammen mit 40 ml destilliertem Wasser in einen Mörser. Zerreibe die Probe, bis ein homogenes Gemisch entstanden ist. Filtriere die Suspension durch einen Faltenfilter und bestimme den Nitratgehalt des Filtrats mit Hilfe von Nitrat-Teststäbchen. Da die Probe auf das 5fache verdünnt wurde, muß das Testergebnis mit 5 multipliziert werden. Das Ergebnis der Berechnung ist der Nitratgehalt in mg pro kg Ware. Wenn die Nachweisgrenze des Teststäbchens überschritten wird, kann man die Salatprobe von 10 g mit 90 ml Wasser auf das 10fache verdünnen. Bei der Berechnung des Nitratgehalts muß das Testergebnis nun mit 10 multipliziert werden.

Ergebnis:

Pflanzenteile	Nitratgehalt in mg/kg
Äußere Blätter	
Äußere Blätter, ohne Mittelrippe	
Äußere Blätter, ohne Mittelrippe, gewaschen	
Innere Blätter	
Innere Blätter, ohne Mittelrippe	
Innere Blätter, ohne Mittelrippe, gewaschen	

Aufgaben:

1. Welche Folgerungen kannst du aus dem Untersuchungsergebnis für die Zubereitung von Salat ziehen?

2. Als ADI-Wert (engl., **A**cceptable **D**ayly **I**ntake), d. h. als Höchstmenge, die ein Mensch pro Tag zu sich nehmen darf, gibt die Weltgesundheitsorganisation (WHO) für Nitrat 3,3 mg/kg Körpergewicht an. Welche Nitratmenge darf ein Mensch von 60 kg Körpergewicht nach diesem Richtwert pro Tag zu sich nehmen?

3. Welche Gesundheitsgefährdung geht von nitratreicher Nahrung aus?

Düngung und Nahrungsmittelqualität

Am Beispiel der Kartoffel läßt sich nachweisen, wie die Qualität des Nahrungsmittels durch Stickstoffüberdüngung gemindert werden kann. Wird eine bestimmte Intensität der Nitratdüngung überschritten, so sinkt der Stärkegehalt, die Kartoffel wird zunehmend wäßriger, die Haltbarkeit geringer und der Geschmack schlechter.

Geräte/Materialien:
Messer
Stoppuhr
1 Kartoffel aus herkömmlicher landwirtschaftlicher Anbauweise, d. h. unter Verwendung von Mineraldünger produziert
1 Kartoffel aus alternativer landwirtschaftlicher Anbauweise (z. B. biologisch-dynamisch, ohne Verwendung von Mineraldünger)

Chemikalien:
Nitrat-Teststäbchen 0–500 ppm (Merck)
Ascorbinsäure-Teststäbchen 50–2000 ppm (Merck) zum Vitamin-C-Nachweis

Versuch:

Zerschneide zwei Kartoffeln, die in unterschiedlicher landwirtschaftlicher Anbauweise produziert wurden, und drücke je einen Nitrat-Teststreifen und einen Ascorbinsäure-Teststreifen etwa 3 Sekunden lang an die feuchten Schnittflächen. Achte darauf, daß die Testzonen gut und vollständig benetzt sind. Vergleiche nach 2 Minuten die Testzonen mit den entsprechenden Farbskalen.

Ergebnisse:

Probe	Nitratgehalt (mg/kg)	Ascorbinsäuregehalt (mg/kg)
Kartoffel aus Anbau mit Mineraldünger		
Kartoffel aus Anbau ohne Mineraldünger		

Aufgaben:

1. Welcher Zusammenhang besteht zwischen landwirtschaftlicher Anbauweise und Nitratgehalt der Kartoffeln?

2. Welcher Zusammenhang besteht zwischen landwirtschaftlicher Anbauweise und Ascorbinsäuregehalt (Gehalt an Vitamin C) der Kartoffeln?

3. In der Bundesrepublik Deutschland beträgt der Höchstwert für den Nitratgehalt in Kartoffeln 300 mg/kg, ein Wert von 100 mg/kg sollte angestrebt werden. Bewerte die vorliegenden Proben!

Wir bearbeiten Glas

Glas ist ein Werkstoff mit besonderen Eigenschaften. Bei der Bearbeitung kannst du wichtige Erfahrungen zu diesen Eigenschaften sammeln.

Geräte/Materialien:

Glasrohre („Biegeglas")
Glasfeile, Ampullensäge oder Glasschneider
feuerfeste Ablage (z. B. Keramikplatte)
Pinzette

Tuch (z. B. Handtuch, Papiertuch)
Gasbrenner
Gasanzünder
Schutzbrille

Versuchsanleitungen:

Versuch 1: Schneiden eines Glasrohres
Ritze ein nicht zu weites Glasrohr (Ø 3 bis 6 mm) an der gewünschten Stelle mit einer Dreikant-Glasfeile, Ampullensäge oder einem Glasschneider auf etwa 2/3 des Umfangs ein. Lege zur Sicherheit ein Tuch über das Rohr, nimm es so in beide Hände, daß die Daumen gegenüber der Kerbstelle liegen, und brich mit geringem Druck die Teile auseinander (Vorsicht! *Immer* vom Körper *weg!*). Die Schnittkanten sind scharf und werden deshalb rundgeschmolzen. Erwärme dazu unter ständigem Drehen die scharfkantigen Stellen an der nichtleuchtenden Flamme langsam, bis das erweichende Glas abrundet.

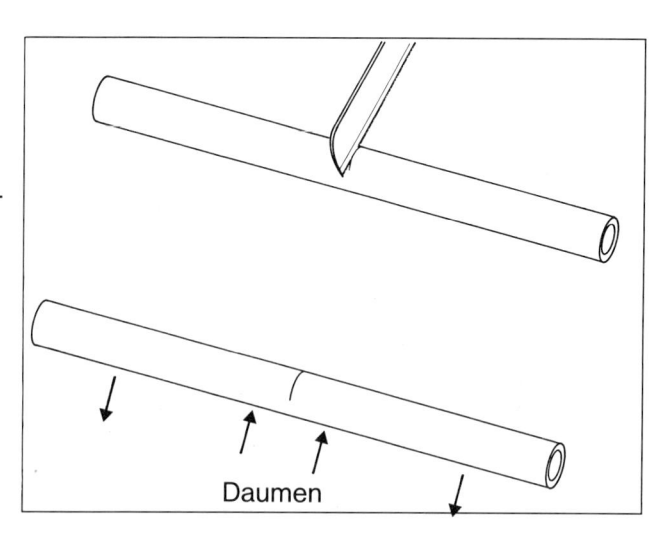

Versuch 2: Biegen eines Glasrohres
Drehe ein Glasrohr ständig in einer nichtleuchtenden Brennerflamme, bis dieses auf eine längere Strecke erweicht. Biege das erweichte Glasrohr langsam außerhalb der Flamme zur gewünschten Krümmung. Achte darauf, daß der beabsichtigte Winkel in einem Zuge hergestellt wird.

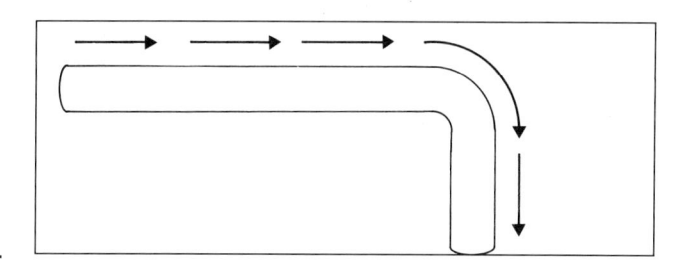

Versuch 3: Ausziehen einer Spitze
Erwärme in der nichtleuchtenden Flamme die auszuziehende Stelle des Glasrohres unter ständigem Drehen bis zum Erweichen. Ziehe das erhitzte Glasrohr außerhalb der Flamme bis zur gewünschten Verjüngung. Trenne nach dem Erkalten. (Vorsicht: Scharfkantige Stellen abrunden!)

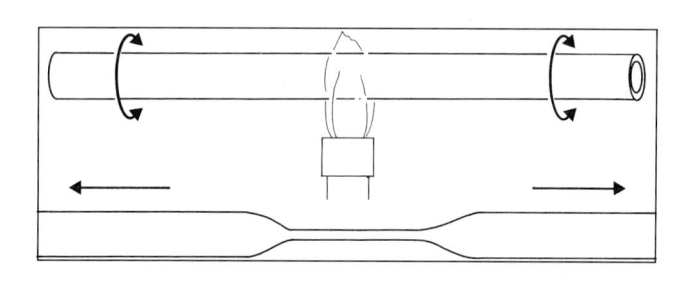

Versuch 4: Zuschmelzen eines Glasrohres
Erhitze ein Glasrohr nahe dessen Ende und ziehe mit einer Pinzette eine Spitze aus. Schneide diese Spitze ab und schmilz das Ende zu.

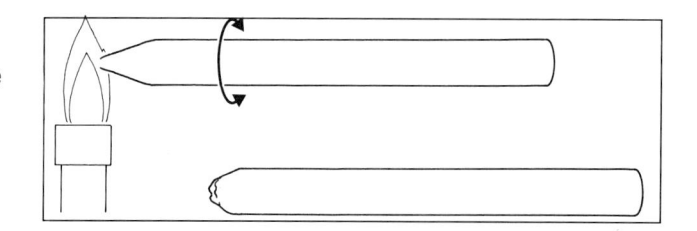

Vorsicht:
Bei allen Versuchen ist es unbedingt erforderlich, daß du stets eine Schutzbrille trägst und es immer vermeidest, Bruchglas oder heiße Glasstellen mit bloßen Händen zu berühren!

Wir stellen Glas her

Glas kann man heute noch nach einer Rezeptur herstellen, die bereits vor 2500 Jahren Anwendung fand. Nur die technische Ausführung hat sich bis heute geändert.

Geräte/Materialien:
Stativ
Doppelmuffe
Stativring, klein
Tondreieck
Gasbrenner-Gebläse
Gasanzünder
Tiegelzange
Spatellöffel
Waage
Eisenblech
Porzellanschale
Schutzbrille
2 Porzellantiegel mit Deckel

Chemikalien:
Borsäure
Soda
Lithiumcarbonat
Calciumcarbonat
Siliciumdioxid
Cobalt(II)-oxid
Kupfer(II)-oxid
Borax
Speckstein

Versuchsanleitungen:

Versuch 1:
Mische in einer Porzellanschale 20,5 g Borsäure, 5 g Lithiumcarbonat, 3,6 g Soda, 3,4 g Calciumcarbonat und 2 g Siliciumdioxid (Quarzsand, feinst gemahlen). Erhitze einen Porzellantiegel auf Rotglut und gib einige Spatel des Gemisches in den Tiegel.
Füge nach dem Schmelzen weitere kleine Portionen des Gemisches zur Schmelze und erhitze weiter. (Decke während des Erhitzens den Tiegel mit einem Deckel ab!)
Gieße die ganze Schmelze auf ein mit Speckstein eingeriebenes erhitztes Eisenblech.

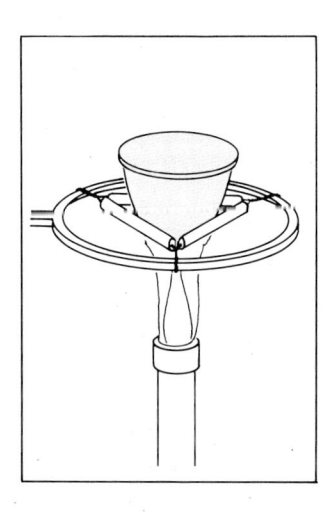

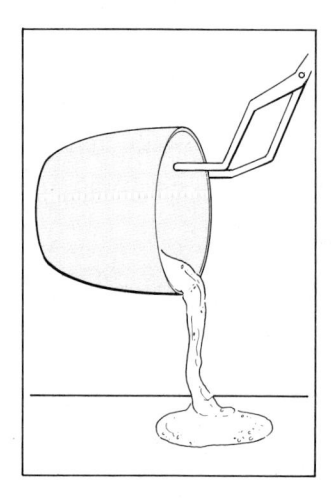

Auswertung:

1. Schreibe alle Beobachtungen auf, die du während und nach dem Versuch treffen konntest!

_____

_____

2. Untersuche die erstarrte Schmelze auf typische Glaseigenschaften und halte deine Ergebnisse fest.

_____

_____

Versuch 2:
Wiederhole Versuch 1 und gib zur Schmelze 40 mg Kupfer(II)-oxid und eine stecknadelgroße Portion Cobalt(II)-oxid. Gieße nach dem Schmelzen ab!

Glas – Eigenschaften und Bedeutung

Glas zeigt erstaunliche Eigenschaften; es kann sogar belastbarer als Stahl sein.
Versenkt man zwei gleich große Kugeln mit derselben Wandstärke, die eine aus Glas, die andere aus Stahl, ins Meer, so macht man eine erstaunliche Beobachtung. Die Stahlkugel wird durch den Wasserdruck schon in 3000 Meter Tiefe zerdrückt. Die Glaskugel dagegen bleibt selbst bei 7000 Meter Wassertiefe noch ganz.

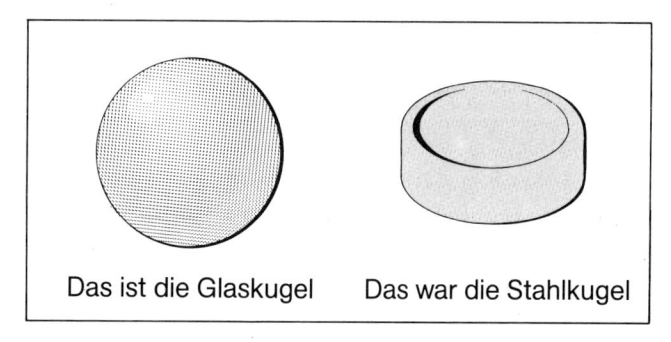

Das ist die Glaskugel   Das war die Stahlkugel

1. Vergleiche die Eigenschaften von Glas mit denen von Eisen bzw. Stahl. Ergänze die Tabelle.

Eigenschaften	Glas (Normalglas)	Eisen/Stahl
Verformbarkeit bei Zimmertemperatur		
Lichtdurchlässigkeit (Durchsichtigkeit)		
Verhalten beim Erhitzen		
Beständigkeit gegen saure Lösungen		
Elektrische Leitfähigkeit		
Wärmeleitfähigkeit		

2. Flachgläser bieten vielfältigen Schutz. Ordne wie im Beispiel den einzelnen Symbolen die entsprechenden Schutzfunktionen zu.

Kälte- und Wärmeschutz				

3. Dünne, biegsame Glasfaserbündel finden als Lichtleiter Verwendung. Sie bestehen im Innern aus hochlichtbrechendem optischem Glas, das in Lichtimpulse umgewandelte, elektrische Signale über lange Strecken übertragen kann. Durch bleistiftdicke Lichtleitkabel können 20 000 Telefongespräche oder 20 Fernsehprogramme gleichzeitig weitergeleitet werden.
In welchen Bereichen wird die Glasfasertechnik heute noch angewandt?

Glas – Herstellungstechniken im Wandel der Jahrtausende

Sandkerntechnik in Ägypten (1500 v. Chr.)
Um kleine Gefäße aus Glas herzustellen, befestigte man im alten Ägypten einen tonhaltigen Sandkern am Ende eines Stabes und tauchte ihn in eine Glasschmelze. Nach dem Erstarren der Glasschicht zog man den Stab heraus und entfernte das restliche Ton-Sand-Gemisch aus dem Gefäß.

Glasblasen (1. Jahrhundert v. Chr.)
Mit der Erfindung der Glasmacherpfeife konnte erstmals durchsichtiges Glas hergestellt werden. Mit einem 1 bis 1,5 Meter langen Eisenrohr konnte man Glasschmelzen zu Hohlkörpern aufblasen. Da das geblasene Glas nicht in Berührung mit kühleren Fremdkörpern kam, wurde es nicht durch vorzeitiges Erstarren trüb. Diese Technik ist seit etwa 2000 Jahren bis heute unverändert in Gebrauch.

Römisches Gußverfahren (1. Jahrhundert n. Chr.)
Zur Herstellung von Fensterscheiben wurde eine Glasschmelze in flache, feuchte Holzformen gegossen und ausgebreitet. Die fertigen Scheiben waren etwa 5 Millimeter dick bei einer Größe von 40 x 40 Zentimeter. In römischer Zeit gab es auch Glashütten in Köln und Trier.

Walz- und Streckverfahren (9. bis 13. Jahrhundert)
Um Flachglas für Kirchenfenster herzustellen, entwickelte man in den Klöstern nördlich der Alpen ein besonders aufwendiges Verfahren. Zunächst wurde eine zylinderförmige Flasche geblasen, deren Enden geöffnet wurden. Der Glaszylinder konnte längs aufgeschnitten und im Streckofen zu einer Scheibe ausgewalzt werden. Ab dem 14. Jahrhundert wurde Fensterglas zunehmend in Waldglashütten gefertigt, da man für die Feuerung der Schmelzöfen sehr viel Holz benötigte. Eine solche Glashütte zeigt das nebenstehende Bild nach einem Holzschnitt aus dem Jahre 1537.

Schleuderverfahren für Mondglas (14. bis 18. Jahrhundert)
Dieses Verfahren erforderte eine hohe Kunstfertigkeit und viel Kraft. Zunächst wurde eine Glaskugel geblasen und die Öffnung ausgeweitet. Dann wurde der heiße Glaskörper geschleudert, bis eine runde Scheibe entstand. Später gelangen mit einem verbesserten Verfahren Scheibengrößen von maximal 90 Zentimeter Durchmesser, die zerteilt und mit Bleistegen verbunden als Fensterscheiben dienten. Während Glasreste zum Scherbenhaufen wanderten, konnte die Mitte des Mondglases mit dem gebuckelten Ansatz auch als runde Butzenscheibe verkauft werden.

Aufgaben:
1. Welches der beschriebenen Herstellungsverfahren wird heute noch angewandt?
2. Mit welchem Verfahren konnte man erstmals durchsichtige Gläser herstellen? Begründe.
3. Mit welchen Techniken versuchte man früher, Glasscheiben herzustellen? Beschreibe die Unterschiede in der Verfahrensweise.

Glas – Herstellungstechniken im Wandel der Jahrtausende

Gußverfahren (17. Jahrhundert)

In Frankreich entwickelte der Glasmacher Nicolas de Nehou um 1665 ein Verfahren zur Herstellung von Spiegelglas. Das geschmolzene Glas wurde auf einen Metalltisch gegossen und mit einer Kupferwalze ausgewalzt. Die ausgekühlten Scheiben waren durch Berührung mit Tisch und Walze trüb. Erst durch Schleifen und Polieren wurden sie durchsichtig und konnten als Spiegelglas verwendet werden.

Ziehverfahren (1905)

Ein rationelles Verfahren zur Herstellung von blanken Glasscheiben ohne Schliff und Politur erfand der Belgier Fourcault. Mittels eines Fangeisens wurde eine Glasbahn aus der Schmelzwanne nach oben gezogen. Walzenpaare transportierten das Glasband in einen Kühlschacht, an dessen Ende es zugeschnitten werden konnte.

Dieses Verfahren wurde zwischen 1917 und 1918 von amerikanischen Firmen weiterentwickelt. Mit verbesserten Ziehmaschinen konnte dann die Produktion von Glasscheiben wesentlich erhöht werden.

Floatverfahren (1959)

Mit der Erfindung des Engländers Pilkington gelang es, vollkommen ebene und klar durchsichtige Glasscheiben herzustellen. Die Glasschmelze wird dabei über ein Bad aus flüssigem Zinn mit einer Temperatur zwischen 1000 °C und 600 °C geleitet. Dabei schwimmt das flüssige Glas auf dem ideal ebenen Zinn (float, engl. obenauf schwimmen, treiben). Als einziges Metall erzeugt Zinn bei 1000 °C noch keinen störenden Dampf und ist bei 600 °C bereits flüssig. Dicht hinter der Floatkammer führen Spezialwalzen das Glasband durch einen Kühltunnel. In den vollautomatischen Anlagen können pro Stunde 3000 m² Glas hergestellt werden. Diese Technik hat heute alle anderen Herstellungsverfahren für Flachglas weitgehend abgelöst.

Flachglasformung nach dem Float-Verfahren

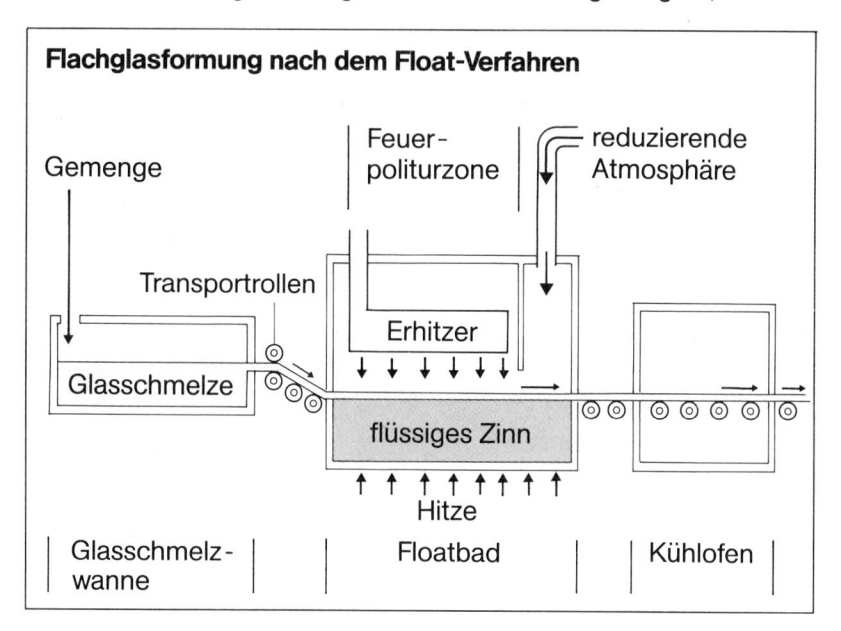

Aufgaben:

1. Mit welchem Verfahren konnte man erstmals durchsichtige Glasscheiben ohne Schliff und Politur herstellen? Begründe.
2. Warum werden Spiegel heute aus Floatglas und nicht mehr aus Gußglas gefertigt?
3. Warum kann für das Floatverfahren nur das Metall Zinn eingesetzt werden?
4. Floatglas ist Ausgangsmaterial für Sicherheitsgläser. Wo werden sie verwendet? Beschreibe die Herstellung und die vorteilhaften Eigenschaften z. B. von Verbundglas.
5. Aus welcher Glasart bestehen Fensterscheiben und Spiegel? Welche Rohstoffe werden zur Herstellung von Fensterglas benötigt? Verwende dazu Informationen aus dem Buch.

Keramische Werkstoffe

Keramik gehört zu den ältesten Werkstoffen der Menschheitsgeschichte. Die wichtigsten Rohstoffe zur Herstellung von Keramik sind in der Natur genügend vorhanden. Neue Forschungen zeigen, daß moderne Keramik in Zukunft eine immer wichtigere Rolle spielen wird.

1. Folgende Bilder veranschaulichen die Herstellung eines Tonkrugs. Wie verändert sich der weiche, verformbare Ton beim Brennen? Erkläre die dabei ablaufenden Vorgänge.

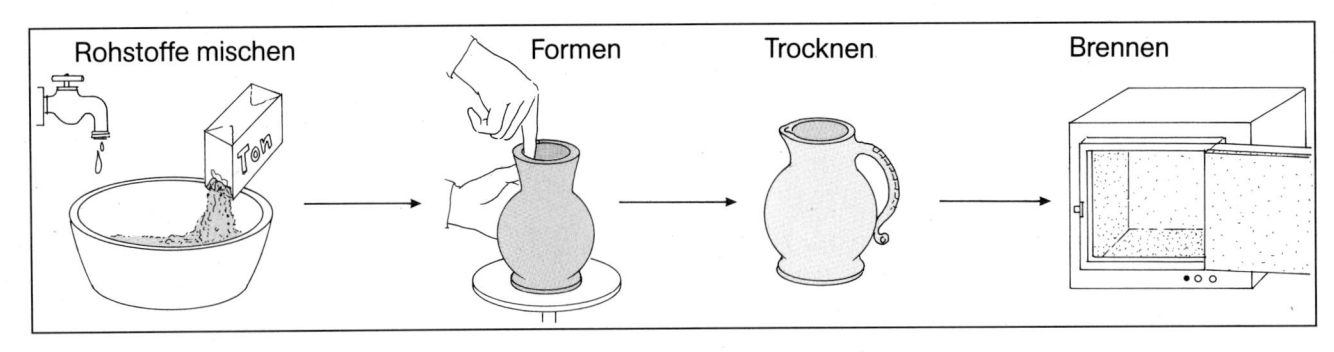

Rohstoffe mischen → Formen → Trocknen → Brennen

2. Tonwaren kann man nach der Beschaffenheit der Scherben ordnen. Beschreibe das Aussehen der Scherben folgender Tonwaren und ergänze die Tabelle.

Tonwaren	Töpferware	Steingut	Steinzeug	Porzellan
Beschaffenheit der Scherben				
Rohstoffe zur Herstellung				
Anwendungsbeispiel				

3. Moderne technische Keramik enthält wenig oder kein Silicium; sie besteht aus Oxiden, z. B. aus Aluminiumoxid, Magnesiumoxid oder Zirconiumoxid.
   a) Oxidkeramik unterscheidet sich in ihrer Zusammensetzung von den herkömmlichen keramischen Werkstoffen. Erläutere!

   b) Warum werden Metalle immer häufiger durch technische Keramik ersetzt? Lies dazu den nebenstehenden Bericht und hebe die Vorteile durch Farbmarkierung hervor.

Keramik erobert den Motor.
Eines der ersten Keramikteile im Motor war die Zündkerze. Heute wird Keramik in Einspritzpumpen und als Katalysatorträger bei der Abgasreinigung verwendet. Mit Hilfe der Lambda-Sonde aus Keramik wird die Abgaszusammensetzung ständig gemessen. Bei Dieselmotoren sollen Keramikfilter den Rußausstoß vermindern. Wegen der interessanten Eigenschaften versucht die Industrie, immer mehr Metallteile durch technische Keramik zu ersetzen. Als Vorteile führen die Techniker hohe Korrosions- und Temperaturbeständigkeit, größere Abrieb- und Verschleißfestigkeit, verbesserte Kühlung und höhere Motorleistung bei guter Kraftstoffnutzung an. Keramische Werkstoffe sind jedoch nicht verformbar; ist die Elastizitätsgrenze erreicht, kommt es unmittelbar zum Bruch.

Glas – Herstellungstechniken im Wandel der Jahrtausende

Gußverfahren (17. Jahrhundert)

In Frankreich entwickelte der Glasmacher Nicolas de Nehou um 1665 ein Verfahren zur Herstellung von Spiegelglas. Das geschmolzene Glas wurde auf einen Metalltisch gegossen und mit einer Kupferwalze ausgewalzt. Die ausgekühlten Scheiben waren durch Berührung mit Tisch und Walze trüb. Erst durch Schleifen und Polieren wurden sie durchsichtig und konnten als Spiegelglas verwendet werden.

Ziehverfahren (1905)

Ein rationelles Verfahren zur Herstellung von blanken Glasscheiben ohne Schliff und Politur erfand der Belgier Fourcault. Mittels eines Fangeisens wurde eine Glasbahn aus der Schmelzwanne nach oben gezogen. Walzenpaare transportierten das Glasband in einen Kühlschacht, an dessen Ende es zugeschnitten werden konnte.

Dieses Verfahren wurde zwischen 1917 und 1918 von amerikanischen Firmen weiterentwickelt. Mit verbesserten Ziehmaschinen konnte dann die Produktion von Glasscheiben wesentlich erhöht werden.

Floatverfahren (1959)

Mit der Erfindung des Engländers Pilkington gelang es, vollkommen ebene und klar durchsichtige Glasscheiben herzustellen. Die Glasschmelze wird dabei über ein Bad aus flüssigem Zinn mit einer Temperatur zwischen 1000 °C und 600 °C geleitet. Dabei schwimmt das flüssige Glas auf dem ideal ebenen Zinn (float, engl. obenauf schwimmen, treiben). Als einziges Metall erzeugt Zinn bei 1000 °C noch keinen störenden Dampf und ist bei 600 °C bereits flüssig. Dicht hinter der Floatkammer führen Spezialwalzen das Glasband durch einen Kühltunnel. In den vollautomatischen Anlagen können pro Stunde 3000 m² Glas hergestellt werden. Diese Technik hat heute alle anderen Herstellungsverfahren für Flachglas weitgehend abgelöst.

Flachglasformung nach dem Float-Verfahren

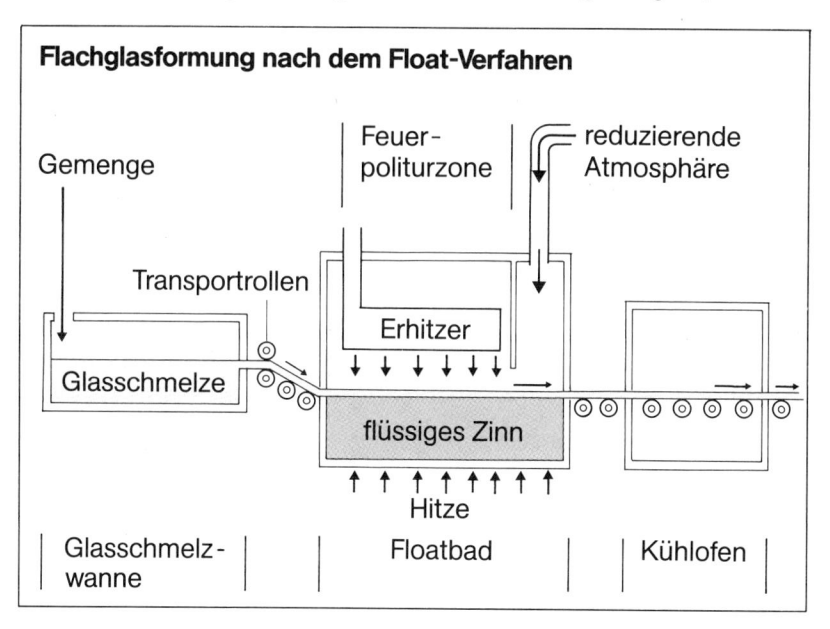

Aufgaben:

1. Mit welchem Verfahren konnte man erstmals durchsichtige Glasscheiben ohne Schliff und Politur herstellen? Begründe.
2. Warum werden Spiegel heute aus Floatglas und nicht mehr aus Gußglas gefertigt?
3. Warum kann für das Floatverfahren nur das Metall Zinn eingesetzt werden?
4. Floatglas ist Ausgangsmaterial für Sicherheitsgläser. Wo werden sie verwendet? Beschreibe die Herstellung und die vorteilhaften Eigenschaften z. B. von Verbundglas.
5. Aus welcher Glasart bestehen Fensterscheiben und Spiegel? Welche Rohstoffe werden zur Herstellung von Fensterglas benötigt? Verwende dazu Informationen aus dem Buch.

Keramische Werkstoffe

128

Keramik gehört zu den ältesten Werkstoffen der Menschheitsgeschichte. Die wichtigsten Rohstoffe zur Herstellung von Keramik sind in der Natur genügend vorhanden. Neue Forschungen zeigen, daß moderne Keramik in Zukunft eine immer wichtigere Rolle spielen wird.

1. Folgende Bilder veranschaulichen die Herstellung eines Tonkrugs. Wie verändert sich der weiche, verformbare Ton beim Brennen? Erkläre die dabei ablaufenden Vorgänge.

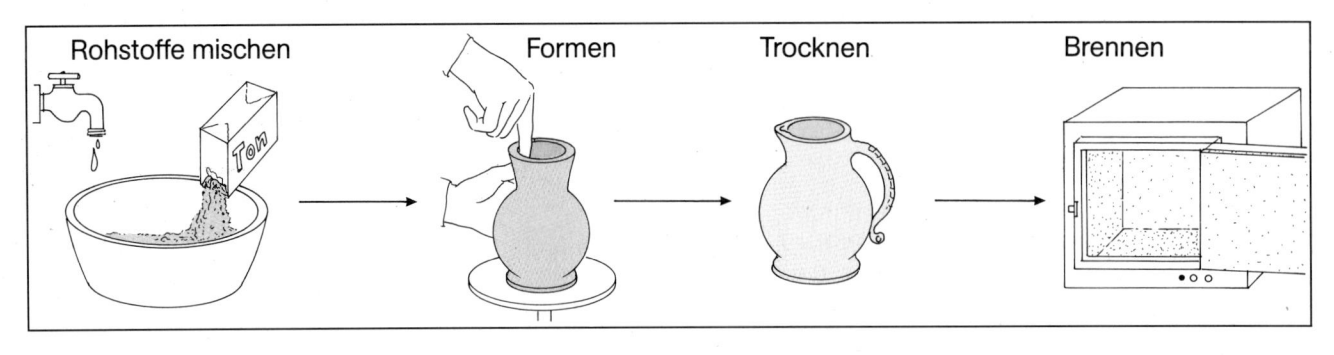

Rohstoffe mischen → Formen → Trocknen → Brennen

2. Tonwaren kann man nach der Beschaffenheit der Scherben ordnen. Beschreibe das Aussehen der Scherben folgender Tonwaren und ergänze die Tabelle.

Tonwaren	Töpferware	Steingut	Steinzeug	Porzellan
Beschaffenheit der Scherben				
Rohstoffe zur Herstellung				
Anwendungsbeispiel				

3. Moderne technische Keramik enthält wenig oder kein Silicium; sie besteht aus Oxiden, z. B. aus Aluminiumoxid, Magnesiumoxid oder Zirconiumoxid.
   a) Oxidkeramik unterscheidet sich in ihrer Zusammensetzung von den herkömmlichen keramischen Werkstoffen. Erläutere!

   b) Warum werden Metalle immer häufiger durch technische Keramik ersetzt? Lies dazu den nebenstehenden Bericht und hebe die Vorteile durch Farbmarkierung hervor.

> **Keramik erobert den Motor.**
> Eines der ersten Keramikteile im Motor war die Zündkerze. Heute wird Keramik in Einspritzpumpen und als Katalysatorträger bei der Abgasreinigung verwendet. Mit Hilfe der Lambda-Sonde aus Keramik wird die Abgaszusammensetzung ständig gemessen. Bei Dieselmotoren sollen Keramikfilter den Rußausstoß vermindern. Wegen der interessanten Eigenschaften versucht die Industrie, immer mehr Metallteile durch technische Keramik zu ersetzen. Als Vorteile führen die Techniker hohe Korrosions- und Temperaturbeständigkeit, größere Abrieb- und Verschleißfestigkeit, verbesserte Kühlung und höhere Motorleistung bei guter Kraftstoffnutzung an. Keramische Werkstoffe sind jedoch nicht verformbar; ist die Elastizitätsgrenze erreicht, kommt es unmittelbar zum Bruch.

Wie wird Zement hergestellt?

129

Das Fließschema zeigt die einzelnen Arbeitsgänge der Zementherstellung:

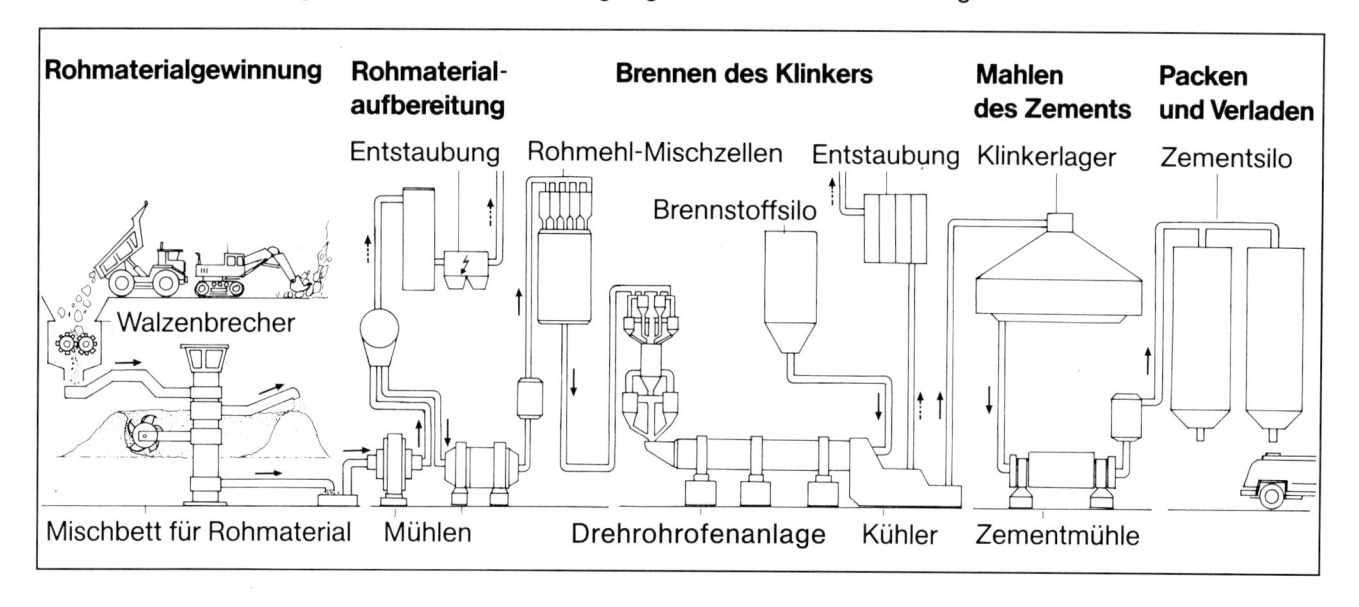

Rohmaterialgewinnung	Rohmaterial-aufbereitung	Brennen des Klinkers	Mahlen des Zements	Packen und Verladen
Walzenbrecher	Entstaubung	Rohmehl-Mischzellen, Brennstoffsilo, Entstaubung	Klinkerlager	Zementsilo
Mischbett für Rohmaterial	Mühlen	Drehrohrofenanlage, Kühler	Zementmühle	

1. Welche Rohstoffe werden für die Herstellung von Zementklinker benötigt?

2. Unterstreiche im folgenden Text die wichtigsten Stationen der Rohmaterialgewinnung und -aufbereitung farbig. Verwende entsprechende Farbmarkierungen für das Fließschema.

„Die Rohstoffe werden in Steinbrüchen gewonnen, auf Schwerlastwagen verladen und zu Walzenbrechern gefahren, die das grobe Gestein zerkleinern. In einem großen Rundplatz mit automatischem Auf- und Abladebetrieb, dem Mischbett, wird das zerkleinerte Rohmaterial vorgemischt und über Förderbänder zur weiteren Verarbeitung ins Werk gebracht. Dort wird das Gemisch zunächst in Mühlen getrocknet und fein gemahlen. Das fertige Rohmehl wird nach der Kontrolle seiner Zusammensetzung in Silos befördert. Von dort gelangt es in die Ofenanlage, wo es in einem Wärmetauscher von den Abgasen des Ofens auf 800 °C aufgeheizt wird. Mit dieser Temperatur tritt es in den Drehrohrofen ein."

Beschreibe die weiteren Vorgänge im Drehrohrofen mit Hilfe des Buches.

3. Beschreibe die chemischen Vorgänge beim Abbinden von Zement. Deute die nebenstehenden Bilder.

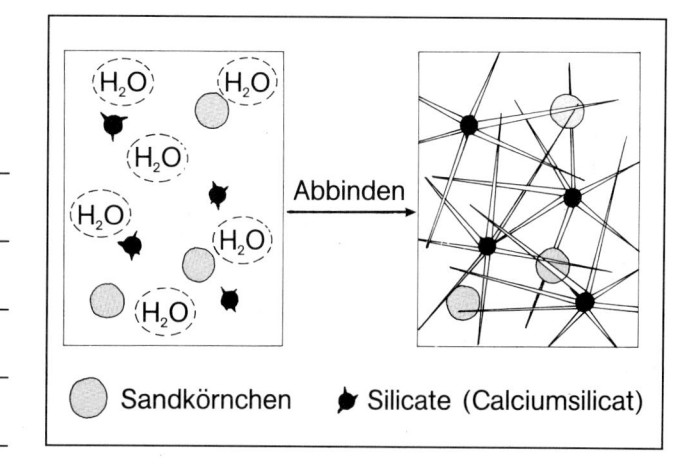

○ Sandkörnchen   ♦ Silicate (Calciumsilicat)

Zement und Beton

Die Römer waren großartige Baumeister. Ein guterhaltenes Beispiel ist der Pont du Gard bei Nimes in Südfrankreich aus dem 1. Jahrhundert v. Chr.. Diese Brückenkonstruktion für die Überführung einer antiken Wasserleitung über den Fluß Gardon ist rund 50 Meter hoch und etwa 270 Meter lang. Für den Bau wurde zwischen gemauerte Steine (oder in eine Holzbrettschalung) lagenweise ein Gemisch aus Steinen und Mörtel gebracht. Nach dem Erhärten entstand eine feste Masse, die unserem heutigen Beton ähnelt. Römischer Beton enthielt aber keinen Zement als Bindemittel, sondern Kalk. Daher konnte er nur unter bestimmten Voraussetzungen unter Wasser verwendet werden.

1. a) Welchem heutigen Bindemittel ähnelt der römische Mörtel? Begründe.

   b) Warum bezeichnet man Zementmörtel auch als Wassermörtel? _____

2. Beton ist ein Gemisch aus _____, _____ (Zuschlag) und Wasser. Das Gemisch muß mit einer Schaufel oder Mischmaschine gut durchgemischt werden. Wasser und Zement bilden im Frischbeton den Zementleim. Er erhärtet zu Zementstein und bindet Kies und Sand fest aneinander.

3. Die Güte des Betons ist abhängig von der Zusammensetzung des Zementleims. Entscheidend ist das Verhältnis von Wasser zu Zement, der Wasserzementwert. Zur Herstellung von Mörtel und Beton werden im allgemeinen Zementleime mit Wasserzementwerten zwischen 0,35 und 0,8 verwendet.
   a) Wie erhält man den günstigen Wasserzementwert von 0,5?

   b) Welchen Wasserzementwert erreicht man, wenn man einen halben Sack Zement (25 kg) mit einem Eimer Wasser (10 l entsprechen 10 kg) mischt?

4. Was versteht man unter Stahlbeton? Beschreibe seine vorteilhaften Eigenschaften.

Vom Kalkstein zum Kalkmörtel

Gegenstände, die aus feuchtem Kalksteinpulver hergestellt werden, erhärten an der Luft nicht; wohl aber Gegenstände, die aus feuchtem Kalkmörtel geformt werden. Worin besteht der Unterschied zwischen Kalkstein und Maurerkalk?

Geräte/Materialien:
Reagenzglas, schwerschmelzbar
Waschflasche
Glasrohr
durchbohrter Stopfen
Gasbrenner mit Anzünder
Schutzbrille
Erlenmeyerkolben
Thermometer
4 Standzylinder

Chemikalien:
Calciumcarbonat (Steinkalk), Pulver
Kalkwasser (Calciumlauge)
Calciumoxid (Branntkalk), Stücke
Calciumhydroxid (Löschkalk), Pulver
Universalindikatorpapier

Sand
Stickstoff
Sauerstoff
Kohlenstoffdioxid

Versuchsanleitungen:

Versuch 1: Kalkbrennen
Gib zwei Löffel Kalksteinpulver (Calciumcarbonat) in ein schwerschmelzbares Reagenzglas und erhitze es über der rauschenden Brennerflamme. Leite das entweichende Gas in eine Waschflasche mit klarem Kalkwasser. Vorsicht! Trenne nach dem Erwärmen das Reagenzglas sofort von der Waschflasche!

Beobachtung: _____

Erklärung: _____

Versuch 2: Kalklöschen
Übergieße in einem Erlenmeyerkolben einige Stücke Branntkalk (Calciumoxid) mit Wasser (Schutzbrille!). Miß die Temperaturänderung und prüfe die Aufschlämmung mit Universalindikatorpapier.

Beobachtung: _____

Erklärung: _____

Versuch 3: Kalkabbinden
Vermische Löschkalk (Calciumhydroxid) und Sand im Verhältnis 1:3, gib Wasser hinzu und forme aus dem Kalkmörtel kleine Würfel. Nachdem sie völlig ausgetrocknet sind, verteile die Mörtelstücke auf vier Standzylinder, die mit Luft, Stickstoff, Sauerstoff bzw. Kohlenstoffdioxid gefüllt sind. Beobachte und prüfe nach einiger Zeit die Härte der Stücke.

Beobachtung: _____

Erklärung: _____

Wir vergleichen die Baustoffe Gips, Kalkmörtel und Zement 132

Geräte/Materialien:
3 Bechergläser oder Joghurtbecher
3 Eßlöffel
Reagenzglasgestell
9 Reagenzgläser
6 Stopfen
Spatel
Pappe

Chemikalien:
Gips
gelöschter Kalk
Zement
Sand
Wasser

Versuchsanleitungen:

Versuch 1: Herstellung der Baustoffmischungen
1. *Gips:* Gib in ein Becherglas 3 bis 4 Eßlöffel Gipspulver und rühre langsam so viel Wasser unter, daß ein gießfähiger, nicht zu dünnflüssiger Brei entsteht.
2. *Mörtel:* Mische in einem Becherglas gelöschten Kalk mit der dreifachen Menge Sand. Rühre dann so viel Wasser unter, daß ein dicker Brei entsteht.
3. *Zement:* Mische in einem Becherglas 1 Teil Zement mit 2 Teilen Sand. Rühre dann so viel Wasser unter, daß ein dicker Brei entsteht.

Versuch 2: Vergleich des Härtevorgangs der Baustoffmischungen
Forme aus den Baustoffmischungen je 6 Kugeln, die in die Reagenzgläser passen. Gib je zwei gleiche Kugeln in ein Reagenzglas, so daß 3 Reagenzgläser mit Gips, 3 mit Kalkmörtel und 3 mit Zement vorbereitet sind.

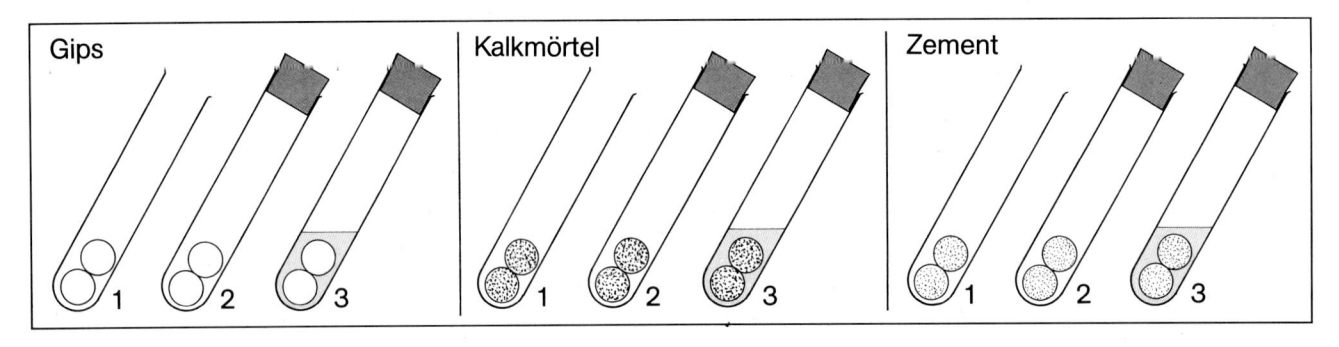

Reagenzglas 1: jeweils offen lassen;
Reagenzglas 2: jeweils mit einem Stopfen verschließen;
Reagenzglas 3: jeweils vorsichtig 5 ml Wasser zugeben und mit einem Stopfen verschließen.

Lasse die Reagenzgläser 1 bis 2 Tage stehen, prüfe dann die Härte der Kugeln mit dem Spatel.

Beobachtungen:

Gips	Kalkmörtel	Zement
Rg 1:	Rg 1:	Rg 1:
Rg 2:	Rg 2:	Rg 2:
Rg 3:	Rg 3:	Rg 3:

Versuch 3:
Streiche jeweils den Rest des Gips-, Mörtel- und Zementbreis in einer etwa 2 cm dicken Schicht auf ein Stück Pappe und lasse 1 bis 2 Tage härten. Bewahre die Proben für weitere Versuche auf.

Wir vergleichen die Baustoffe Gips, Kalkmörtel und Zement **133**

Geräte/Materialien:
Reagenzglasgestell
3 Reagenzgläser
gehärtete Gipsprobe
gehärtete Kalkmörtelprobe
gehärtete Zementprobe

Chemikalien:
Salzsäure, verdünnt
Wasser

Versuchsanleitung:

Versuch 4: Vergleich der ausgehärteten Baustoffe
1. Zerbrich die gehärteten Baustoffproben und vergleiche die Härte.
2. Lege je ein Stück der Baustoffproben in ein Reagenzglas mit Wasser und vergleiche.
3. Gib jeweils auf ein weiteres Stück der Baustoffproben einige Tropfen verdünnte Salzsäure.

Beobachtungen:

	Gips	Kalkmörtel	Zement
Härte			
Verhalten in Wasser			
Zugabe von verdünnter Salzsäure			

Auswertung:

_____
_____
_____
_____
_____

Aufgaben:

1. Welche chemischen Hauptbestandteile enthalten die Baustoffe Gips, Kalkmörtel und Zement? Gib jeweils die Formel an.

_____
_____

2. Vergleiche die chemischen Reaktionen beim Abbinden von Gips, Kalkmörtel und Zement.

_____
_____

Redoxreihe der Metalle und ihrer Ionen

Ein Eisennagel in einer Kupfersulfatlösung überzieht sich mit einer Kupferschicht. Kupferionen nehmen also Elektronen auf und werden zu Kupferatomen reduziert. Diese Reduktion findet aber nur bei einer gleichzeitigen Oxidation statt. Eisenatome geben Elektronen ab und werden damit oxidiert zu Eisenionen. Hält man ein Kupferblech in eine Eisen(II)-sulfat-Lösung, findet keine Reaktion statt.

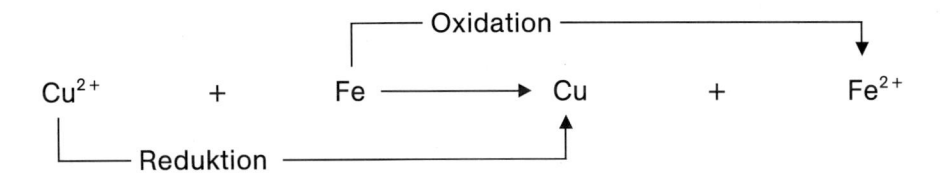

$$Cu^{2+} + Fe \longrightarrow Cu + Fe^{2+}$$

mit Oxidation von Fe zu Fe^{2+} und Reduktion von Cu^{2+} zu Cu.

Wenn man entsprechende Versuche mit anderen Metallen ausführt, kann man die Metalle nach ihrem Reduktions- bzw. die Metallionen nach ihrem Oxidationsvermögen in eine Redoxreihe einordnen.

Geräte/Materialien:
3 Bechergläser (50 ml)
Zinkstab oder -blech
Kupferblech
Silberblech
Kachel
Schmirgelpapier
Papierhandtuch
Spatel
Glasstab

Chemikalien:
Zinknitrat
Kupfersulfat
Silbernitrat
destilliertes Wasser

Versuchsanleitung:

1. Löse 2 bis 3 Spatelspitzen Zinknitrat, Kupfersulfat und Silbernitrat jeweils in etwa 30 ml destilliertem Wasser.
2. Schmirgele die Metallbleche auf einer Kachel blank. Wische die Metallstäube sorgfältig auf.
3. Halte das Zinkblech kurz in die Kupfersulfatlösung. Wische es dann sorgfältig mit dem Papierhandtuch ab und halte es dann ebenfalls für einen kurzen Augenblick in die Silbernitratlösung. Führe die Versuche mit dem Kupfer- bzw. Silberblech entsprechend durch.

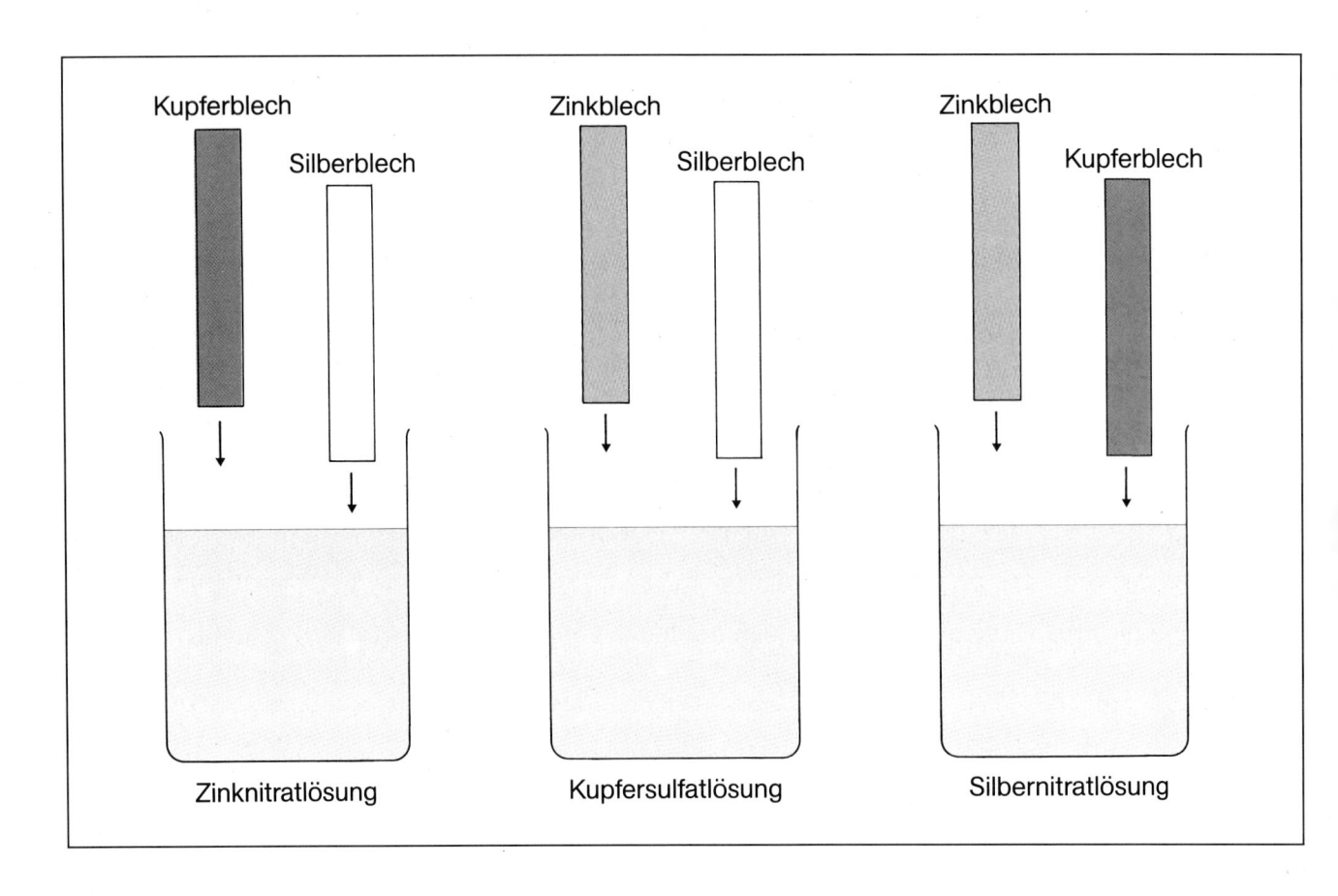

Kupferblech / Silberblech in Zinknitratlösung	Zinkblech / Silberblech in Kupfersulfatlösung	Zinkblech / Kupferblech in Silbernitratlösung

Redoxreihe der Metalle und ihrer Ionen   **135**

Auswertung:

1. Trage in die nebenstehende Tabelle ein Pluszeichen ein, wenn eine Reaktion stattgefunden hat. Kennzeichne das Gegenteil durch ein Minuszeichen.
2. Stelle die Reaktionsgleichungen für die Redoxreaktionen auf.

	Zn^{2+}	Cu^{2+}	Ag^+
Zn	\		
Cu		\	
Ag			\

_____

_____

_____

3. Trage die Metalle bzw. ihre Ionen in die Redoxreihe ein. Trage auch Eisen bzw. das Fe^{2+}-Ion in diese Redoxreihe ein. Beachte dabei, daß beim Hineinhalten eines Eisennagels in eine Zinknitratlösung keine Reaktion erfolgt.

Reduktionsvermögen nimmt ab →

Bestreben der Elektronenabgabe nimmt ab

Mg					Au
Mg^{2+}					Au^{3+}

Bestreben nach Elektronenaufnahme nimmt zu →

Oxidationsvermögen nimmt zu

Weiterführende Aufgabe:

Nicht nur die Metalle und Metallionen kann man in die obige Redoxreihe einordnen, sondern auch den Wasserstoff und die Hydroxoniumionen.
An welcher Stelle in der obigen Reihe stehen der Wasserstoff und die Hydroxoniumionen. Begründe deine Einordnung.
Kleine Hilfe: Überlege dir, welche der obigen Metalle mit verdünnten Säuren (sauren Lösungen) reagieren.

_____

_____

_____

Elektrischer Strom aus einem Redoxprozeß

Beim Eintauchen eines Zinkstabes in eine Kupfersulfatlösung geben Zinkatome Elektronen ab, die von Kupferionen aufgenommen werden. Wenn es gelingt, die von den Zinkatomen abgegebenen Elektronen über einen Draht zu den Kupferionen zu leiten, so fließt ein elektrischer Strom. Mit diesem müßte man einen kleinen Motor betreiben können.

Geräte/Materialien:
2 Bechergläser (100 ml)
U-Rohr mit durchlässiger Trennwand
2 Experimentierkabel
2 Krokodilklemmen
Stativ
Stativklemme

Zinkstab in durchbohrtem Stopfen
Kohlestab in durchbohrtem Stopfen
Kleinelektromotor
Spatel
2 Doppelmuffen

Chemikalien:
Kaliumsulfat
blaues Kupfersulfat
destilliertes Wasser

Versuchsanleitung:

1. Stelle durch Lösen von 4 Spatel Kupfersulfat bzw. Kaliumsulfat in jeweils etwa 50 ml dest. Wasser eine Kupfersulfat- und eine Kaliumsulfatlösung her.
2. Fülle die beiden Lösungen möglichst gleichzeitig in die Schenkel des U-Rohres.
3. Tauche in die Kaliumsulfatlösung einen Zinkstab und in die Kupfersulfatlösung einen Kohlestab.
4. Schalte zwischen die beiden Elektroden einen Kleinelektromotor.
5. Ziehe nach einigen Minuten den Kohlestab aus der Lösung und betrachte ihn genau.

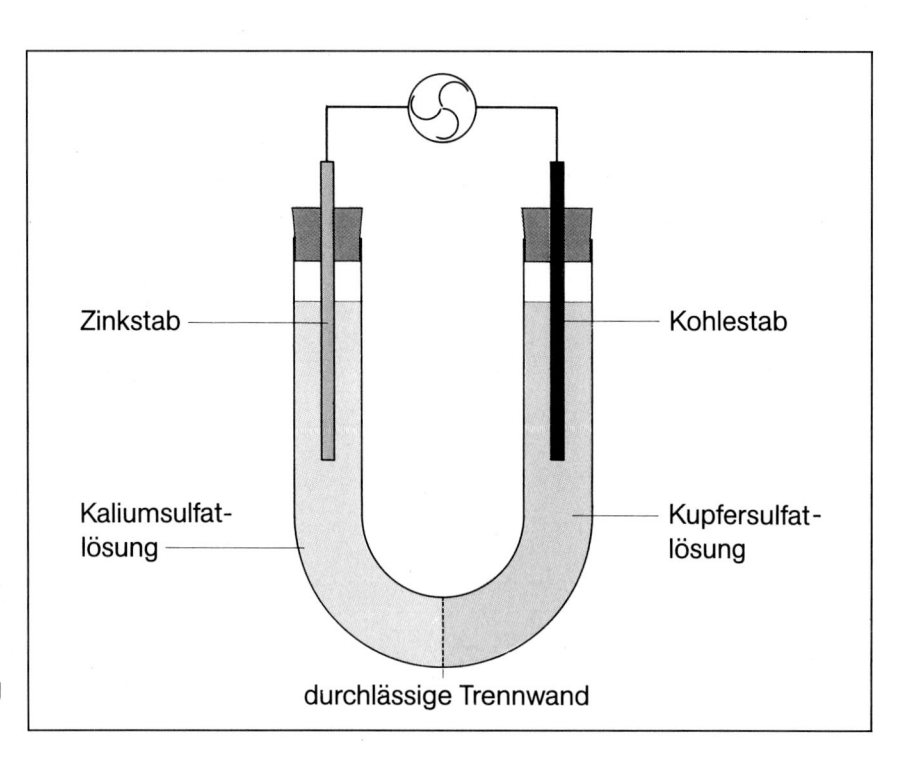

Auswertung:

1. Was konntest du auf dem Kohlestab erkennen?

2. Welche Reaktion hat an dem Kohlestab stattgefunden?

3. Welche Reaktion hat an dem Zinkstab stattgefunden?

Elektrischer Strom aus einem Redoxprozeß **137**

4. Veranschauliche in der unteren Skizze die Vorgänge, die zum Fließen der Elektronen geführt haben. Nutze dabei die vorgeschlagenen Symbole.

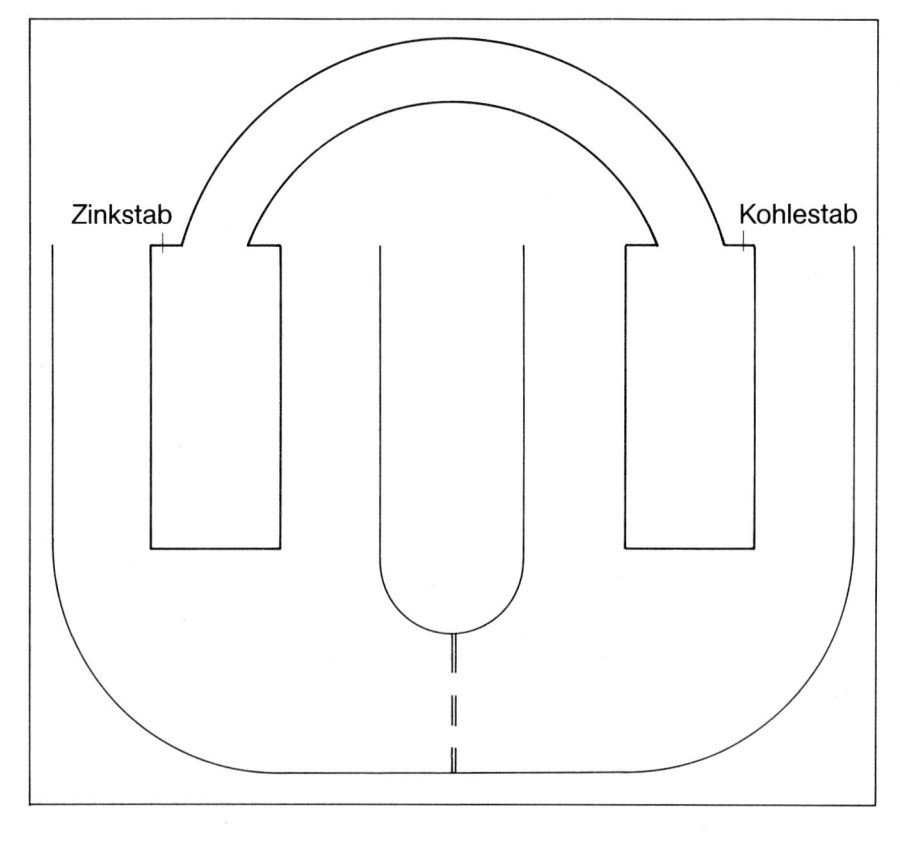

Teilchen	Symbol
Elektron	⊖
Zinkion	Zn^{2+}
Zinkatom	Zn
Kupferion	Cu^{2+}
Kupferatom	Cu

(Skizze: Zinkstab links, Kohlestab rechts)

Weiterführende Aufgaben:

1. Warum muß zwischen den beiden Schenkeln eine Trennwand vorhanden sein?

2. Warum muß diese Trennwand aber durchlässig sein?

Von der Redoxreihe zur Spannungsreihe

Aus der Stellung der Metalle in der Redoxreihe läßt sich ablesen, daß Zink Kupferionen und Silberionen reduzieren kann. Kupfer kann zwar Silberionen, nicht aber Zinkionen reduzieren. Die Redoxreaktionen können in galvanischen Zellen genutzt werden, um einen Elektromotor zu betreiben. Die Voraussetzung für das Fließen eines elektrischen Stromes ist das Vorhandensein einer Spannung. Im folgenden wollen wir die Spannung von drei galvanischen Zellen messen.

Geräte/Materialien:
5 Bechergläser (100 ml), hohe Form
Spannungsmeßgerät
2 Experimentierkabel
2 Krokodilklemmen
Filterpapier
Waage

Zinkblech
Kupferblech
Silberblech
Schere
Pinzette
Spatel

Chemikalien:
Silbernitrat
Kupfersulfat ($CuSO_4 \cdot 5\,H_2O$)
Zinknitrat ($Zn(NO_3)_2 \cdot 6\,H_2O$)
Kaliumnitrat

Versuchsanleitung:

1. Stelle die folgenden Lösungen her: a) 1,5 g Zinknitrat in 50 ml dest. Wasser, b) 1,25 g Kupfersulfat in 50 ml dest. Wasser, c) 0,85 g Silbernitrat in 50 ml dest. Wasser, d) etwa 5 Spatel Kaliumnitrat in 50 ml dest. Wasser.
2. Zerschneide ein oder zwei Filterpapiere, so daß du drei 8 bis 10 cm lange und 1 bis 2 cm breite Streifen erhältst. Lege diese in die Kaliumnitratlösung.
3. Baue jeweils eine der folgenden galvanischen Zellen auf und miß die Spannung.

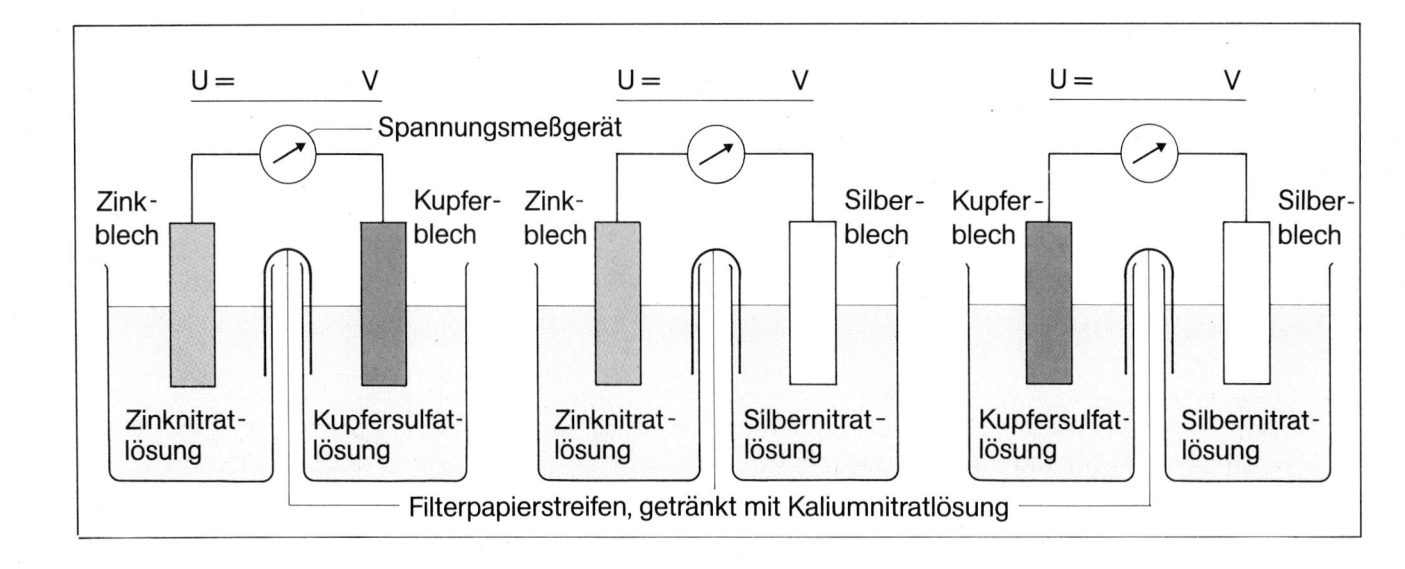

Versuchsauswertung:

1. Betrachte die gemessenen Werte genau. Fällt dir etwas auf?
2. Hättest du alle Messungen durchführen müssen, um die Werte für die Spannung zu erhalten?
3. Baut man eine galvanische Zelle auf aus einem Zinkstab in einer Zinknitratlösung und einem Bleistab in einer Bleinitratlösung, mißt man eine Spannung von etwa 0,58 V.
   a) Welche Spannung weist eine galvanische Zelle aus einer Blei-Bleinitrat-Halbzelle und einer Kupfer-Kupfersulfat-Halbzelle auf.
   b) Welche Spannung weist eine galvanische Zelle aus einer Blei-Bleinitrat-Halbzelle und einer Silber-Silbernitrat-Halbzelle auf?
   Bedenke, daß Blei in der Redoxreihe zwischen Zink und Kupfer steht.

Löse die Aufgaben auf einem separaten Blatt in deinem Heft.

Wir verkupfern einen Schlüssel 139

Viele Gegenstände des Alltags werden durch Metallüberzüge gegen Umwelteinflüsse geschützt. Dieser Überzug verleiht den Gegenständen häufig auch ein schönes Aussehen. Wird ein Eisennagel in eine Kupfersulfatlösung getaucht, erhält der Nagel einen Überzug aus Kupfer. Dieser läßt sich aber leicht abwischen. Erst durch Galvanisieren erhält ein Gegenstand einen haltbaren Metallüberzug. Wir wollen einige Gegenstände verkupfern und damit das Prinzip des Galvanisierens kennenlernen. Auch beim Verkupfern setzt man eine Kupfersulfatlösung ein, dieser Lösung werden aber noch weitere Stoffe zugesetzt, damit ein haltbarer und glänzender Überzug erzielt wird.

Geräte/Materialien:
Becherglas (250 ml)
3 Bechergläser (100 ml)
Kupferblech
alter Schlüssel
oder 1-DM-Stück
2 Experimentierkabel
Spannungsquelle
Glasstab
Waage
Schutzbrille
Pinzette
Stativ
2 Doppelmuffen
2 Universalklemmen
2 Krokodilklemmen
Spatel
Papierhandtuch
Meßzylinder
Schmirgelpapier
Kupferdraht

Chemikalien:
verdünnte Salzsäure
Propanon (Aceton)
verdünnte Schwefelsäure
($c(H_2SO_4) = 1 mol/l$)
Ethanol (Brennspiritus)
Kupfersulfat ($CuSO_4 \cdot 5 H_2O$)
destilliertes Wasser
konzentrierte Salzsäure

Versuchsanleitung:

1. Löse 25 g Kupfersulfat und 10 ml Ethanol in 200 ml verd. Schwefelsäure in dem großen Becherglas.
2. Tauche in die Lösung ein Kupferblech. Verbinde das Kupferblech mit dem Pluspol der Gleichspannungsquelle.
3. Reinige den Gegenstand, den du verkupfern willst, indem du ihn kurz in verd. Salzsäure tauchst. (Sollte der Gegenstand sehr verschmutzt sein, muß er zuerst geschmirgelt werden. Er sollte dann von deinem Lehrer kurz in konz. Salzsäure getaucht werden.) Fasse den Gegenstand mit der Pinzette, tauche ihn in dest. Wasser und schwenke ihn zur Entfernung von Fettresten in Propanon.
4. Befestige den Gegenstand an einem Kupferdraht und hänge ihn auch in die Kupfersulfatlösung. Verbinde den Kupferdraht mit dem Minuspol der Gleichspannungsquelle.
5. Elektrolysiere einige Minuten mit einer Spannung von etwa 4 V. Hinweis: Die Gasentwicklung, besonders an dem zu verkupfernden Gegenstand, stört die Verkupferung nur wenig.
6. Ziehe den Gegenstand aus der Lösung und spritze ihn mit destilliertem Wasser ab. Trockne den Gegenstand und poliere ihn mit einem weichen Tuch oder einem Papierhandtuch.

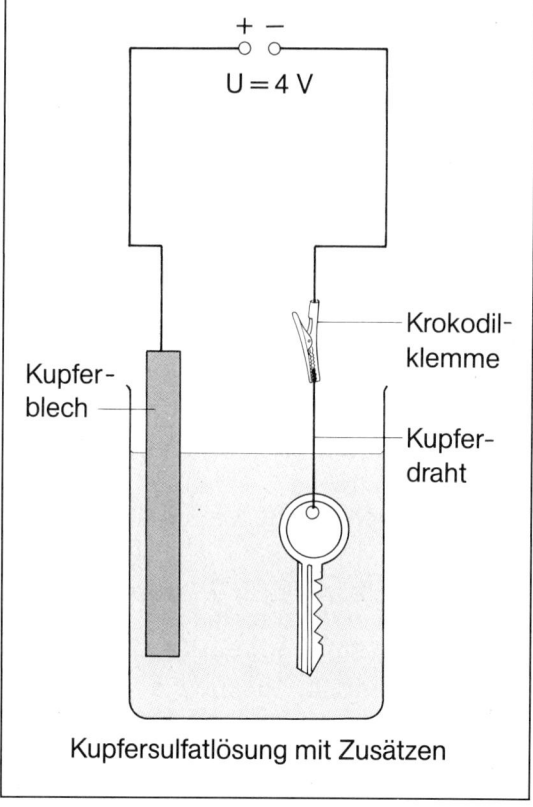

Auswertung:

1. Was ist an dem Schlüssel passiert? Formuliere auch eine Reaktionsgleichung.
2. Was passiert an dem Kupferblech? Bedenke, daß sich die Zahl der Kupferionen in der Lösung nicht ändert.

Die Gasentwicklung muß auch in der Auswertung nicht berücksichtigt werden.
Nimm die Auswertung auf einem separaten Blatt in deinem Heft vor.

Wir vernickeln eine Münze

140

Viele Gegenstände des Alltags werden durch Metallüberzüge gegen Umwelteinflüsse geschützt. Dieser Überzug verleiht den Gegenständen auch häufig ein schönes Aussehen. Solche Überzüge werden meist durch Galvanisieren erzeugt.
Wir wollen ein 10-Pf-Stück vernickeln und dabei das Prinzip des Galvanisierens kennenlernen.
Zum Vernickeln wird eine Nickelsulfatlösung eingesetzt, dieser Lösung werden noch weitere Stoffe zugesetzt, um einen haltbaren und glänzenden Überzug zu erhalten.

Geräte/Materialien:
Becherglas (250 ml)
3 Bechergläser (100 ml)
Nickelblech oder -stab
10-Pf-Stück
Spannungsquelle
2 Experimentierkabel
2 Krokodilklemmen
Schutzbrille
Stativ
2 Doppelmuffen
2 Universalklemmen
Glasstab
Spatel
Meßzylinder
Papierhandtuch
Kupferdraht

Chemikalien:
verdünnte Salzsäure
Propanon (Aceton)
Citronensäure
Glucose
Nickel(II)-sulfat ($NiSO_4 \cdot 6\,H_2O$)
destilliertes Wasser

Versuchsanleitung:

Laß dir in ein 10-Pf-Stück ein Loch bohren (d = 1,5 mm).

1. Löse etwa 12 Spatel Nickelsulfat in etwa 200 ml dest. Wasser und gib dann 2 Spatel Citronensäure und 8 Spatel Glucose in die Lösung. Rühre, bis sich alles gelöst hat.
2. Tauche in die Lösung den Nickelstab und verbinde diesen mit dem Pluspol einer Gleichspannungsquelle.
3. Reinige das 10-Pf-Stück durch kurzes Eintauchen in verd. Salzsäure. Tauche das Geldstück dann in dest. Wasser und schwenke es anschließend zur Entfernung von Fettresten in Propanon.
4. Ziehe durch das Loch in der Münze einen Kupferdraht und hänge die Münze in die Nickelsulfatlösung. Verbinde den Kupferdraht mit dem Minuspol einer Spannungsquelle.
5. Elektrolysiere einige Minuten bei einer Spannung von etwa 4,5 V.
   Hinweis: Die Gasentwicklung an den Elektroden stört die Vernickelung nur wenig.
6. Ziehe die Münze aus der Lösung und spritze sie mit dest. Wasser ab. Trockne die Münze und poliere sie mit einem weichen Tuch. (Das Polieren kann auch mit einem Papierhandtuch vorgenommen werden.)

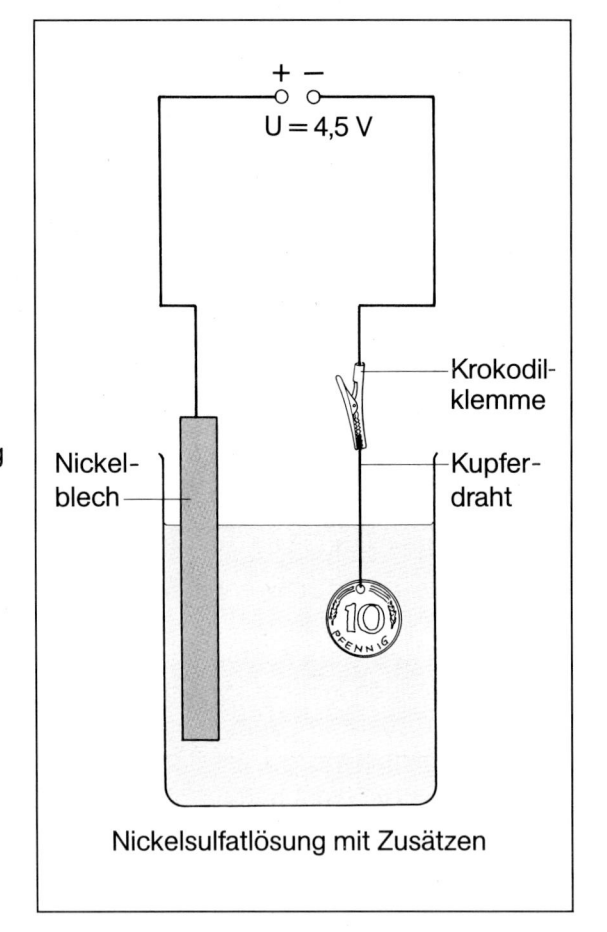

U = 4,5 V
Nickelblech
Krokodilklemme
Kupferdraht
Nickelsulfatlösung mit Zusätzen

Auswertung:

1. Was passiert an der Münze? Formuliere auch eine Reaktionsgleichung.
2. Was passiert an dem Nickelstab? Bedenke, daß sich die Zahl der Nickelionen in der Lösung nicht ändert.

Die Gasentwicklung muß auch in der Auswertung nicht berücksichtigt werden.
Nimm die Auswertung auf einem separaten Blatt in deinem Heft vor.

Wir zerlegen eine quecksilberfreie Zink-Kohle-Batterie

In Alltag und Technik werden galvanische Zellen in Form von Batterien genutzt. Wir wollen eine Batterie in die Einzelteile zerlegen und durch Nachdenken und Experimente die Aufgaben der einzelnen Teile ermitteln.

Geräte/Materialien:

Zink-Kohle-Batterie
(z. B. Varta Super-Dry)
Kneifzange
Schraubenzieher
stabiles Schälmesser
Spannungsquelle
Stromstärkemeßgerät
3 Experimentierkabel
Krokodilklemmen
2 Kohleelektroden

2 Bechergläser (100 ml)
2 Kristallisierschalen
Spatel
Universalindikatorpapier
Reagenzglasständer
6 Reagenzgläser
Tropfpipette
Schutzbrille
Metallsäge
Zeitungspapier

Chemikalien:

verdünnte Natronlauge
verdünnte Salzsäure
Nachweismittel für
Zinkionen (1 Spatel
Kaliumhexacyanoferrat (III)
in 20 ml dest. Wasser gelöst)
Zinkchlorid
Aktivkohle
Ammoniumchlorid
Silbernitratlösung

Versuchsanleitung:

1. Aus welchen Bestandteilen besteht die Batterie?

Setze die Schutzbrille auf. Äußerste Vorsicht im Umgang mit Schraubenzieher und Messer! Mit einem Schraubenzieher oder Messer kann man sich schmerzhafte Verletzungen beibringen. Lege zur Verringerung der Verschmutzung Zeitungspapier auf den Experimentiertisch.

Säge zunächst einen Schlitz in den äußeren Metallmantel und fasse dann mit dem Schraubenzieher unter diesen Metallmantel, lockere und entferne ihn. Zerlege die Batterie dann weiter mit den Händen und einem Spatel.

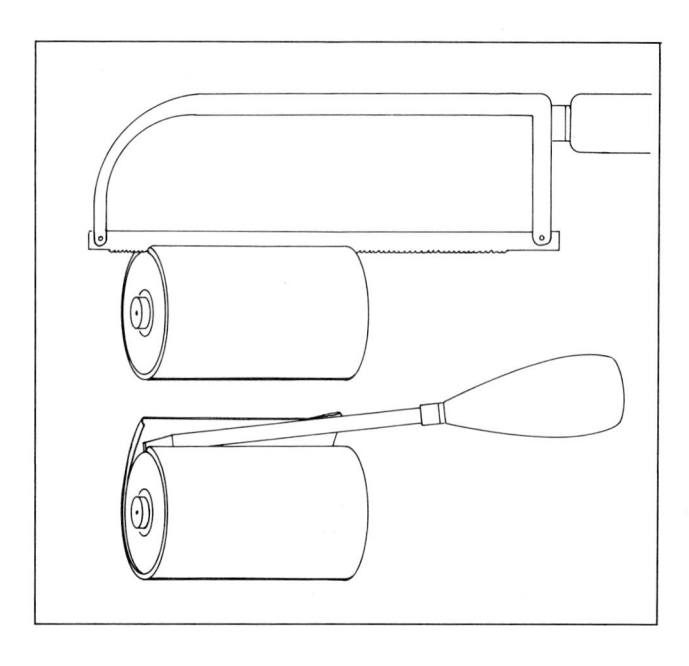

Beschreibe die Bestandteile. _____

_____

_____

_____

_____

_____

_____

_____

_____

Wir zerlegen eine quecksilberfreie Zink-Kohle-Batterie

142

2. Enthält das schwarze Stoffgemisch Aktivkohle?
Gib etwa 5 Spatel des schwarzen Stoffgemisches, das sich im inneren Metallbecher um den Kohlestift befindet, in eine Kristallisierschale. Prüfe die elektrische Leitfähigkeit. Prüfe auch Aktivkohlepulver auf elektrische Leitfähigkeit.

Abbildung: Stromstärkemeßgerät, Kohlestifte, schwarzer Stoff aus Batterie

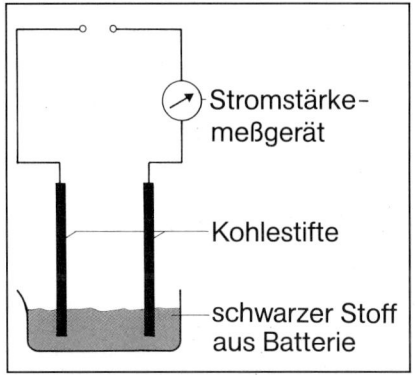

Beobachtungen:

_____
_____
_____
_____
_____

3. Enthält das schwarze Stoffgemisch Ammoniumchlorid?
a) Nachweis von Ammoniak
Gib etwa 1 Spatel des schwarzen Stoffgemisches in ein Becherglas und füge etwa 20 ml Natronlauge zu. Halte nach kurzer Zeit ein angefeuchtetes Indikatorpapier über die Flüssigkeit (nicht in die Flüssigkeit!). Prüfe auch den Geruch der Dämpfe.

Abbildung: feuchtes Universalindikatorpapier, Natronlauge, schwarzer Stoff aus Batterie

Abbildung: Silbernitratlösung, destilliertes Wasser, schwarzer Stoff aus Batterie

Verfahre mit Ammoniumchlorid in gleicher Weise wie mit dem schwarzen Stoffgemisch.

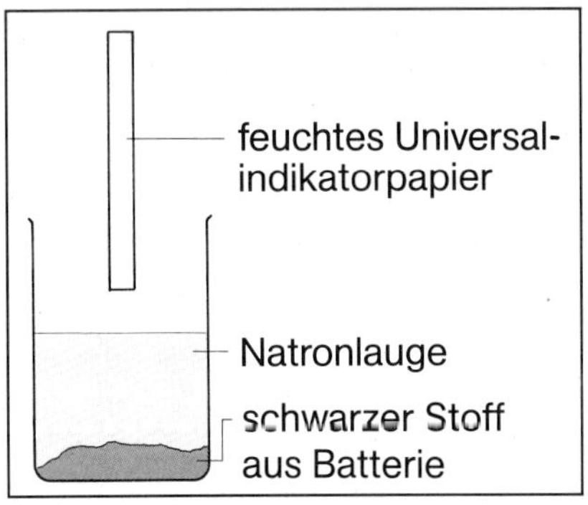

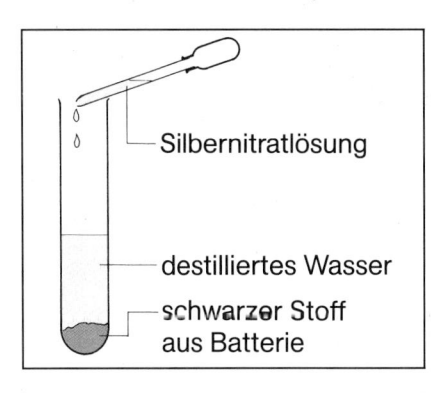

b) Nachweis von Chlorid
Gib eine Spatelspitze des schwarzen Stoffgemisches in 10 ml dest. Wasser in einem Reagenzglas. Schüttle und warte, bis sich der Feststoff abgesetzt hat. Gib dann einige Tropfen Silbernitratlösung in das Reagenzglas. Wiederhole auch diesen Versuch mit Ammoniumchlorid zum Vergleich.

Beobachtungen: _____

_____

_____

4. Aus welchem Metall besteht der innere Metallbecher?
Kneife mit der Zange ein kleines Metallstück von dem inneren Becher ab. Gib dieses zu etwa 10 ml verdünnter Salzsäure in einem Reagenzglas. Gieße nach einigen Minuten etwas von der Lösung zu etwa 5 ml Nachweislösung für Zinkionen. Führe diesen Nachweis zum Vergleich auch mit einer Zinkchloridlösung durch.

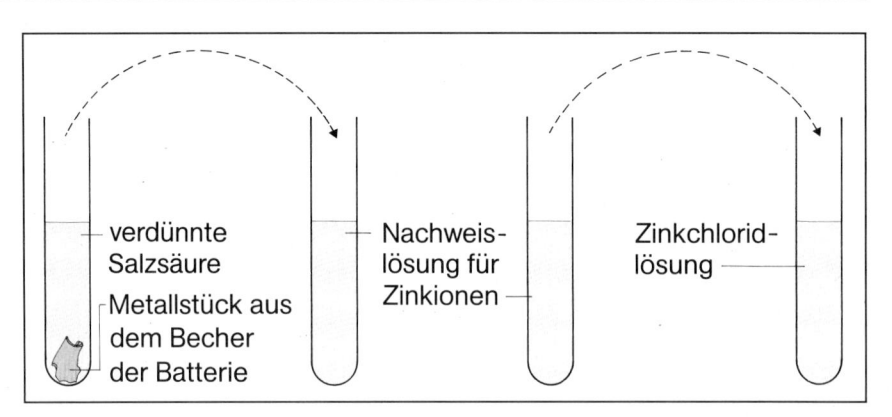

Abbildung: verdünnte Salzsäure, Metallstück aus dem Becher der Batterie, Nachweislösung für Zinkionen, Zinkchloridlösung

Beobachtungen: _____

Auswertung:
1. Deute die Versuche 2 bis 4.
2. Welche Aufgaben sollen die einzelnen Bestandteile der Batterie erfüllen? (Hilfsinformationen: Als Oxidationsmittel wird in der Zink-Kohle-Batterie Braunstein (MnO_2) verwendet. Dieses ist ein Bestandteil des schwarzen Stoffgemisches. Die Mn^{4+}-Teilchen des Braunsteins werden zu Mn^{3+}-Teilchen reduziert.) Nimm die Auswertung auf einem separaten Blatt in deinem Heft vor.

Aufbau und Wirkungsweise einer Zink-Kohle-Batterie

Die Zink-Kohle-Batterie wird vielfältig verwendet (z. B. in Taschenlampen und Spielzeug). Im folgenden sind der Aufbau einer Zink-Kohle-Batterie in der Ausführung „Super-dry" und ihre prinzipielle Zellenanordnung dargestellt.

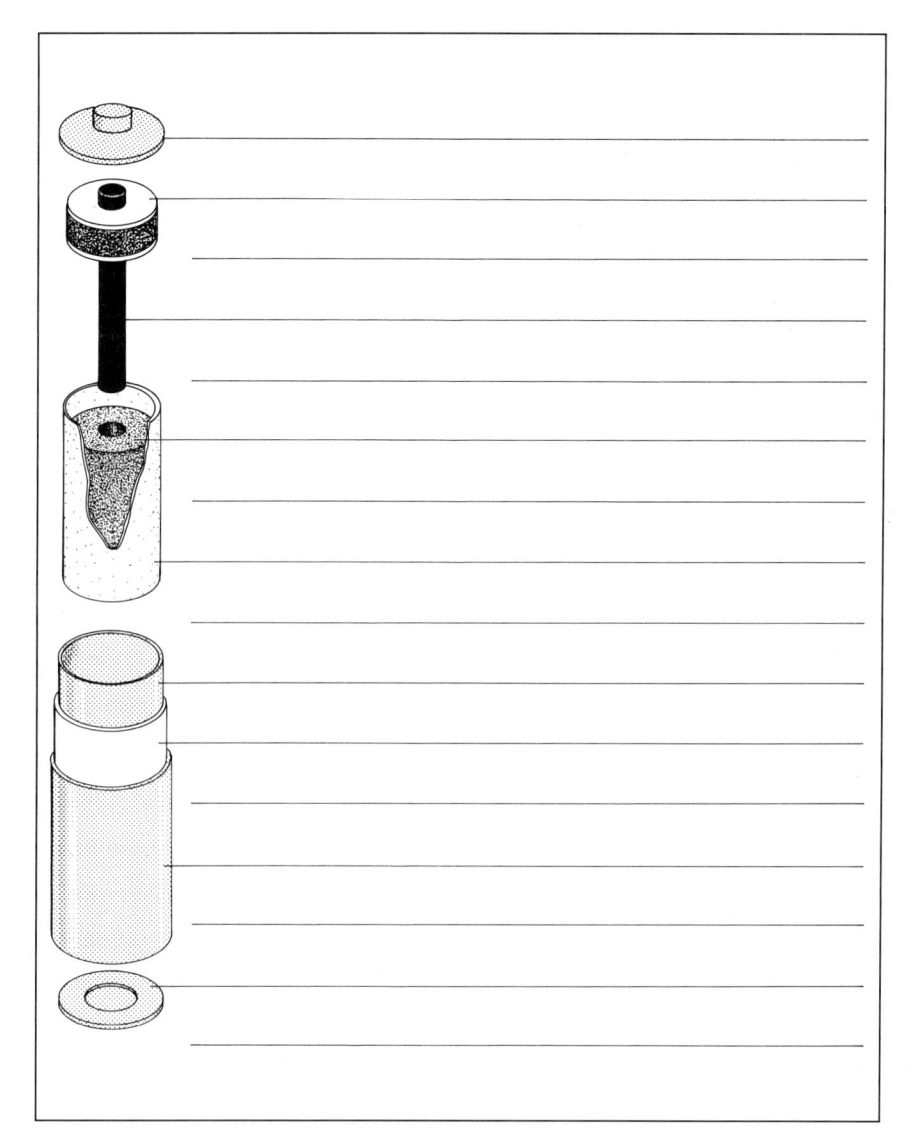

1. Aufgabe:
Benenne in der Zeichnung die Teile der Batterie und ihre Funktionen. Nutze dazu den folgenden Text.

Zinkbecher bildet die negative Elektrode; Bodenkontaktscheibe bildet den Minuspol der Batterie; Polkappe bildet den Pluspol der Batterie, Papierbecher getränkt mit Ammoniumchlorid ist die durchlässige Trennwand; Papierbecher mit Kunststoff beschichtet dient als Isolation und Abdichtung; Metallmantel enthält Angaben über die Batterie; Kohlestift leitet die Elektronen über Aktivkohlekörnchen zum Oxidationsmittel; Heißbitumen mit Abdeckscheiben versiegelt die galvanische Zelle; Stoffgemisch aus Oxidationsmittel, Aktivkohle und Elektrolyt.

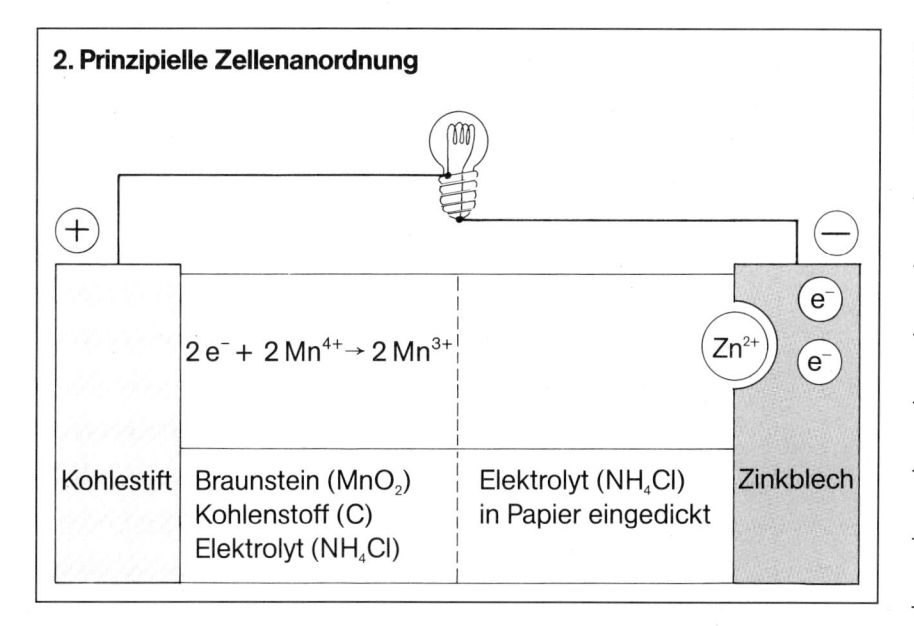

2. Prinzipielle Zellenanordnung

$2e^- + 2Mn^{4+} \rightarrow 2Mn^{3+}$

| Kohlestift | Braunstein (MnO_2) Kohlenstoff (C) Elektrolyt (NH_4Cl) | Elektrolyt (NH_4Cl) in Papier eingedickt | Zinkblech |

2. Aufgabe:
Beschreibe den Weg der Elektronen.

Isotope – Aufbau der Atome

1. Die Abbildung zeigt das Modell eines Lithiumatoms. Beschreibe den Aufbau, indem du die Namen der Elementarteilchen in die Tabelle einträgst und jeweils Anzahl und Masse dieser Elementarteilchen angibst.

Anzahl			
Masse in u			

2. Benenne die sich aus dem Symbol für das Lithiumatom ergebenden Angaben.

$$^{7}_{3}\text{Li}$$

3. 7,5 % der Atome des Elements Lithium sind dagegen folgendermaßen aufgebaut:

$$^{6}_{3}\text{Li}$$

Zeichne den Aufbau des Atomkerns.

4. Ergänze: Atome mit _____ und _____ nennt man *Isotope*.

5. Die Abbildung zeigt drei verschiedene „Atomkerne". Trage in die Kästchen die Elementsymbole sowie Kernladungszahlen und Massenzahlen ein.

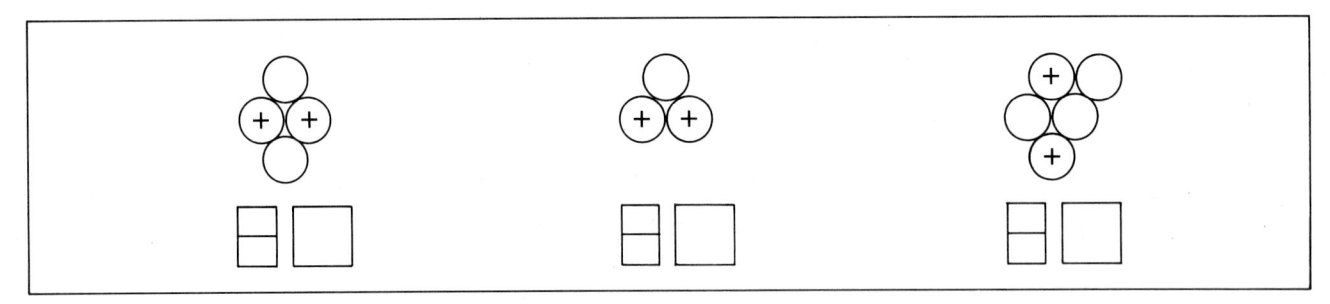

6. Ergänze die Tabelle.

Elementsymbol	Anzahl der Neutronen	Anzahl der Protonen	Kernladungszahl	Massenzahl	symbolische Darstellung	Kurzschreibweise
Cl					$^{35}_{17}\text{Cl}$	
	21	19				K 40
H				2		–
U				235		

Die Entstehung radioaktiver Strahlung

Der Physiker Henry Becquerel entdeckte 1896, daß eine zufällig in der Nähe eines Uranminerals aufbewahrte Fotoplatte geschwärzt war. Er schloß daraus, daß von dem Uranmineral Strahlen ausgehen. Marie Curie gelang es 1898, aus dem Uranmineral Pechblende verschiedene Elemente zu isolieren, die diese Strahlung in äußerst intensiver Form zeigten. Das wichtigste davon nannte sie Radium.

1. Ein Versuch gibt Aufschluß über die Art der Strahlung. Fülle die Tabelle aus.

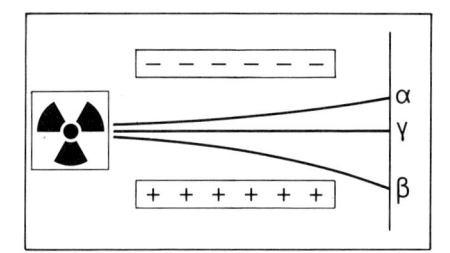

Art der Strahlung	α-Strahlung	β-Strahlung	γ-Strahlung
Ladung			
Bestandteile			

2. Erläutere am Beispiel von Radium die Vorgänge bei der α-Strahlung und trage anschließend die fehlenden Angaben in die Kästchen ein. (○ Neutron, ● Proton).

$$^{226}_{88}\text{Ra} \xrightarrow{\alpha} \boxed{} + \boxed{} + \gamma\text{-Strahlung}$$

3. Erläutere am Beispiel von Caesium die Vorgänge bei der β-Strahlung und trage anschließend die fehlenden Angaben in die Kästchen ein.

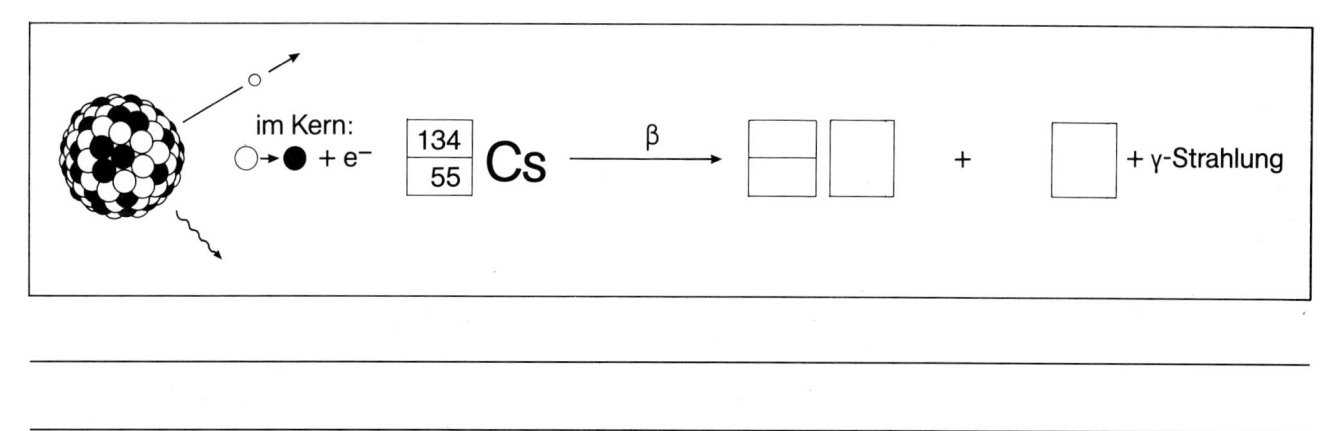

im Kern: ○ → ● + e⁻

$$^{134}_{55}\text{Cs} \xrightarrow{\beta} \boxed{} + \boxed{} + \gamma\text{-Strahlung}$$

Zerfallsreihen und Halbwertszeit

146

Instabile Atomkerne zerfallen so lange unter Abgabe radioaktiver Strahlung, bis stabile Atomkerne entstanden sind.

1. Ergänze die dargestellten Zerfallsprodukte in der Zerfallreihe des Urans 235.

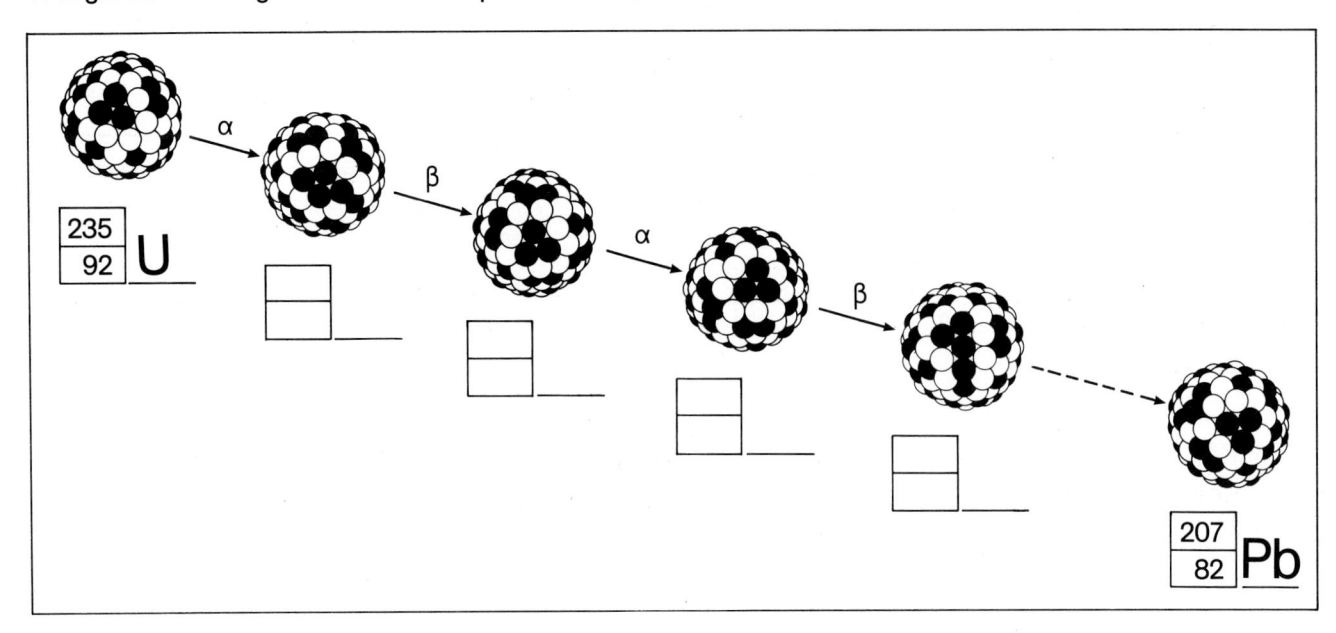

$^{235}_{92}U \xrightarrow{\alpha} \square \xrightarrow{\beta} \square \xrightarrow{\alpha} \square \xrightarrow{\beta} \square \dashrightarrow {}^{207}_{82}Pb$

2. Radioaktive Elemente zerfallen unterschiedlich schnell. Ein Maß für die Zerfallsgeschwindigkeit ist die Halbwertszeit. Das Caesium 137 hat eine Halbwertszeit von 30 Jahren.

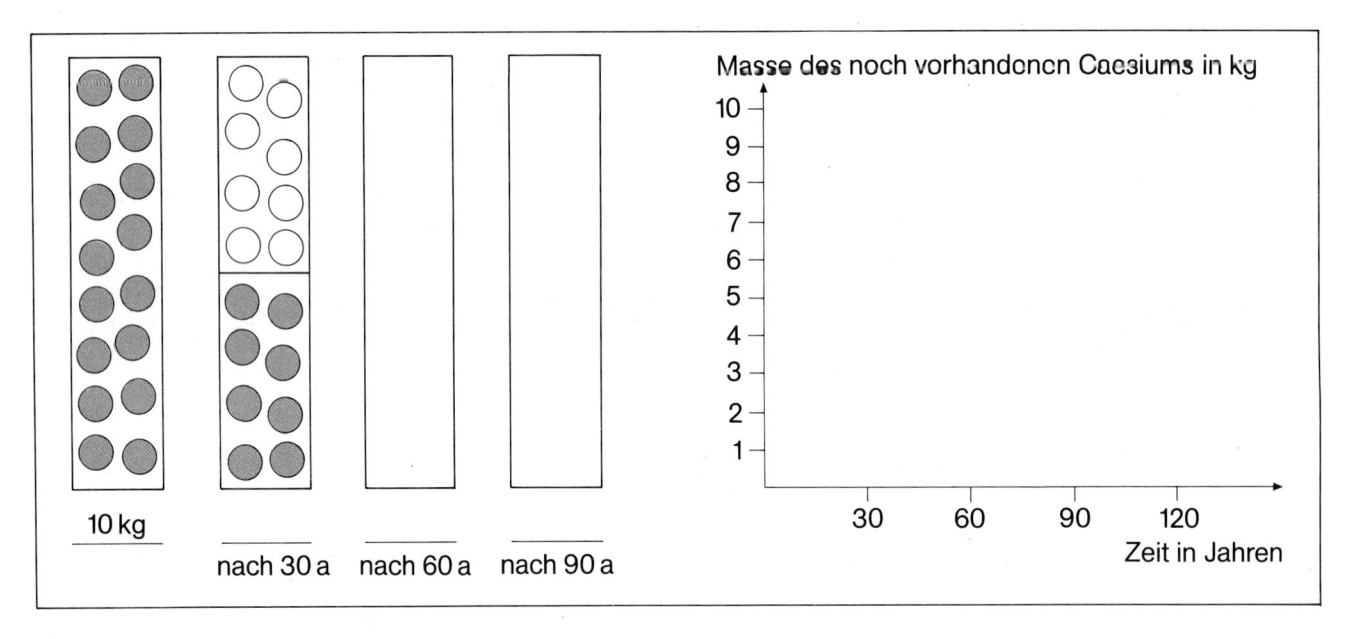

10 kg — nach 30 a — nach 60 a — nach 90 a

Masse des noch vorhandenen Caesiums in kg / Zeit in Jahren

a) Zeichne die Atome des Caesiums 137 ● und die Atome seiner Zerfallsprodukte ○ in die Säulen und schreibe die Masse des noch vorhandenen Caesiums dazu.
b) Fertige für den Zerfall ein Diagramm an, indem du die einzelnen Punkte durch eine Kurve verbindest.

3. Was versteht man unter der Halbwertszeit?

___
___

Wie stark strahlt eine radioaktive Substanz? 147

Aus einer Zeitungsnotiz nach dem Reaktorunfall in Tschernobyl 1986: „Bei einer Milchprobe ist in Bayern eine Belastung von radioaktivem Iod im Bereich von 1000 Becquerel pro Liter festgestellt worden".

1. Radioaktive Strahlung kann mit dem Geiger-Müller-Zählrohr nachgewiesen werden. Beschreibe kurz seine Funktionsweise.

___

___

2. Zwei verschiedene radioaktive Stoffe werden nacheinander in gleichen Abständen vor das Fenster des Zählrohrs gestellt und die Impulse pro Minute gemessen.

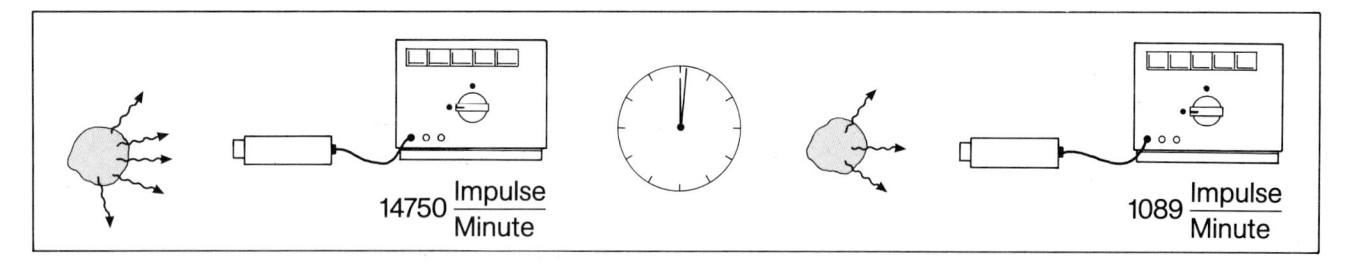

14750 $\frac{\text{Impulse}}{\text{Minute}}$ 1089 $\frac{\text{Impulse}}{\text{Minute}}$

a) Werte aus: ___

b) Auf welche Vorgänge in der radioaktiven Substanz sind die Impulse im Zählrohr zurückzuführen?

___

3. Die Kernumwandlungen pro Sekunde bezeichnet man als *Aktivität*, sie wird in Becquerel (Bq) angegeben. Gib für folgende Strahler die Aktivität an.

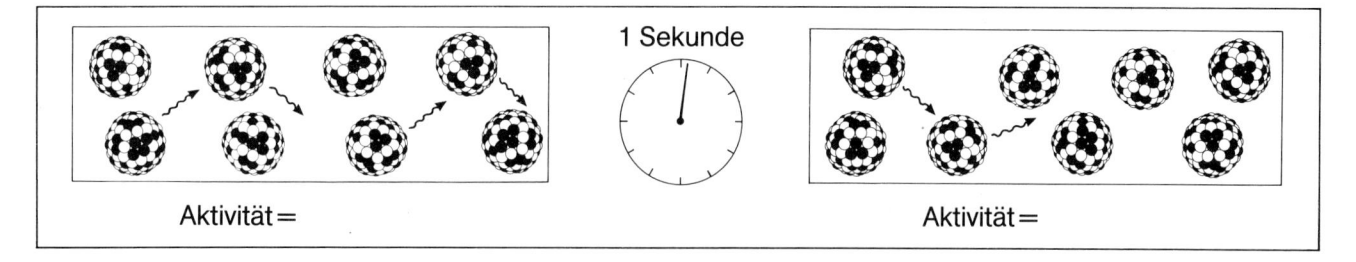

1 Sekunde

Aktivität =   Aktivität =

4. Vergleiche die folgenden Angaben über die Belastung zweier verschiedener Milchproben mit radioaktivem Iod. Welche Milchprobe ist stärker belastet? Begründe!
   Probe A: 2 Liter Milch zeigten eine Belastung von 10 Bq.
   Probe B: 6 Liter Milch zeigten eine Belastung von 12 Bq.

___

Die Aktivität pro Liter oder Kubikmeter bezeichnet man als Aktivitätskonzentration, die Aktivität pro Kilogramm bezeichnet man als spezifische Aktivität.

5. Die spezifische Aktivität von Uran 235 beträgt $2,5 \cdot 10^7$ Bq/kg. Welche Bedeutung hat diese Angabe?

___

___

Natürliche und künstliche Strahlenbelastung des Menschen

Der Mensch ist ständig radioaktiver Strahlung ausgesetzt, die aus seiner natürlichen Umgebung und von seinem eigenen Körper stammt. Hinzu kommt eine künstliche, von Menschen geschaffene Stahlenbelastung.

1. Trage die Quellen der Strahlung in die Felder ein.

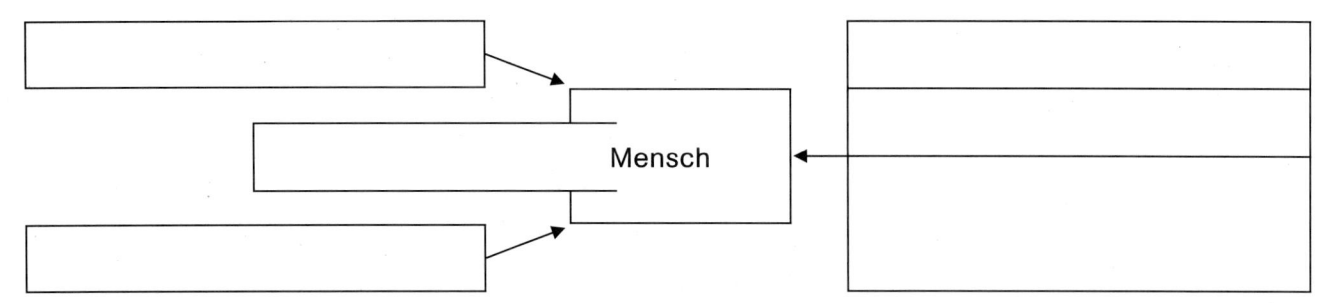

2. Wie kommt es zu der Eigenstrahlung des Menschen?

Natürliche Ursachen:

K 40 →

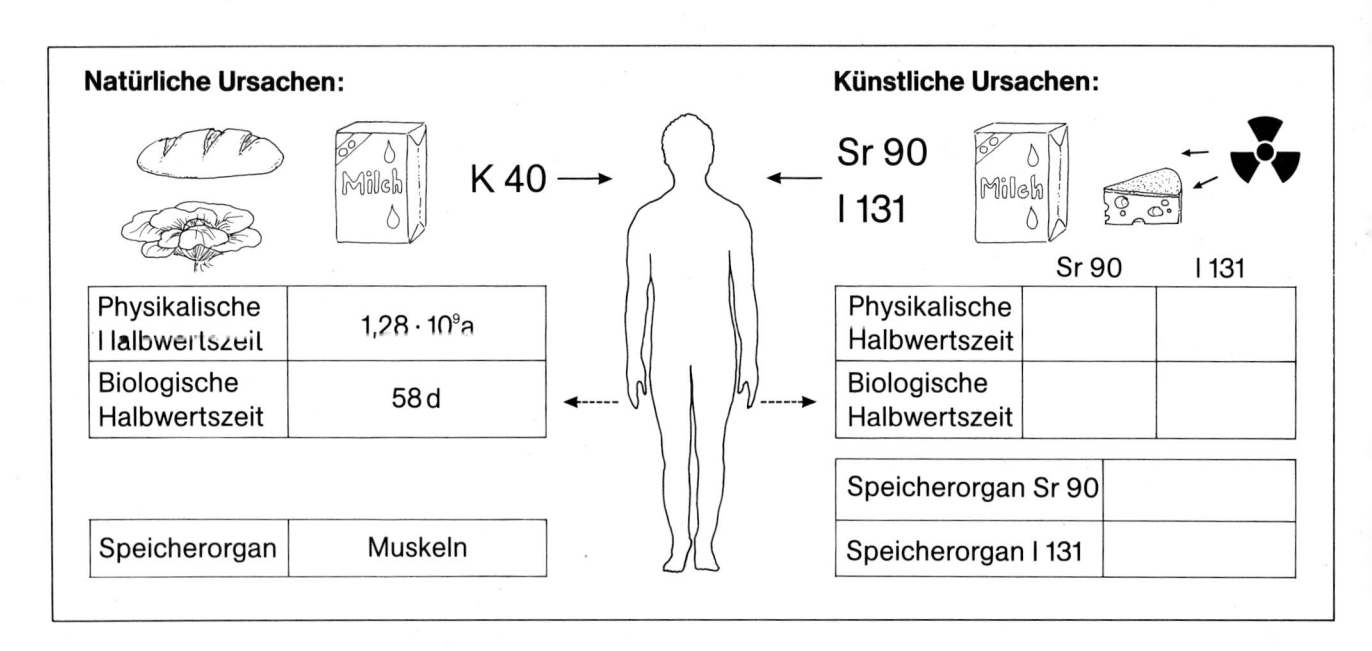

Physikalische Halbwertszeit	$1{,}28 \cdot 10^9$ a
Biologische Halbwertszeit	58 d

Speicherorgan	Muskeln

Künstliche Ursachen:

← Sr 90
← I 131

	Sr 90	I 131
Physikalische Halbwertszeit		
Biologische Halbwertszeit		

Speicherorgan Sr 90	
Speicherorgan I 131	

a) Trage die fehlenden Begriffe und Zahlenwerte ein.

b) Wie kann es zu einer Belastung der Milch mit Iod 131 kommen?

c) Was versteht man unter der biologischen Halbwertszeit?

d) Warum nimmt der Körper neben inaktivem Iod auch radioaktives Iod auf?

e) Wie ist die langfristige Strahlenbelastung durch aufgenommenes I 131 und Sr 90 zu beurteilen?

Wirkung radioaktiver Strahlung auf den Menschen 149

Henry Becquerel bemerkte als erster die Wirkung radioaktiver Strahlen an seinem Körper. Er trug eine Ampulle mit Radium einige Stunden in seiner Westentasche. Nach einigen Tagen brannte die Haut an der Stelle, wo sich die Westentasche befand. Er entdeckte eine starke Rötung, später begann die Stelle stark zu schmerzen. Es bildete sich ein Geschwür, das nur schwer heilte.

1. Auf welcher Eigenschaft radioaktiver Strahlung beruht die schädigende Wirkung auf lebende Zellen?

___

2. Wirken die drei Strahlenarten gleich stark schädigend?

α
β
γ

___

3. Wie äußern sich biologische Strahlenschäden beim Menschen?
   Schreibe die Begriffe Frühschäden – Spätschäden – Erbschäden in die Felder und gib die Art der Schäden an.

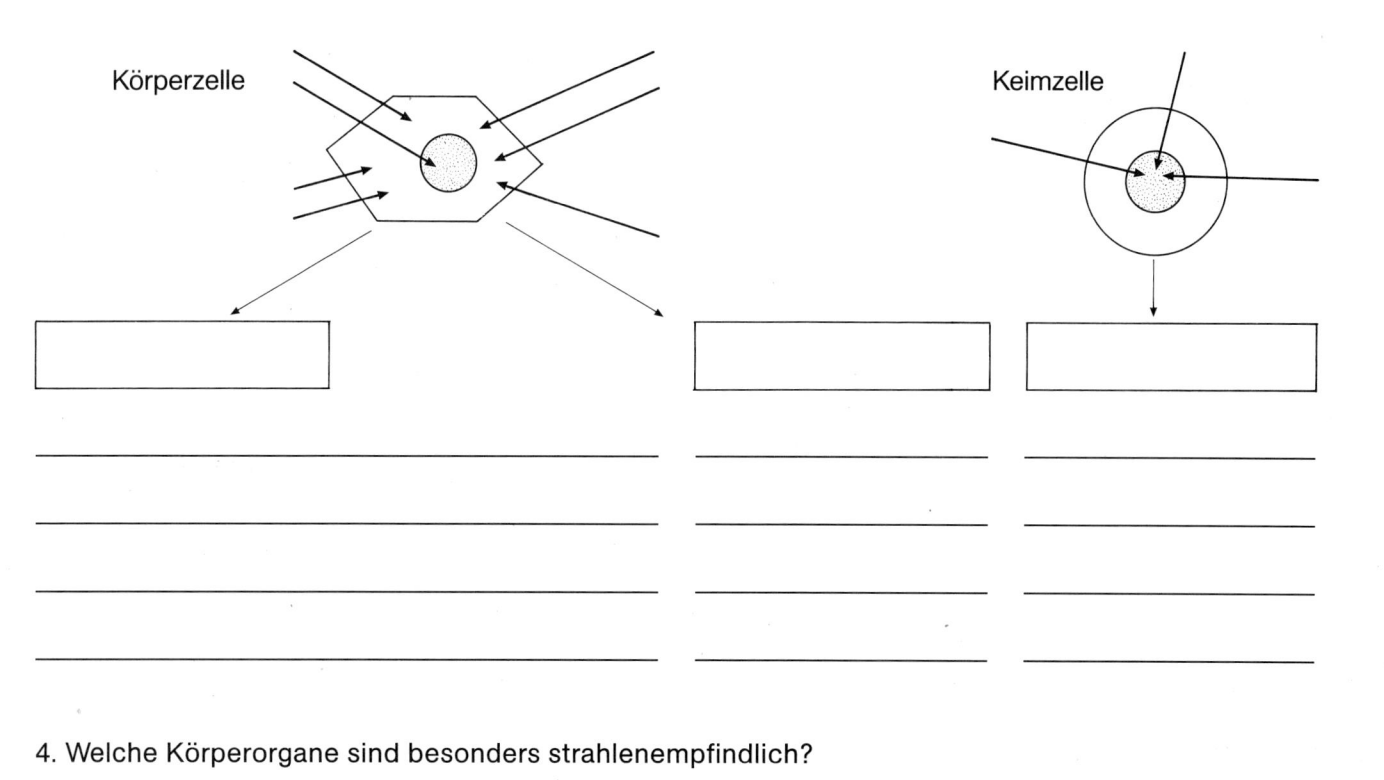

Körperzelle   Keimzelle

___

4. Welche Körperorgane sind besonders strahlenempfindlich?

Die Kernspaltung

OTTO HAHN und seine Mitarbeiter untersuchten die Auswirkungen von Neutronen, die auf Uranatomkerne geschossen wurden. Die Forscher erwarteten, daß die Neutronen von den Kernen aufgenommen und Uranisotope entstehen würden. Zu ihrer großen Überraschung bildete sich jedoch das Element Barium. LISE MEITNER fand die Erklärung: das in den Atomkern eindringende Neutron spaltet den Kern in zwei Teile. 1939 wurde das Versuchsergebnis veröffentlicht.

1. Beschreibe den Vorgang der Urankernspaltung und trage die fehlenden Zahlenwerte in die Kästchen ein.

   a) $\boxed{^{235}_{92}}U + ^{1}_{0}n \rightarrow \boxed{^{144}}Ba + \boxed{}Kr + 3\,^{1}_{0}n$

   b) $\boxed{^{235}_{92}}U + ^{1}_{0}n \rightarrow \boxed{}Ce + \boxed{^{85}}Se + 3\,^{1}_{0}n$

2. In reinem Uran 235 kann es zu einer Kettenreaktion kommen, bei der in kürzester Zeit ungeheure Mengen an Energie frei werden. Zeichne die freiwerdenden Neutronen – 3 pro gespaltenem Kern – ein und schreibe deren Gesamtzahl in die Kästchen.

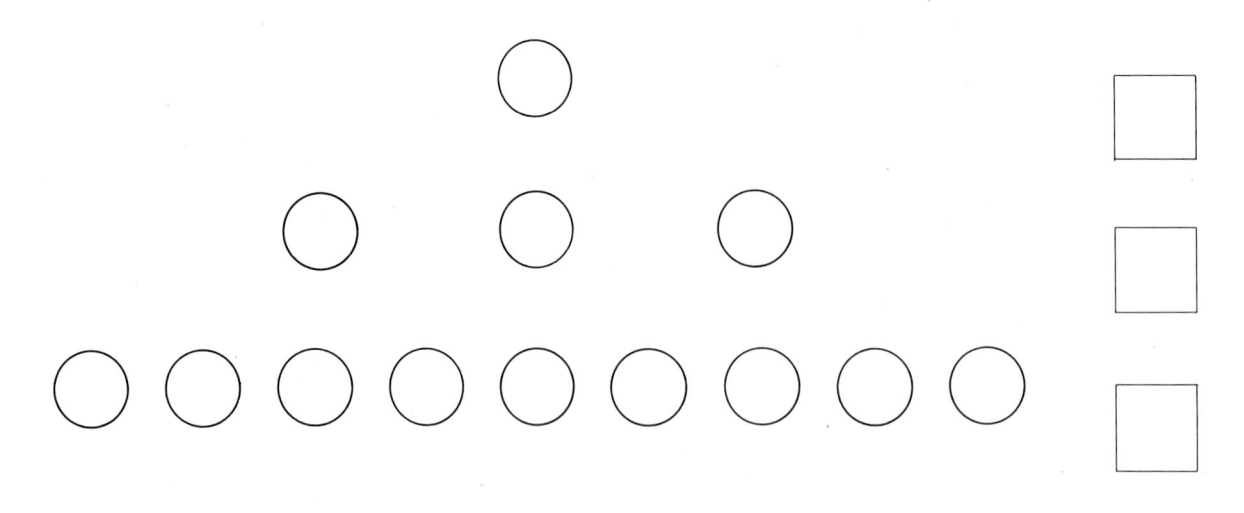

3. Schreibe die Energieformen, die bei der Kernspaltung umgewandelt werden in die Felder.

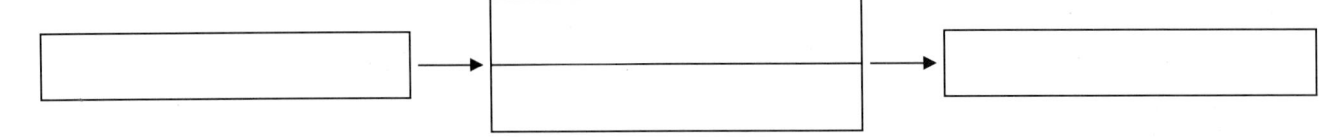

Das Kernkraftwerk

1. Kernkraftwerk mit Druckwasserreaktor.
   Ordne die untenstehenden Bezeichnungen den Teilen des Kernkraftwerkes zu.

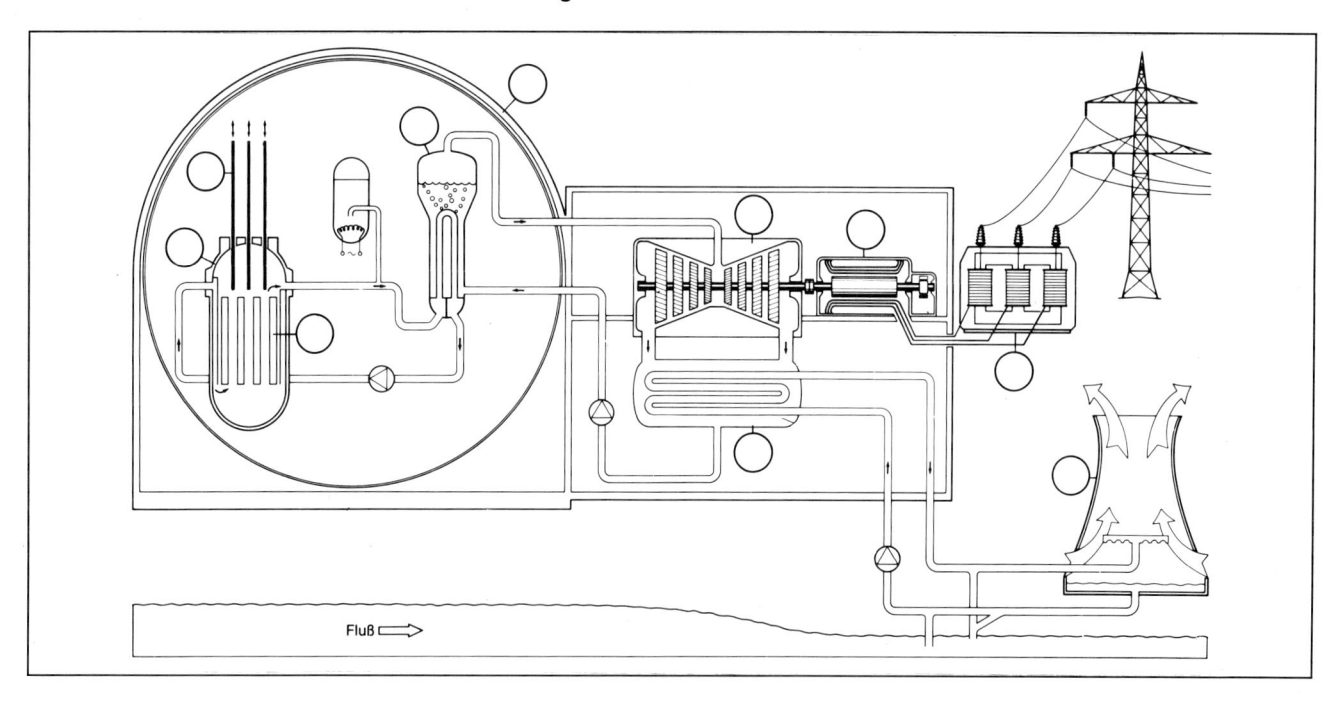

① Brennstäbe ② Druckbehälter ③ Regelstäbe ④ Dampferzeuger ⑤ Turbine ⑥ Generator
⑦ Kondensator ⑧ Kühlturm ⑨ Transformator ⑩ Reaktorgebäude

2. Vorgänge im Druckbehälter – die kontrollierte Kernspaltung
   a) Gib die prozentuale Zusammensetzung des natürlichen und des in den Brennstäben verwendeten Urans an.

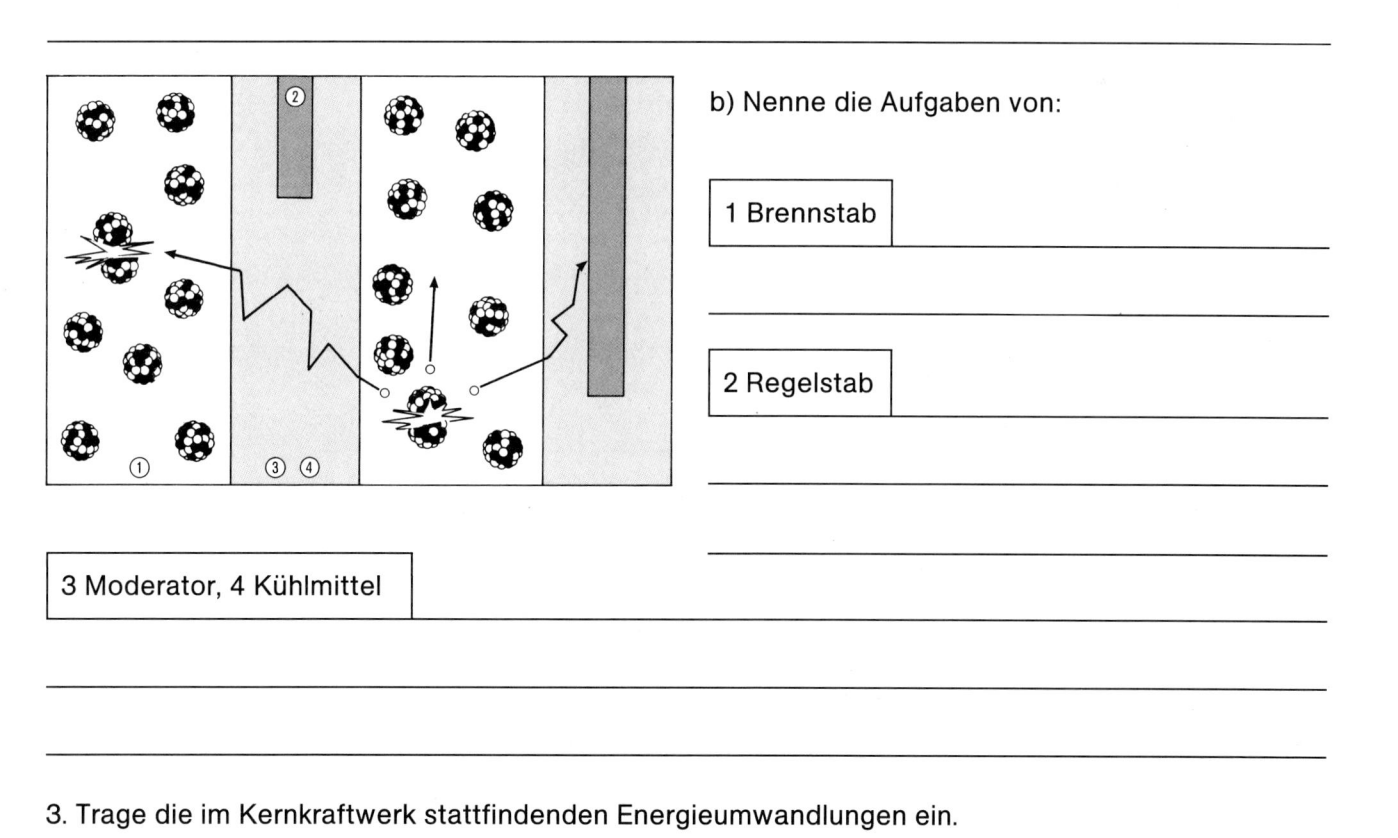

   b) Nenne die Aufgaben von:

   1 Brennstab

   2 Regelstab

   3 Moderator, 4 Kühlmittel

3. Trage die im Kernkraftwerk stattfindenden Energieumwandlungen ein.

Sicherheit und Entsorgung

1. Ein zentrales Problem in der Diskussion von Nutzen und Risiko der Kernenergie ist die Sicherheit.

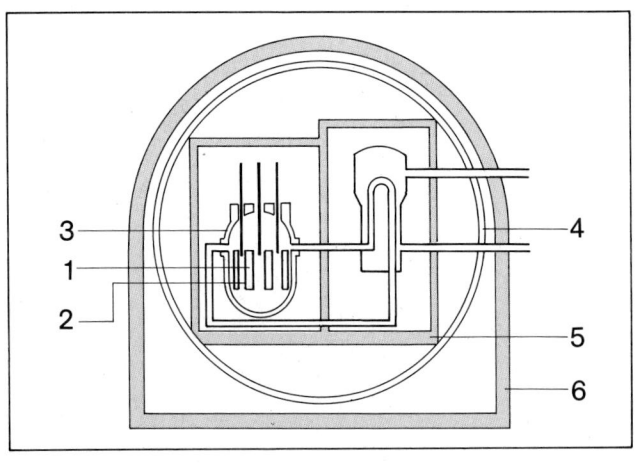

Nenne die wichtigsten Sicherheitsbarrieren.

1. _____
2. _____
3. _____
4. _____
5. _____
6. _____

Im Ringspalt und im Reaktorgebäude herrscht Unterdruck. Begründe diese Maßnahme.

_____

2. Entsorgung
  a) Gib die Zusammensetzung der ausgebrannten Brennelemente an (Massenanteile in Prozent).

_____

  b) Beschreibe die einzelnen Stationen zur Verarbeitung der ausgebrannten Brennelemente.

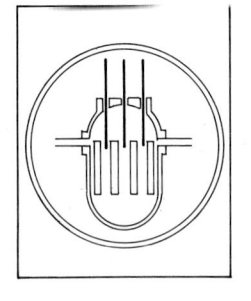

1. Zwischenlagerung

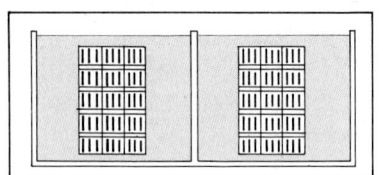

2. Wiederaufbereitung

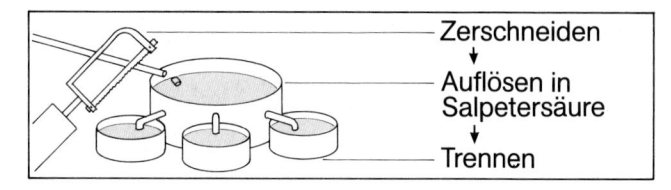

Zerschneiden
↓
Auflösen in Salpetersäure
↓
Trennen

3. Abfallbearbeitung

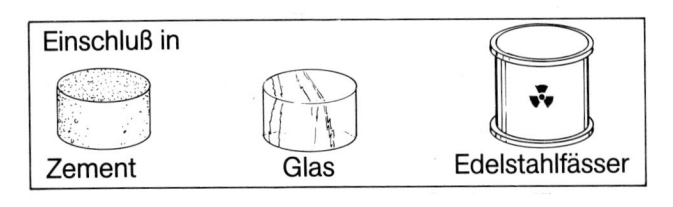

Einschluß in Zement, Glas, Edelstahlfässer

4. Endlagerung

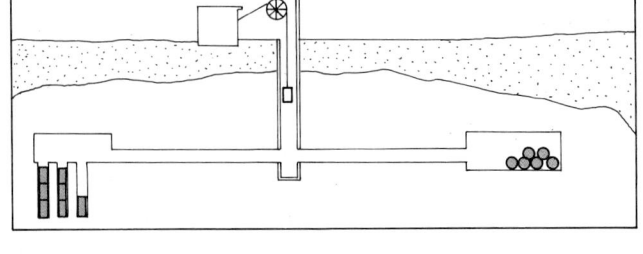

Anwendung radioaktiver Strahlung in Medizin und Technik

Für die speziellen Anforderungen in Medizin, Technik und Wissenschaft werden radioaktive Elemente aus nicht radioaktiven Elementen erzeugt. Einige Beispiele sollen einen Eindruck von der Fülle der Anwendungsmöglichkeiten dieser künstlich hergestellten Radionuklide geben.

1. Medizin

a) Diagnose von Krankheiten: Die Abbildung zeigt ein Szintigramm der Schilddrüse. Wie wurde es angefertigt?

_____

_____

b) Therapie: Krebstumoren werden durch Bestrahlung mit γ-Strahlen behandelt. Erläutere!

_____

_____

2. Technik

a) Dickekontrolle bei der Herstellung von Folien. Beschreibe!

b) Prüfung von Schweißnähten. Beschreibe!

_____

_____

_____

c) Konservierung von Lebensmitteln. Nenne Vor- und Nachteile.

_____

_____

3. Wissenschaft

Altersbestimmung von Fossilien durch ihren Anteil an ^{14}C-Atomen.

_____

_____

_____

Kohle – Energieträger und Rohstoff

154

Viele fossile Energieträger, wie Braun- oder Steinkohle, können vom Verbraucher nicht direkt genutzt werden. Erst über die Stromerzeugung können Haushaltsgeräte betrieben, die Beleuchtung eingeschaltet und Warmwasser bereitet werden. Kohlekraftwerke, mit fossilen Brennstoffen betrieben, erzeugen elektrische Energie.

1. Wie funktioniert ein Kohlekraftwerk? Klebe Bilder und Text in der richtigen Reihenfolge ein.

2. a) Was versteht man unter Verkokung von Kohle? _____

_____

b) Woraus besteht Kokereigas? _____

_____

c) Welchen festen Rückstand erhält man bei der Verkokung? Wozu kann dieser verwendet werden?

_____

Rohstoff Kohle
1000 kg Kohle ergeben bei der Verkokung:

775 kg KOKS
Verwendung als: Reduktionsmittel bei der Eisenerzeugung, Brennstoff

180 kg GAS (365 cbm) – Heizmaterial, Leuchtmittel

30 kg TEER – Straßenteer, Imprägniermittel, Heizöl, Farbstoffe, Kunststoffe, Sprengstoffe, Arzneimittel

10 kg BENZOL – Chemische Rohstoffe, Treibstoffe, Lösungsmittel

2 kg AMMONIAK – Düngemittel

d) Die Verkokung läßt sich im Experiment nachvollziehen. Wie kann man dabei entweichenden Ammoniak nachweisen? Welchen Stoff prüft man mit Bleisalzpapier?

_____

✂ hier ausschneiden!

| Turbine / Dampf / Wasser | Generator | Der Dampf strömt über eine Turbine. Die Turbine dreht sich. | Im Kraftwerkskessel wird Dampf erzeugt. | Feuer aus Kohle oder Erdgas. | Transformator / Stromleitung | Kraftwerkskessel | Die Turbine treibt den Generator an. Dieser verwandelt Drehbewegungsenergie in elektrische Energie. | Der elektrische Strom wird über Hochspannungsleitungen abtransportiert. |

Fraktionierte Destillation von Rohöl

Rohöl ist ein Stoffgemisch, das in Raffinerien verarbeitet wird. Durch Anwendung der Destillation gewinnt man verschiedene Stoffe von großer wirtschaftlicher Bedeutung. Den ersten Teil des Trennverfahrens kann man im Schulversuch nachvollziehen.

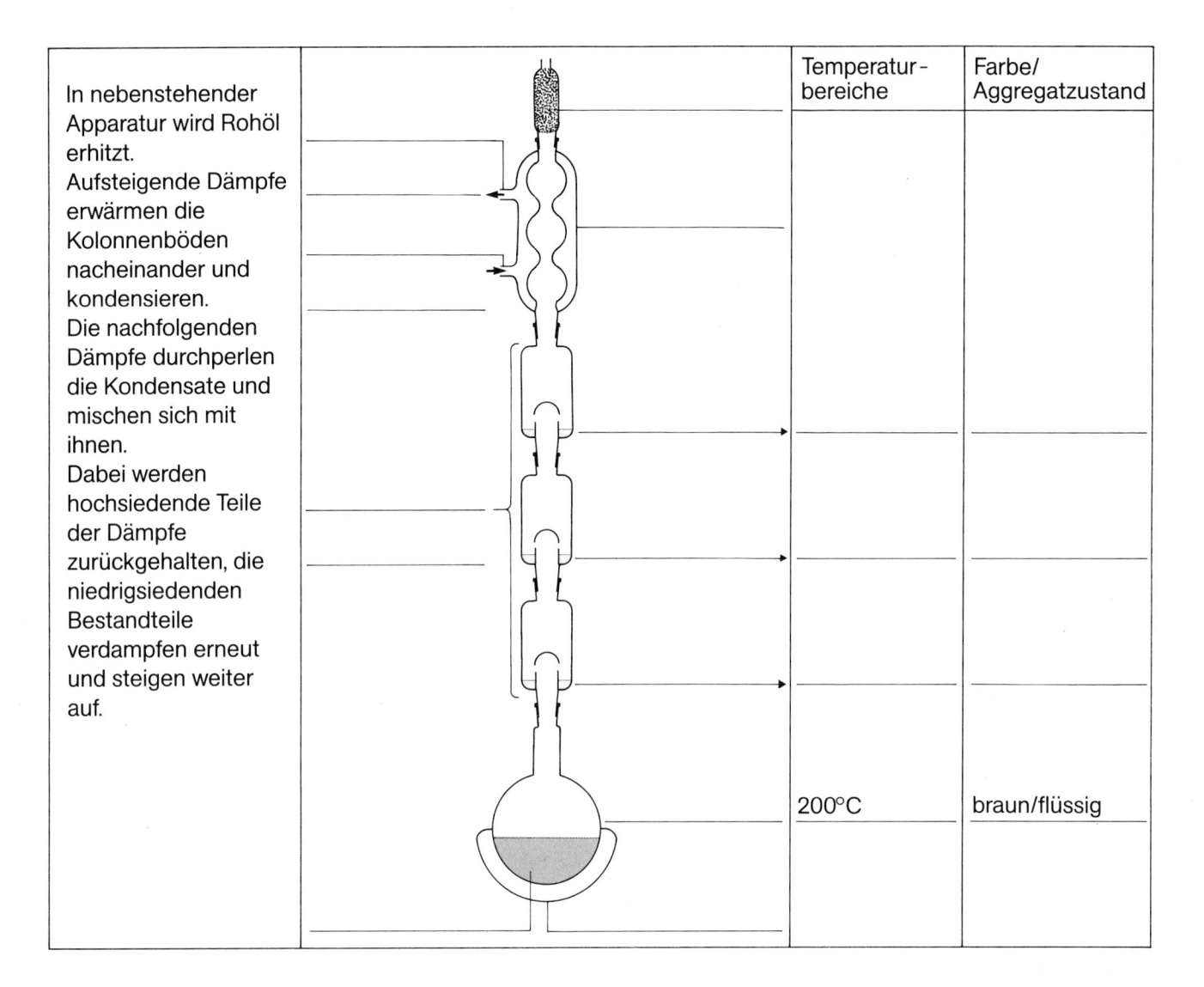

		Temperaturbereiche	Farbe/Aggregatzustand
In nebenstehender Apparatur wird Rohöl erhitzt. Aufsteigende Dämpfe erwärmen die Kolonnenböden nacheinander und kondensieren. Die nachfolgenden Dämpfe durchperlen die Kondensate und mischen sich mit ihnen. Dabei werden hochsiedende Teile der Dämpfe zurückgehalten, die niedrigsiedenden Bestandteile verdampfen erneut und steigen weiter auf.			
		200°C	braun/flüssig

Aufgaben:

1. Beschrifte den Versuchsaufbau mit folgenden Begriffen: Destillationskolonne, Kühler, Kühlwasserzulauf, Kühlwasserrücklauf, Aktivkohlefilter, Rohöl, Heizhaube, 1. Boden, 2. Boden, 3. Boden.

2. Trage die mit einem Kontaktthermometer an den Kolonnenböden gemessenen Temperaturbereiche (30 °C–40 °C, 80 °C–100 °C, 50 °C–60 °C), die Farbe der Destillate und deren Aggregatzustand in die Tabelle ein.

3. Mit Destillaten werden Versuche zur Entflammbarkeit und zum Vergleich der Flammen durchgeführt. Schreibe hierzu mögliche Beobachtungen auf.

Rohölfraktionen – Produkte und Eigenschaften

Den verschiedenen Siedebereichen der Rohölfraktionen kannst du Produkte zuordnen, die im Alltag Verwendung finden. Untersuchungen der Rohölfraktionen zeigen Abstufungen der Eigenschaften.

Aufgaben:

1. Trage in die Tabelle die Bezeichnungen folgender Fraktionen ein: Gase, Leichtöl, Mittelöl, Schweröl, Rückstand, Leichtbenzin, Mittelbenzin, Schwerbenzin, Petroleum, Dieselöl, Leichtes Heizöl, Schweres Heizöl. Finde für jede Fraktion eine Verwendung.

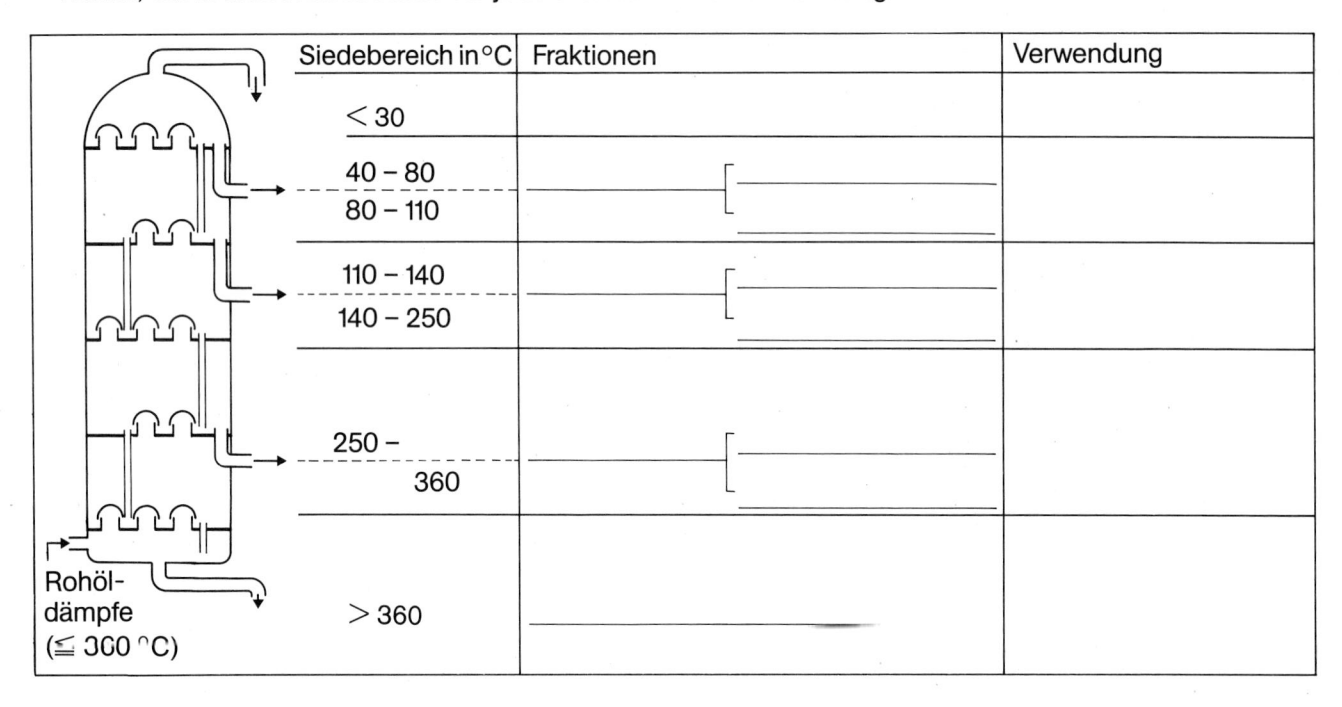

Siedebereich in °C	Fraktionen	Verwendung
< 30		
40 – 80		
80 – 110		
110 – 140		
140 – 250		
250 – 360		
> 360		

(Rohöldämpfe ≦ 360 °C)

2. In folgender Übersicht sind wichtige Fraktionen tabellarisch erfaßt. Gib die entsprechenden Werte der Flammtemperatur- und Dichtebereiche an und zeige, daß ähnlich wie bei der Viskosität eine regelmäßige Abstufung der Eigenschaften erkennbar ist.

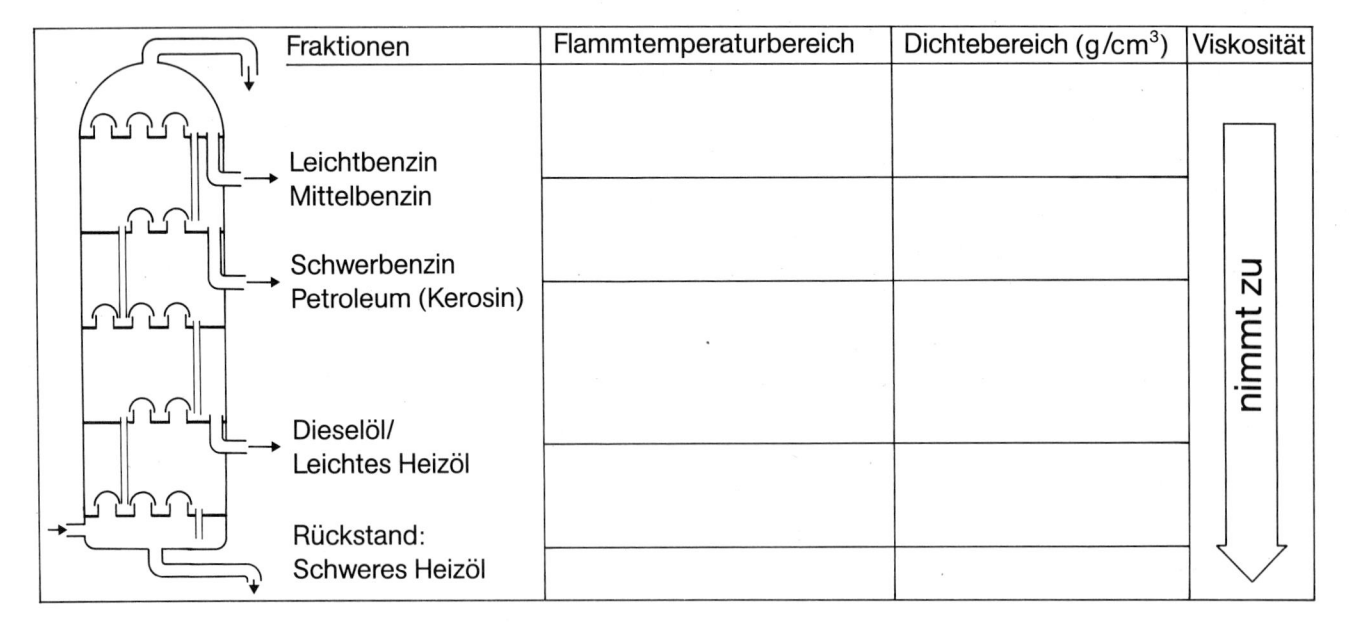

Fraktionen	Flammtemperaturbereich	Dichtebereich (g/cm^3)	Viskosität
Leichtbenzin / Mittelbenzin			nimmt zu
Schwerbenzin / Petroleum (Kerosin)			
Dieselöl / Leichtes Heizöl			
Rückstand: Schweres Heizöl			

3. Bei den angegebenen Fraktionen in den beiden Tabellen fehlen die Schmieröle. Begründe.

Rohölprodukte – Untersuchung von Umweltgefahren

Nicht nur der sorglose Umgang mit dem Zapfhahn an der Tankstelle, auch überlaufendes Heizöl und weggeschüttetes Altöl führen zu erheblicher Belastung des Bodens und gefährden unser Trinkwasser. Zum Schutz der Umwelt ist auf eine vorschriftsmäßige Entsorgung zu achten.

Geräte/Materialien:

Erlenmeyerkolben (1 l)
Erlenmeyerkolben (250 ml)
Erlenmeyerkolben (100 ml)
Meßzylinder (10 ml)
Becherglas (1 l)
Pipette
Glastrichter
Glasstab
2 Petrischalen
Porzellanschale
Stativ

Doppelmuffe
Universalklemme
Watte
Schlauchstück
Filterpapier
Kressesamen
Metalltrichter
Gasspürgerät oder Kolbenprober
Prüfröhrchen für Schwefel-
dioxid, 1 – 25 ppm
Schutzbrille

Chemikalien:

Heizöl
dest. Wasser
Ölbinder (z. B. Ekoperl)
Mischung: 1 ml Heizöl auf
1 l Wasser

Versuchsanleitungen:

Versuch 1:

a) Du erhältst 1 ml einer Mischung aus 1 l Wasser und 1 ml Heizöl. Verdünne diesen zunächst mit 10 ml Wasser in einem Erlenmeyerkolben. Entnimm der verdünnten Mischung 1 ml und gib dazu in einem Erlenmeyerkolben 10 ml Wasser. Prüfe den Geruch, gib Beobachtungen und den höchsten Verdünnungsgrad an.

b) Zur Entsorgung mußt du die Mischungen sammeln. Auf die sichtbare Ölschicht streust du mehrmals ein Bindemittel auf und rührst jeweils gut durch (einige Tage stehen lassen). Anschließend filtrierst du sorgfältig und entsorgst die Reste umweltgerecht.

Versuch 2:

Bringe in 2 Petrischalen auf befeuchteter Watte Kresse zum Keimen. Füge zu Beginn zu einer Probe einige Tropfen Heizöl und vergleiche nach einer Woche das Wachstum beider Proben. Schreibe deine Beobachtungen auf.

Versuch 3:

Verbrenne in einer Porzellanschale eine kleine Menge Heizöl (Abzug). Leite die Abgase durch einen Metalltrichter, den du über der Porzellanschale an einem Stativ befestigt hast, und prüfe an dessen Ende mit Prüfröhrchen auf Schwefeldioxid. Notiere das Meßergebnis.

Alle bei den Versuchen anfallenden „verseuchten" Abfälle müssen gesammelt werden und entweder im Abzug verbrannt oder dem Sondermüll zugeführt werden.

Energieträger und ihre Nutzung

1. Für den Energiebedarf in der Bundesrepublik Deutschland werden zu über 90 % fossile Energieträger genutzt. Wir sprechen dabei oft vom Energieverbrauch, z. B. beim Betrieb von Haushaltsgeräten. Genaugenommen gibt es keinen Energieverbrauch und keine -verluste. Fossile Energie wird in Kraftwerken in andere Energieformen umgewandelt.

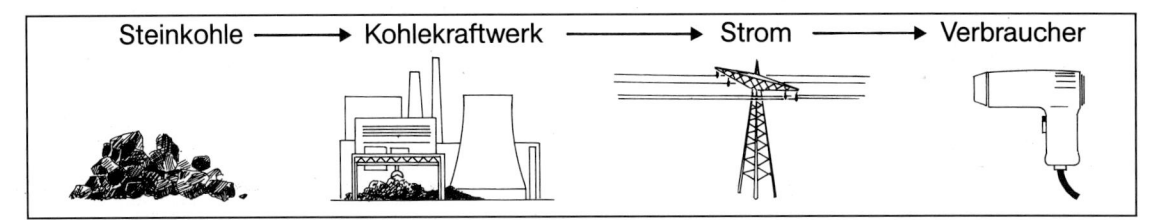

   Beispiel: Steinkohle → Kohlekraftwerk → Strom → Verbraucher

   Gib weitere Möglichkeiten der Energieumwandlung an.

   _____

   _____

2. Die nebenstehende Grafik zeigt den durchschnittlichen Energieverbrauch einer Familie. Wieviel Prozent der Energie werden genutzt

   a) für den PKW? _____

   b) für Raumheizung? _____

   c) für Beleuchtung, Haushaltsgeräte und Warmwasserbereitung? _____

   Von 100 Energieeinheiten werden benötigt:
   33   67
   33 Auto
   51 Heizen
   1 Licht
   9 Warmwasser
   2 Kochen
   4 Gefrieren, Kühlen, Waschen, Radio, TV

3. a) Welche Energieträger werden für die Raumheizung und Warmwasserbereitung benötigt?

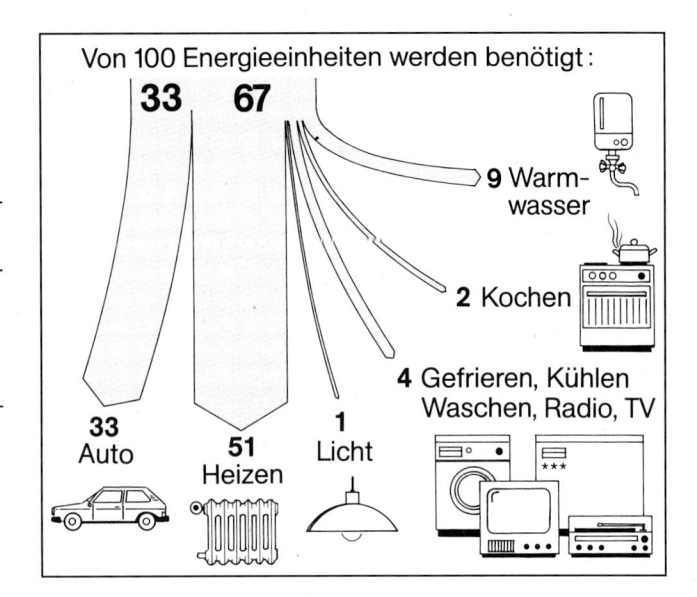

   _____

   b) Diskutiere Möglichkeiten, wie bei der Raumheizung Energie eingespart werden kann. Fasse die Diskussionsergebnisse in Stichworten zusammen.

   _____

   _____

   _____

4. Berechne den jährlichen Energiebedarf eines Kühlschranks nach den Angaben auf der Produktinformation.

   Produkt-Information
Kühlschrank		Energieverbrauch in 24 St.
Fabrikat	EKD 172	1,5 kWh
Nutzinhalt	147 l	niedriger 1 2 3 höher
Sternefach	*** −18 °C 18 l	Norm ISO R 824/825 Pf-Mbl. D 0501-7 F-RegNr. 1010
Abtauen	automatisch	**Ausführliche Übersicht im Prospekt**

   _____

Fossile Energiequellen oder Sonne, Wind und Wasser? 159

Die Entstehung von Kohle, Erdöl und Erdgas dauerte viele Millionen Jahre; fossile Energieträger gehören deshalb zu den nicht erneuerbaren Energiequellen.

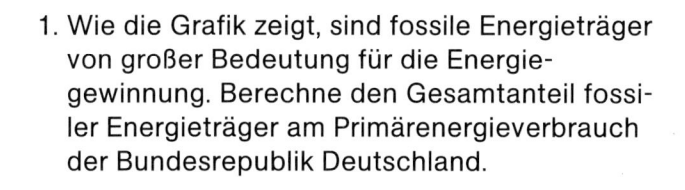

1. Wie die Grafik zeigt, sind fossile Energieträger von großer Bedeutung für die Energiegewinnung. Berechne den Gesamtanteil fossiler Energieträger am Primärenergieverbrauch der Bundesrepublik Deutschland.

   _____

2. Welche ergänzenden, regenerativen Energiequellen können anstelle der fossilen Energieträger genutzt werden?

   _____
   _____

Primärenergieverbrauch 1989

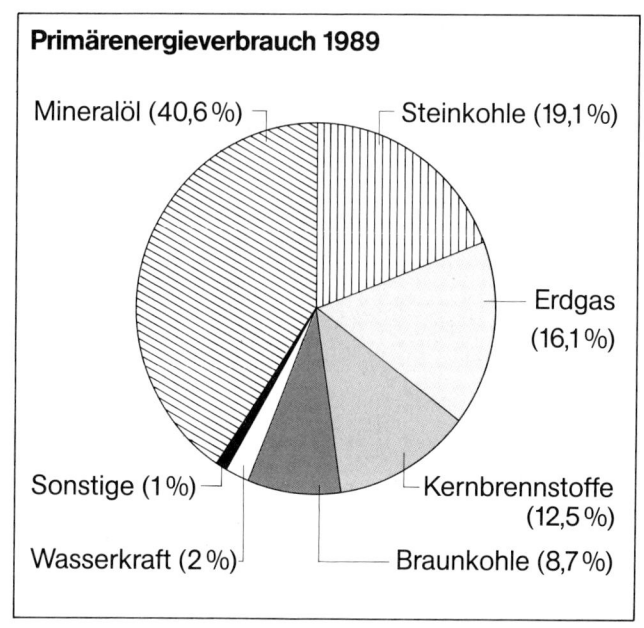

- Mineralöl (40,6 %)
- Steinkohle (19,1 %)
- Erdgas (16,1 %)
- Kernbrennstoffe (12,5 %)
- Braunkohle (8,7 %)
- Wasserkraft (2 %)
- Sonstige (1 %)

3. Ergänzende Energieträger haben nur einen geringen Anteil am gesamten Primärenergieverbrauch der Bundesrepublik Deutschland. Gründe dafür sind beispielhaft für die Nutzung der Wasserkraft aufgeführt. Suche wie im Beispiel nach Gründen, warum Sonnen- und Windenergie in der Bundesrepublik nur wenig genutzt werden. Denke dabei an folgende Gesichtspunkte: Energiespeicherung, Abhängigkeit vom Standort, Klima und Wetter; Flächenbedarf und Auswirkungen auf die Landschaft. Informationen hierzu kannst du auch bei den örtlichen Elektrizitätswerken erhalten.

Wasserkraftwerk

a) Der Bau von Staudämmen ist mit hohen Kosten verbunden und oft ökologisch bedenklich. Landschaften werden dabei zerstört, Flußläufe z. B. verändert, Wetter und Klima beeinflußt. Auch jahreszeitlich bedingte Witterungsverhältnisse (z. B. Trockenperioden, Schmelzwasser) können die Energiegewinnung beeinträchtigen. Außerdem ist in Mitteleuropa schon heute eine maximale Ausnutzung der Wasserkraft erreicht. Bestehende Anlagen arbeiten jedoch wegen ihrer langen Nutzungsdauer besonders wirtschaftlich und schadstofffrei.

Solarkraftwerk

b) _____
   _____
   _____
   _____

Windgenerator

c) _____
   _____
   _____
   _____

Der Kohlenstoffkreislauf

160

Das Bild zeigt den Kreislauf des Kohlenstoffs. Die Zahlenwerte geben den Kohlenstoffdioxid-Umsatz pro Jahr sowie den in der Erdrinde und in Lebewesen gebundenen Kohlenstoff in Milliarden Tonnen an.

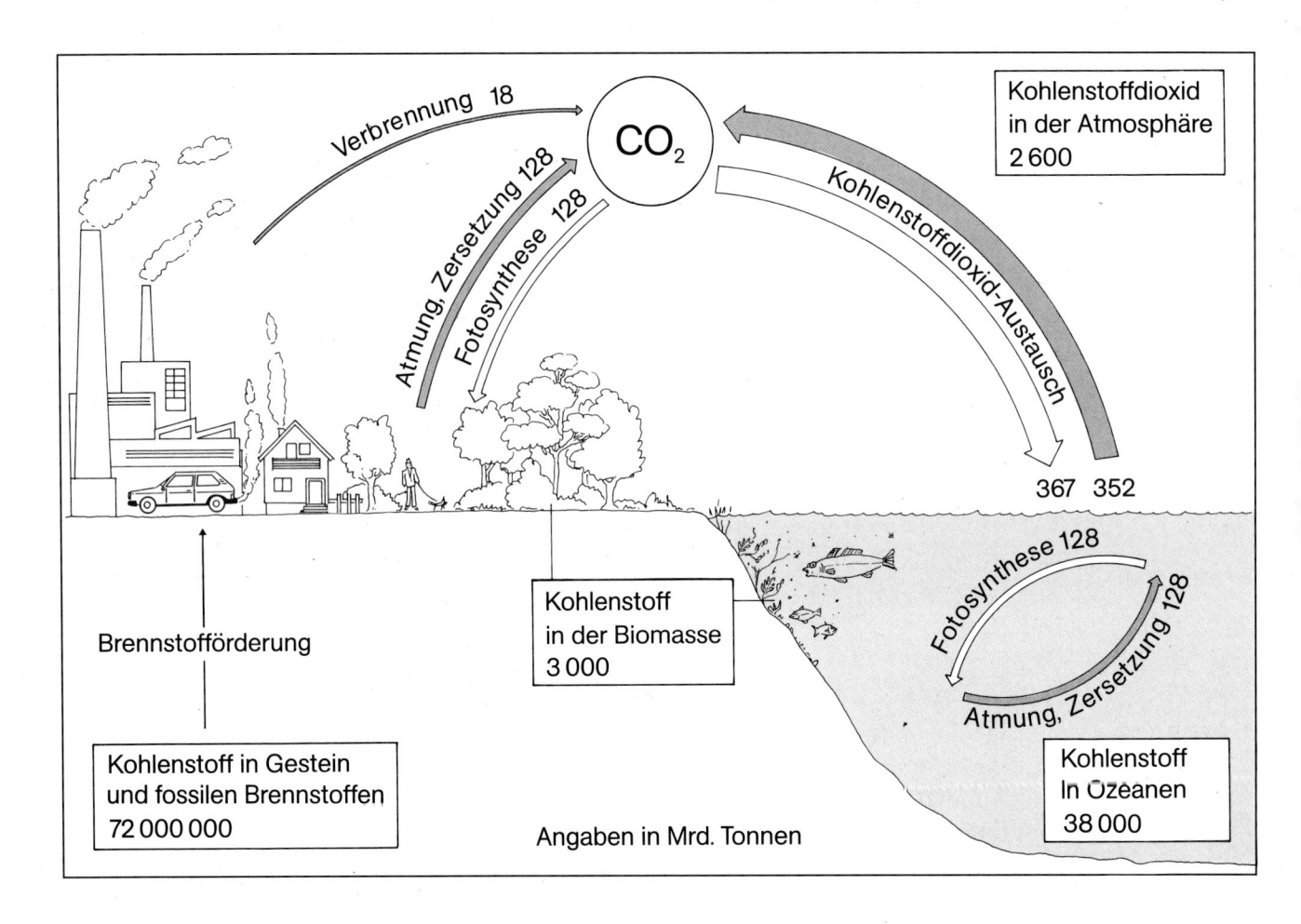

Verbrennung 18
Atmung, Zersetzung 128
Fotosynthese 128
CO_2
Kohlenstoffdioxid in der Atmosphäre 2 600
Kohlenstoffdioxid-Austausch
367   352
Fotosynthese 128
Atmung, Zersetzung 128
Brennstofförderung
Kohlenstoff in der Biomasse 3 000
Kohlenstoff in Gestein und fossilen Brennstoffen 72 000 000
Angaben in Mrd. Tonnen
Kohlenstoff in Ozeanen 38 000

Der Volumenanteil von Kohlenstoffdioxid in der Luft beträgt derzeit 0,03 %. Im natürlichen Gleichgewicht ist die Abgabe und Aufnahme von Kohlenstoffdioxid im Kreislauf ausgeglichen. Durch Fotosynthese der Pflanzen wird Kohlenstoffdioxid gebunden, durch Atmung von Tier und Mensch sowie durch Zersetzung von Bakterien und Mikroorganismen wieder frei. Zwischen der Atmosphäre und den Ozeanen besteht ein ständiger Austausch von Kohlenstoffdioxid. Während abgekühltes Meerwasser CO_2 aus der Luft aufnimmt, wird es in den warmen Meereszonen rasch wieder abgegeben.

Aufgaben:

1. In den letzten 200 Jahren ist die Kohlenstoffdioxid-Konzentration in der Atmosphäre um 25 % gestiegen. Wie ist diese Zunahme zu erklären?

2. Warum trägt auch die Vernichtung der tropischen Regenwälder zum Anstieg der Kohlenstoffdioxid-Konzentration bei?

Treibhaus Erde – Ursachen und Folgen

Die Energie für die Erhaltung des Lebens auf der Erde kommt von der Sonne. Die einfallende Sonnenstrahlung erwärmt die Erdoberfläche. Die von der Erde abgegebene Wärmestrahlung wird von atmosphärischen Gasen zurückgehalten. Wie Glasscheiben eines Treibhauses wirkt vor allem Kohlenstoffdioxid als Wärmefilter. Ohne diesen *Treibhauseffekt* hätte die Erdoberfläche nur eine mittlere Temperatur von −18 °C. Je mehr der Kohlenstoffdioxidanteil in der Lufthülle jedoch ansteigt, um so mehr erwärmen sich die Atmosphäre und die Erdoberfläche.

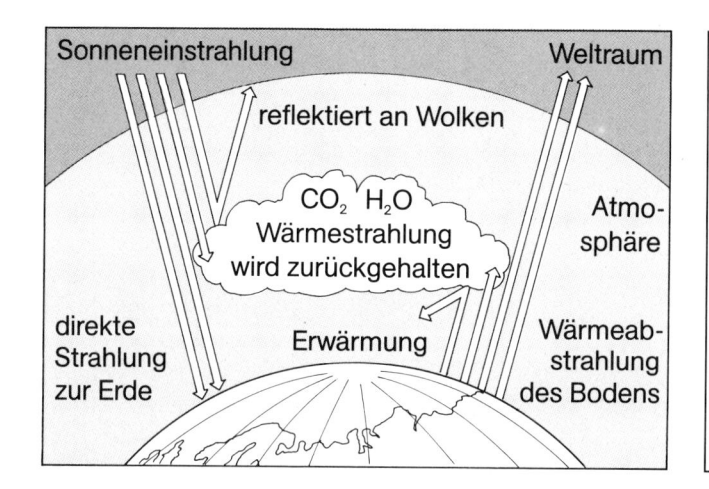

1990 wärmstes Jahr seit 100 Jahren

Britische Forscher errechneten, daß die 80er Jahre die wärmsten Jahre seit Beginn der Klimaaufzeichnungen Mitte des vorigen Jahrhunderts waren. Der Meeresspiegel steigt, weil sich das Meerwasser erwärmt und dabei ausdehnt und Gletscher weltweit abschmelzen. Gleichzeitig verschieben sich Klima- und Vegetationszonen. Während es zu den Polen hin mehr regnet, bleibt der Regen in den Trockenzonen am Äquator immer mehr aus. Man befürchtet, daß die Jahrestemperaturen durch den Treibhauseffekt weiter ansteigen, ausgelöst durch Luftverschmutzung und erhöhten Kohlenstoffdioxidgehalt in der Atmosphäre.

Aufgaben:

1. Der steigende Kohlenstoffdioxidanteil in der Lufthülle kann zunehmend zu einer Erwärmung der Erdoberfläche führen. Welche Gefahren sind damit verbunden?

2. Welche Schadstoffe verstärken den Treibhauseffekt?

Treibhauseffekt – wodurch?
Anteile der Verursacher in %

50% Kohlendioxid | 8% Ozon | 19% Methan | 17% Fluorchlorkohlenwasserstoffe | 6% sonstige

3. Methanmoleküle halten mehr Wärmestrahlung zurück als Kohlenstoffdioxidmoleküle. Wodurch gelangt Methan in die Atmosphäre?

Prüfe dein Wissen: Eigenschaften der Alkane

Die Eigenschaften der Alkane folgen innerhalb der homologen Reihe bestimmten Gesetzmäßigkeiten. Dabei läßt sich ein Zusammenhang zwischen dem Bau der Moleküle und den Stoffeigenschaften erkennen.

1. a) Wie lautet die allgemeine Summenformel der Alkane? _____

   b) Berechne jeweils die Summenformeln der Alkane mit n = 2; 3; 5; 6; 8; 12 und 17 C-Atomen.

2. Die nebenstehende Grafik zeigt die Schmelz- und Siedetemperaturen einiger Alkane. Wie ändern sich die Schmelz- und Siedetemperaturen (mit Ausnahme von Propan) und damit der Aggregatzustand bei Zimmertemperatur innerhalb der homologen Reihe der Alkane? Begründe.

3. a) Beschreibe, wie man die Flammtemperatur eines Alkans ermitteln kann.

   b) Wie ändert sich die Flammtemperatur innerhalb der homologen Reihe der Alkane? Begründe.

   c) Welcher Zusammenhang besteht zwischen Siedetemperatur, Flammtemperatur und Feuergefährlichkeit eines Stoffes?

   d) Leuchtkraft und Rußen der Flammen ändern sich in der homologen Reihe der Alkane. Beschreibe die Veränderung und begründe.

Isomerie

Im Unterricht hast du erfahren, daß es bei den Raffineriegasen Fraktionen gibt, die bei gleicher Summenformel C_4H_{10} unterschiedliche Siedetemperaturen haben. Anhand folgender Beispiele kannst du deine Kenntnisse über Isomerie bei Alkanen und Alkenen überprüfen.

Übungsbeispiele:

1. Benenne die nachfolgenden isomeren Verbindungen, indem du die Regeln zur Benennung der Alkane in deinem Chemiebuch zu Hilfe nimmst.

   a)

   b)

   c)

   d)

2. Auch bei den Alkenen gibt es isomere Verbindungen. Benenne die folgenden Beispiele.

   a)

   b)

3. Stelle zu folgenden Verbindungen die Strukturformeln auf:
   a) 2,3 – Dimethylhexan
   b) 3 – Ethyl – 2 – methylpentan

Halogenalkane gefährden die schützende Ozonschicht der Erde 164

Eine interessante Kombination ungewöhnlicher Eigenschaften machen die Halogenkohlenwasserstoffe vielseitig verwendbar.

1. Welche vorteilhaften Eigenschaften weisen Halogenalkane auf? Erläutere dies kurz anhand von Siedetemperatur, Wärmeleitfähigkeit, Löslichkeitsverhalten und Reaktionsvermögen.

   _____

   _____

   _____

   _____

2. In welchen Bereichen werden fluorierte Chlorkohlenwasserstoffe (FCKW) eingesetzt?

   _____

> **FCKW als „Ozonkiller"**
> In den vergangenen Monaten häuften sich die Alarmmeldungen über ein immer größer werdendes Ozonloch in der Erdatmosphäre über der Antarktis und über ein möglicherweise gerade entstehendes Ozonloch auch über dem Nordpol. Trotz aller Messungen ist bisher aber nicht endgültig geklärt, wieso das Ozon, das die lebensgefährlichen ultravioletten Strahlen aus dem Weltraum abschirmt, immer mehr schwindet. Einigkeit herrscht lediglich über die Vermutung, daß die fluorierten Chlorkohlenwasserstoffe (FCKW), die in Kühlschränken und Klimaanlagen, als Treibgase in Spraydosen und zur Herstellung schaumförmiger Kunststoffe sowie für Gebrauchsartikel wie Teller oder Trinkbecher verwendet werden, am Abbau der Ozonschicht wesentlich beteiligt seien. Wissenschaftler aus Mainz und Heidelberg haben nun eine Hypothese aufgestellt, die erstmals schlüssig erklärt, was in der etwa 20 Kilometer dicken Ozonschicht vorgeht, wenn das gefährliche Loch wächst.

_____

3. Die Moleküle der reaktionsträgen Fluorchlorkohlenwasserstoffe, die in die Umwelt gelangen, werden nicht abgebaut, sondern können in höhere Atmosphärenschichten aufsteigen. Dieser Transport dauert etwa zwei Jahre. In der Stratosphäre (Luftschicht über 15 km Höhe) reichern sie sich an und werden im Laufe von Jahrzehnten durch energiereiche UV-Strahlung gespalten. Dabei entstehen Chloratome, die in einer Art Kettenreaktion mit Tausenden von Ozonmolekülen reagieren. Die schützende Ozonschicht der Erde wird zerstört.

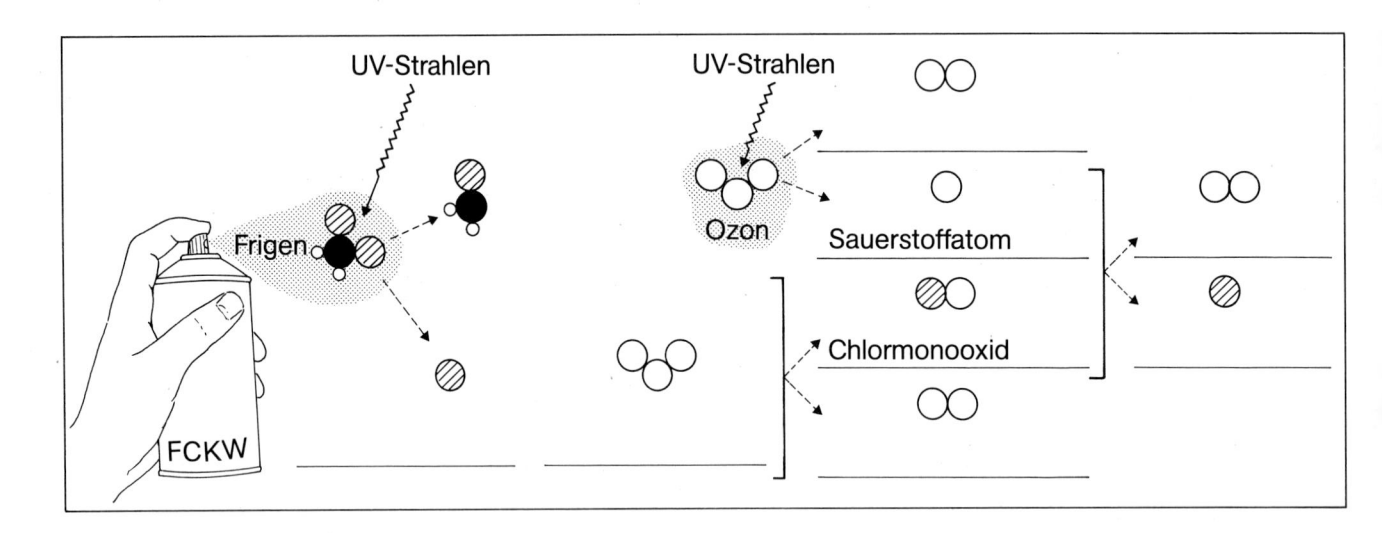

   a) Bemale in der Zeichnung Sauerstoffatome rot und Chloratome grün. Beschrifte Chloratome, Sauerstoff- und Ozonmoleküle. Welche beiden FCKW-Moleküle sind hauptsächlich für den Ozonabbau verantwortlich?

   _____

   b) Welche Folgen hat die Abnahme von Ozon in der Stratosphäre?

   _____

   _____

Vom Rohöl zum Benzin

Benzine zum Antrieb von Automotoren sind Gemische aus ketten- und ringförmigen, gesättigten und ungesättigten Kohlenwasserstoffen, die zwischen 30°C und 200°C sieden. Die verschiedenen Kohlenwasserstoffe gewinnt man in einer Raffinerie aus Rohöl. Dazu sind unterschiedliche Verarbeitungstechniken erforderlich. Das Autobenzin entsteht dann durch Mischen verschiedener Rohbenzine unter Beimischung von Zusatzstoffen.

Aufgaben:

1. Die erste Verarbeitungsstufe in jeder Raffinerie ist die atmosphärische Destillation. Dabei gewinnt man unter anderem auch Destillatbenzin. Die nebenstehende Abbildung zeigt die Zusammensetzung von Destillatbenzin.

   a) Am Säulendiagramm läßt sich der prozentuale Anteil der einzelnen Kohlenwasserstoffgruppen im Destillatbenzin ablesen (10 cm entsprechen 100%). Stelle in einer Tabelle die Prozentanteile der verschiedenen Kohlenwasserstoffe zusammen und erläutere die Zusammensetzung von Destillatbenzin.

   b) Warum ist Destillatbenzin zum Betreiben eines Kraftfahrzeugs nicht geeignet?

2. Reformatbenzin unterscheidet sich in seiner Zusammensetzung wesentlich von Destillatbenzin.

   a) Lies aus dem zugehörigen Säulendiagramm die Prozentanteile der Kohlenwasserstoffgruppen im Reformatbenzin ab und notiere sie in einer Tabelle. Gib die Unterschiede zu Destillatbenzin an.

   b) Was geschieht demnach beim Reformieren? Erläutere das Verfahren.

3. Die Benzinausbeute durch Destillation kann den Bedarf bei weitem nicht decken. Um die Benzinausbeute zu erhöhen, sind in vielen Raffinerien Crackanlagen vorhanden. Dort wird heute meist katalytisch gecrackt.

   a) Wie arbeiten katalytische Crackanlagen?

   b) Vergleiche die Zusammensetzung des entstehenden Crackbenzins mit der von Destillatbenzin und gib die entsprechenden Prozentanteile der Kohlenwasserstoffgruppen an.

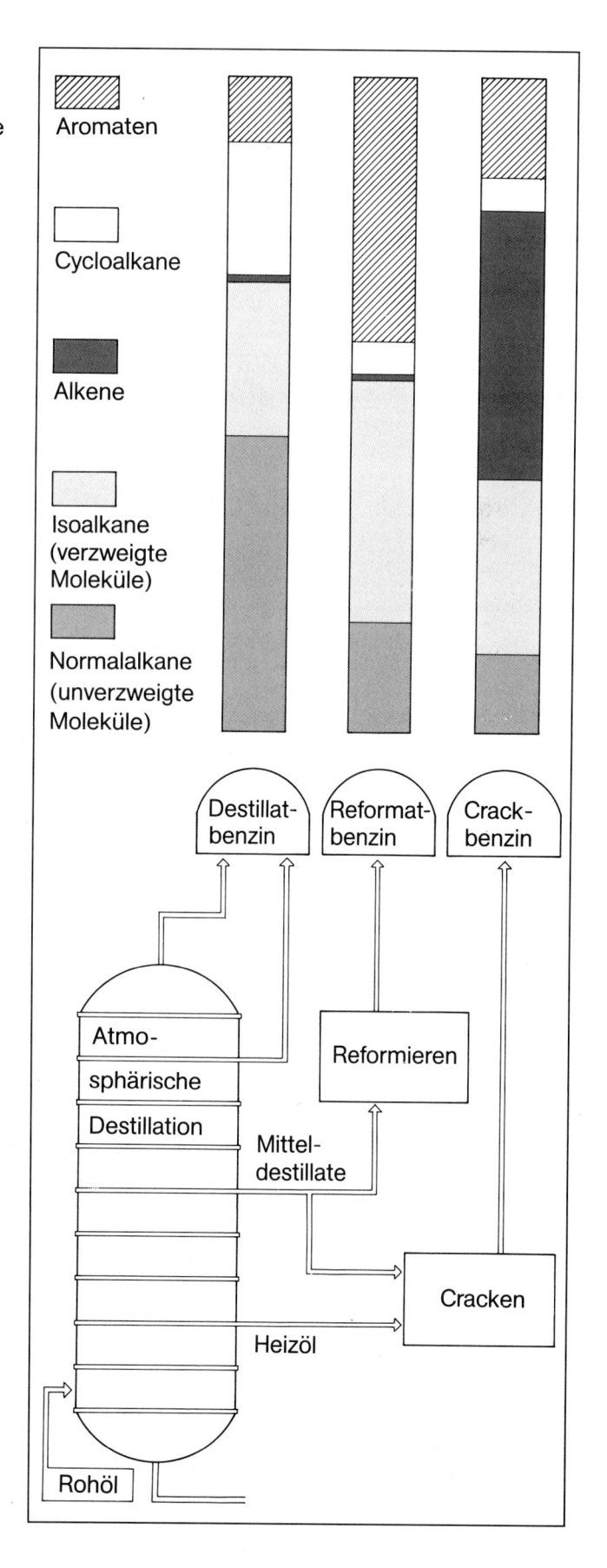

Bewußt Autofahren – Energie sparen

Auf Straßen oder Schienen, mit dem Flugzeug oder Schiff werden Personen und Güter befördert. Der größte Anteil des Energiebedarfs im Verkehrswesen entfällt auf den Straßenverkehr. Da dabei auch wertvolle Energieträger verbrannt werden, ist auf eine wirtschaftliche Energienutzung zu achten.

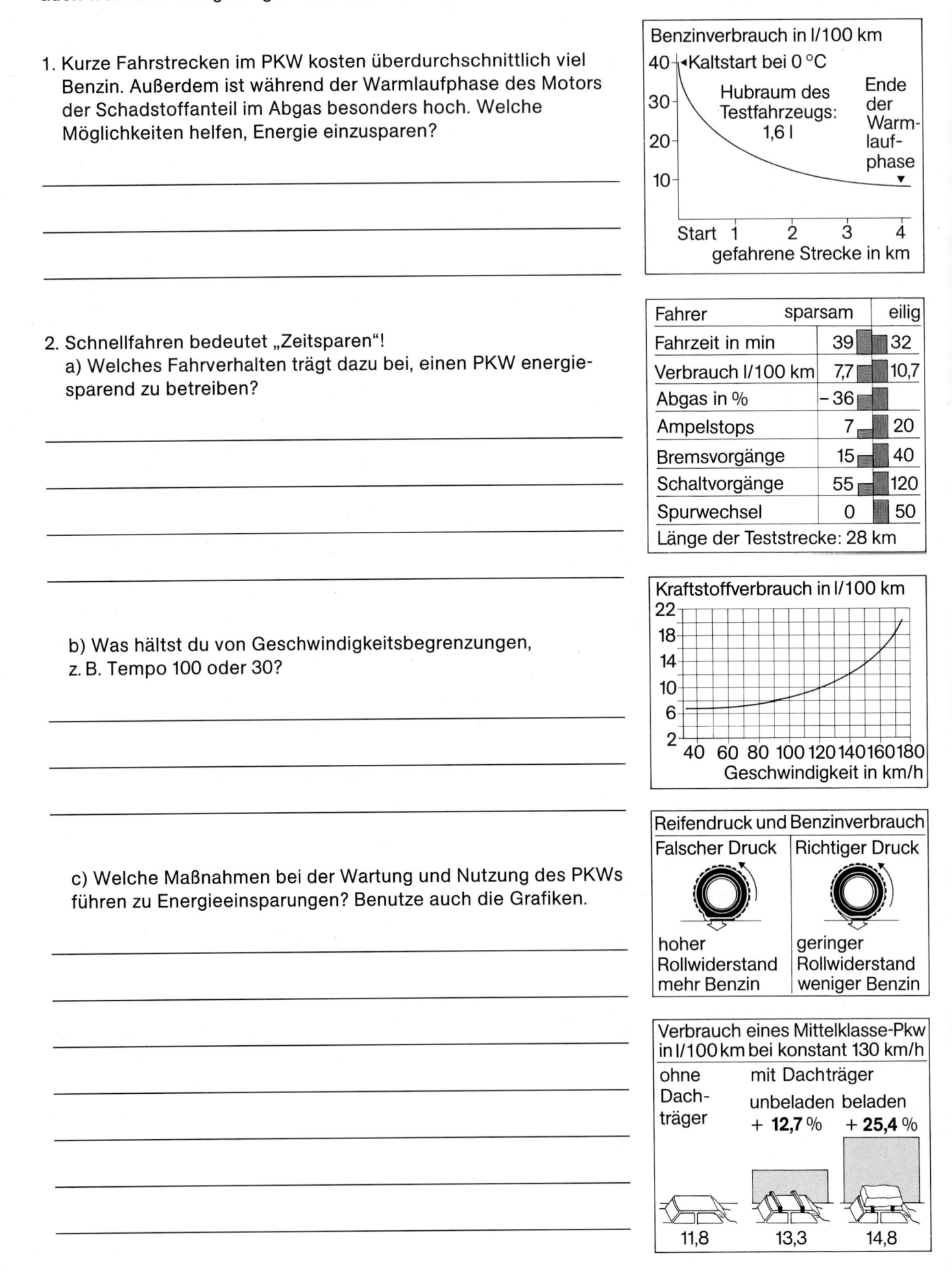

1. Kurze Fahrstrecken im PKW kosten überdurchschnittlich viel Benzin. Außerdem ist während der Warmlaufphase des Motors der Schadstoffanteil im Abgas besonders hoch. Welche Möglichkeiten helfen, Energie einzusparen?

___

Benzinverbrauch in l/100 km
Kaltstart bei 0 °C
Hubraum des Testfahrzeugs: 1,6 l
Ende der Warmlaufphase
gefahrene Strecke in km

2. Schnellfahren bedeutet „Zeitsparen"!
   a) Welches Fahrverhalten trägt dazu bei, einen PKW energiesparend zu betreiben?

___

Fahrer	sparsam	eilig
Fahrzeit in min	39	32
Verbrauch l/100 km	7,7	10,7
Abgas in %	–36	
Ampelstops	7	20
Bremsvorgänge	15	40
Schaltvorgänge	55	120
Spurwechsel	0	50
Länge der Teststrecke: 28 km		

   b) Was hältst du von Geschwindigkeitsbegrenzungen, z. B. Tempo 100 oder 30?

___

Kraftstoffverbrauch in l/100 km
Geschwindigkeit in km/h

   c) Welche Maßnahmen bei der Wartung und Nutzung des PKWs führen zu Energieeinsparungen? Benutze auch die Grafiken.

___

Reifendruck und Benzinverbrauch
Falscher Druck	Richtiger Druck
hoher Rollwiderstand mehr Benzin	geringer Rollwiderstand weniger Benzin

Verbrauch eines Mittelklasse-Pkw in l/100 km bei konstant 130 km/h
ohne Dachträger: 11,8
mit Dachträger unbeladen: +12,7 % (13,3)
mit Dachträger beladen: +25,4 % (14,8)

Wir experimentieren mit einem Abgaskatalysator

Neben Kohlenstoffdioxid und Wasser sind Schadstoffe wie Kohlenstoffmonooxid, Stickstoffoxide und Kohlenwasserstoffe in den Abgasen von Benzinmotoren nachzuweisen. Durch Katalysatoren werden heute diese Schadstoffe weitgehend entfernt.

Geräte/Materialien:
2 Stative
2 Universalklemmen
2 Doppelmuffen
Reaktionsrohr (Quarz), 250 mm lang
Kolbenprober (100 ml) mit Dreiwegehahn
2 Siliconstopfen, einfach durchbohrt
2 Glasrohre, 100 mm lang
2 Kunststoffbeutel (6 l)
Klemme für Gasballon
Quarzwolle

Gasbrenner mit Anzünder
Breitschlitzaufsatz für Gasbrenner
Gummischlauchstücke
Metalltrichter
Schutzbrille

Chemikalien:
Dreiweg-Katalysator, Perlform
Prüfröhrchen für NO_x und CO (z. B. von Draeger)

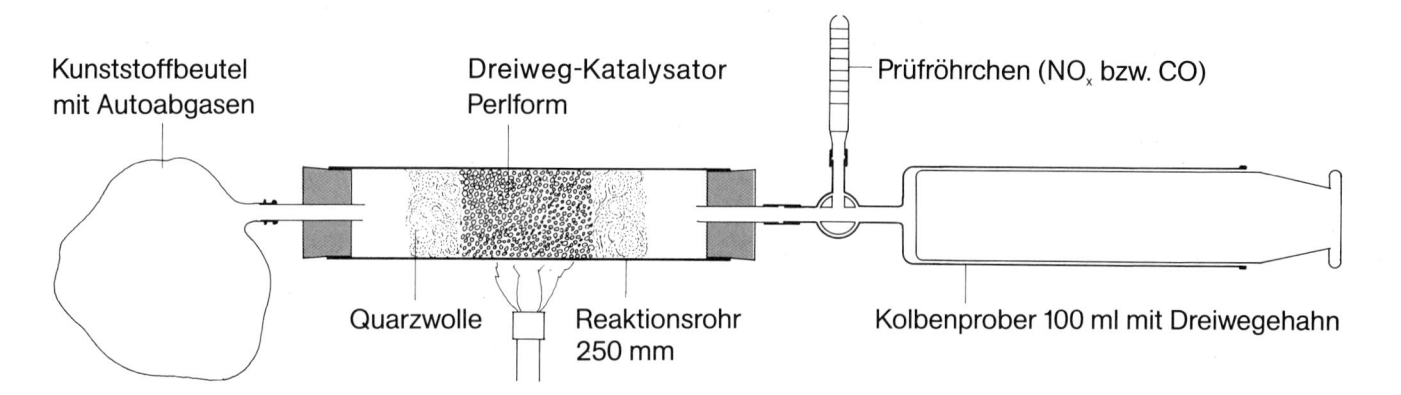

Versuchsanleitungen:

Versuch 1:
Spüle mit 100 ml Abgas die Apparatur und drücke mit dem Kolbenprober das Abgas über den Dreiwegehahn ins Freie. Sauge anschließend wieder 100 ml Abgas über den kalten Katalysator und drücke den Kolbenhub durch das Prüfröhrchen. Achte dabei auf die richtige Stellung des Dreiwegehahns. Die erforderliche Anzahl der Kolbenhübe kannst du jeweils auf dem Prüfröhrchen ablesen. Führe nacheinander Abgasmessungen mit Prüfröhrchen für Stickstoffoxide (NO_x) und Kohlenstoffmonooxid (CO) durch.

Versuch 2:
Erhitze die Katalysatorperlen im Quarzrohr bis fast zum Glühen und sauge mit dem Kolbenprober 100 ml Abgas über den erhitzten Katalysator. Miß mit Prüfröhrchen für Stickstoffoxide bzw. Kohlenstoffmonooxid den im Abgas nach dem Versuch noch verbliebenen Rest dieser Schadstoffe.

Aufgaben/Auswertung:
1. Notiere zu beiden Versuchen die an den Prüfröhrchen abgelesenen Meßergebnisse für Stickstoffoxide und Kohlenstoffmonooxid.

2. Vergleiche die „Schadstoff-Anteile" bei kaltem und bei erhitztem Katalysator.

Katalysator – geregelt oder ungeregelt?

Aus dem Alltag ist der Begriff „Katalysator" heute nicht mehr wegzudenken. Wohl jeder verbindet damit die Verringerung von Schadstoffen aus den Abgasen von Ottomotoren. Dabei arbeitet nach heutigem Stand der Technik der *geregelte Dreiweg-Katalysator* mit dem besten Wirkungsgrad.

1. Aufbau eines Dreiweg-Katalysators:

Ausgangsmaterial für den in der Automobilindustrie am häufigsten verwendeten *Keramik-Monolith-Katalysator* ist eine kristalline Magnesium-Aluminium-Silicat-Masse, die eine äußerst geringe Wärmeausdehnung und sehr hohe Hitzebeständigkeit aufweist.
Aus ihr bestehen die wabenartig aufgebauten Keramikzylinder, die in einer kreisrunden oder ovalen Anordnung den sogenannten *Monolithen* bilden.
Viele feine Kanäle mit quadratischem Querschnitt ergeben die Wabenstruktur. Die Oberfläche dieser Kanäle wird mit *Edelmetallen* beschichtet.
Ein Drahtgeflecht, das den empfindlichen Monolithen umgibt, sichert diesen gegen Erschütterungen und Wärmeabgabe gegenüber dem Gehäuse.

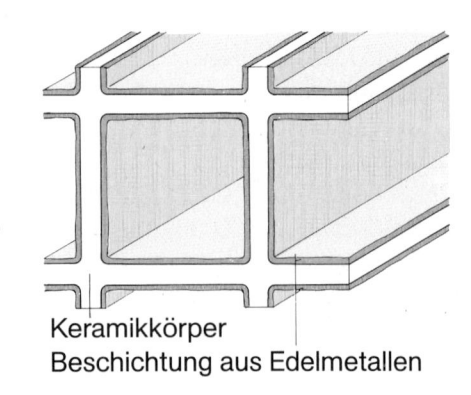

Keramikkörper
Beschichtung aus Edelmetallen

2. Arbeitsweise eines geregelten Dreiweg-Katalysators:

Damit gleichzeitig Oxidations- und Reduktionsprozesse ablaufen können, ist ein ganz bestimmtes, in seiner Zusammensetzung weitgehend gleichbleibendes Kraftstoff-Luft-Gemisch Voraussetzung. Dies wird durch einen elektronisch gesteuerten Regelkreis mit einem Sauerstoff-Meßgerät erreicht. Die sogenannte Lambda-Sonde wird dem Katalysator vorgeschaltet, um eine genaue Kontrolle der Gemisch-Steuerung zu gewährleisten, wodurch die Einspritzung des Kraftstoffes immer richtig geregelt wird.

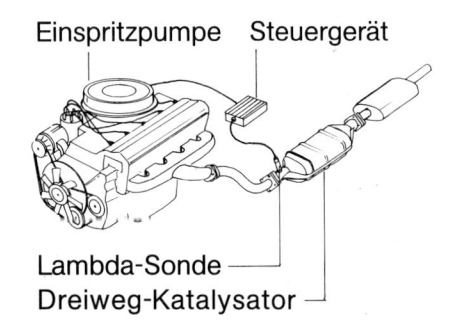

Einspritzpumpe   Steuergerät
Lambda-Sonde
Dreiweg-Katalysator

Aufgaben:

1. Beschrifte in nebenstehendem Schnittbild sowohl die Abgas-Schadstoffe wie auch deren Reaktionsprodukte und füge die Bezeichnung der Bauteile hinzu.

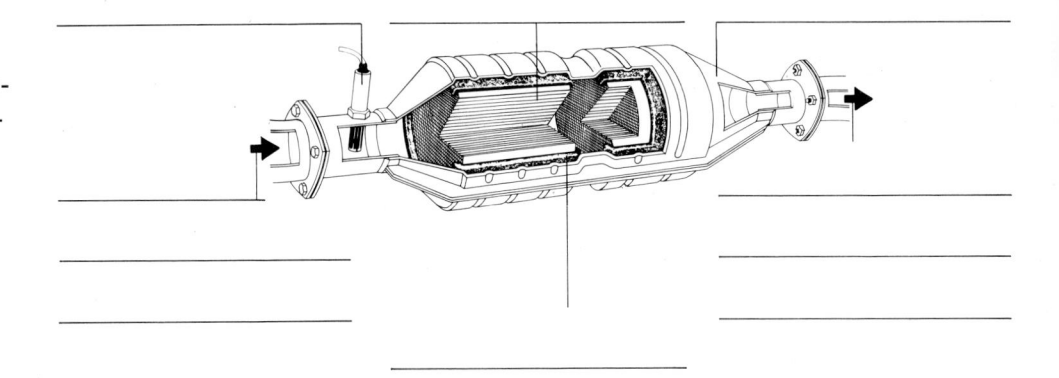

2. Ergänze in der Abbildung zu Abschnitt 1 die als Katalysator verwendeten Edelmetalle.

3. Zähle die Bauteile auf, die zu einem *geregelten* Katalysator gehören.

---

4. Stickstoffmonooxid (NO) im Abgas wird durch Kohlenstoffmonooxid (CO) am Katalysator zu Stickstoff reduziert. Formuliere das Reaktionsschema und die Reaktionsgleichung in deinem Heft.

5. Warum dürfen Kraftfahrzeuge, die mit einem geregelten oder ungeregelten Katalysator ausgerüstet sind, nur mit bleifreiem Benzin betrieben werden?
Beantworte in deinem Heft.

Prüfe dein Wissen: Kohlenwasserstoffe im Vergleich

1. Vergleiche den Bau der Moleküle und die Eigenschaften von Ethan, Ethen und Ethin. Ergänze die Tabelle.

Name	Ethan	Ethen	Ethin
Molekülformel			
Strukturformel			
Chemische Bindung zwischen C-Atomen			
Stoffgruppe			
Beobachtung beim Verbrennen			
Anzahlverhältnis von C- zu H-Atomen im Molekül			
Reaktion mit Brom – Beobachtung			
– Reaktionsprodukte (Molekülformeln)			
– Reaktionstyp			

2. Es gibt ketten- und ringförmige Kohlenwasserstoffe, deren Moleküle sechs Kohlenstoffatome enthalten. Gib ihre Strukturformeln an und ergänze die Tabelle wie im Beispiel.

Name Molekülformel	Strukturformel	Stoffgruppe gesättigt/ungesättigt	Reaktion mit Brom (Beobachtung, Reaktionstyp)
Hexan C_6H_{14}	H H H H H H | | | | | | H–C–C–C–C–C–C–H | | | | | | H H H H H H	Alkane gesättigt	Entfärbung beim Belichten oder Erwärmen Substitution
Hexen			
Cyclohexan			
Cyclohexen			
Benzol			

Wir stellen Alkohol durch Gärung her

Seit Jahrtausenden hat es der Mensch verstanden, durch Gärung zuckerhaltiger Obstsäfte alkoholische Getränke zu gewinnen. In einfachen Versuchen kannst du die alkoholische Gärung beobachten.

Geräte/Materialien:
3 Erlenmeyerkolben (250 ml)
4 Stopfen, einfach durchbohrt
6 Glasröhrchen, ungleichschenklig-rechtwinklig
3 Gummischlauchstücke als Verbindung
3 Standzylinder
Becherglas (400 ml)
3 Rundkolben (250 ml)
3 Glasrohre, ca. 80 cm lang
Stativ mit Doppelmuffe und Klemme
Dreibein mit Mineralfasernetz
Spatellöffel
Glasstäbe
Waage

Gasbrenner mit Anzünder
Gärröhrchen
Schutzbrille

Chemikalien:
Kalkwasser
Leitungswasser
Traubenzucker
Weintraubenbeeren
Back- oder Bierhefe
Siedesteinchen
Holzspan

Versuchsanleitungen:

Versuch 1:
Fülle den Saft von ungewaschenen Weintraubenbeeren in einen Erlenmeyerkolben, verschließe diesen mit einer Gasableitung, deren offenes Ende in Kalkwasser eintaucht (oder einem Gärröhrchen).

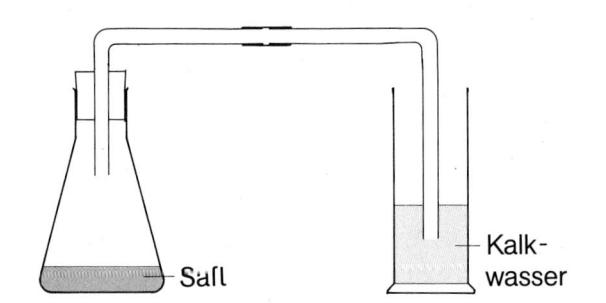

Versuch 2:
Stelle eine Traubenzuckerlösung (30 g Traubenzucker in 300 ml Wasser) her, verteile sie auf 2 Erlenmeyerkolben und füge zu einer Lösung noch 1 g Hefe hinzu (gut aufrühren!).
Verfahre weiter wie in Versuch 1. Vergiß nicht, alle Erlenmeyerkolben zu beschriften!

Versuch 3:
Führe nach 1 Woche mit den Gärflüssigkeiten entsprechend nebenstehender Abbildung den Alkoholnachweis durch Abfackeln durch. Erhitze dazu die Flüssigkeit bis zum Sieden und versuche die Dämpfe am Rohrende mit einem brennenden Holzspan zu entzünden. (Setze den Flüssigkeiten vor dem Erhitzen einige Siedesteinchen zu!)

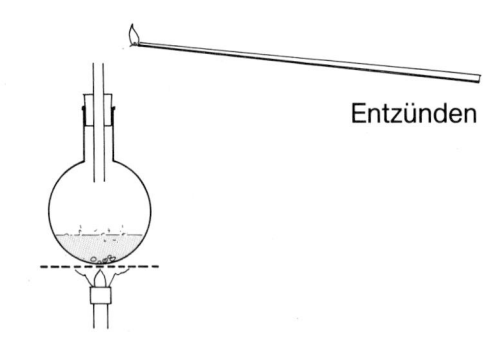

Aufgaben/Auswertung:

1. Stelle die Gäransätze an einen gleichmäßig warmen Platz und beobachte in der ersten Stunde mehrmals. Trage deine Beobachtungen in die Auswertungstabelle ein.

2. Lasse die Gäransätze etwa eine Woche lang stehen. Beobachte in regelmäßigen Abständen und notiere auftretende Veränderungen in der Tabelle zu den Versuchen 1, 2, 3. Deute die Beobachtungen.

3. Finde eine Erklärung dafür, daß in einer Lösung keine Gärung stattgefunden hat.

Wir stellen Alkohol durch Gärung her **171**

Tabelle zur Auswertung der Gärversuche

Gäransätze		①	②	③
Ausgangsstoffe				
1. Stunde	**Beobachtungen:**			
	im Kalkwasser			
	im Gäransatz			
3. Tag	im Kalkwasser			
	im Gäransatz			
5. Tag	im Kalkwasser			
	im Gäransatz			
7. Tag	im Kalkwasser			
	im Gäransatz			
	Alkohol-Nachweis (V3)			
Deutung:				

Gefahren durch Alkoholmißbrauch im Straßenverkehr

Alkoholkonsum ist die Ursache vieler Verkehrsunfälle. 40% aller Verkehrsunfälle mit Todesfolge passieren unter Alkoholeinfluß.

Alkohol im Straßenverkehr – Wirkungen auf das Gehirn

unter 0,5‰
Das Reaktionsvermögen verschlechtert sich, die Unfallgefahr steigt auf das Fünffache. Die Entfernung entgegenkommender Fahrzeuge läßt sich nicht mehr genau abschätzen.

0,5 bis 0,8‰
Das Blickfeld ist eingeengt, man fährt mit „Tunnelblick". Was am Straßenrand passiert, wird nur undeutlich wahrgenommen. Die Farbempfindlichkeit der Augen, vor allem für rotes Licht, läßt nach. Rotsignale der Ampeln und Rücklichter werden leichter übersehen. Die Fahrgeschicklichkeit und die Konzentrationsfähigkeit lassen nach. Bei einer Geschwindigkeit von nur 50 km/h verlängert sich der Bremsweg um 14 m bei einer Sekunde Bremsverzögerung.

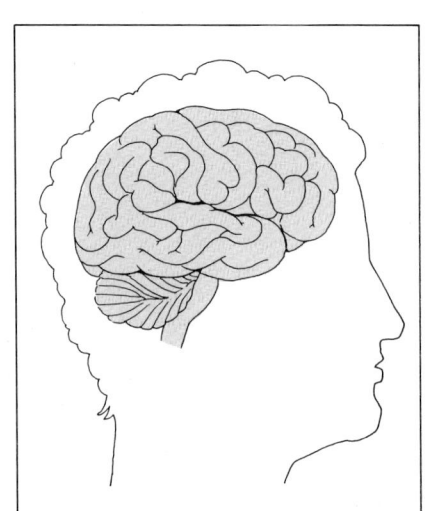

Das Gehirn gehört mit zu den am unmittelbarsten betroffenen Organen. Z. B.: Gleichgewichtsstörungen nach Alkoholkonsum. Bei einem erwachsenen, 80 kg schweren Mann erreicht der Blutalkoholspiegel nach 1 Liter Bier ca. 0,64‰. Bei einer erwachsenen, 60 kg schweren Frau erreicht der Blutalkoholspiegel nach 1 Liter Bier ca. 1‰.

0,8 bis 1,2‰
Die Fahrtüchtigkeit ist erheblich eingeschränkt, Konzentrations- und Reaktionsfähigkeit sind nicht mehr gewährleistet. Mit beginnender Euphorie und Enthemmung werden die eigenen Fähigkeiten überschätzt. Der Fahrer fährt wie ein Anfänger („sucht" z. B. nach Schalthebeln). Die Hell-Dunkel-Anpassung der Augen ist erheblich gestört, z. B. werden beim Wechsel von Fern- auf Abblendlicht Personen oder Gegenstände auf der Fahrbahn zu spät wahrgenommen. Bei Gefahren ist der Fahrer wie gelähmt und kann kaum reagieren.

1,2 bis 2,4‰
Absolute Fahruntüchtigkeit, gestörte Reaktionsabläufe, leichte bis schwere Gleichgewichtsstörungen. Das räumliche Sehen und die Anpassung der Augen an wechselnde Lichtverhältnisse nehmen weiter stark ab. Durch vollkommene Enthemmung und Euphorie kommt es zu maßloser Selbstüberschätzung der eigenen Fähigkeiten.

1. Warum ist die Unfallgefahr nach Alkoholkonsum erhöht? Beachte die Wirkung des Alkohols auf das Gehirn und das Sehvermögen.

2. Wie verhält sich ein Verkehrsteilnehmer unter Alkoholeinfluß?

3. Die Promillegrenze für Verkehrsteilnehmer im Straßenverkehr liegt in der Bundesrepublik Deutschland bei 0,8‰, in Norwegen, Schweden und Holland bei 0,5‰. In Finnland, Griechenland und der Türkei ist Alkohol am Steuer verboten. Welche Gründe sprechen dafür, die Promillegrenze bei uns auch weiter herabzusetzen?

Ethanol – Eigenschaften und funktionelle Gruppe

Ethanol besitzt neben seiner berauschenden, für den menschlichen Organismus nicht ungefährlichen Wirkung weitere wichtige Eigenschaften. Durch folgende Versuche kannst du den Zusammenhang zwischen den Eigenschaften und der funktionellen Gruppe von Ethanolmolekülen bestätigen.

Geräte/Materialien:
Reagenzglasgestell
Reagenzglashalter
5 Reagenzgläser
Stativ
2 Universalklemmen
2 Doppelmuffen

2 Büretten
Hartgummistab mit Reibfell
2 Bechergläser (150 ml), hohe Form
3 Meßzylinder (50 ml)
Schutzbrille

Chemikalien:
Ethanol (96 %)
destilliertes Wasser
Benzin (z. B. Decan)

Versuchsanleitungen:

Versuch 1:
Befestige 2 Büretten an einem Stativ und lasse einen dünnen Strahl Ethanol bzw. Benzin aus ihnen in bereitgestellte Bechergläser fließen. Halte jeweils einen elektrisch aufgeladenen Hartgummistab in die Nähe des ausfließenden Strahls. Beschreibe und erkläre das unterschiedliche Verhalten.

Versuch 2:
Mische in Reagenzgläsern zu gleichen Teilen Ethanol mit Wasser bzw. Benzin. Notiere in beiden Fällen das Löslichkeitsverhalten von Ethanol.

Aufgaben:

1. Erkläre die Löslichkeit von Ethanol in Wasser und in Decan anhand der Strukturformeln der Moleküle.

2. Stelle in deinem Heft in einer Tabelle Siedetemperatur, Molekülmasse und Strukturformel von Ethanol, Wasser und Propan gegenüber.
   Begründe die unterschiedlichen Siedetemperaturen mit dem Aufbau der Moleküle.

Prüfe dein Wissen: Alkanole im Vergleich

1. Vergleiche die Eigenschaften von Methanol und Hexanol. Ergänze die Tabelle.

Name	Molekülformel	Molekülmasse	Brennbarkeit	Löslichkeit in Wasser	Benzin
Methanol					
Hexanol					

2. Erkläre das Löslichkeitsverhalten von Methanol. Zeichne die Strukturformel und kennzeichne die hydrophile bzw. hydrophobe Gruppe.

_____

_____

_____

3. a) Formuliere die Reaktionsgleichung für die Verbrennung von Methanol. Warum ist Methanol ein umweltfreundlicherer Treibstoff als Benzin?

_____

_____

b) Nenne Gründe, warum Methanol als Treibstoff heute noch wenig Verwendung findet.

_____

_____

_____

4. Ergänze zunächst die Tabelle. Erkläre anschließend die unterschiedlichen Siedetemperaturen der Kohlenwasserstoffe und der jeweiligen Alkohole ähnlicher Molekülmasse mit Hilfe ihrer Struktur.

Name	Butan	Propanol	Hexan	Propantriol
Strukturformel				
Molekülmasse				
Aggregatzustand				
Siedetemperatur	−1 °C	97 °C	69 °C	290 °C

_____

_____

Formaldehyd in der Diskussion

Formaldehyd ist ein vielseitig verwendbarer Stoff. Wegen seiner guten Reaktionsfähigkeit kann er zu einer Vielzahl von Produkten für die Industrie und den Verbraucher weiterverarbeitet werden. Auch Produkte im Haushalt enthalten Formaldehyd. Seit einigen Jahren ist dieser Stoff ins Gerede gekommen, da er giftig ist und im Verdacht steht, Krebs auszulösen. Beim Einatmen können Formaldehyddämpfe Kopfschmerzen, Augenbrennen und Reizungen der Atemwege hervorrufen. Wenn formaldehydhaltige Produkte mit der Haut in Berührung kommen, können Allergien auftreten. Daher ist es wichtig, mehr über diesen Stoff zu wissen.

Formaldehyd in der Luft
über den Meeren	bis 0,005 ppm
in ländlichen Gebieten	bis 0,012 ppm
in deutschen Städten	bis 0,016 ppm
bei starkem Straßenverkehr	bis 0,056 ppm
im Zigarettenrauch	bis 115 ppm

Formaldehydemission aus Spanplatten
Emissionsklasse 1	maximal 0,1 ppm
Emissionsklasse 2	0,1 bis 1,0 ppm
Emissionsklasse 3	1,0 bis 2,3 ppm

Formaldehydanteil in Kosmetika
in Nagelhärtern	bis 5 %
in Shampoos, Duschbädern, Deodorants, Flüssigseifen u. ä.	bis 0,2 %
in Mundpflegemitteln	bis 0,1 %

Formaldehyd-Verwendung
1. in Leim und Harz für Sperrholz und Spanplatten
2. Rohstoff für Autolacke, Kunststoffe (Duroplaste) und Schaumstoffe
3. Rohstoff für Arzneimittel und Kosmetika
4. als Waschmittelzusatz
5. als Desinfektions- und Konservierungsmittel
6. als Lösungsmittel, zur Konservierung von Tierpräparaten und als Gerbmittel

Grenzwerte für Formaldehyd
maximale Arbeitsplatzkonzentration = MAK-Wert (1988)	0,5 ppm
Grenzwert für Wohn- und Aufenthaltsräume	0,1 ppm

ppm bedeutet „parts per million"; 1 ppm entspricht 1 ml Formaldehyd pro 1 m³ Luft.

Aufgaben:

1. Erkundige dich in Baustoffgeschäften, unter welchen Bedingungen Spanplatten in Wohn- und Arbeitsräumen verwendet werden dürfen?

2. Warum ist für den Arbeitsplatz ein höherer Formaldehydgrenzwert zugelassen als für Wohnräume?

3. Die Bezeichnung Aldehyd kommt von „alkoholus dehydrogenatus". Erkläre dies anhand der Bildung von Formaldehyd aus dem entsprechenden Alkohol. Formuliere die Reaktionsgleichung für die Bildung von Formaldehyd aus dem Alkohol mit Kupfer(II)-oxid.

Essigherstellung – früher und heute

Essigerzeugung aus Wein oder anderen alkoholhaltigen Flüssigkeiten gelang schon recht früh in der Menschheitsgeschichte.
Überlieferungen zufolge konnte man nach einfachen Rezepten Essig unterschiedlicher Geschmacksrichtungen herstellen.
Mit Wasser verdünnter Essig diente als „durststillendes, erfrischendes Getränk" und wird heute wieder bei „Frühjahrskuren" zur Entschlackung verwendet.
Louis Pasteur und seiner Entdeckung der Essigsäure-Bakterien verdankt die Technik der Essigherstellung ihren entscheidenden Impuls.
Nach Pasteurs Erkenntnis beruht die Bildung des Essigs aus Alkohol auf der Wirkung von Essigsäurebakterien.
Neben dem im Buch beschriebenen „Rundpumpverfahren mit Buchenholzspänen" gibt es noch das „Schnellessigverfahren".

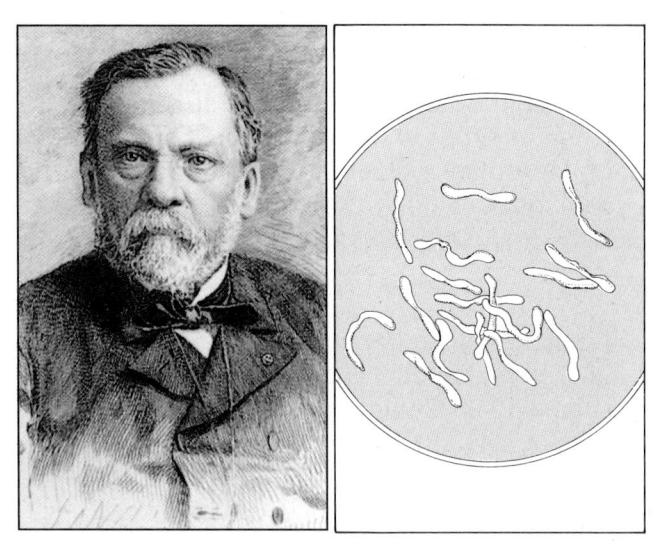

Louis Pasteur (1822 – 1895)

Essigsäure-Bakterien (ca. 3000fach vergrößert)

Das Schnellessigverfahren:

Bei diesem Verfahren schwimmen die Essigsäurebakterien in einer gut belüfteten, mit Luft verschäumten Maische, welche die Bakterien ausreichend mit Sauerstoff versorgt.
Die Bakterien vermehren sich rasch und beschleunigen durch intensive Enzymproduktion die Essigbildung.
Nach etwa 24 Stunden wird der „fertige" Essig zur Hälfte abgelassen und durch die gleiche Menge frischer Maische ergänzt.

Aufgaben:

1. Beschrifte das Schaubild zum Schnellessigverfahren mit folgenden Begriffen: Maische, Luftzufuhr, Abluft, Kühler, Verteilungsturbine, Kühlwasseraustritt, Motor.

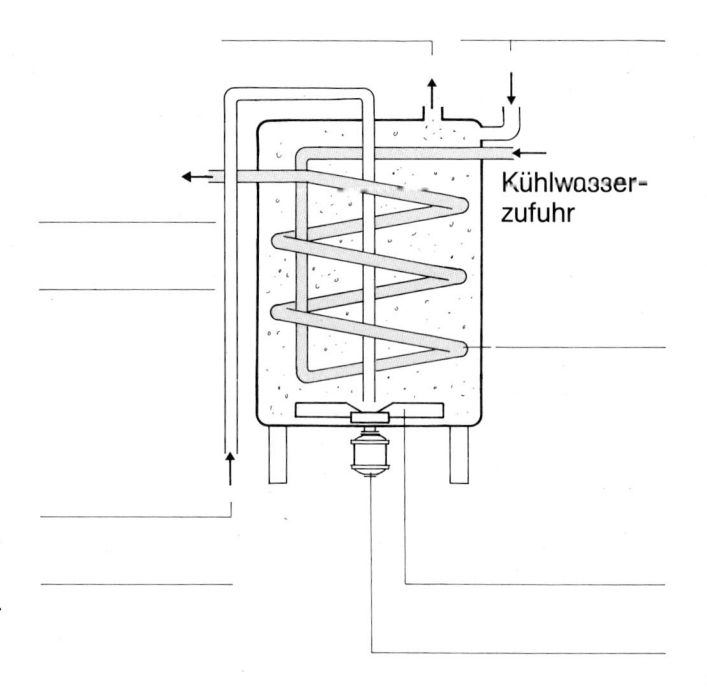

2. Beim Rundpumpverfahren erfüllen die Buchenholzspäne bestimmte Aufgaben. Schreibe zwei für den Ablauf des Verfahrens wichtige Aufgaben auf.

3. Erkundige dich im Fachhandel, welche unterschiedlichen Essigsorten es gibt, welche Ausgangsstoffe verwendet wurden und durch welche Zusatzstoffe sie sich unterscheiden. Notiere alles in einer Tabelle in deinem Heft.

Wie Lebensmittel haltbar gemacht werden 177

Fäulnis und Schimmel verderben im Laufe der Zeit unsere Nahrungsmittel, sie werden von Bakterien und Schimmelpilzen zersetzt. Mit verschiedenen Verfahren versuchen wir daher, den Mikroorganismen die Lebensgrundlagen (Wärme, Feuchtigkeit) zu entziehen oder zumindest ihre Entwicklung zu hemmen.

1. Lebensmittel lassen sich auf chemische oder physikalische Weise konservieren. Ordne folgende Konservierungsverfahren in das Schema ein und gib jeweils in Klammern ein Anwendungsbeispiel an: Gefrieren, Gefriertrocknen, Konservierungsstoffe, Kühlen, Pasteurisieren, Pökeln, Räuchern, Säuern, Salzen, Sterilisieren, Wärmetrocknen, Zuckern.

Physikalische Verfahren (mit Anwendungsbeispiel)	Chemische Verfahren (mit Anwendungsbeispiel)
Wärmezufuhr: _____	
Wärmeentzug: _____	
Wasserentzug: _____	
Bestrahlen (in der Bundesrepublik verboten)	

2. Manchen Nahrungsmitteln, die nicht anders haltbar gemacht werden können, werden chemische Konservierungsstoffe zugesetzt. Solche Lebensmittelzusatzstoffe müssen auf der Packung mit dem Namen oder der EG-Nummer (kurz E) angegeben werden.

E 200	Sorbinsäure	E 236	Ameisensäure
E 201-203	Salze der Sorbinsäure (Sorbate)	E 237/238	Salze der Ameisensäure (Formiate)
E 210	Benzoesäure	E 250	Natriumnitrit
E 211-213	Salze der Benzoesäure (Benzoate)	E 251/252	Natriumnitrat/Kaliumnitrat
E 214-219	pHB-Ester	E 260	Essigsäure
E 220	Schwefeldioxid	E 261-263	Salze der Essigsäure (Acetate)
E 221-227	Salze der Schwefligen Säure (Sulfite)	E 270	Milchsäure
E 230	Diphenyl	E 280	Propionsäure
E 231/232	Orthophenylphenol/Natriumverbindung	E 281-283	Salze der Propionsäure (Propionate)
E 233	Thiabendazol	E 290	Kohlenstoffdioxid

a) Hinter welchen E-Nummern verbergen sich Glieder der homologen Reihe der Alkansäuren? Gib ihre chemischen Bezeichnungen und die entsprechenden Molekülformeln an.

_____

_____

_____

b) Die Konservierungsstoffe E 230 bis 233 werden zur Oberflächenbehandlung von Zitrusfrüchten und Bananen verwendet. Wogegen soll diese Konservierung schützen? Erkundige dich im Lebensmittelgeschäft.

_____

Chemische Konservierungsstoffe – Sorbinsäure und Benzoesäure 178

Von den organischen Säuren dürfen nur Essigsäure und Milchsäure ohne Kennzeichnung Lebensmitteln zur Konservierung zugesetzt werden. Die häufig verwendeten Konservierungsstoffe Sorbinsäure und Benzoesäure dagegen müssen auf der Verpackung angegeben werden. Auskunft über ihre gesundheitliche Unbedenklichkeit gibt der ADI-Wert (acceptable daily intake), die höchste duldbare Tagesdosis des Menschen. Der in Tierversuchen ermittelte ADI-Wert wird in Milligramm pro Kilogramm Körpergewicht und Tag angegeben.

Konservierungsstoff Anwendungsbeispiel	konservierende Wirkung	ADI-Wert	Beurteilung	Vorkommen in der Natur
Sorbinsäure — Extra Gelier Zucker — Zutaten: Zucker, Geliermittel, Säuerungsmittel Zitronensäure, Konservierungsstoff Sorbinsäure, Schaumverhüter.	wachstumshemmend gegen Schimmelpilze bei pH-Werten von 4 bis 6; weniger wirksam gegen Bakterien und Hefen; unwirksam bei bereits vorhandenem Schimmel; wasserlösliche Sorbate wirken nur bei Säurezusatz	25 mg	gesundheitlich unbedenklich; rascher Abbau im Körper des Menschen zu Kohlenstoffdioxid und Wasser ähnlich wie bei natürlichen Fettsäuren	in Früchten der Eberesche
Benzoesäure — FEINSTE GABELRÖLLCHEN IN MAYONNAISE HERINGSFILETS GEROLLT — Zutaten: Hering, pflanzliches Öl, Eigelb, Branntweinessig, Essig aus Essigsäure, Salz, Senf, Konservierungsstoff Benzoesäure, natürliche Aromastoffe, künstlicher Süßstoff Saccharin.	wachstumshemmend gegen Bakterien und Hefen, weniger gegen Schimmelpilze; die wasserlöslichen Natrium- und Kaliumsalze der Benzoesäure wirken nur in saurem Milieu	5 mg	gesundheitlich bedenklich; unangenehmer Eigengeschmack; muß in der Leber des Menschen entgiftet werden; kann zu Allergien führen	im Harz des Benzoebaums

Aufgaben:

1. Warum werden Sorbinsäure und Benzoesäure manchen Lebensmitteln gemeinsam zugesetzt? Suche in Lebensmittelgeschäften nach Beispielen und notiere sie.

2. Gib die Strukturformel von Sorbinsäure und Benzoesäure an. Zu welcher Gruppe organischer Säuren gehören sie?

3. Berechne für Sorbinsäure und für Benzoesäure deine höchste duldbare Tagesdosis. Begründe den Unterschied.

Prüfe dein Wissen: Stoffe mit funktionellen Gruppen 179

1. Die Moleküle folgender Verbindungen sind alle aus Kohlenstoff-, Wasserstoff- und Sauerstoffatomen aufgebaut. Die Verbindungen gehören jedoch zu verschiedenen Stoffgruppen und weisen unterschiedliche Eigenschaften auf.

```
 H  H              H                    H                H  H              H    H
 |  |              |    O-H             |    H           |  |              |    |
H-C-C-O-H        H-C-C                H-C-C            H-C-C-H           H-C-O-C-H
 |  |              |    \\              |    \\          |  |              |    |
 H  H              H     O             H     O          OH OH             H    H
```

Löse folgende Aufgaben:

a) Übertrage die Strukturformeln in die untenstehende Tabelle und kennzeichne jeweils die funktionelle Gruppe im Molekül.
b) Benenne jeweils die funktionellen Gruppen.
c) Gib die zugehörige Stoffgruppe an.
d) Benenne die Verbindung und kennzeichne im Namen die Endsilbe, die für die entsprechende funktionelle Gruppe steht.
e) Sind die Moleküle polar oder unpolar? Entscheide danach, ob die Stoffe hydrophil oder hydrophob sind?
f) Ordne folgende Siedetemperaturen den Stoffen zu: −24°C, 21°C, 78°C, 118°C und 197°C.

Aufgabe a)					
Aufgabe b)					Ethergruppe
Aufgabe c)					Ether
Aufgabe d)					Dimethyl|ether|
Aufgabe e)					
Aufgabe f)					

2. Folgende „Steckbriefe" beschreiben drei verschiedene organische Stoffe. Um welche Stoffe handelt es sich? Folgende Stoffe stehen zur Auswahl: Methanol, Methanal, Methansäure, Propanol, Propantriol, Butanol oder Butansäure.

Steckbrief A

- zähflüssig
- süßer Geschmack
- geruchlos
- gut wasserlöslich
- hygroskopisch
- Siedetemperatur 290°C

Steckbrief B

- flüssig
- widerwärtiger Geruch
- kaum wasserlöslich
- Rotfärbung von Universalindikator
- Siedetemperatur 166°C

Steckbrief C

- gasförmig
- stechender Geruch
- gut wasserlöslich
- härtet Eiweiß
- Rotfärbung von Fuchsinschwefliger Säure
- Siedetemperatur −21°C

Praktikum: Wir stellen Ethansäureethylester her

Beim Aushärten mancher Alleskleber kannst du einen intensiven Geruch wahrnehmen. Alleskleber enthalten außer dem Klebemittel noch ein Lösungsmittel, damit die Klebeflächen gut benetzt werden. Dieses Lösungsmittel verdunstet beim Aushärten, der Klebstoff haftet fest. Wie ein solches Lösungsmittel hergestellt wird, zeigt der folgende Versuch.

Geräte/Materialien:
Erlenmeyerkolben (100 ml), weit
Reagenzglasgestell
2 Reagenzgläser
2 Gläser mit Schraubverschluß (100 ml)
Glastrichter
Kunststoffwanne
Schutzbrille

Chemikalien:
Ethansäure
Ethanol
destilliertes Wasser
Benzin

konz. Schwefelsäure (nur vom *Lehrer* auszugeben!)

Trage bei allen Arbeiten eine Schutzbrille und arbeite äußerst vorsichtig!

Versuchsanleitungen:

1. Du erhältst in zwei verschlossenen und beschrifteten Gläsern 10 ml Ethansäure und 10 ml Ethanol. Trage die Gefäße vorsichtig in einer Kunststoffwanne an deinen Arbeitsplatz. Gieße zunächst Ethansäure, dann Ethanol in den Erlenmeyerkolben. Schwenke das Gemisch vorsichtig um und lasse es einige Minuten stehen. Prüfe den Geruch durch Zufächeln.

2. Es müssen noch 2 ml konzentrierte Schwefelsäure in den Erlenmeyerkolben gegeben werden. Dies wird aus Sicherheitsgründen von deinem Lehrer vorgenommen.
Beobachte einige Minuten genau und prüfe erneut den Geruch durch Zufächeln.

3. Fülle zwei Reagenzgläser zur Hälfte mit Wasser bzw. Benzin und stelle sie in ein Reagenzglasgestell. Gieße durch einen Glastrichter nacheinander zu Wasser bzw. Benzin etwas von der Flüssigkeit aus dem Erlenmeyerkolben.

Beobachtungen:

1. Was beobachtet man nach dem Mischen von Ethansäure mit Ethanol? Beschreibe auch deine Beobachtungen nach Zugabe von konzentrierter Schwefelsäure, achte auf Temperaturänderungen.

2. Beschreibe das Ergebnis der Geruchsprüfungen vor und nach Zugabe von konzentrierter Schwefelsäure. Vergleiche mit bekannten Gerüchen.

Aufgaben/Auswertung:

1. Formuliere für die Esterbildung aus Ethansäure und Ethanol das Reaktionsschema und die Reaktionsgleichung in deinem Heft.

2. Beschreibe ebenfalls in deinem Heft das Löslichkeitsverhalten des Esters in Wasser bzw. Benzin und begründe mit dem Aufbau der Moleküle des Esters und der Lösungsmittel.

Wir stellen einen Aromastoff her

Duft- und Aromastoffe haben meist einen angenehmen Geruch, der an Früchte oder Blütenduft erinnert. Die Ausgangsstoffe, die zur Herstellung dieser Ester verwendet werden, riechen jedoch weniger angenehm.

Geräte/Materialien:
Erlenmeyerkolben (100 ml), weit
2 Gläser mit Schraubverschluß (100 ml)
Kunststoffwanne
Schutzbrille

Chemikalien:
Ethansäure
Butanol
konz. Schwefelsäure (nur vom *Lehrer* auszugeben!)

> Trage bei allen Arbeiten eine Schutzbrille und arbeite äußerst vorsichtig!

Versuchsanleitungen:

1. Du erhältst in zwei verschlossenen und beschrifteten Gläsern 10 ml Ethansäure und 10 ml Butanol. Trage die Gefäße vorsichtig in einer Kunststoffwanne an deinen Arbeitsplatz. Gieße zunächst Butanol, dann Ethansäure in den Erlenmeyerkolben. Schwenke das Gemisch vorsichtig um und lasse es einige Minuten stehen. Prüfe den Geruch durch Zufächeln.

2. Es müssen noch 2 ml konzentrierte Schwefelsäure in den Erlenmeyerkolben gegeben werden. Dies wird aus Sicherheitsgründen von deinem Lehrer vorgenommen. Beobachte einige Minuten genau und prüfe erneut den Geruch durch Zufächeln. Halte die Handfläche einige Male außen an den Erlenmeyerkolben, damit du eine Temperaturänderung bemerken kannst.

Beobachtungen:

1. Beschreibe das Ergebnis der Geruchsprüfung a) vor und b) nach Zugabe von konzentrierter Schwefelsäure. Vergleiche mit bekannten Gerüchen.

_____

_____

2. Was beobachtet man nach Zugabe der Schwefelsäure? Beachte die Temperaturänderung.

_____

_____

Aufgaben/Auswertung:

1. Was deutet darauf hin, daß eine chemische Reaktion zwischen Ethansäure und Butanol stattgefunden hat?

_____

2. Formuliere für die Reaktion von Ethansäure mit Butanol Reaktionsschema und Reaktionsgleichung.

_____

_____

Ester als Aromastoffe – Chemiker ahmen die Natur nach

Geruch, Geschmack und beides gemeinsam, das Aroma, sind wichtige Qualitätsmerkmale der Nahrungsmittel. Da natürliche Duft- und Aromastoffe nicht unbegrenzt zur Verfügung stehen, werden sie zunehmend auch synthetisch hergestellt. Manche Fruchtaromen lassen sich im Labor nur schwer nachahmen. Das natürliche Erdbeeraroma beispielsweise entsteht in der Frucht beim Zusammenwirken von rund 300 verschiedenen Stoffen, die zu unterschiedlichen Stoffgruppen gehören. Nicht nur Ester, auch Carbonsäuren, Aldehyde, Ketone, Alkohole und Kohlenwasserstoffe kommen in geringsten Mengen im Erdbeeraroma vor.

1. Manche Lebensmittel enthalten auf der Verpackung einen Hinweis auf natürliche, naturidentische oder künstliche Aromastoffe. Im Labor hergestellte Aromastoffe, die den natürlichen im Aufbau völlig gleichen und auch in der Natur vorkommen, nennt man naturidentisch.
   a) Was versteht man unter natürlichen bzw. künstlichen Aromastoffen?

   _____

   _____

   b) Welchen Lebensmitteln werden Aromastoffe zugesetzt? Suche im Supermarkt nach Beispielen.

   _____

2. Am häufigsten sind natürliche Aromastoffe in Früchten zu finden. Bei einigen Früchten, z. B. Ananas oder Banane, wird das typische Aroma im wesentlichen durch einen Stoff bestimmt. Die abgebildete Strukturformel gehört zum Molekül eines Stoffes mit Ananasaroma. Aus welchen Stoffen könnte er im Labor hergestellt werden? Formuliere das Reaktionsschema und die Reaktionsgleichung.

   ⟶

   ⟶
   ```
         H  H  H  O     H
         |  |  |  ||    |
     H - C- C- C- C- O- C- H   +
         |  |  |       |
         H  H  H       H
   ```

3. Andere Früchte, z. B. Pfirsiche und Birnen, enthalten mehrere Aromastoffe, von denen nur einer oder zwei das typische Fruchtaroma bestimmen. Für das natürliche Birnenaroma ist z. B. Ethansäurehexylester besonders wichtig. Gib die Strukturformel dieses Esters an.

4. Fruchtester, die als Duft- und Aromastoffe verwendet werden, haben eine niedrige Siedetemperatur und sind leicht flüchtig. Die Ausgangsstoffe dagegen, aus denen Fruchtester hergestellt werden, weisen meist höhere Siedetemperaturen auf. Vergleiche die Siedetemperatur von Methansäure bzw. Methanol mit der des zugehörigen Esters und erkläre die Unterschiede. Ergänze zunächst die Tabelle.

Name	Methansäure	Methanol	Methansäuremethylester
Siedetemperatur in °C	101	65	32
Strukturformel			

_____

_____

Aufbau und Eigenschaften der Fette

Fette gehören zur Stoffgruppe der Ester, die in der Natur vorkommen. Natürliche Fette sind keine Reinstoffe, sondern Gemische. Mensch, Tier und Pflanzen können verschiedene Fette in ihrem Körper aufbauen. Dabei besitzt jedes Lebewesen besondere, körpereigene Fette. Selbst die Organe eines Lebewesens enthalten unterschiedliche Fette.

1. Wie ist die Vielfalt verschiedener Fette in der Natur zu erklären?

_____

_____

2. a) Zeichne in das Aufbauschema die Strukturformel des Fettmoleküls mit den angegebenen Fettsäureresten. Umrahme gesättigte Fettsäurereste gelb, ungesättigte rot.

```
┌─────────────────────────────────────────────────────────────┐
│  ┌──────────────────────┐ ┌──────┐                          │
│  │   Stearinsäurerest   │ │      │    ╱╲                    │
│  └──────────────────────┘ │      │───╱  ╲                   │
│  ┌──────────────────────┐ │      │         Ölsäurerest      │
│  │  Palmitinsäurerest   │ │      │                          │
│  └──────────────────────┘ └──────┘                          │
│                            Glycerinrest                      │
└─────────────────────────────────────────────────────────────┘
```

b) Warum lösen sich Fette in Benzin, nicht aber in Wasser? Begründe.

_____

_____

3. Zum Entfernen eines Fettflecks kann man eine Fleckenpaste benutzen. Sie enthält neben einem Lösungsmittel meist noch Magnesiumoxid, das die Fettlösung aufsaugen soll. Plane einen Versuch zur Herstellung einer Fleckenpaste und erprobe dieses Mittel an einem Fettfleck.

a) Versuchsplanung: _____

_____

_____

b) Geräte/Materialien: _____

c) Chemikalien: _____

d) Beobachtung: _____

e) Auswertung: _____

_____

Wir prüfen den Emulsionstyp von Hautpflegemitteln

Viele kosmetische Präparate (z. B. Hautcreme, Lotion, Salbe u. a.) sind Emulsionen aus Wasser und Öl. Dabei können entweder kleinste Öltröpfchen in Wasser (Öl-in-Wasser-Typ) oder kleinste Wassertröpfchen in Öl (Wasser-in-Öl-Typ) fein verteilt sein. Den Emulsionstyp kann man mit einem Farbstoffgemisch aus wasserlöslichem Methylenblau und öllöslichem Sudanrot prüfen.

Geräte:
Reagenzglas
Reagenzglasstopfen
Spatel
Glasstab
5 Petrischalen oder
5 Pappkärtchen (10 x 10 cm)
Papiertücher

Chemikalien:
Paraffinöl
Wasser
Farbstoffmischung
aus Sudan III und
Methylenblau im
Verhältnis 1 : 1

Proben von Hautpflegemitteln:
z. B. Handcreme, Fettcreme,
Tagescreme, Nachtcreme,
Make-up, Nährcreme,
Reinigungsmilch,
Körperlotion,
verschiedene Salben u. ä.

Versuchsanleitungen:

Versuch 1: Färbeprobe
Gib in ein Reagenzglas etwas Wasser und die gleiche Portion Öl. Schüttle und füge sehr wenige Körnchen der Farbstoffmischung aus Sudan III und Methylenblau zu. Verschließe das Reagenzglas mit einem Stopfen und schüttle erneut.

Beobachtung: _____

Versuch 2: Untersuchung von Hautcremeproben
Gib eine kleine Probe einer Hautcreme auf eine Petrischale (oder ein Pappkärtchen) und bestäube sie mit wenigen Körnchen der Farbstoffmischung. Beobachte die Färbung nach 2 bis 3 Minuten und trage sie in die Tabelle ein. Verrühre dann mit einem Glasstab die Farbstoffkörnchen mit der Hautcreme und überprüfe die Färbung. Wiederhole den Versuch mit verschiedenen Hautcremeproben bzw. Salben und bestimme jeweils den Emulsionstyp.
Reinige das Reagenzglas mit Spülmittel, alle anderen Geräte zunächst mit Papiertüchern.

	Hautcreme bzw. Salbe	Färbung	Emulsionstyp
Probe 1			
Probe 2			
Probe 3			
Probe 4			
Probe 5			

Fragen:

1. Wie wird bei der Herstellung von Hautcremes verhindert, daß sich Öl und Wasser wieder entmischen? _____

2. Wie werden Hautcremes haltbar gemacht? Begünde kurz. _____

Fette und Fettsäuren

185

Fette sind die energiereichsten Nährstoffe und daher besonders gut als Reservestoffe geeignet. Ein Mensch, der 70 kg wiegt, besitzt durchschnittlich etwa 10 Kilogramm Depotfett; das entspricht dem Energiebedarf eines Monats. Fette sind aber nicht nur als Energielieferanten von Bedeutung.

1. Viele Hersteller von Speiseölen und Margarine werben für ihre Produkte mit dem Aufdruck „reich an essentiellen Fettsäuren". Was versteht man unter essentiellen Fettsäuren und wie sind sie aufgebaut?

___

2. Kokosfett und Leinöl gehören beide zu den Pflanzenfetten, unterscheiden sich jedoch in ihrer Zusammensetzung und in ihren Eigenschaften.

   a) Benenne die in der Tabelle aufgeführten Fettsäuren und ordne sie nach gesättigten und ungesättigten. Begründe mit dem Molekülaufbau.

	Kokosfett	Leinöl
$C_{11}H_{23}COOH$	48	–
$C_{13}H_{27}COOH$	15	–
$C_{15}H_{31}COOH$	9	7
$C_{17}H_{35}COOH$	3	3
$C_{17}H_{33}COOH$	6	18
$C_{17}H_{31}COOH$	2	14
$C_{17}H_{29}COOH$	–	58
Schmelzbereich in °C	23 bis 28	−20 bis −16
Iodzahl	7	180

b) Die Werte im oberen Teil der Tabelle geben die Massenanteile entsprechender Fettsäuren in Prozent an. Kokosfett enthält außerdem 17 % weitere gesättigte Fettsäuren mit 6, 8 und 10 Kohlenstoffatomen. Berechne für beide Pflanzenfette den Anteil an gesättigten und ungesättigten Fettsäuren. Wie wirken sich die Unterschiede in der Zusammensetzung auf die Eigenschaften aus?

___

c) Was gibt die Iodzahl an? Wie sind die Unterschiede in der Iodzahl von Kokosfett und Leinöl zu erklären?

Geschichte der Margarineherstellung

Als Nährstoffe braucht der Mensch neben Eiweiß und Kohlenhydraten noch Fette. Im letzten Jahrhundert aß man außer Butter vor allem tierische Fette wie Speck, Schweineschmalz, Rindertalg und Hammelfett. Mitte des 19. Jahrhunderts wurde die Versorgung der rasch wachsenden Bevölkerung in Europa mit Speisefetten zunehmend schwieriger. Vor allem der Bedarf an streichfähigen Fetten stieg stark an, da immer mehr Fabrikarbeiter statt einer warmen Mahlzeit zu Mittag auf bestrichene Brote angewiesen waren. Fett wurde in ganz Europa Mangelware und für viele unerschwinglich. Die Lösung aus dieser Notlage fand 1869 der französische Wissenschaftler Hippolyte Mège-Mouriès. Er erhitzte Rindertalg, schmolz das reine Fett heraus, filtrierte und ließ das gereinigte, flüssige Fett in Formen erkalten. Durch Auspressen gewann er daraus ölige Bestandteile, die er mit Magermilch vermischte. Es entstand ein streichfähiges Produkt mit angenehmem Geschmack, das sich ebenso vielseitig wie Butter verwenden ließ, aber nur halb so teuer war. So wurde zum erstenmal *Margarine* hergestellt. Ab 1874 wurde Margarine nach dem Rezept des Erfinders in europäischen und amerikanischen Fabrikanlagen produziert.

Abb. 1: Mit einer Fetthackmaschine wird das Rinderfett zerkleinert.

Abb. 2: In Bottichen, die mit Dampf beheizt wurden, wird das Fett aus dem Talg und dem Fettgewebe ausgeschmolzen.

Abb. 3: Das gefilterte und gereinigte flüssige Fett wird in Formen gefüllt, wo es erkaltet.

Abb. 4: Mit einer Presse werden die öligen Bestandteile (Olein) aus den Preßpaketen ausgequetscht.

Abb. 5: In hölzernen Mischtrommeln wird das Olein mit Milch bzw. Magermilch vermischt.

Abb. 6: Die nun streichfähige Margarine wird geknetet, danach in Fässer abgefüllt oder verpackt.

Aufgaben:

1. Als die Vorräte an Talg, Schmalz und Speck den Bedarf der Margarinefabriken nicht mehr decken konnten, suchte man nach Ersatzmöglichkeiten. Welche fetthaltigen Naturprodukte werden heute zur Margarineherstellung verwendet?

2. Warum war die Erfindung der Fetthärtung Voraussetzung für die Herstellung streichfähiger Margarine? Erläutere kurz das Verfahren der Fetthärtung.

3. Zur Herstellung von Margarine müssen Emulgatoren verwendet werden. Wozu dienen sie? Welcher Emulgator wird meist zugesetzt?

4. Butter ist im Gegensatz zu Margarine ein tierisches Produkt. Nenne zwei weitere Beispiele für tierische Fette. Wie werden die verschiedenen tierischen Fette gewonnen?

Gewinnung von Pflanzenölen – früher und heute

Fette sind energiereiche Stoffe, die seit dem Altertum als Nahrungsmittel, zur Körperpflege und für Beleuchtungszwecke verwendet werden. Während man tierische Fette durch Ausschmelzen von Speck oder Talg gewinnt, erhält man Pflanzenöle durch Auspressen ölhaltiger Samen und Früchte. Da manche Ölsaaten, wie z. B. die Oliven, lange Lagerzeiten und weite Transportwege nicht vertragen, müssen sie bereits in den Anbaugebieten verarbeitet werden.

Der Olivenbaum ist über das gesamte Mittelmeergebiet verbreitet und wurde dort schon vor Jahrtausenden kultiviert. Das nebenstehende Bild zeigt die Gewinnung von Olivenöl im 16. Jahrhundert. Die reifen Früchte wurden in eine Steinwanne geschüttet und mit einem rollenden Mahlstein zerquetscht. Um die Ölausbeute zu erhöhen, wurde der Olivenbrei zunächst vorsichtig erwärmt, dann in flache Körbe gefüllt und anschließend zwischen Platten in einer Gewindepresse ausgepreßt. Noch enthaltene Verunreinigungen im Öl wurden durch Siebe zurückgehalten. Das gereinigte Olivenöl konnte nun in Fässer gefüllt und mit Lasttieren abtransportiert werden.

Aufgaben:

1. Heute gewinnt man Pflanzenöle durch Auspressen der Ölsaaten oder durch Extrahieren (Herauslösen) mit einem Lösungsmittel, aber auch durch Kombination beider Verfahren. Beschreibe anhand der Abbildungen die beiden Verfahren der Ölgewinnung.

a) Ölgewinnung durch _____ : b) Ölgewinnung durch _____ :

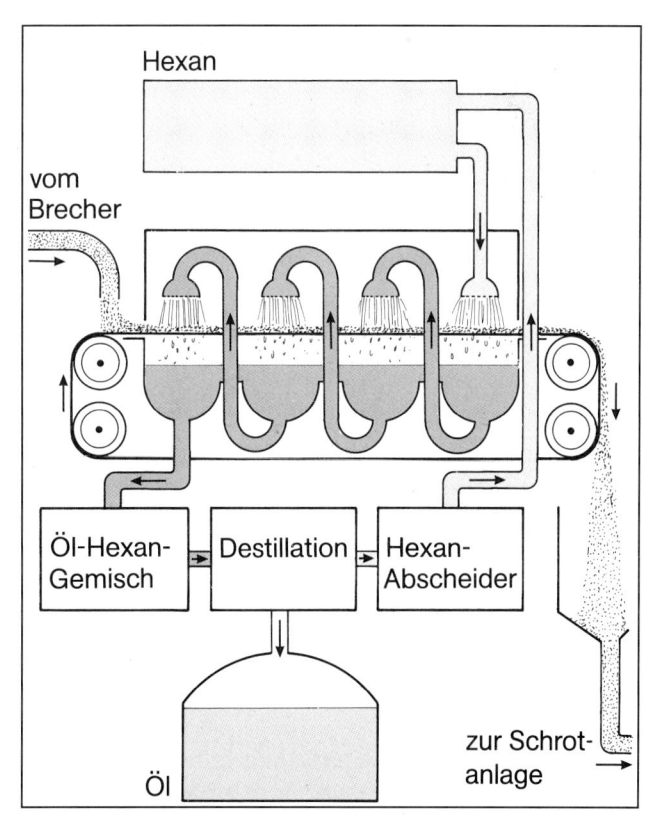

2. Das so gewonnene Öl muß noch gereinigt werden, bevor es als Speiseöl in den Handel kommt. Gib die verschiedenen Reinigungsschritte an und begründe. Wie nennt man diesen Vorgang?

Seifenherstellung früher und heute

Seife bei den Sumerern (ca. 3000 v. Chr.)
Die älteste Anleitung zur Herstellung von Seife wurde auf einer Keilschrift-Tafel entdeckt. Die Tafel stammt aus einer kleinen Stadt im alten Mesopotamien (heute Irak). Die Seife wurde danach aus einem Teil Öl und fünfeinhalb Teilen Pflanzenasche hergestellt.

Seife bei den Germanen und Römern (1. Jahrundert n. Chr.)
Auch die Germanen und Gallier kannten Seife. Sie verwendeten sie allerdings nicht als Reinigungsmittel, sondern als Pomade für die Haare. Diese Seifenpomade war bei den Römern sehr begehrt. Erst im 2. Jahrhundert wurde Seife auch zur Reinigung von Körper und Kleidung benutzt. Aus dieser Zeit stammt ein Rezept zur Seifenherstellung. Der Arzt GALENOS aus Rom beschreibt, wie Seife aus Fett und Aschenlauge mit Kalk hergestellt wurde.

Seife aus Fett und Asche (19. Jahrhundert)
Durch Verbrennen von Holz gewann man Holzasche, die in großen Töpfen (Pötten) aufbewahrt wurde. Die Asche enthält Kaliumcarbonat (Pottasche), das mit Wasser eine alkalische Lösung bildet. Das Bild rechts zeigt eine Pottasche-Siederei. Die Pflanzenasche wurde in heißem Wasser ausgelaugt, danach eingedickt und durch ein Baumwolltuch filtriert. Beim Sieden der alkalischen Lösung mit geschmolzenem Tierfett (Rinder- oder Ziegentalg) entstand Seife.

Seife Baujahr 1918

„Fünf Pfund ungesalzenes altes Fett werden mit einem Pfund Seifenstein und 250 g Pottasche in ca. 0 Liter Wasser 3 bis 4 Stunden gekocht. Die Masse muß geleeartig aussehen, dann läßt man sie abkühlen und schneidet handliche Stücke heraus".

Aufgaben:

1. Auch die Ägypter konnten schon vor Jahrtausenden Seife herstellen. Welchen natürlichen Rohstoff verwendeten sie anstelle von Pflanzenasche zur Verseifung der Fette? Formuliere für diese Art der Seifenherstellung die Reaktionsgleichung mit einer Fettsäure.

2. Nach welchem Verfahren wird heute in einer modernen Seifenfabrik Seife hergestellt? Beschreibe in Stichworten die wesentlichen Verfahrensschritte.

3. Formuliere für die Herstellung von Seife aus Fett und Lauge das Reaktionsschema.

Warum sind Seifenanionen waschaktiv?

Seifenlösung wirkt durch die Seifenanionen gegenüber öl- und fetthaltigem Schmutz waschaktiv.

1. Gib im nebenstehenden Symbol die Strukturformel eines Seifenanions an. Kennzeichne die hydrophile Gruppe blau, die hydrophobe gelb und beschrifte.

2. a) Wie ordnen sich Seifenanionen an der Grenzfläche zwischen Wasser und Luft an? Zeichne ein und begründe.

_____

_____

b) Was geschieht, wenn mehr Seifenanionen vorhanden sind als an der Wasseroberfläche Platz finden? Zeichne ein und begründe.

_____

_____

c) Seifenanionen umhüllen ein Öltröpfchen im Wasser oder einen Fettrand am Glas. Wie ordnen sich die Seifenanionen an? Zeichne die Umhüllung ein und begründe.

_____

_____

3. Seifenanionen haben das Bestreben, sich an Grenzflächen anzureichern. Bläst man Luft in eine Seifenlösung, so entsteht Schaum. Lösen sich die Luftblasen von der Wasseroberfläche, sprechen wir von Seifenblasen. Die dünne Wasserhülle einer „Seifenblase" ist innen und außen von Tensidteilchen bedeckt. Zeichne die richtige Anordnung der Seifenanionen ein und erkläre.

_____

_____

_____

4. Beschreibe kurz die Stufen des Waschvorgangs und zeichne die Seifenanionen ein.

a) _____   b) _____   c) _____

_____   _____   _____

Seife und Wasserhärte

Im Urlaub hast du vielleicht schon beobachtet, daß in manchen Gegenden die Seife schäumt, aber schlecht von den Händen abzuspülen ist. Mit Meerwasser dagegen gelingt das Waschen kaum, die Seife schäumt schlecht. Dies kann nicht an der Seife liegen, sondern muß vom Wasser abhängen. Einfache Versuche sollen dir den Zusammenhang zwischen Seife und Wasserhärte erklären helfen.

Geräte/Materialien:
Reagenzglasgestell
15 Reagenzgläser
Becherglas (100 ml), hohe Form
4 Spatel
Messer

Chemikalien:
dest. Wasser
Leitungswasser
Natriumchlorid
Magnesiumchlorid

Kaliumcarbonat
Kernseife
Neutralseife
Teststäbchen zur Bestimmung
der Wasserhärte

Versuchsanleitungen:

Versuch 1: Bestimmung der Härtebildner mit Seifenlösung
a) Fülle ein Reagenzglas zur Hälfte mit dest. Wasser, füge wenige Raspel Kernseife zu und schüttle kräftig. Stelle das Reagenzglas in ein Reagenzglasgestell.
Wiederhole den Versuch mit wäßrigen Lösungen von Natriumchlorid, Magnesiumchlorid, Calciumchlorid und Kaliumcarbonat. Trage das Schäumverhalten in der Tabelle mit + oder – ein, (++ ≙ viel Schaum).
b) Wiederhole Versuch 1a, indem du anstelle der Kernseife Neutralseife bzw. WAS verwendest. Halte deine Ergebnisse wieder in der Tabelle fest.

	dest. Wasser	Natriumchloridlösung	Magnesiumchloridlsg.	Calciumchloridlösung	Kaliumcarbonatlsg.
Kernseife	+ +				
Neutralseife	+ +				
WAS	+ +				

Versuch 2: Bestimmung der örtlichen Wasserhärte mit Teststäbchen
Tauche ein Teststäbchen kurz in die Wasserprobe, so daß alle Testzonen voll benetzt werden. Schüttle das überschüssige Wasser ab und beurteile die Färbung der Testzonen nach 1 bis 2 Minuten. Vergleiche mit der Tabelle, kennzeichne die Anzahl der Testzonen und schreibe dein Ergebnis auf.

Anzahl der Testzonen rotviolett	Gesamthärte in °dH	Beurteilung des Wassers	Härtebereich	Beurteilung der Probe
0	< 3	sehr weich	1	
1	4 – 7	weich		
2	8 – 14	mittel	2	
3	16 – 21	hart	3	
4	> 23	sehr hart	4	

Aufgaben:

1. Schreibe die Ionen auf, welche die Härte des Wassers bewirken.

2. Beim Waschen mit Seife in hartem Wasser bildet sich ein weißer, flockiger Niederschlag. Erkläre die Bildung des Niederschlags.

Seife – das ideale Reinigungsmittel?

Obwohl eine Seifenlösung gegenüber öl- und fetthaltigem Schmutz eine ausgezeichnete Waschwirkung zeigt, gibt es auch nachteilige Eigenschaften, die ihre Verwendung als Waschmittel einschränken.

1. a) Was beobachtet man, wenn zu einer alkoholischen Seifenlösung Wasser gegeben wird? Zeichne die Veränderung farbig ein. Formuliere die dabei ablaufende Reaktion in einer Reaktionsgleichung.

   _____
   _____
   _____

   b) Beschreibe die nachteilige Wirkung von Seife auf Gewebe und Haut.

   _____

2. a) Wie verhält sich Seife in saurer Lösung? Zeichne die Veränderung ein. Gib die Beobachtung an und formuliere die Reaktionsgleichung.

   _____
   _____
   _____

   b) Warum läßt sich stark verschmutzte Wäsche mit Seife schlecht reinigen?

   _____
   _____

3. a) Wie wirkt Seife in hartem Wasser? Vergleiche mit destilliertem Wasser und zeichne deine Beobachtungen ein. Begründe.

   _____
   _____
   _____

   b) Formuliere für die Reaktion von Seife in hartem Wasser eine Reaktionsgleichung.

   _____

   c) Welche nachteiligen Wirkungen hat das Waschen mit hartem Wasser?

   _____
   _____

Wir untersuchen die Zusammensetzung von Waschmitteln

Geräte/Materialien:
Reagenzglasgestell
6 Reagenzgläser
Reagenzglashalter
Becherglas (250 ml)
Trichter
Spatellöffel
Pipette
6 Rundfilter

Gasbrenner
Gasanzünder
Dreifuß
Keramikdrahtnetz
Schutzbrille

Chemikalien:
Universalindikator
dest. Wasser

Seife
Brennspiritus
Salzsäure, verdünnt
Natriumsulfat
Bariumchloridlösung
Eisen(III)-chloridlösung
Kaliumthiocyanatlösung
Polyphosphat
Vollwaschmittel
Feinwaschmittel

Versuchsanleitungen:

Versuch 1: Prüfung des pH-Wertes
Gib zu dest. Wasser im Reagenzglas etwas Untersuchungssubstanz. Tropfe Universalindikator zu, schüttle.

	Blindprobe mit dest. Wasser	Vollwaschmittel	Feinwaschmittel
Beobachtung:			

Versuch 2: Prüfung auf Seife
Löse im Reagenzglas eine Spatelspitze Untersuchungssubstanz (Voll- bzw. Feinwaschmittel) in Brennspiritus, erwärme im Wasserbad und filtriere. Gib zum Filtrat 1 ml verdünnte Salzsäure.

	Blindprobe mit Seife	Vollwaschmittel	Feinwaschmittel
Beobachtung:			

Erklärung: _____

Versuch 3: Nachweis von Natriumsulfat (Stellmittel, Hilfsstoff)
Löse im Reagenzglas eine Spatelspitze Untersuchungssubstanz in dest. Wasser und filtriere. Gib zum Filtrat Bariumchloridlösung.

	Blindprobe mit Natriumsulfat	Vollwaschmittel	Feinwaschmittel
Beobachtung:			

Erklärung: _____

Versuch 4: Nachweis von Wasserenthärtungsmittel (Polyphosphat, Sasil)
Gib im Reagenzglas zu verdünnter Eisen(III)-chloridlösung einen Tropfen Kaliumthiocyanatlösung. Verteile die rotgefärbte Lösung auf drei Reagenzgläser. Tropfe in jedes Reagenzglas zu der rotgefärbten Lösung jeweils eine Lösung der Untersuchungssubstanz in dest. Wasser.

	Blindprobe mit Polyphosphat	Vollwaschmittel	Feinwaschmittel
Beobachtung:			

Erklärung: _____

Wir untersuchen die Zusammensetzung von Waschmitteln **193**

Geräte/Materialien:
Reagenzglasgestell
6 Reagenzgläser
Reagenzglashalter
2 Becherglässer (250 ml)
3 Petrischalen
Spatellöffel
Pipette
Glasstab

Dreifuß
Keramikdrahtnetz
UV-Lampe
3 Papiertaschentücher
Thermometer
Schutzbrille
Sonnenbrille
Gasbrenner
Gasanzünder

Chemikalien:
Kaliumpermanganatlösung, verdünnt
optische Aufhellerlösung
Enzymlösung
Gelatine (4 g)
Natriumperborat
Vollwaschmittel
Feinwaschmittel
dest. Wasser

Versuchsanleitungen:

Versuch 5: Nachweis von Bleichmittel (Natriumperborat)
Gib im Reagenzglas zu dest. Wasser eine Spatelspitze Untersuchungssubstanz und tropfe verdünnte Kaliumpermanganatlösung zu. Erwärme kurz unter Umschütteln.

	Blindprobe mit Natriumperborat	Vollwaschmittel	Feinwaschmittel
Beobachtung:			

Erklärung: _____

Versuch 6: Nachweis von optischen Aufhellern (Weißtöner)
Gib eine Spatelspitze Substanz in dest. Wasser und koche kurz auf. Gieße die Lösung in eine Petrischale und hänge ein Papiertaschentuch hinein. Betrachte unter einer UV-Lampe (Sonnenbrille).

	Blindprobe mit opt. Aufheller	Vollwaschmittel	Feinwaschmittel
Beobachtung:			

Erklärung: _____

Versuch 7: Nachweis von Enzymen
Gib im Becherglas zu 100 ml dest. Wasser 4 g Gelatine. Erwärme unter Rühren, bis sich die Gelatine löst. Verteile die warme Lösung auf drei Reagenzgläser. Gib zu warmer Gelatinelösung gleich viel Lösung der Untersuchungssubstanz und erwärme im Wasserbad bis 40 °C.

	Blindprobe mit Enzymlösung	Vollwaschmittel	Feinwaschmittel
Beobachtung:			

Erklärung: _____

Kennzeichne die Ergebnisse der Versuche in der Tabelle mit + bzw. – und gib den pH-Wert an.

Auswertung	pH-Wert	Seife	Natriumsulfat	Enthärter	Bleichmittel	opt. Aufheller	Enzym
Vollwaschmittel							
Feinwaschmittel							

Waschen und Umweltschutz

Zur Zeit gibt es noch kein absolut umweltfreundliches Waschmittel. Waschen ist immer eine Belastung für die Umwelt: Trinkwasser und Energie werden verbraucht, Wasch- und Reinigungsmittel belasten insbesondere die Gewässer, die menschliche Haut kann beeinträchtigt werden. Daher sollte jeder auf sparsamen Verbrauch von Wasch- und Reinigungsmitteln achten.

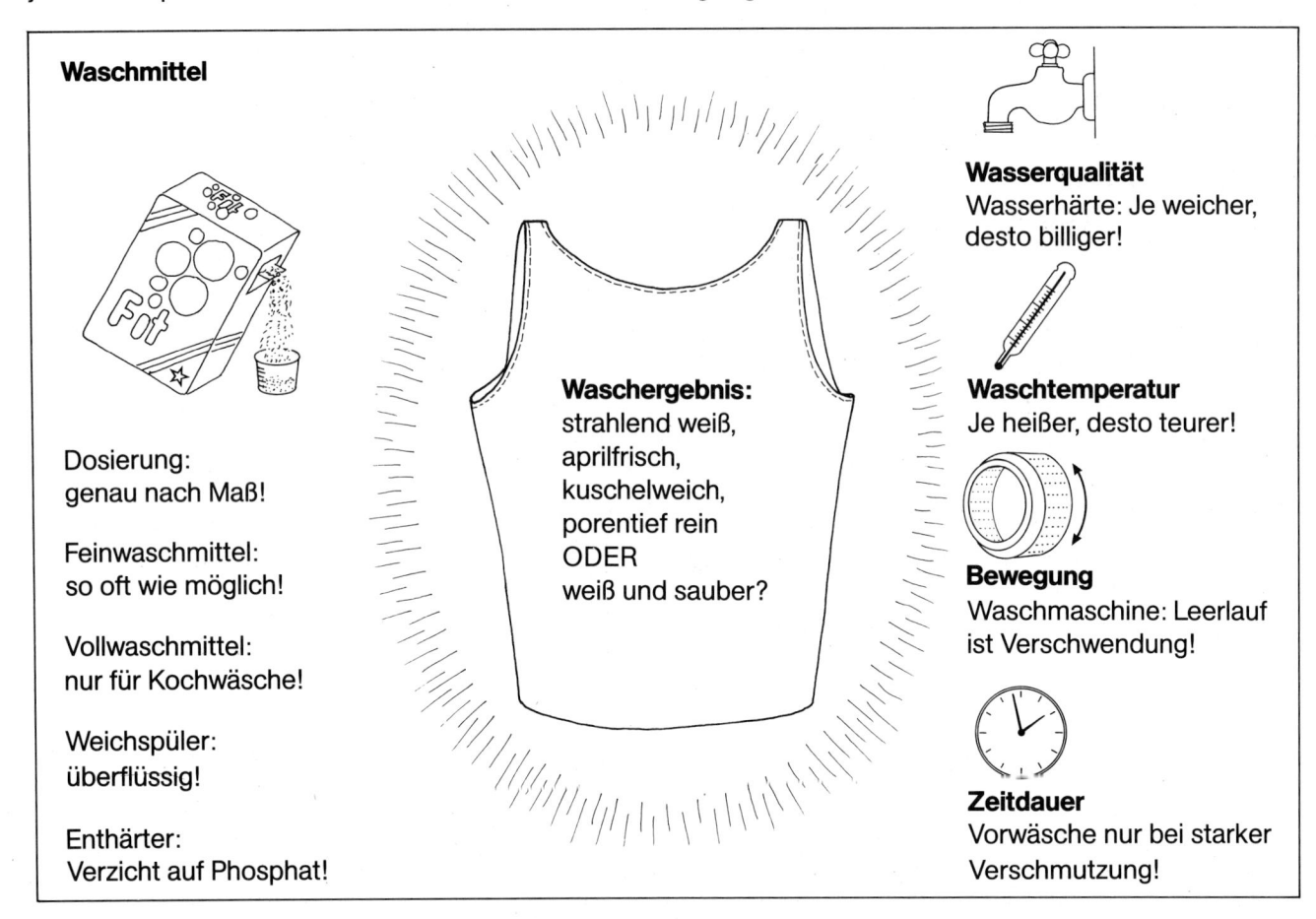

Waschmittel

Dosierung:
genau nach Maß!

Feinwaschmittel:
so oft wie möglich!

Vollwaschmittel:
nur für Kochwäsche!

Weichspüler:
überflüssig!

Enthärter:
Verzicht auf Phosphat!

Waschergebnis:
strahlend weiß,
aprilfrisch,
kuschelweich,
porentief rein
ODER
weiß und sauber?

Wasserqualität
Wasserhärte: Je weicher, desto billiger!

Waschtemperatur
Je heißer, desto teurer!

Bewegung
Waschmaschine: Leerlauf ist Verschwendung!

Zeitdauer
Vorwäsche nur bei starker Verschmutzung!

In allen Wasch- und Reinigungsmitteln sind Tenside enthalten, die nach der Tensidverordnung mindestens zu 80 % biologisch abbaubar sein müssen. Aufgrund dieser Vorschrift aus dem Jahr 1980 kann man davon ausgehen, daß ein Teil der Tenside in der biologischen Stufe der Kläranlagen zersetzt wird. Gemessen wird allerdings nur das Verschwinden der grenzflächenaktiven Eigenschaften, nicht der vollständige biologische Abbau der Tenside. Der Restabbau findet in den Gewässern statt. Dabei wird Sauerstoff verbraucht und die Lebensgrundlage für Wasserorganismen gestört. Vor allem Fische reagieren sehr empfindlich, da ihre Kiemen durch grenzflächenaktive Stoffe geschädigt werden. Zudem nehmen sie bei Anwesenheit von Tensiden fettlösliche Schadstoffe aus dem Wasser leichter auf.

Besonders umweltschädlich sind Weichspüler, da sie positiv geladene Tenside enthalten, die nicht unter die Tensidverordnung fallen. Sie haben nur eine geringe Reinigungswirkung, ziehen aber als Kationen auf die negativ geladenen Fasern auf und sorgen so für „weiche" Wäsche. Um den Weichspüler wieder aus der Wäsche zu entfernen, wird beim nächsten Waschen zusätzlich Waschmittel verbraucht. Kationische Tenside sind giftig für Fische und Kleinstlebewesen; sie beeinträchtigen wegen ihrer bakterientötenden Wirkung auch die biologische Reinigungsstufe der Kläranlage. Außerdem wirken Tenside aus Weichspülern hautbelastend, da sie den natürlichen Säureschutzmantel der menschlichen Haut zerstören.

Aufgabe:

Was kann der Verbraucher tun, damit der Tensidverbrauch sinkt und Waschen weniger die Umwelt belastet? Formuliere dazu einige Empfehlungen in deinem Heft und begründe sie anhand der Abbildung und der Textinformationen. Beachte, daß das Waschergebnis nicht nur vom Waschmittel, sondern auch von anderen Faktoren bestimmt wird.

Waschmittelinhaltsstoffe gefährden Mensch und Umwelt

Rätsel: Gesucht wird ein Waschmittelbestandteil, der weder wäscht, noch Haut und Umwelt schont!

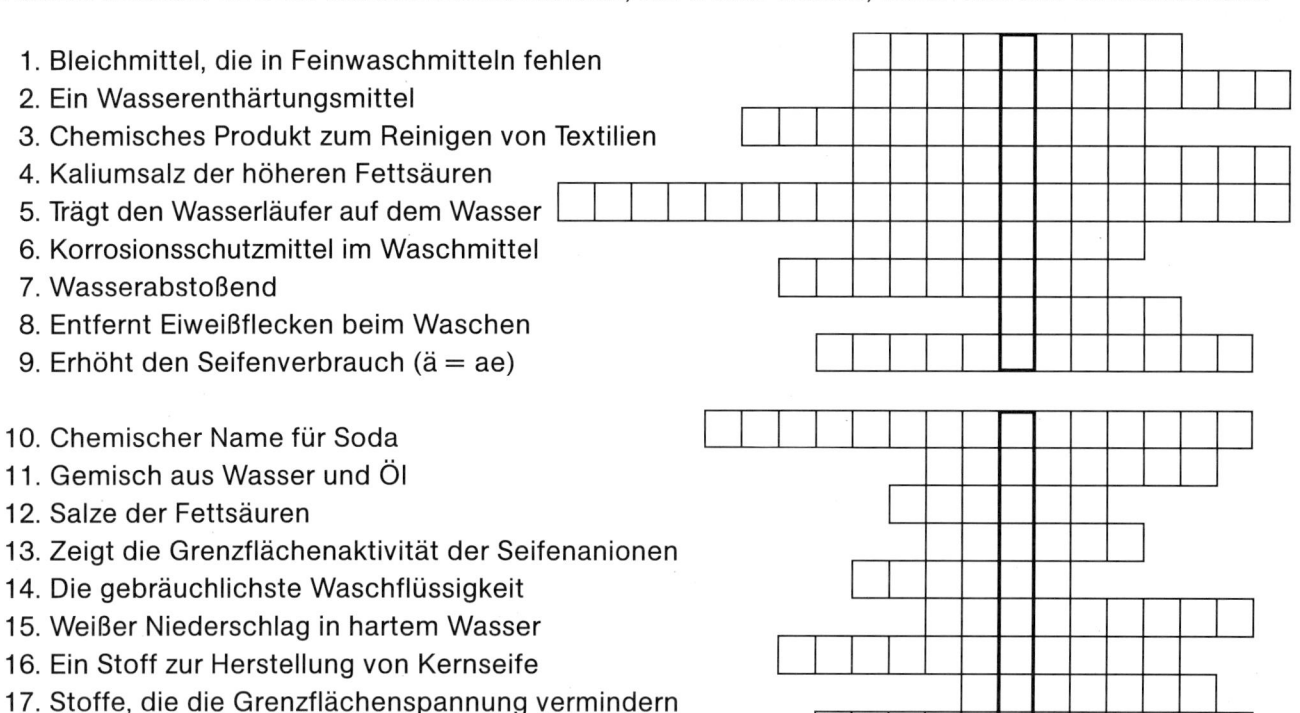

1. Bleichmittel, die in Feinwaschmitteln fehlen
2. Ein Wasserenthärtungsmittel
3. Chemisches Produkt zum Reinigen von Textilien
4. Kaliumsalz der höheren Fettsäuren
5. Trägt den Wasserläufer auf dem Wasser
6. Korrosionsschutzmittel im Waschmittel
7. Wasserabstoßend
8. Entfernt Eiweißflecken beim Waschen
9. Erhöht den Seifenverbrauch (ä = ae)

10. Chemischer Name für Soda
11. Gemisch aus Wasser und Öl
12. Salze der Fettsäuren
13. Zeigt die Grenzflächenaktivität der Seifenanionen
14. Die gebräuchlichste Waschflüssigkeit
15. Weißer Niederschlag in hartem Wasser
16. Ein Stoff zur Herstellung von Kernseife
17. Stoffe, die die Grenzflächenspannung vermindern
18. Feine Zerteilung von Schmutz in der Waschlösung

Waschmittel IDEAL
- ••• preisgünstig
- ••• waschaktiv
- ••• umweltverträglich
- ••• hautschonend ★

1. Weißtöner (optische Aufheller), Duft- und Farbstoffe aus Waschmitteln sind zwar nicht giftig, ein Gesundheitsrisiko kann jedoch nicht ausgeschlossen werden: Sie wirken hautbelastend. Weißtöner z. B. dürfen nicht bei Verbandsmaterial verwendet werden, da sie die Wundheilung verzögern. Sie ziehen beim Waschen auf die Faser auf, die Wäsche wird beschichtet. Bei empfindlichen Menschen kann die Dauereinwirkung solcher Substanzen zu Hautreizungen, Allergien oder Hautkrankheiten (evtl. Krebsrisiko) führen. Welche Art von Waschmitteln muß der Verbraucher wählen, wenn er Weißtöner vermeiden möchte?

---

2. Polyphosphate aus Waschmitteln tragen zur Eutrophierung stehender oder langsam fließender Gewässer bei. Daher wurde der Phosphatanteil in Wasch- und Reinigungsmitteln durch die Phosphathöchstmengenverordnung seit 1981 stufenweise gesenkt. An der Entwicklung geeigneter Ersatzstoffe wird noch gearbeitet. Die besten Erfolge erzielt man derzeit mit Zeolith A (Sasil). Andere Wasserenthärtungsmittel sind weniger waschwirksam (z. B. Citrat) oder weniger umweltverträglich (z. B. NTA oder Nitrilotriacetat). Welche Anforderungen müssen Wasserenthärtungsmittel erfüllen? Beschreibe ihre Wirkung beim Waschvorgang.

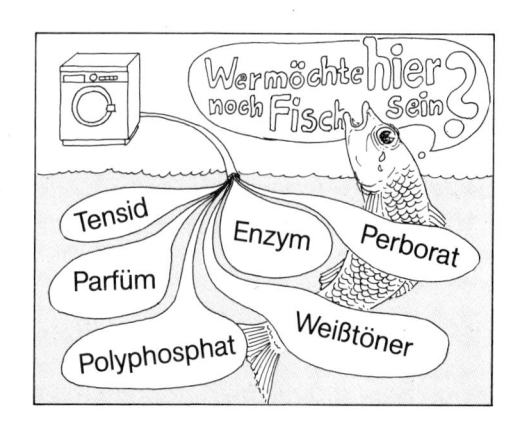

Wer möchte hier noch Fisch sein?
Tensid, Parfüm, Enzym, Perborat, Polyphosphat, Weißtöner

Wir untersuchen Nahrungsmittel auf Glucose

Bei Leichtathletikwettbewerben kannst du mit Traubenzucker eine rasche Leistungssteigerung erreichen. In welchen Nahrungsmitteln Traubenzucker (Glucose) enthalten ist, kannst du mit folgenden Versuchen herausfinden.

Geräte/Materialien:
Reagenzglasgestell
Reagenzglashalter
Reagenzgläser
6 Bechergläser (100 ml)
Glasstäbe
Spatellöffel
Gasbrenner
Anzünder
Schutzbrille
Becherglas (250 ml), hohe Form
Dreifuß
Keramikdrahtnetz

Chemikalien:
Fehling-Lösung I
Fehling-Lösung II
destilliertes Wasser
Glucose-Teststreifen
Glucose
Haushaltszucker
Fruchtzucker
Traubensaft
Tomatensaft
Zwiebelsaft
Bienenhonig

Versuchsanleitungen:

Versuch 1:
Gib in ein Reagenzglas gleiche Teile Fehling-Lösung I und II und vermische intensiv. Löse in einem anderen Reagenzglas Traubenzucker (Glucose) in Wasser. Füge zu dieser Lösung einen Teil der Fehling-Lösung und erwärme den Reagenzglasinhalt im Wasserbad. Vorsicht! Schutzbrille!
Führe mit wäßrigen Lösungen der angegebenen Nahrungsmittel ebenfalls die Fehlingsche Probe durch und trage Farbänderungen in die Tabelle ein.

Versuch 2:
Fülle wäßrige Lösungen der aufgeführten Nahrungsmittel in Reagenzgläser, prüfe mit Glucose-Teststreifen und trage deine Ergebnisse mit + oder – in die Tabelle ein!

Tabelle:

Nahrungs-mittel							
Farb-änderung							
Nachweis-ergebnis							

Aufgabe:

Finde heraus, welche Aufgabe die Glucose-Teststreifen in der Medizin erfüllen!

_____

_____

_____

Wir untersuchen Stärke

Stärke ist in den meisten Nahrungsmitteln pflanzlicher Herkunft, wie z. B. Brot, enthalten. Beim Kauen von Brot kann dir ein süßer Geschmack auffallen. Diesen Zusammenhang zwischen Stärke und Zucker kannst du durch Versuche klären.

Geräte/Materialien:
Reagenzglasgestell
Reagenzglashalter
Reagenzgläser
Becherglas (150 ml), hohe Form
Dreifuß mit Keramikdrahtnetz
Gasbrenner mit Anzünder
Spatellöffel
Glasstäbe
Tiegelzange
Messer
Pipette
Schutzbrille
Universalindikatorpapier

Chemikalien:
Fehling-Lösung I
Fehling-Lösung II
Iod-Kaliumiodid-Lösung
destilliertes Wasser
verdünnte Salzsäure
Natriumcarbonat
Stärke
Brot
Kartoffel
Teigwaren
Erbsen
Puddingpulver
Banane
Körperpuder

Versuchsanleitungen:

Versuch 1:
Erwärme in einem Becherglas eine verdünnte Stärkelösung, der du einige Tropfen verdünnte Salzsäure zugesetzt hast, bis zum Sieden. Gib kleine Portionen Natriumcarbonat zu, bis die Lösung neutral ist. Verteile die Flüssigkeit auf zwei Reagenzgläser. Prüfe in einem Reagenzglas mit Iod-Kaliumiodid-Lösung, im anderen mit einem Gemisch aus gleichen Teilen von Fehling-Lösung I und II. Halte beide Ergebnisse mit einer Begründung fest.

_____

_____

_____

Versuch 2:
Kaue ein Stück Brot intensiv und gib den gut eingespeichelten Brei in ein Becherglas. Füge genügend Wasser hinzu, so daß du eine überstehende Lösung in ein Reagenzglas abgießen kannst. Führe mit dieser Lösung den Glucosenachweis durch und schreibe dein Ergebnis auf!

_____

_____

Versuch 3:
Prüfe verschiedene Stoffe auf Stärke. Halte deine Ergebnisse mit + oder − in der Tabelle fest!

Nahrungs-mittel								
Versuchs-ergebnis								

Bierherstellung

Im Jahr 1516 wurde das Reinheitsgebot für Bier erlassen, nach dem nur Malz, Hopfen, Hefe und Wasser zur Herstellung von Bier zugelassen sind.

Gerste ist für die Bierherstellung Ausgangsprodukt. Mit Wasser werden Gerstenkörner zum Keimen gebracht. Das durch das Ferment Amylase entstehende Grünmalz wird getrocknet. Man erhält Malz.
Geschrotetes Malz wird mit Wasser bei ca. 75 °C erwärmt. Diese Maische wird in großen Kupferkesseln in Malzzucker verwandelt. Im Läuterbottich wird der Rückstand des Mälzens, der Treber, von der süßschmeckenden Würze getrennt.

In der Siedepfanne wird die Würze mit den Fruchtständen des Hopfens gekocht. Bitterstoffe und Hopfenöle gelangen dadurch in die Lösung. Außerdem machen die Gerbstoffe das Bier haltbar. Nach dem Abtrennen der Hopfenrückstände wird die Würze gekühlt. Eiweißstoffe, Gerbstoffe und Hopfenharze werden bei ca. 5 bis 10 °C abgetrennt.

Im Gärkeller wird die Würze mit Reinzuchthefe versetzt und ca. 8 bis 12 Tage lang vergoren (Temperatur 5 bis 10 °C).
In Lagertanks erfolgt bei 0 bis 2 °C die Nachgärung. Es kommt dabei zu einer Anreicherung mit Kohlenstoffdioxid, das zur Klärung des Bieres beiträgt.

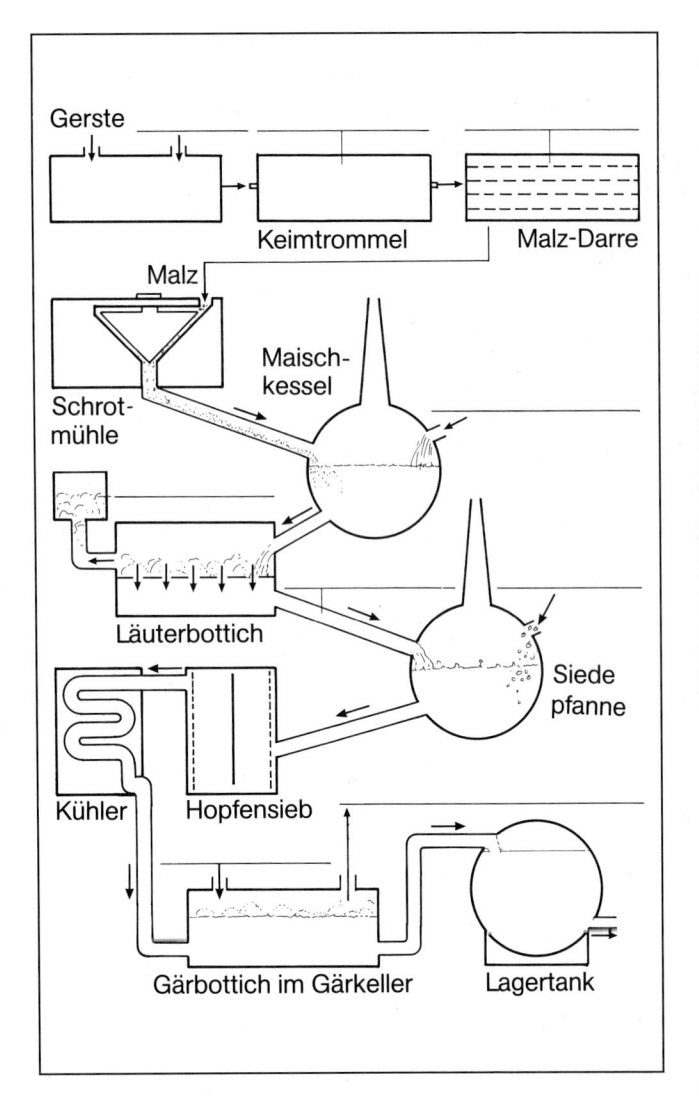

Aufgaben:

1. Unterstreiche im Text die wichtigsten Stationen der Bierherstellung farbig und beschrifte die Darstellung mit den entsprechenden Farben!

2. Zähle die nach dem Reinheitsgebot für die Bierherstellung zugelassenen Stoffe auf!

3. Erkundige dich nach dem Unterschied von „obergärigem" und „untergärigem" Bier!

4. Was heißt „alkoholfreies" Bier?

Wie sind Kohlenhydrate aufgebaut?

199

Die Bausteine vieler Kohlenhydrate sind Glucose- bzw. Fructosemoleküle. Schneide die Ringsymbole der Einfachzuckermoleküle aus und bilde daraus die angegebenen Kohlenhydratmoleküle. Achte darauf, wie die Moleküle zu Doppel- und Vielfachzuckermolekülen verknüpft werden.

Glucose (Traubenzucker)	Fructose (Fruchtzucker)

Amylose (Stärke)

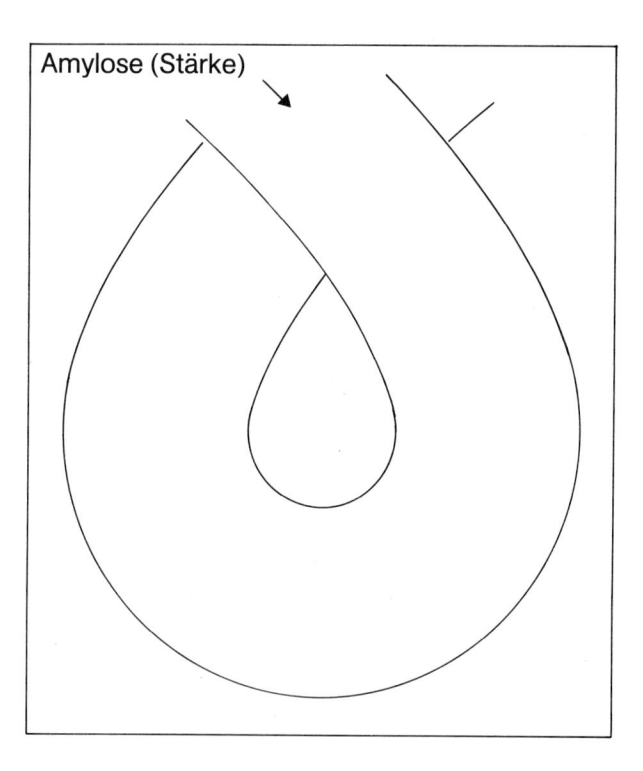

Saccharose (Rohr- oder Rübenzucker)

Maltose (Malzzucker)

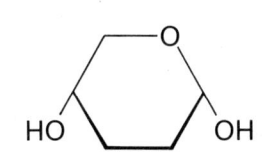

Cellulose

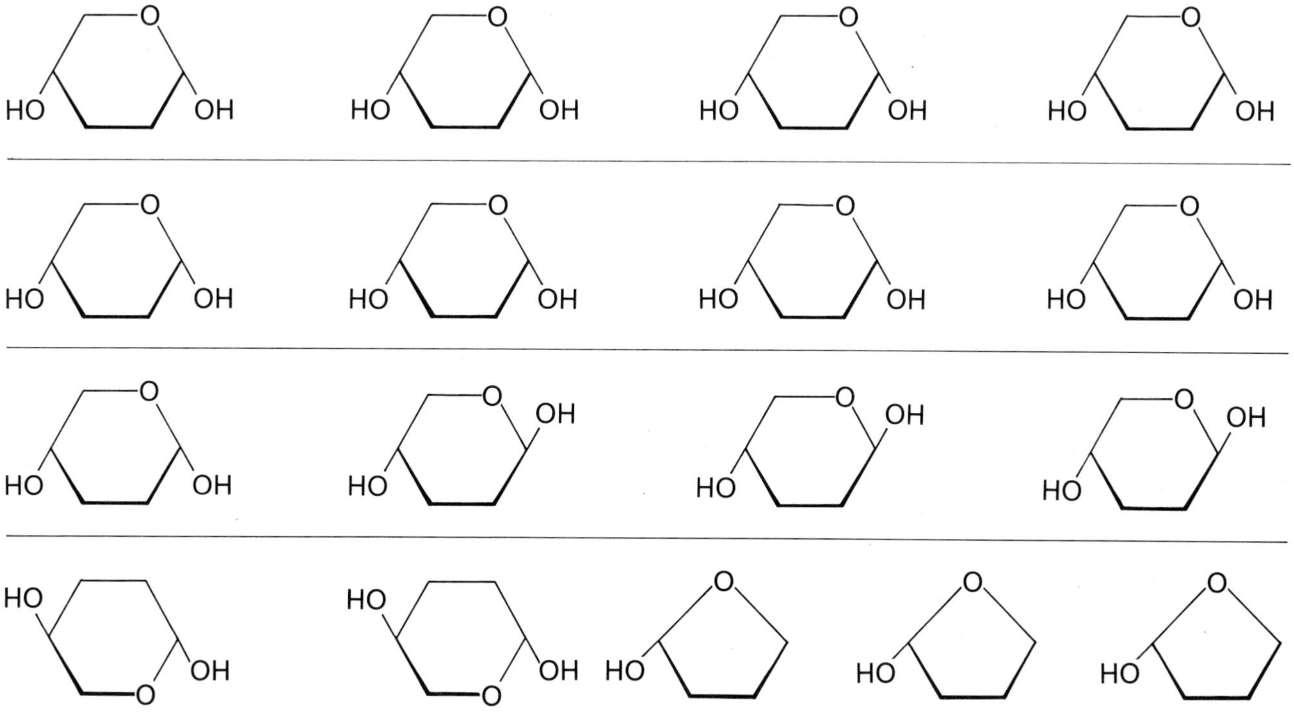

Wir untersuchen eine Eiweißlösung aus Eiklar

Geräte/Materialien:
Becherglas (250 ml)
2 Bechergläser (100 ml)
4 Reagenzgläser
Reagenzglasgestell
Reagenzglashalter
Glasstab
Tropfpipette
Meßzylinder (50 ml)
Gasbrenner
Gasanzünder
Schutzbrille
Eiklar

Chemikalien:
Salzsäure, verdünnt
Ethanol (oder Brennspiritus)
Bleinitratlösung
Natronlauge, verdünnt
Kupfersulfatlösung, verdünnt
dest. Wasser

Versuchsanleitungen:

1. Verrühre im größeren Becherglas das Eiklar eines Hühnereis mit 100 ml Wasser. Gieße die überstehende Lösung vorsichtig in ein zweites Becherglas, so daß die ungelösten Stoffe zurückbleiben. Bewahre die Eiweißlösung für die weiteren Experimente auf.

2. Erhitze vorsichtig etwas Eiweißlösung im Reagenzglas.

3. Gib in drei Reagenzgläser etwa 2 bis 3 cm hoch Eiweißlösung. Füge in das erste Reagenzglas tropfenweise verdünnte Salzsäure und lasse es einige Minuten stehen. Gib in das zweite Reagenzglas tropfenweise Ethanol und in das dritte einige Tropfen Bleinitratlösung.

4. Gib in ein weiteres Becherglas zu 5 ml Eiweißlösung 5 ml verdünnte Natronlauge und füge einige Tropfen einer verdünnten Kupfersulfatlösung zu.

Trage die Beobachtungen in die Tabelle ein.

Erhitzen	
Zugabe von verdünnter Salzsäure	
Zugabe von Ethanol	
Zugabe von Bleinitratlösung	
Zugabe von alkalischer Kupfersulfatlösung	

Auswertung/Aufgaben:

1. Erkläre die Veränderung der Eiweißlösung beim Erwärmen und bei Zugabe von Chemikalien.

2. a) Welcher der durchgeführten Versuche wird zum Nachweis von Eiweißen verwendet? Benenne die Nachweisreaktion.

   b) Wie kann man Eiweiße noch nachweisen? Beschreibe die Nachweisreaktion und benenne sie.

Aminosäuren und Peptidbindung

Eiweiße bilden die wichtigsten Bau- und Gerüststoffe im menschlichen Körper. Sehnen und Knorpel, Haare und Fingernägel, Muskelgewebe und Blut, Enzyme und Antikörper bestehen aus Eiweiß. Grundbausteine der natürlichen Eiweißstoffe sind zwanzig verschiedene Aminosäuren.

1. Warum kann es beim Menschen auch bei ausreichender Versorgung mit Eiweißen zu bestimmten Eiweißmangelerscheinungen kommen?

2. Die einfachst gebaute Aminosäure ist die Aminoethansäure (Glycin). Kennzeichne in ihrer Strukturformel die funktionellen Gruppen und benenne sie.

3. Zeichne in das nebenstehende Kästchen das allgemeine Bauprinzip der Aminosäuren ein. Gib die Stellung der Aminogruppe im Molekül an. Wodurch unterscheiden sich Aminosäuren im Aufbau untereinander?

4. Die untenstehende Grafik zeigt die Strukturformeln von drei Aminosäuren mit Symbolen für die Reste. Zeichne in die anhängenden Symbole die Restgruppen der verschiedenen Aminosäuren ein. Durch welche Reaktion können sie zu einem Tripeptid verknüpft werden? Zeichne die Strukturformel für das Tripeptid und erkläre die Bildung von Kettenmolekülen. Welche Moleküle entstehen noch?

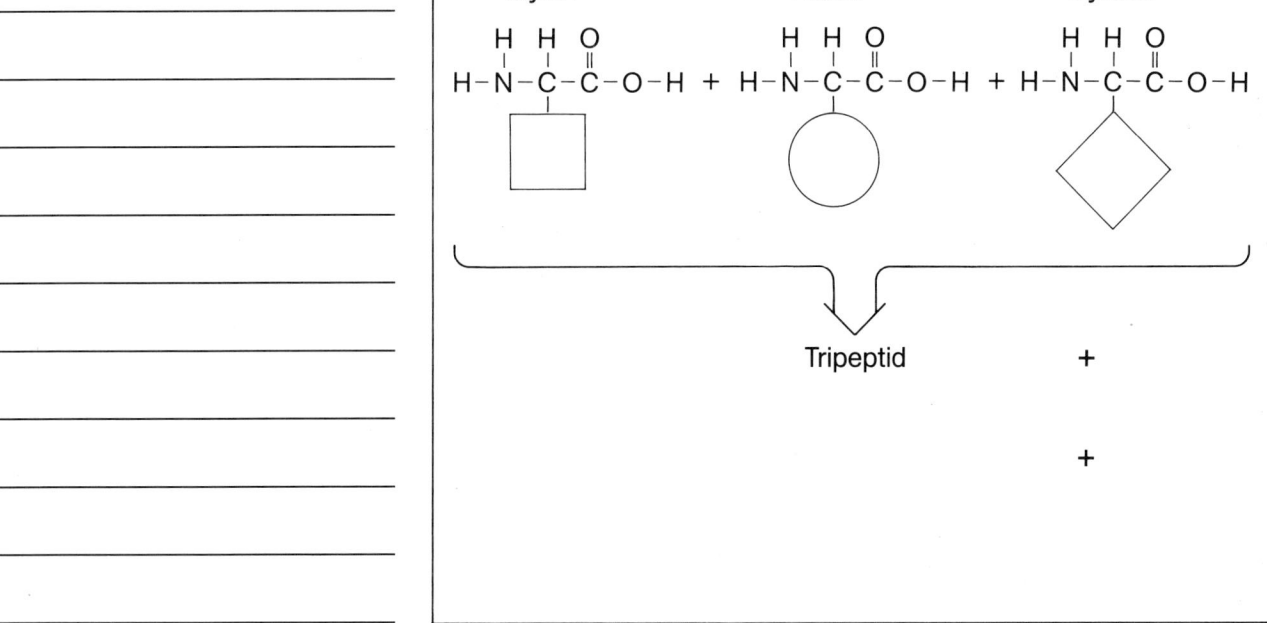

Die Eiweißstruktur bestimmt die Frisur

Haare bestehen aus Keratin, einem nicht wasserlöslichen Gerüsteiweiß. Es enthält 18 Aminosäurebausteine, die zu Polypeptidketten verknüpft sind.

1. Polypeptidketten sind meist zu Spiralen gewunden, die durch verschiedene Querverbindungen miteinander verbunden sind, so daß komplizierte räumliche Strukturen entstehen. Dabei spielt beim Aufbau des Haares die Aminosäure Cystein eine besondere Rolle.

   a) Wodurch wird die Form der Polypeptidspirale in der Längsrichtung stabilisiert? Zeichne die Anziehungskräfte zwischen den Windungen farbig in die nebenstehende Abbildung ein und begründe.

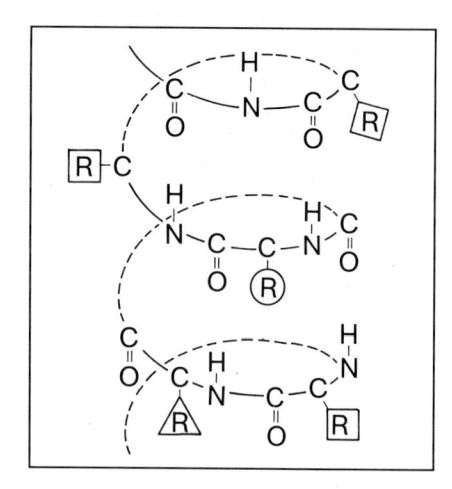

   b) Durch welche Art von Querverbindungen werden die Peptidspiralen in ihrer Lage gehalten?

   c) Besonders wichtig für die Ausbildung von Schwefelbrücken ist die Aminosäure Cystein. Begründe mit dem Bau der Moleküle.

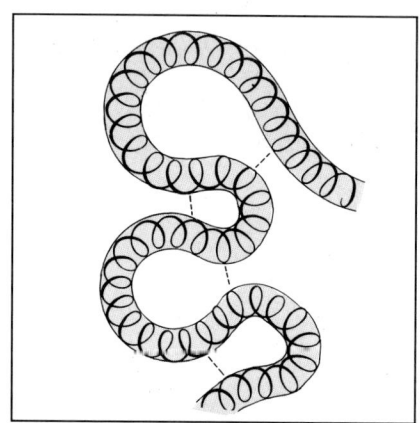

2. Von der Anordnung der Polypeptidketten im Keratin hängt es ab, ob das Haar glatt oder gewellt ist. Glattes Haar läßt sich für kurze Dauer durch Einwirkung von Wasser verändern. Dabei werden die Wasserstoffbrücken zwischen den Peptidspiralen gelöst. Das Haar quillt auf und wird verformbar. Bei Wasserwellen oder Fönfrisuren bringt man das aufgeweichte Haar in die gewünschte Form und läßt das Wasser verdampfen. Dabei bilden sich quer zur Haarrichtung neue Wasserstoffbrücken aus; das Haar ist gewellt. Welche Nachteile hat diese Art von Lockenfrisur?

3. Soll das Haar auf die Dauer gelockt bleiben, so müssen die Schwefelbrücken zwischen den Peptidspiralen gespalten werden. Früher geschah dies mit heißen Brennscheren, mit denen man das noch feuchte Haar formen konnte. Heute legt man das Haar in Dauerwellen. Dabei werden die Schwefelbrücken durch chemische Reduktionsmittel (Wellmittel) aufgebrochen. Wird das Haar mit Lockenwicklern in die gewünschte Form gebracht, können durch Aufbringen von Fixiermitteln neue Querverbindungen zwischen den Peptidspiralen gebildet werden. Die neuen Schwefelbrücken sind stabil. Die Dauerwelle hält so lange, bis unbehandeltes Haar nachgewachsen ist. Dauerwellpräparate sind aggressive Chemikalien. Informiere dich, worauf bei ihrer Anwendung geachtet werden muß.

Zu Bremen lebt gewandt und still
Als ein Friseur der Meister Krüll,

Naturfasern – Produkte von Tieren und Pflanzen

Seide ist ein tierisches Produkt. Vor rund 3000 Jahren entdeckte man in China, daß die Raupe des Seidenspinners, eines Nachtschmetterlings, zwei Spinndrüsen besitzt, aus denen sie einen sehr feinen und festen Doppelfaden pressen kann. Aus einem einzigen Faden spinnt sich die Raupe ein ovales Gehäuse aus reiner Seide, Kokon genannt.

1. Der Spinnfaden der Seidenraupe besteht aus Eiweiß. Die untenstehende Abbildung zeigt vereinfacht den Ausschnitt einer Polypeptidkette, wie sie typisch für das Eiweiß eines Seidenfadens ist. Welche Aminosäuren sind in der Polypeptidkette miteinander verknüpft? Ordne jeweils die Namen zu.

   a) _____   d) _____

   b) _____   e) _____

   c) _____   f) _____

2. Wollfäden riechen beim Erhitzen nach angebranntem Haar oder Horn. Die entweichenden Dämpfe färben feuchtes Indikatorpapier blau. Geruch und Indikatorfärbung geben einen Hinweis auf die Zusammensetzung. Erkläre.

   _____

   _____

3. Baumwolle ist die wichtigste pflanzliche Faser. Woraus besteht sie? Benenne die Grundbausteine und zeichne einen kurzen Ausschnitt des Moleküls.

4. Die unterschiedlichen Oberflächenstrukturen von Natur- und Synthesefasern bestimmen die Wasch- und Pflegeeigenschaften der Textilien. Wollfasern sind schuppig und rauh, Baumwollfasern dagegen flach und schraubig gewunden. Synthesefasern haben überwiegend einen runden Querschnitt und glatte Oberflächen. Ordne den folgenden Texten jeweils die entsprechenden Naturfasern (Wolle, Baumwolle) bzw. Synthesefasern zu.

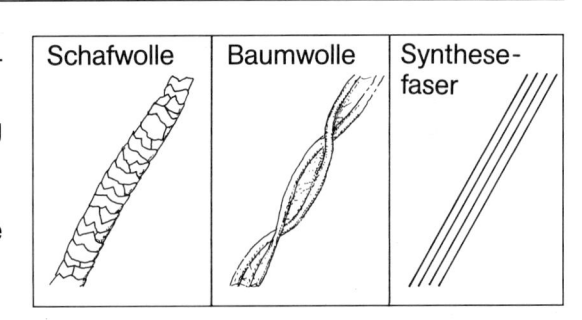

   [_____] sind leicht zu reinigen wegen ihrer glatten Oberfläche, da weniger Schmutz zwischen den Fasern eingeschlossen wird.

   [_____] verfilzt leicht beim Waschen mit alkalischen Lösungen aufgrund ihrer Schuppenstruktur.

   [_____] sind bügelfrei, knitterfest und formbeständig; die Gewebe trocknen rasch, die Fasern quellen nicht.

   [_____] neigen aufgrund ihrer verflochtenen Faserstruktur eher zu Schmutzeinschlüssen; vertragen auch Waschtemperaturen bis 95 °C.

   [_____] können nur von Hand und mit Spezialwaschmitteln gewaschen werden, da sie sonst rauh, hart und kratzend werden, einlaufen oder verfilzen.

   [_____] verschmutzen aufgrund elektrostatischer Aufladung rasch und müssen deshalb häufiger gewaschen werden.

Wir lernen Kunststoffe unterscheiden

204

Im Alltag begegnen wir einer Vielzahl unterschiedlicher Kunststoffe. Da man z. B. beim Kleben oder Reinigen wissen muß, um welchen Kunststoff es sich handelt, wollen wir wichtige Unterscheidungsmerkmale selbst ermitteln.

Geräte/Materialien:
Reagenzglas
Reagenzglashalter
Gasbrenner mit Anzünder
2 Bechergläser (250 ml), weit
Tiegelzange
Schutzbrille

Metallplatte
Kupferblechstreifen
Universalindikatorpapier

Chemikalien:
Glycerin
destilliertes Wasser

Kunststoffproben:
Polyethen (PE)
Polyvinylchlorid (PVC)
Polystyrol (PS)
Polymethylmethacrylat (PMMA)
Polytetrafluorethen (PTFE)
Polyamid (PA)

Versuchsanleitungen:

Versuch 1: Schwimmverhalten
Fülle zwei Bechergläser mit Glycerin bzw. dest. Wasser. Gib in die Flüssigkeiten Kunststoffstäbchen und beobachte, ob die Stäbchen schwimmen, schweben oder in den Flüssigkeiten langsam oder rasch absinken („Schwimmverhalten"). Notiere die Beobachtungen in der Tabelle und gib die Dichte der Kunststoffe im Vergleich zu Wasser (Dichte: 1,0 g/cm^3) bzw. Glycerin (Dichte: 1,26 g/cm^3) an.

Kunststoffprobe	PE	PVC	PS	PMMA	PTFE
Schwimmverhalten in Wasser					
Schwimmverhalten in Glycerin					
Auswertung (Dichte im Vergleich)					

Versuch 2: Untersuchung einer unbekannten Kunststoffprobe
a) Untersuche das Schwimmverhalten der Kunststoffprobe wie in Versuch 1.
b) Halte das Kunststoffstäbchen in die Brennerflamme (Abzug! Metallplatte unterlegen!) und beobachte die Entflammbarkeit, das Brennverhalten außerhalb der Flamme und die Rußentwicklung.
c) Erhitze die Kunststoffprobe im Reagenzglas (Abzug!). Prüfe die entweichenden Dämpfe mit feuchtem Universalindikatorpapier und einem ausgeglühten Kupferblechstreifen (Beilsteinprobe).
Trage die Beobachtungen in die Tabelle ein und vergleiche das Verhalten der Kunststoffprobe mit den Angaben in deinem Chemiebuch. Bestimme anhand der ermittelten Eigenschaften die Art der untersuchten Kunststoffprobe.

Schwimm-verhalten in Wasser	Schwimm-verhalten in Glycerin	Brennverhalten	Verhalten beim Erhitzen im Reagenzglas	Färbung von Indikator-papier	Beilstein-probe

Bei der untersuchten Kunststoffprobe handelt es sich um: _____

Polymerisation – Polykondensation

Polymerisation und Polykondensation sind Reaktionstypen, nach denen eine Vielzahl von Kunststoffen hergestellt werden. Bei der Polymerisation entstehen Makromoleküle durch Verknüpfung von Molekülen mit C = C – Doppelbindungen.
Voraussetzung für die Polykondensation sind Ausgangsstoffe, deren Moleküle zwei oder mehrere funktionelle Gruppen enthalten. Als Reaktionsprodukte entstehen dabei neben den Kunststoffen noch Stoffe, die aus kleinen Molekülen bestehen, wie z. B. Wasser.

Aufgaben:

1. Die Polymerisation ist als „Zwillingsspiel" mit „Micky-Maus-Paaren" dargestellt. Schreibe den Zusammenhang auf, den du in beiden Bildleisten zur Polymerisation herstellen kannst.

2. PVC wird aus Vinylchlorid (Chlorethen) hergestellt. Formuliere die Verknüpfungsreaktion von 3 Monomeren in einer Reaktionsgleichung und schreibe den Reaktionstyp auf den Pfeil.

3. Nylon wird aus Adipinsäure und Hexamethylendiamin hergestellt. Formuliere dazu die Reaktionsgleichung und gib den Reaktionstyp auf dem Pfeil an.

$$nHO-\underset{(CH_2)_4}{C(=O)\quad C(=O)}-OH \; + \; nH-\underset{(CH_2)_6}{N(H)\quad N(H)}-H \longrightarrow \quad + $$

4. Färbe die Symbole und schneide sie aus. Klebe sie in deinem Heft so zusammen, daß sie die Polykondensation veranschaulichen. Schreibe unter die Symbole die Namen der Stoffe.

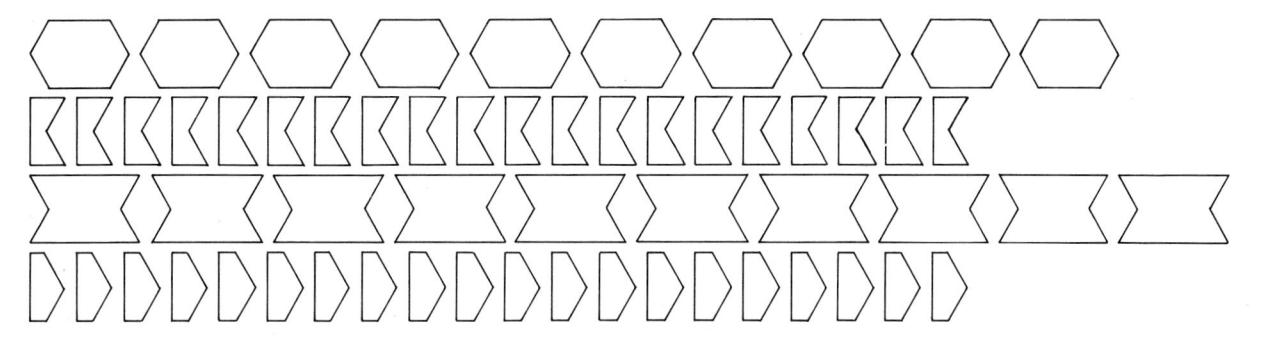

Synthesefasern – Fäden aus der Retorte

In der Nacht zum 21. Juli 1969 sahen Millionen von Fernsehzuschauern die erste Live-Übertragung vom Mond. Sie konnten die Astronauten ALDRIN und ARMSTRONG beobachten, wie sie sich bei Temperaturen zwischen −130 °C und +160 °C langsam und schwerfällig auf der Mondoberfläche bewegten. Sie trugen Raumanzüge, die aus 21 Spezialstoffschichten gefertigt waren, davon 20 aus Synthesefasern. In Anzügen aus Naturfasern wäre dieser Mondausflug nicht möglich gewesen. Erst als es gelang, aus geschmolzenen Kunststoffschnitzeln lange, feste Fäden zu spinnen, konnten hitzebeständige und reißfeste Gewebe hergestellt werden. Dabei lassen sich die Eigenschaften der Synthesefasern vorherbestimmen. Ob sie hart oder weich, starr oder elastisch, glatt oder gekräuselt, dick oder dünn, wasserabstoßend oder saugfähig sein sollen, wird durch die Wahl der Ausgangsstoffe und der Verarbeitungsmethoden bestimmt.

1. Wolle, Seide, Baumwolle und Leinen waren noch vor hundert Jahren die einzigen Rohstoffe für Bekleidung. Heute sind die Kleiderschränke gefüllt mit Textilien aus Synthesefasern aller Art.
   a) Woraus wird heute Oberbekleidung gefertigt? Überprüfe die Etiketten deiner Kleidungsstücke und trage jeweils wie in den Beispielen die Zusammensetzung der Gewebe ein.

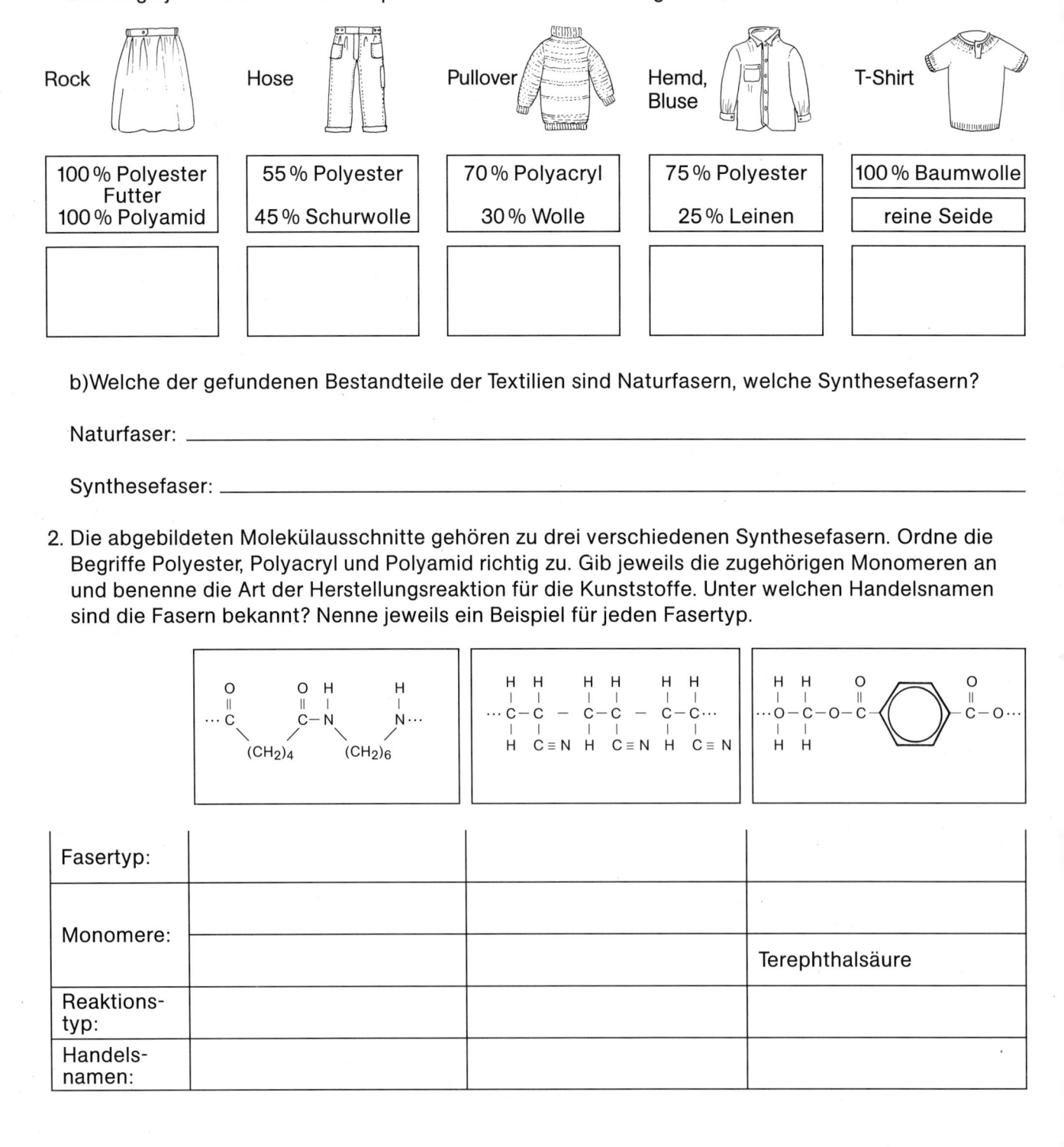

Rock	Hose	Pullover	Hemd, Bluse	T-Shirt
100 % Polyester Futter 100 % Polyamid	55 % Polyester 45 % Schurwolle	70 % Polyacryl 30 % Wolle	75 % Polyester 25 % Leinen	100 % Baumwolle reine Seide

b) Welche der gefundenen Bestandteile der Textilien sind Naturfasern, welche Synthesefasern?

Naturfaser: _____

Synthesefaser: _____

2. Die abgebildeten Molekülausschnitte gehören zu drei verschiedenen Synthesefasern. Ordne die Begriffe Polyester, Polyacryl und Polyamid richtig zu. Gib jeweils die zugehörigen Monomeren an und benenne die Art der Herstellungsreaktion für die Kunststoffe. Unter welchen Handelsnamen sind die Fasern bekannt? Nenne jeweils ein Beispiel für jeden Fasertyp.

Fasertyp:			
Monomere:			Terephthalsäure
Reaktionstyp:			
Handelsnamen:			

Kunststoffe – Eigenschaften, Struktur und Verarbeitung

Manche Eigenschaften von Kunststoffen, wie z. B. das Erweichen beim Erwärmen, erweisen sich beim alltäglichen Gebrauch als nachteilig. Doch gerade diese Verformbarkeit in der Wärme ist beim Herstellen von Gebrauchsgegenständen für die Technik von Vorteil. Dabei zeigt sich bei der Verarbeitung ein Zusammenhang zwischen dem Aufbau der Stoffe und ihren Eigenschaften.

1. Ordne den Darstellungen in den drei Bildern folgende Begriffe zu: Thermoplast, Duroplast, Elastomer, hart, plastisch verformbar, nicht schmelzbar, weich, gummielastisch, beim Erwärmen verformbar, nur vorübergehend verformbar, unvernetzt, stark vernetzt, schwach vernetzt.

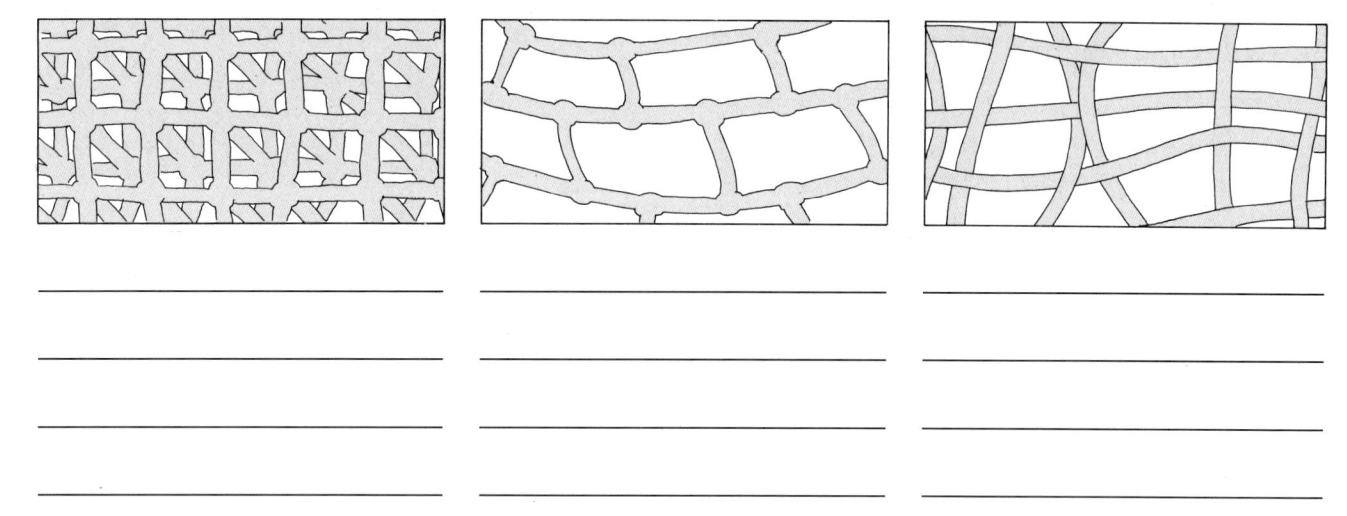

2. Gib an, ob es sich bei den abgebildeten Gegenständen um Elastomere, Thermoplaste oder Duroplaste handelt.

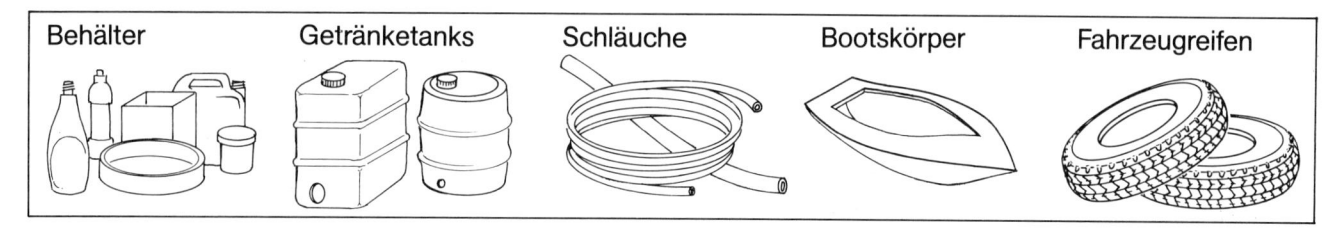

   Behälter   Getränketanks   Schläuche   Bootskörper   Fahrzeugreifen

3. a) Schreibe das Verfahren auf, nach dem die abgebildeten Gegenstände hergestellt werden.

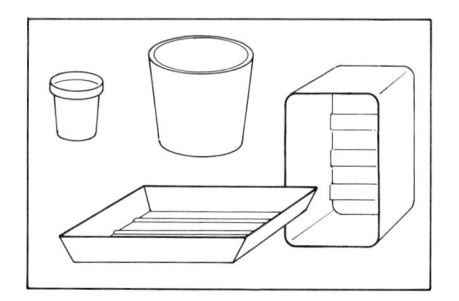

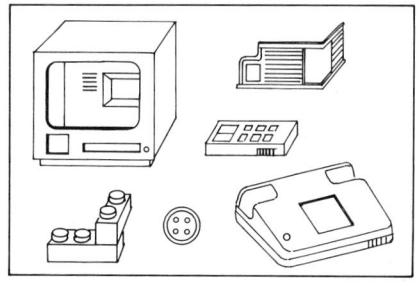

   b) Welches dieser drei gefundenen Verfahren wird zur Herstellung von Folien verwendet? Beschreibe kurz.

Kunststoffe und Recycling

Kunststoffe sind Werkstoffe nach Maß. Durch die Wahl der Ausgangsstoffe und der Reaktionsbedingungen lassen sich unterschiedliche Kunststoffe gezielt mit den gewünschten Eigenschaften herstellen. Deshalb erobern Kunststoffe immer mehr Einsatzbereiche. Wegen ihrer geringen Dichte werden z. B. auch im Automobilbau zunehmend Kunststoffteile verwendet; eine kleine Auswahl zeigt die untenstehende Tabelle. Dabei spielen vor allem PU, PE, PP, PMMA und Polyester eine wichtige Rolle.

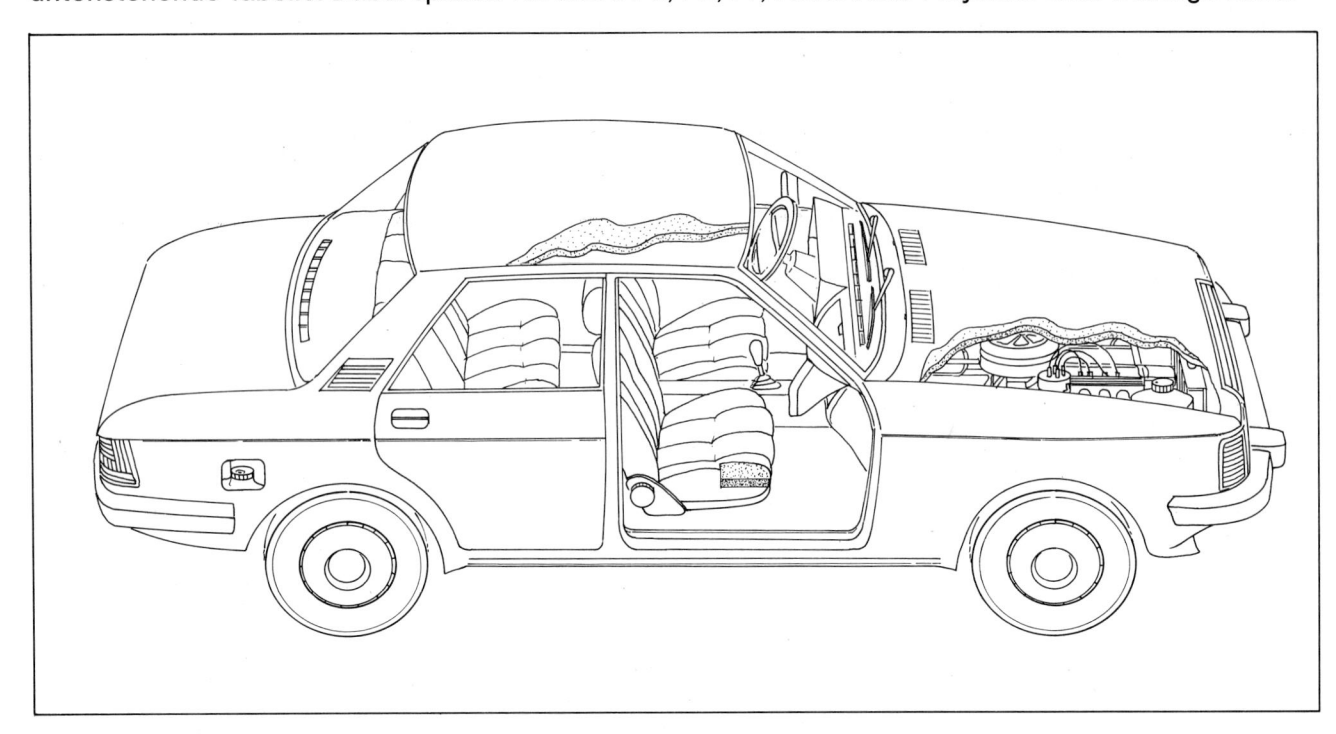

Polyalkene (z. B. PE, PP)	Plexiglas (PMMA)	Polyester	Polyurethan (PU)
Stoßstangen, Kühlergrill, Radkappen, Treibstoff- und Wassertank, Spiegelhalterungen, Blenden an Luftkanälen und Armaturenbrett, Türgriffe	Blenden für Rücklichter und Blinker	Fasern von Bodenteppich und Sitzbezügen, Verteilerkappe	Sitzpolster, Geräuschdämmung von Motor- und Fahrzeugraum
PE und PP lassen sich einschmelzen oder verbrennen, um Energie zu gewinnen	PMMA läßt sich einschmelzen	Polyester läßt sich nicht einschmelzen	PU-Schaum läßt sich nicht einschmelzen

Bei der Verschrottung eines Autos können Metalle, vor allem Stahlschrott, zum großen Teil entfernt und wieder verwendet werden. Kunststoffe landen meist auf dem Müll. Kunststoff-Recycling ist nur möglich, wenn einzelne Teile bei der Herstellung gekennzeichnet, vor der Zerkleinerung des Schrottautos ausgebaut und sortiert werden. Thermoplastischer Kunststoffmüll läßt sich wieder einschmelzen; die daraus geformten, neuen Produkte sind jedoch von minderer Qualität. Aus einem Polyethen-Tank könnte nach dem Einschmelzen z. B. noch ein Bierkasten gefertigt werden.

Aufgaben:

1. Suche die in der Tabelle angegebenen Kunststoffteile in der Abbildung und kennzeichne sie je nach Art der Kunststoffe mit vier verschiedenen Farben.

2. Warum kann ein Gemisch verschiedener Thermoplaste und Duroplaste nicht zu neuen Produkten verarbeitet werden? Beantworte im Heft.

3. Kunststoffmüll kann durch Pyrolyse aufgearbeitet werden. Was versteht man unter Pyrolyse? Welche Vor- und Nachteile sind damit verbunden? Beantworte im Heft.

Lösungen zu den Arbeitsblättern

Lösungen zu den Arbeitsblättern

210

Die in Klammern gesetzte Zahl hinter einem Arbeitsblattthema gibt die Seite an, auf der das betreffende Arbeitsblatt zu finden ist.

Wir entwerfen eine Laborordnung (6)

Aufgabe: Vor dem Experimentieren: Geräte auf Fehler kontrollieren (z. B. Sprünge im Glas); Versuchsaufbau vom Lehrer kontrollieren lassen.
Während des Experimentierens: Brenner mindestens 30 cm von der Tischkante entfernt aufstellen; beim Umgang mit Gefahrstoffen Schutzbrille (ggf. Schutzhandschuhe) tragen; beim Erhitzen von Flüssigkeiten Siedesteinchen verwenden.
Nach dem Experimentieren: Chemikalien nie in Lebensmittelgefäßen (z. B. Limoflasche) aufbewahren; gebrauchte Gefäße sorgfältig spülen, trocknen, wegräumen.

Richtiges und falsches Verhalten beim Experimentieren (7)

Von oben nach unten:

Fehler: Reagenzglasöffnung auf Person gerichtet; Gefahr: Verletzung durch Spritzer; Richtiges Verhalten: Reagenzglasöffnung stets von Person weghalten.
Fehler: Pipettieren mit dem Mund; Gefahr: Verätzung oder Vergiftung; Richtiges Verhalten: Nur mit Saugvorrichtung pipettieren.
Fehler: Chemikalien werden in den Ausguß gekippt; Gefahr: Gefährdung der Umwelt; Richtiges Verhalten: Chemikalienreste in spezielle Abfallgefäße geben.
Fehler: Offen getragenes langes Haar; Gefahr: Versengen/Verbrennen des Haars; Richtiges Verhalten: Lange Haare nach hinten binden.

Eine Methode zum Ansaugen von Flüssigkeiten (8)

1. Viele Flüssigkeiten zerstören den Pipettierball. Die Ventile werden undicht.
2. Beim Drücken des Ventils E kann Luft von außen durch die Gummiröhrchen in den oberen Teil der Pipette gelangen und die Flüssigkeit ablaufen.
3. Das Ventil A, damit die Luft zunächst aus dem Ball gedrückt werden kann.

Auf jedes Chemikaliengefäß gehört das richtige Etikett (9)

1.

2. oben links: Ätzend, C; oben rechts: Explosionsgefährlich, E; unten links: Mindergiftig, Xn oder Reizend, Xi; unten rechts: Hochentzündlich, F + oder Leichtentzündlich, F.

Gesundheitsgefährdende Chemikalien (10)

Sehr giftig: weißer Phosphor, Tetrachlormethan; giftig: Methanol, Nitrobenzol, Phenol; mindergiftig: Blei, Iod, Kaliumpermanganat; ätzend: konzentrierte Säuren, Natriumhydroxid, Brom; reizend: verdünnte Säuren und Laugen, Kaliumchromat; krebserzeugend: Asbest, Benzol, Zinkchromat.

Umgang mit Volumenmeßgeräten (14)

1. Volumen des Wassers im Meßzylinder: z. B. 51 ml
Ursachen für Unterschiede: Ablesefehler, Meßzylinder ist ungenau, zuviel Wasser in die Pipette gesaugt.
2. Volumen des Wassers im Meßzylinder: z. B. 4,5 ml
Volumen des abgeflossenen Wassers
aus der Meßpipette   5 ml
Ursachen für Unterschiede: Anzeige auf den Volumenmeßgeräten ungenau, Meßzylinder ungenauer als Meßpipette, Flüssigkeitsverluste beim Übertragen.
Genaueres Meßgerät für 2 ml Flüssigkeit: Meßpipette.
3.2 konkav
3.3 Stand der Bürette nach dem Ablassen des Wassers:
z. B. 46,8 ml
Stand der Bürette vor dem Ablassen des Wassers:
z. B. 31,3 ml
Volumen des Wassers aus der Bürette:
z. B. 15,5 ml
Besser geeignetes Gerät: Die Bürette! Bei der Bürette kann das Abfließen verfolgt und auf einen Tropfen genau gestoppt werden. Mit dem Meßzylinder können Flüssigkeitsportionen nur schubweise abgegossen werden, es wird zuviel ausgegossen.

3.4 Volumen eines Tropfens = $\dfrac{1 \text{ ml}}{\text{z. B. 25}}$ = 0,04 ml.

Zahl der Tropfen: z. B. 40; Zahl der Tropfen bei Mitschülern z. B. 38, 55, 42 usw.

Stoffe erkennt man an ihren Eigenschaften (16)

2.

	Gips	Traubenzucker	Stärke	Kochsalz	unbekannter Stoff
Verhalten in Wasser	unlöslich	löslich	unlöslich	löslich	unlöslich
Verhalten beim Erhitzen	verändert sich nicht	wird braun	wird braun	schmilzt	wird braun

3. Aufschrift auf dem Flaschenetikett: Stärke.
Aufgabe: Die Geschmacksprobe ist gefährlich, zahlreiche Stoffe sind giftig.

Wir prüfen die Leitfähigkeit von Zucker und Kochsalz (17)

Ergänzung der Zeichnung: siehe Seite 211.
Versuch 1: Beobachtung: Das Lämpchen leuchtet in beiden Fällen nicht; Auswertung: Zucker und Salz leiten den elektrischen Strom nicht.
Versuch 2: Beobachtung: Das Lämpchen leuchtet nur bei der Kochsalzlösung;
Auswertung: Eine Kochsalzlösung leitet im Gegensatz zu einer Zuckerlösung den elektrischen Strom.
Aufgaben: 1. Festes Kochsalz leitet den Strom nicht, eine Kochsalzlösung dagegen leitet. Bei Zucker leiten weder der feste

Stoff noch die Lösung. 2. Destilliertes Wasser leitet den elektrischen Strom nicht.

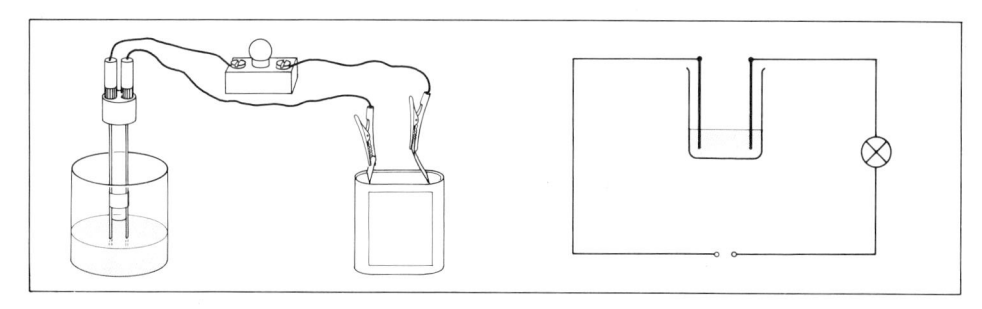

Der Gasbrenner (18)

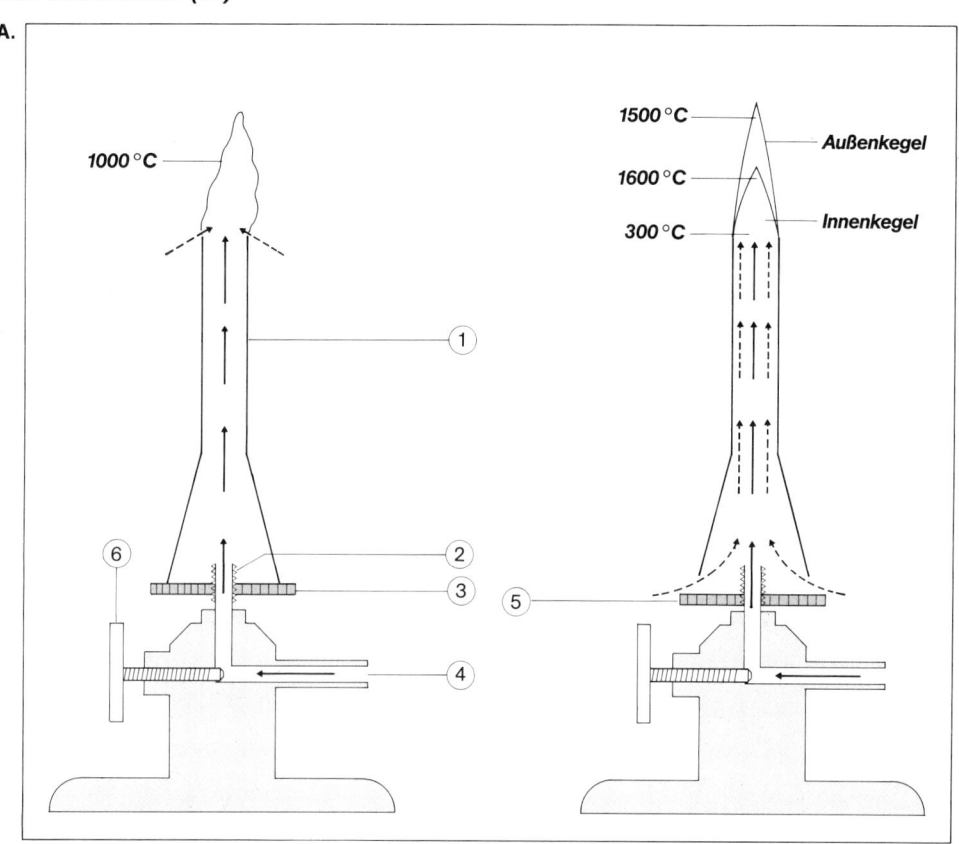

A.

1. Brennerrohr; 2. Gasdüse; 3. drehbare Scheibe, Luftzufuhr geschlossen; 4. Gasanschluß; 5. Luftzufuhr geöffnet; 6. Gasregulierung.
B. 1. Schutzbrille aufsetzen; 2. Luftzufuhr schließen; 3. Streichholz entzünden; 4. Streichholzflamme über die Öffnung halten; 5. Gashahn öffnen; 6. Gasregulierung öffnen.
C. Aufgabe: Die Verbrennung ist um so intensiver, je mehr Luft mit dem Gas gemischt ist.

Wir erhitzen Wasser im Reagenzglas (20)

1. Erhitzt man am unteren Ende des Reagenzglases, so drückt der entstehende Wasserdampf das sich darüber befindende Wasser heraus.
2. Durch das Schütteln, durch die Siedesteine und dadurch, daß vorwiegend am oberen Flüssigkeitsspiegel erhitzt wird.
3. Ohne Siedesteine kann unter Umständen sehr viel Dampf in der Flüssigkeit entstehen, der plötzlich entweicht und heiße Flüssigkeit mitreißt.

Wir fertigen ein Versuchsprotokoll an (21)

Geräte/Materialien:
Gasbrenner,
Spatel, Schutzbrille,
Reagenzglas,
Reagenzglasständer,
Reagenzglashalter.
Chemikalien:
blaues Kupfersulfat.

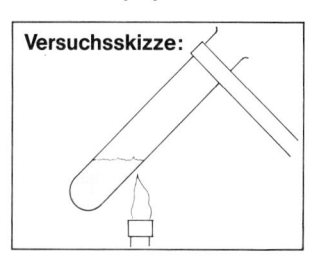

Beobachtungen: Es bildet sich ein weißer, pulvriger Stoff. Dampf entweicht, im oberen Teil des Reagenzglases kondensiert eine Flüssigkeit.
Auswertung: Das blaue Kupfersulfat verändert sich beim Erhitzen, es bilden sich ein weißer Stoff und eine Flüssigkeit.

Wir erstellen eine Siedekurve (22)

Tabelle:

Zeit in min	1	2	3	4	5	6	7	8	9	10	11	12
Temp. in °C	33	45	55	68	80	97	97	97	97	97	97	

Auswertung: Temperatur in °C

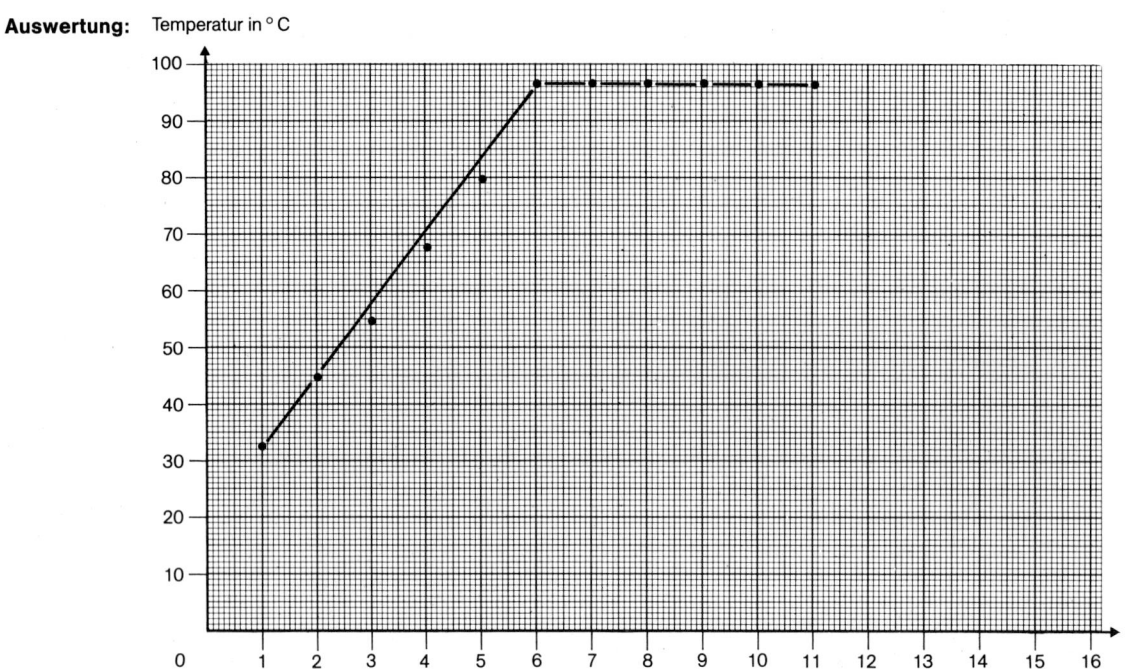

Anmerkung:
Ungenauigkeit des Thermometers und Überdruck in der Apparatur führen nicht zu dem theoretischen Wert von 100 °C.

Wir erstellen eine Schmelz- und Erstarrungskurve (23)

3.

Zeit in s	15	30	45	60	75	90	105	120	135	150	165	180	195	210	225	240
Temp. in °C	32	40	47	50	55	62	66	68	69	70	72	73	74	76	82	85

4.

Zeit in s	15	30	45	60	75	90	105	120	135	150	165	180	195	210	225	240
Temp. in °C	85	84	80	78	76	75	74	72	70	70	70	70	69	68	67	67

Diagramm: Temperatur in °C

Erstarrungskurve

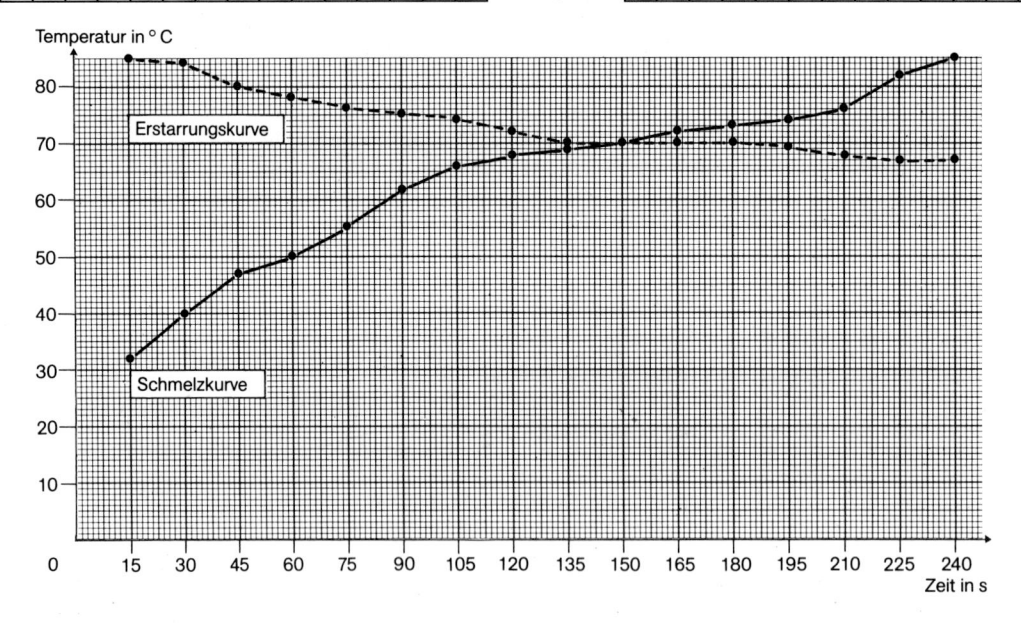

Schmelzkurve

Die Dichte – eine meßbare Stoffeigenschaft (24)

Versuch 1: Auswertung

	Volumen Wasser + Metall	Volumen Wasser	Volumen Metall	Masse Metall	$\frac{\text{Masse}}{\text{Volumen}}$	Dichte lt. Buch
Eisennägel	33,5 ml	30 ml	3,5 cm³	28 g	$8 \frac{g}{cm^3}$	$7,86 \frac{g}{cm^3}$
Eisenschrauben	32,2 ml	30 ml	2,2 cm³	21,8 g	$8,14 \frac{g}{cm^3}$	$7,86 \frac{g}{cm^3}$

Versuch 2: Auswertung

	Masse Becherglas + Alkohol	Masse Becherglas	Masse Alkohol	Volumen Alkohol	$\frac{\text{Masse}}{\text{Volumen}}$	Dichte lt. Buch
Alkohol	86 g	70 g	16 g	20 cm³	$0{,}8 \frac{g}{cm^3}$	$0{,}79 \frac{g}{cm^3}$

Sind unsere Geldmünzen aus Silber? (25)

Versuch:

Münze	Masse	Volumen	Dichte	Dichte von Silber
5 DM	10,0 g	1,12 cm³	8,92 g/cm³	10,5 g/cm³
2 DM	7,0 g	0,79 cm³	8,86 g/cm³	
1 DM	5,5 g	0,62 cm³	8,87 g/cm³	
50 Pfennig	3,5 g	0,40 cm³	8,75 g/cm³	

Aufgaben: 1. Kupfer ($\rho = 8{,}92$ g/cm³), Nickel ($\rho = 8{,}9$ g/cm³), Cobalt ($\rho = 8{,}9$ g/cm³); 2. Münzen aus Silber wären mehr wert als ihr Währungswert; 3. Der Silbergehalt beträgt 800 ‰; 4. Die Kette muß den Stempel „333" tragen; 5. Reine Edelmetalle sind zu weich.

Die Löslichkeit (26)

Versuch 1: Auswertung

	Masse m_1	Masse m_2	Masse des gelösten Salzes $m_2 - m_1$	Masse des in 100 g Wasser gelösten Salzes
Kochsalz	22,6 g	26,4 g	3,8 g	38 g
Kaliumnitrat	22,6 g	26,0 g	3,4 g	34 g

Versuch 2: Beobachtung: Beim Kaliumnitrat verschwindet der Bodenkörper, beim Kochsalz nicht.
Auswertung: Die Löslichkeit des Kaliumnitrats nimmt mit steigender Temperatur zu, die des Kochsalzes verändert sich nicht.

Wir isolieren den Farbstoff eines Bonbons (27)

3. Das Seidentuch ist rot (grün, gelb) geworden. 4. Die Farbe löst sich vom Seidentuch.
Auswertung: 1. Farbstoffe, Zucker, Säure, Aromastoffe 2. Durch das Färben des Tuches und das anschließende Ablösen des Farbstoffs vom Tuch.

Prüfe dein Wissen: Destillation (28)

1. und 2.

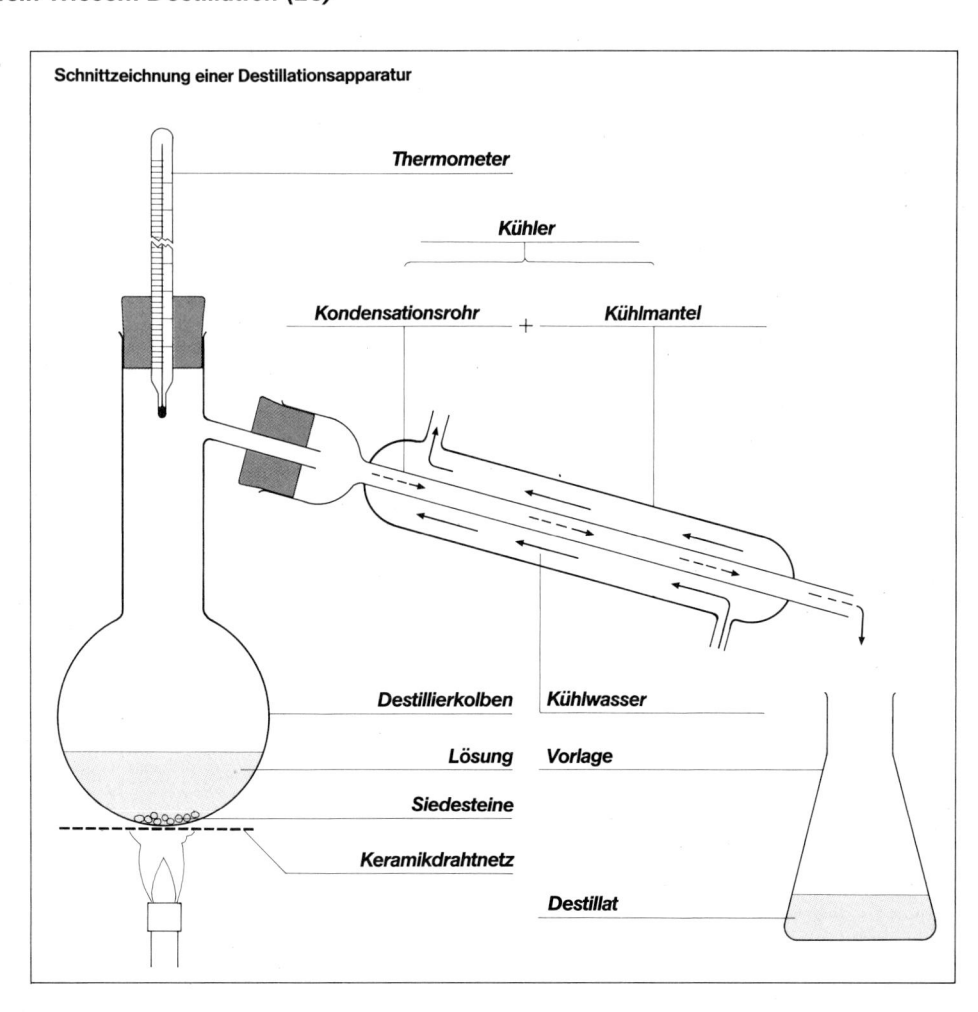

Schnittzeichnung einer Destillationsapparatur

Thermometer, Kühler, Kondensationsrohr + Kühlmantel, Destillierkolben, Lösung, Siedesteine, Keramikdrahtnetz, Kühlwasser, Vorlage, Destillat

3.

Lösung	Destillat
Kochsalzlösung	Wasser
Zuckerlösung	Wasser
Rotwein	Alkohol

Wir chromatografieren Farbstoffe (29)

Auswertung: Chlorophyll und Tintenfarben sind Gemische aus verschiedenen Farben, die man durch Chromatografie voneinander trennen kann.

Fälschern auf der Spur (30)

1. Verschiedene Farben fließen unterschiedlich weit in Richtung Papierrand. Für die einzelnen Stifte entstehen unterschiedliche Farbstreifen.
2. Die einzelnen Farbstoffe fließen unterschiedlich weit, weil sie unterschiedlich stark auf dem Papier haften. Die schwarzen Farben bestehen aus Kombinationen verschiedener Farbstoffe.

Prüfe dein Wissen: Stoffe und Trennverfahren (31)

Rätsel:
1 Suspension; 2 Rauch; 3 Siedetemperatur; 4 Destillation; 5 Nebel; 6 Legierung; 7 Dichte; 8 Muscheln; 9 Extrahieren; 10 heterogen; 11 Emulsion; 12 Steinsalz; 13 Aggregatzustand; 14 Beton; 15 Loesungsmittel; 16 Filtrat; 17 Goldwaschen; 18 Kupfer; 19 Filtrieren; 20 Magnet
Lösungswort: Papierchromatografie

Aufgaben:
1. Suspension; Rückstand; Filtrat; verdampftes Lösungsmittel; fester Stoff; Lösung

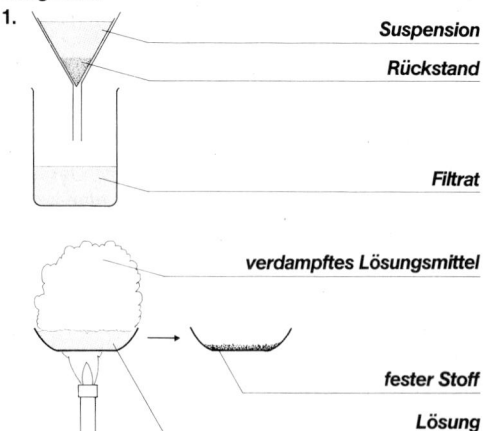

2. Durch Filtration können ungelöste Feststoffe von gelösten Stoffen getrennt werden. Durch Eindampfen können gelöste Stoffe aus Lösungen gewonnen werden.
3. Die gelösten Stoffe fließen durch die Poren des Filterpapiers.
4. a) Dekantieren; b) Filtrieren; c) Destillieren
5. Die unterschiedliche Löslichkeit der Bestandteile.

Wir untersuchen die Größe von Tusche- und Kaliumpermanganatteilchen (32)

Beobachtungen: Bei dem Versuch mit Kaliumpermanganat treten nach kurzer Zeit aus dem Dialyseschlauch rote Schlieren aus. Bei dem Versuch mit schwarzer Tusche ist keine Verfärbung des Wassers zu beobachten.
Auswertung: Da die Porengröße des Dialyseschlauches 1/1 000 000 mm beträgt, müssen die Teilchen des Kaliumpermanganats kleiner, die Teilchen der Tusche größer als 1/1 000 000 mm sein.

Wir bestimmen die Größe kleinster Teilchen mit einem Ölfleckversuch (33)

Blatt 1: Aufgabe

Art der kugelförmigen Teilchen	Glasmurmeln	Stahlkugeln
Volumen:	100 cm^3	10 cm^3
Länge des Rechtecks:	17 cm	8 cm
Breite des Rechtecks:	12 cm	6 cm
Fläche des Rechtecks:	204 cm^2	48 cm^2
Durchmesser des Teilchens:	$\frac{100\ cm^3}{204\ cm^2} \approx 0{,}5\ cm$	$\frac{10\ cm^3}{48\ cm^2} \approx 0{,}2\ cm$

Wir beobachten die Eigenbewegung kleinster Teilchen (35)

Beobachtungen:

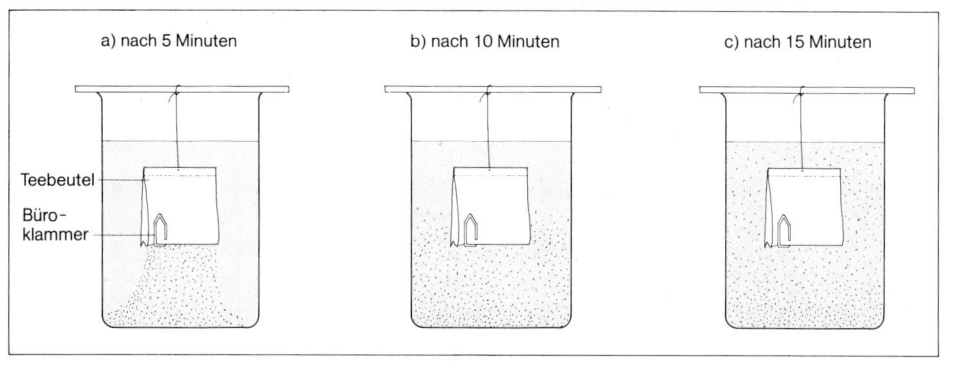

a) nach 5 Minuten   b) nach 10 Minuten   c) nach 15 Minuten

Teebeutel; Büroklammer

Aufgabe/Auswertung: 1. Zu Beginn: Die Farbstoffe sinken nach unten und sammeln sich auf dem Boden des Becherglases. Die Farbstoffe sind schwerer als Wasser. 2. Nach einiger Zeit: Die Farbstoffe verteilen sich gleichmäßig im Wasser. Auch oberhalb des Teebeutels färbt sich das Wasser. Dies läßt sich durch die Eigenbewegung der Teilchen erklären.

Wir erklären die Aggregatzustände mit dem Kugelteilchenmodell (36)

1. Eiswürfel

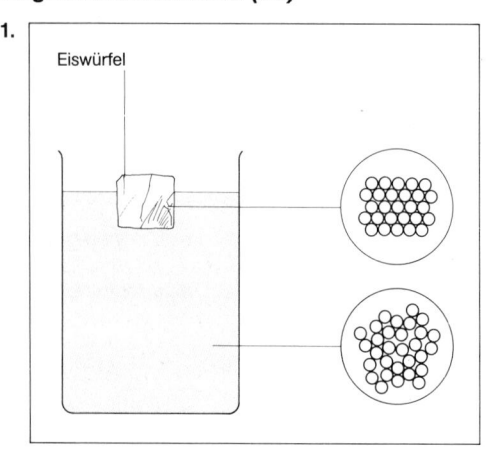

Was passiert, wenn Kupfer und Schwefel zusammen erhitzt werden? (39)

Beobachtungen Versuch 1: Wenn Schwefeldampf über den heißen Kupferblechstreifen streicht, erfolgt ein Aufglühen, das sich langsam durch den ganzen Streifen fortpflanzt. Es bilden sich kleine, blauschwarze, glänzende Kristalle. An der Steinwolle resublimiert Schwefel. Wird der blauschwarze Streifen erhitzt, verdampft noch anhaftender Schwefel, der an der Reagenzglaswand und an der Steinwolle resublimiert.

Beobachtungen Versuch 2:

Eigenschaften	Kupfer	Schwefel	Stoff, der nach dem Erhitzen vorliegt
Farbe	rötlich	gelb	blauschwarz
Wärmeleitfähigkeit	sehr gut	schlecht	schlecht
Verformbarkeit	biegsam	spröde	spröde

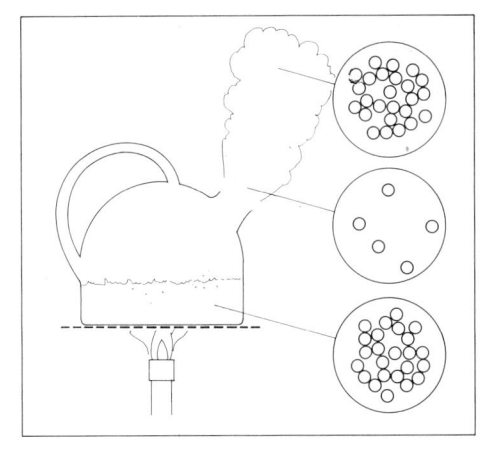

2. bis 4.

1 Resublimieren
2 Sublimieren
3 Erstarren
4 Schmelzen
5 Kondensieren
6 Verdampfen

Wir erhitzen ein Gemisch aus Eisen und Schwefel (37)

Beobachtungen Versuch 1: Erwärmt man das Eisen-Schwefel-Gemisch an einer Stelle, so beginnt es an dieser Stelle hell aufzuleuchten. Die Glühfront durchdringt das gesamte Gemisch ohne weiteres Erwärmen. Die Gemischportion steigt ein wenig im Reagenzglas hoch und fällt dann wieder in sich zusammen. Das Reagenzglas und sein Inhalt werden ganz heiß. Nach dem Abkühlen sieht der Inhalt des Reagenzglases wie Schlacke aus. Man erkennt braune und grauschwarze Körner.

Beobachtungen Versuch 2:

Eigenschaften	Gemisch	Stoff, der nach dem Erhitzen vorliegt
Farbe	hellgrau	grauschwarz
magnetische Anziehung	Eisen haftet am Magneten, Schwefel fällt herab	schwach
Aussehen unter der Lupe	zwei verschiedene Stoffe erkennbar	einheitlich
Verhalten in Wasser	Eisen sinkt, Schwefel schwimmt	sinkt

Auswertung: a) Der grauschwarze Stoff stimmt in vielen Eigenschaften mit denen von Eisen und Schwefel und dem Gemisch aus Eisen und Schwefel nicht überein. Eisen und Schwefel sind nicht mehr vorhanden, an ihrer Stelle ist ein neuer Stoff entstanden.
b) Smt. von Eisen: 1535 °C, Dichte von Eisen: 7,9 g/cm³, Smt. von Schwefel: 119 °C, Dichte von Schwefel: 2,1 g/cm³. Der neue Stoff weist sowohl eine andere Schmelztemperatur als auch eine andere Dichte als die Stoffe auf, aus denen er entstanden ist.

Eigenschaften	Kupfer	Schwefel	Stoff, der nach dem Erhitzen vorliegt
Aussehen unter der Lupe	des Kupfer-Schwefel-Gemisches zwei verschiedene Stoffe		einheitlich

Auswertung: a) Der blauschwarze Stoff stimmt in vielen Eigenschaften mit denen von Kupfer und Schwefel und dem Gemisch aus Kupfer und Schwefel nicht überein. Kupfer und Schwefel sind nicht mehr vorhanden, an ihrer Stelle ist ein neuer Stoff entstanden.
b) Smt. von Kupfer: 1083 °C, Dichte von Kupfer: 8,9 g/cm³, Smt. von Schwefel: 119 °C, Dichte von Schwefel: 2,1 g/cm³. Der neue Stoff hat eine andere Schmelztemperatur und auch eine andere Dichte als die Stoffe, aus denen er entstanden ist.

Was passiert beim Erhitzen von Metallen an der Luft? (41)

Auswertung: Eisen glüht lebhaft auf, das Glühen kriecht durch das ganze Büschel. Besonders hell glüht es auf, wenn man in das Büschel pustet. Zurück bleibt ein blauschwarzer, sehr brüchiger Stoff. Die Eisenwolle ist dagegen ein grauer, schwach glänzender und biegsamer Stoff. Aus dem Eisen ist ein neuer Stoff entstanden. Auch das Kupferblech glüht in der Flamme auf, allerdings glüht es außerhalb der Flamme nicht weiter. Beim Verbiegen des Bleches blättert ein schwarzer, brüchiger Stoff ab. Auch aus dem Kupfer ist an der Oberfläche ein neuer Stoff entstanden. Das Silberblech glüht in der Flamme hell auf, außerhalb der Flamme glüht es nicht weiter. Das Silber hat sich im Gegensatz zum Eisen und Kupfer beim Erhitzen an der Luft nicht verändert.

Wir gewinnen ein Gas und fangen es auf (42)

1. In der Mitte wird die Klemme auch erhitzt, so daß die Korkschicht verkohlt oder gar verbrennt.
2. Wenn das Gas im Reagenzglas sich abkühlt, zieht es sich zusammen, es entsteht ein Unterdruck. Ist der Stopfen nicht gelöst worden, wird Wasser angesaugt, das Reagenzglas kann platzen.
Auswertung: Sauerstoff! In Sauerstoff flammt der glimmende Holzspan hell auf, in der Luft würde er nur weiterglimmen.

Ermittlung des Sauerstoffgehalts der Luft (43)

1. Das Volumen ist zunächst größer geworden, weil das Volumen eines Gases beim Erhitzen zunimmt. Anschließend ist das Volumen kleiner geworden, weil ein Teil der Luft, der Sauerstoff, mit dem Kupfer reagiert hat. Es ist noch Kupfer übriggeblieben, dies deutet darauf hin, daß der gesamte Sauerstoff reagiert hat. Da nach dem Abkühlen auf Zimmertemperatur das Volumen des Gases noch etwa 80 ml beträgt, hat der Sauerstoffanteil 20 ml betragen. 20 ml sind ein Fünftel von 100 ml, also beträgt der Sauerstoffanteil der Luft ungefähr ein Fünftel.
2. 32 ml! Wenn der Volumenanteil des Sauerstoffs etwa ein Fünftel beträgt, enthalten 40 ml Luft 8 ml Sauerstoff.
3. Das verbliebene Restgas besteht zum größten Teil aus Stickstoff.

Was entsteht bei der Verbrennung von Kohlenstoff? (44)

Beobachtungen zu 2.: Die Holzkohle glüht beim Schwenken hell auf.
Zu 3.: Die Holzkohle glüht sehr hell auf, es bildet sich ein grauer Rand.
Zu 5. und 6.: Erst trübt sich die Lösung im 1. Kolben, dann bildet sich ein grauweißer Niederschlag. Im 2. Kolben keine Veränderung!
Auswertung zu 1.: In Sauerstoff verglüht Holzkohle heftiger als in Luft, weil sie in Sauerstoff in gleicher Zeit mit mehr Sauerstoff in Berührung kommt als in Luft.
Zu 2.: Beim Verglühen der Holzkohle in Sauerstoff entsteht Kohlenstoffdioxid. Dies ruft die Trübung bzw. Ausfällung eines Feststoffs in Kalkwasser hervor.
Zu 3.: Die Trübung von Kalkwasser ist ein Nachweis für Kohlenstoffdioxid.

Prüfe dein Wissen: Element und Verbindung (45)

Auswertung: Bei dem gelben Beschlag handelt es sich um Schwefel, bei den silbrig glänzenden Tropfen um Silber. Silbersulfid ist eine Verbindung, die sich in einer endothermen Reaktion in die Elemente Silber und Schwefel zerlegen läßt.
Silbersulfid ⟶ Silber + Schwefel   endotherm
Aufgaben:

Stoffe
├── Reinstoffe
│   ├── Elemente
│   │   Sauerstoff
│   │   Stickstoff
│   │   Quecksilber
│   └── Verbindungen
│   Kupfersulfid
│   Eisenoxid
└── Stoffgemische
    Luft
    Mineralwasser

Was verbrennt bei einer Kerze? (46)

Versuch 1: Beobachtung: Der Docht muß einige Zeit erhitzt werden, bis er entflammt.
Auswertung: Es muß zuerst etwas Wachs verdampfen.
Versuch 2: Beobachtung: die Flamme springt über den Wachsdampf auf den Docht über.
Versuch 3: Beobachtung: Am Ende des Glasrohrs brennt eine Tochterflamme.
Aufgabe:

Wachsdampf verbrennt
Wachs verdampft
Wachs wird im Docht geleitet
Wachs schmilzt

Brandbekämpfung – der Feuerlöscher (47)

Beobachtung: Schaum entweicht aus dem Glasrohr, der Benzinbrand erlischt.
Auswertung: Es entsteht ein Überdruck. Der mit Kohlenstoffdioxid gefüllte Schaum wird herausgedrückt. Er legt sich auf das brennende Benzin und unterbricht die Sauerstoffzufuhr.
Aufgaben:
1.

Brand-klassen	ABC	BC	B	D
Lösch-mittel	Pulver Ammonium-phosphat Ammoniumsulfat	Pulver Natrium-hydrogen-carbonat	Kohlenstoff-dioxid (Schnee)	Natrium-chlorid + Sand, Zement

Brandbekämpfung – die Brandklassen (48)

Ölbrand: Der Brand kann wirkungsvoll gelöscht werden, indem man das Gerät mit einem Deckel oder einer Pfanne abdeckt. Mit Wasser darf nicht gelöscht werden, weil dieses sofort verdampft, sich die Flamme explosionsartig vergrößert und heißes Fett herausspritzt.
Aufgaben:
1. Es brennen verschiedene feste Stoffe und flüssiges Benzin.
2. Brandklasse B
3. Holzbrände, Papierbrände, Kunststoffbrände
4. Benzin-, Fett- und Butangasbrände dürfen damit gelöscht werden, Holz- und Papierbrände nicht.
5. z. B. für Benzinbrände, Butangasbrände, Aluminiumbrände

Wir untersuchen saure und alkalische Lösungen mit Indikatoren (49)

1. Versuch:

weinrot	violett	grün
sauer	neutral	alkalisch

2. Versuch:

Prüflösung	pH-Wert: 1	2	3	4	5	6	7	8	9	10	11	12	13	14
Salzsäure	rot													
Essig			orange											
saures Mineralwasser				orangegelb										
dest. Wasser							gelbgrün (Siehe Anm. 2)							
Kochsalzlösung							gelbgrün (Siehe Anm. 2)							
Leitungswasser								grün						
Seifenlösung									grün					
Ammoniakwasser											grünblau			
Natronlauge													blau	

Anmerkung 1: Der Farbzuordnung liegt die Farbskala von Universal-Indikatorpapier der Fa. Macherey & Nagel pH 1–14 (Art.-Nr. 90204) zugrunde.
Anmerkung 2: Der pH-Wert von mehrfach dest. Wasser ist 7. Meist wird „dest. Wasser" aber durch Ionenaustauscher gewonnen. Dieses weist wegen des noch gelösten Kohlenstoffdioxids meist einen pH-Wert von etwa 5,8 auf.

3. Versuch:

Die Farbskala für Rotkohl als Indikator:														
pH-Wert	1	2	3	4	5	6	7	8	9	10	11	12	13	14
Farbe	weinrot		rosa		violett				grün				gelb	

Wir stellen eine Staubkarte her (51)

Aufgaben/Auswertung: 1. z. B. Ruß aus Verbrennungsprozessen, Straßenstaub (Verkehr), Industriestaub (Hochöfen, Schleifstaub) usw.

Ausmaß der Luftverschmutzung (52)

1. Durch Rauchgasentschwefelung und Filter werden die Emissionen verringert.
2. Kohlenstoffmonooxid: Verkehr; Schwefeldioxid: Kraftwerke; Stickstoffoxide: Verkehr; Staub: Industrie.

Wir untersuchen Luftschadstoffe (53)

4.

	Benzinmotor ohne Katalysator	Benzinmotor mit Katalysator	Dieselmotor
Stickstoffoxide	50 ppm	unter 20 ppm	40 ppm
Kohlenstoffmonooxid	1,5 %	unter 0,3 %	unter 0,3 %

Anmerkung: Je nach Pkw-Typ ergeben sich sehr unterschiedliche Werte. Der Katalysator muß erst seine Betriebstemperatur (ca. 400 °C) erreichen.

Wir untersuchen die Entstehung von Smog (54)

Beobachtung: Bei der Durchführung nach 1a) kann der Rauch in dem Standzylinder aufsteigen, nach 1b) bleibt der Rauch im unteren Teil des Standzylinders.
Aufgaben:
1.

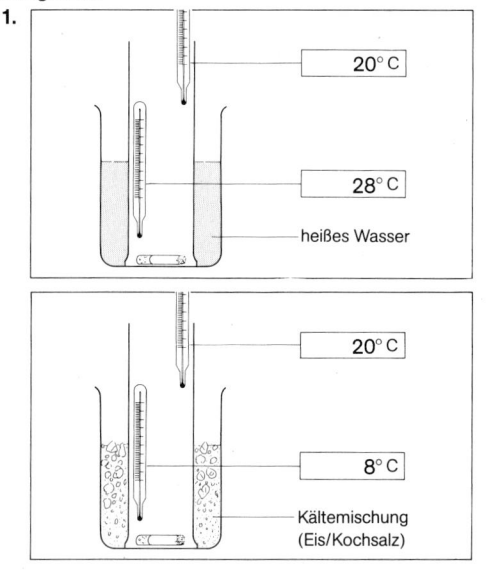

2. Bei normaler Wetterlage erwärmt sich die Luft am Boden und steigt auf. Befindet sich am Boden Kaltluft und darüber eine Sperrschicht aus Warmluft, kann die Luft nicht aufsteigen.

Prüfe dein Wissen: Luft und Verbrennung (55)

1 Verbindung; 2 Oxide; 3 Magnesium; 4 endotherm; 5 Luft; 6 Argon; 7 Edelgase; 8 Eisenoxid; 9 exotherm; 10 Rost; 11 Stickstoff; 12 Trockeneis; 13 Sauerstoff; 14 Verbrennung; 15 Helium; 16 Elemente.
Lösungswort: Bindungsbestreben.

Kann einem Metalloxid der Sauerstoff entzogen werden? (56)

Beobachtungen: Wird das Eisen-Kupferoxid-Gemisch an einer Stelle erhitzt, so glüht es an dieser Stelle nach kurzer Zeit hell auf. Das Gemisch steigt ein wenig im Reagenzglas hoch. Es glüht auch außerhalb der Brennerflamme weiter. Die Glühfront bewegt sich durch das ganze Gemisch. Das Reagenzglas und sein Inhalt werden heiß. Man erkennt rote und goldfarbene Kügelchen und graue bis schwarze Streifen.
Aussehen des Gemisches unter der Lupe: Jetzt erkennt man deutlich rote und goldfarbene Kügelchen und graues bis schwarzes zusammengebackenes Pulver.
Auswertung: 1. Das Gemisch glühte auch außerhalb der Brennerflamme weiter. Dies ist ein Merkmal für eine exotherme Reaktion. Die Betrachtung des Reagenzglasinhaltes zeigt, daß neue Stoffe entstanden sind.
2. Eisenoxid und Kupfer.
3.

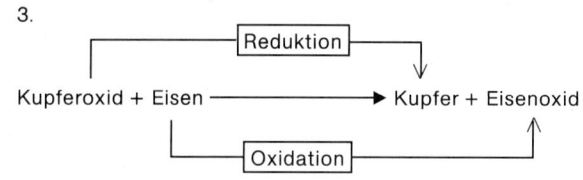

Kupferoxid + Eisen ⟶ Kupfer + Eisenoxid
(Reduktion / Oxidation)

Aufgaben: 1. Kupferoxid oxidiert Eisen zu Eisenoxid, Kupferoxid selbst wird reduziert zu Kupfer.
2. Eisen reduziert Kupferoxid zu Kupfer, Eisen wird oxidiert zu Eisenoxid.
3. Redoxreaktion.

Ist Rost ein Oxid? (58)

Auswertung: 1. Wenn das Gemisch erhitzt wird, steigen sofort Blasen im Kalkwasser auf. Nach kurzer Zeit trübt sich das Kalkwasser. In dem schwerschmelzbaren Reagenzglas kondensiert vor dem Stopfen eine farblose Flüssigkeit. Hält man in das erkaltete Gemisch einen Magneten, so bleiben kleine „Büschel" haften wie bei Eisenpulver. Hält man den Magneten an Rost, bleibt dieser nicht haften.
2. Durch das Erhitzen dehnt sich zunächst die Luft im Reagenzglas aus. Die Luft perlt durch das Kalkwasser. Die Trübung von Kalkwasser ist ein Nachweis für Kohlenstoffdioxid. Bei der farblosen Flüssigkeit könnte es sich um Wasser handeln. Dieses kann mit blauem Cobaltchloridpapier überprüft werden. Das Gemisch, das nach dem Erhitzen zurückbleibt, enthält offensichtlich Eisen.
3. Ja! Rost läßt sich mit Hilfe von Kohlenstoff reduzieren. Rost ist ein Eisenoxid.
Eisenoxid + Kohlenstoff ⟶ Eisen + Kohlenstoffdioxid.
Hinweise: Beim Rost handelt es sich nicht um ein reines Eisenoxid, sondern um ein Eisenoxid-Hydrat bzw. Eisenoxid-Hydroxid. Bei dem Kenntnisstand der Schüler zum Zeitpunkt der Behandlung der Redoxreaktionen ist es allerdings sehr sinnvoll, Rost zunächst als Oxid zu betrachten und eventuell im zweiten Zugriff auf das gebildete Wasser einzugehen. Schüler vermuten häufig zunächst, daß beim Erhitzen nur das anhaftende Wasser frei geworden ist. Dieses trifft ja auch weitgehend zu, wenn der Rost nicht getrocknet worden ist.
Rostplättchen kann man sich auf einem Schrottplatz (Alteisen) besorgen. Der Hinweis auf das schwerschmelzbare Reagenzglas

ist aus Sicherheitsgründen vorgenommen worden. Vom Verfasser und seinen Schülern ist dieses Experiment aber schon mehrfach mit normalen Fiolax-Reagenzgläsern durchgeführt worden. Nur bei permanentem Erhitzen an einer Stelle kann es dazu kommen, daß das Reagenzglas an dieser Stelle erweicht.

Vom Eisenerz zum Roheisen – der Hochofenprozeß (59)

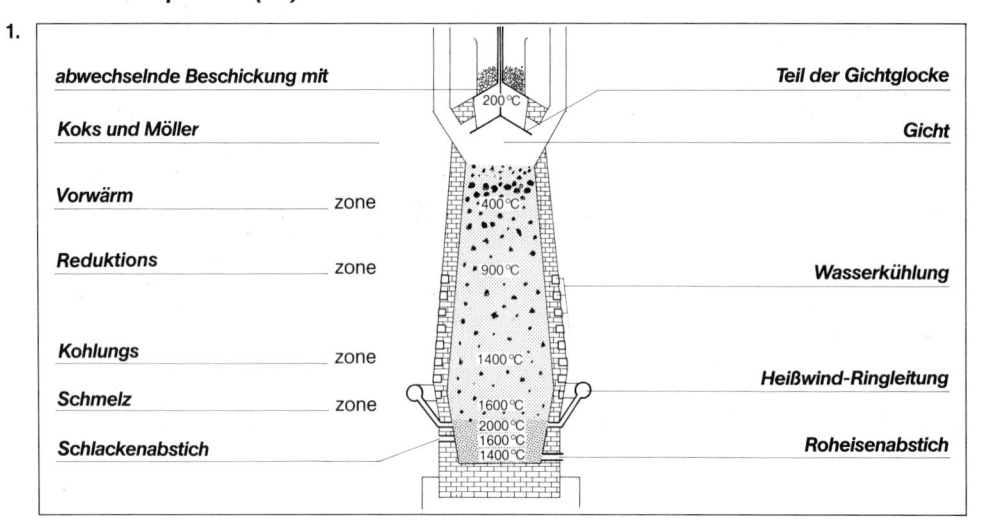

1.

Beschriftung (links): abwechselnde Beschickung mit Koks und Möller; Vorwärmzone; Reduktionszone; Kohlungszone; Schmelzzone; Schlackenabstich

Beschriftung (rechts): Teil der Gichtglocke; Gicht; Wasserkühlung; Heißwind-Ringleitung; Roheisenabstich

Temperaturen im Hochofen: 200 °C; 400 °C; 900 °C; 1400 °C; 1600 °C; 2000 °C; 1600 °C; 1400 °C

2.

Zonen im Hochofen	Vorgänge
Vorwärmzone	Die heißen Abgase trocknen Koks und Möller, gebundenes Wasser wird ausgetrieben.
Reduktionszone	Eisenoxid reagiert stufenweise mit Kohlenstoffmonooxid zu Eisen und Kohlenstoffdioxid.
Kohlungszone	Das Eisen nimmt Kohlenstoff und weitere Stoffe auf, dadurch sinkt die Schmelztemperatur auf etwa 1200 °C.
Schmelzzone	Die Hauptmenge des Eisens wird flüssig. Die Schlacke aus Gangart und Zuschlag schwimmt auf dem Roheisen.

Eisen und Stahl unterscheiden sich voneinander (60)

1.

Versuch	Rasierklinge	Blumendraht
1. a)	zerbricht nicht, sehr elastisch	sehr biegsam, aber nicht elastisch
b)	Klinge weicher als Glas	Eisen weicher als Glas
2. a)	läuft blau an, weich und biegsam, aber weniger elastisch	überzieht sich mit einer schwarzen Schicht, die beim Biegen abblättert, keine Änderung der Eigenschaften
b)	wie in 1. b)	wie in 1. b)
3. a)	wird steif, bei starkem Verbiegen zerbricht die Klinge	wie in 2. a)
b)	Klinge ist jetzt härter als Glas	wie in 1. b)
4.	wieder ein wenig elastisch	wie in 2. a)

2. Eisen behält auch nach dem Glühen und Abschrecken seine Biegsamkeit, diese Eigenschaft läßt sich durch dieses Verfahren nicht ändern, auch seine „Härte" ändert sich nicht.
Stahl kann durch diese Bearbeitung gehärtet werden. Gehärteter Stahl kann aber auch wieder weich und elastisch gemacht werden.
Hinweis: Die Rasierklingen sollten zur Vorbeugung gegen Schnittverletzungen „entschärft" werden. Dazu kann man die Rasierklingen über einen Schleifstein ziehen oder die Schnittflächen mit Schmirgelpapier bearbeiten.

Stahlgewinnung (61)

Linke Spalte:

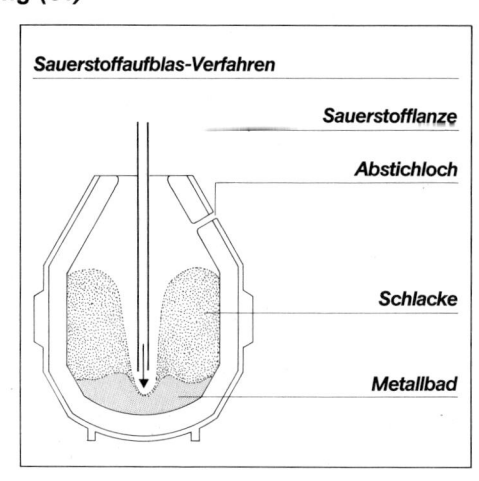

Sauerstoffaufblas-Verfahren – Beschriftung: Sauerstofflanze; Abstichloch; Schlacke; Metallbad

In die Textlücken einzufügende Wörter: Konverter; Sauerstoff; flüssige Roheisen; Begleitstoffe; oxidiert; Schlacke; Oberfläche; Erz; Schrott; Kohlenstoffanteil.

Rechte Spalte:

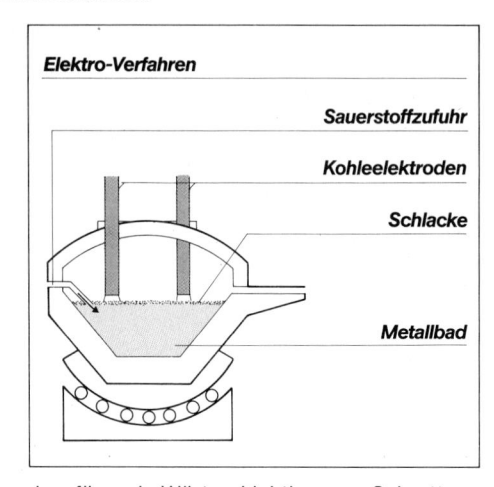

Elektro-Verfahren – Beschriftung: Sauerstoffzufuhr; Kohleelektroden; Schlacke; Metallbad

In die Textlücken einzufügende Wörter: Lichtbogens; Schrott; Roheisen; Eisenoxiden; Schrotts; Eisenerz; Sauerstoff; hochwertiger Spezialstähle; Edelstähle.

Wir bestimmen den Wasseranteil von Lebensmitteln (62)

Versuch 3:

Lebensmittel-probe	Masse vor dem Erhitzen (m_2)	Masse nach dem Erhitzen (m_1)	Masse des Wassers in Gramm $m_3 = m_2 - m_1$	Wasseranteil in % $w = \frac{m_3}{m_2} \cdot 100\%$
Kartoffel	2,4 g	0,6 g	1,8 g	75 %
Salat	1,2 g	0,24 g	0,96 g	80 %
Mehl	2,8 g	2,7 g	0,1 g	3,6 %

1. Wasser löst und transportiert lebensnotwendige und verbrauchte Stoffe. Durch Ausscheiden und Verdunsten regulieren viele Lebewesen ihren Wärmehaushalt.
2. Duschen und Baden: 40 Liter; Wäsche waschen: 40 Liter; Toilettenspülung: 40 Liter; Körperpflege: 15 Liter; Wohnungsreinigung: 10 Liter; Trinken und Kochen: 6 Liter.

Löslichkeit von Gasen in Wasser (63)

Beobachtung: Je stärker das Wasser erhitzt wird, desto mehr Gasblasen steigen auf. Sie sammeln sich an der Reagenzglasspitze.
Auswertung: Im Wasser sind Gase gelöst. Die Löslichkeit hängt von der Temperatur ab. Je höher die Temperatur, desto schlechter lösen sich die Gase.
Aufgabe:

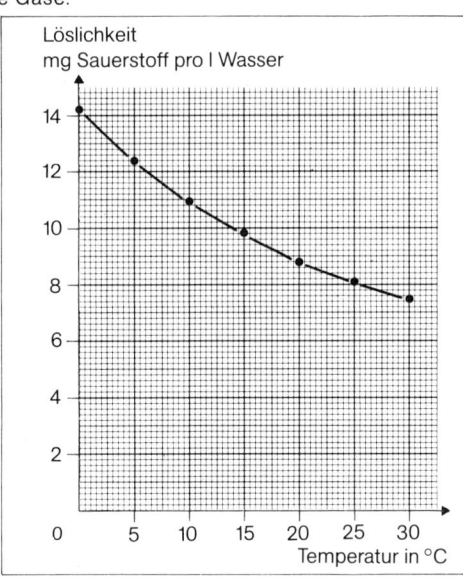

Aufbau und Funktion einer Kläranlage (64)

Bild: 1 Rechen; 2 Sandabsetzbecken; 3 Vorklärbecken; 4 Belüftungsbecken; 5 Nachklärbecken; 6 chemische Reinigung.
2.

	Station	Arbeitsweise
1	Rechen	Wie bei einem Kamm wird grober Schmutz zurückgehalten
2	Sandabsetzbecken	Erdige Bestandteile sinken zu Boden
3	Vorklärbecken	Feine Schwebestoffe sinken zu Boden
4	Belüftungsbecken	Kleinstlebewesen bauen Schmutzstoffe ab
5	Nachklärbecken	Abbauprodukte setzen sich als Schlamm ab
6	chemische Reinigung	Schadstoffe werden durch Reaktionen abgetrennt

Gewinnung und Gefährdung des Trinkwassers (65)

1. Das Oberflächenwasser wird zunächst in ein Absetzbecken gepumpt, in dem grobe Verunreinigungen absinken. Aus dem folgenden Sickerbecken sickert das Wasser durch Sand- und Kiesschichten, die wie Filter wirken. Gelöste Verunreinigungen werden mit Hilfe von Aktivkohlefiltern entfernt. Um Bakterien und Keime abzutöten, wird das Wasser zum Schluß noch gechlort.
2. 1 Abwässer der Haushalte; 2 Abwässer der Industrie; 3 Pflanzenschutzmittel; 4 Düngemittel (Landwirtschaft); 5 Motorschiffe; 6 Autowäsche und Ölwechsel.

Vom Schmutzwasser zum Trinkwasser (66)

Versuche: Beobachtung zu 3: Das gereinigte Wasser ist klar, jedoch ist der Geruch (Parfüm) noch vorhanden. Nach dem Eindampfen verbleibt auf dem Uhrglas ein Rückstand.
Beobachtung zu 4: Das Wasser ist jetzt klar und geruchlos. Nach dem Eindampfen ist kein Rückstand mehr zu beobachten.
Aufgaben:
1. Nein. In dem Wasser könnten sich noch Bakterien befinden.
2. Das Wasser müßte noch gechlort werden.

Wir stellen ein Nachweispapier für Wasser her (67)

1. Die Filterpapierstreifen sind nach dem Trocknen blau. Nur beim Auftropfen von Wasser auf das blaue Cobaltchlorid-Papier erfolgt eine Rosafärbung.
2. Die Rosafärbung von blauem Cobaltchlorid ist ein Nachweis für Wasser.
Hinweise: Die Cobaltchlorid-Lösung sollte vom Lehrer hergestellt werden, da Cobaltchlorid giftig ist. Eine Lösung von etwa 5 g Cobaltchlorid ($CoCl_2 \cdot 6\,H_2O$) in 100 ml Wasser ist ausreichend. Die Lösungen aus den Schülerversuchen sollten gesammelt werden. Sie können erneut verwendet werden.

Prüfe dein Wissen: Wasser und Wasserstoff (68)

Auswertung: a) Wasser und Zink reagieren in einer exothermen Reaktion zu Wasserstoff und Zinkoxid.
Wasser + Zink $\longrightarrow$ Wasserstoff + Zinkoxid   exotherm.
b) Es muß zunächst Aktivierungsenergie zugeführt werden.
c) Wenn der nasse Sand zunächst erhitzt wird, verdampft das Wasser, es kann keine Reaktion stattfinden.
Aufgabe: Es hatte sich Knallgas gebildet. Der Sauerstoff hätte zunächst länger fließen müssen, damit das Knallgas verdrängt worden wäre.

Wir untersuchen chemische Reaktionen mit der Waage (69)

1. Bei chemischen Reaktionen ist die Masse der Ausgangsstoffe gleich der Masse der Reaktionsprodukte (Gesetz von der Erhaltung der Masse).

Die Masse von Atomen (70)

1. Durch Luftströmung werden die Teilchen abgelenkt. Die Ablenkung ist um so größer, je kleiner die Masse der Teilchen ist. Bei einem Laborgerät wird die Ablenkung durch elektrische Kräfte verursacht.
2.

Atommasse in u	Nummern der Kugeln
81 bis 100	11, 24
61 bis 80	1, 17, 20, 21, 23
41 bis 60	2, 4, 9, 16, 19
21 bis 40	5, 8, 12, 14, 18, 22
1 bis 20	3, 6, 7, 10, 13, 15

3.

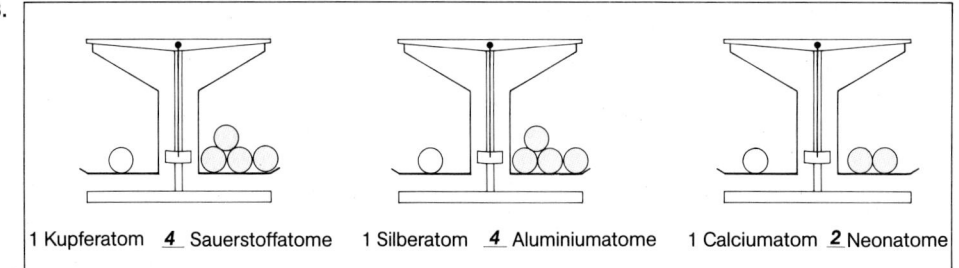

1 Kupferatom _4_ Sauerstoffatome 1 Silberatom _4_ Aluminiumatome 1 Calciumatom _2_ Neonatome

Symbole und Formeln – die Sprache des Chemikers (71)

3.

Wasserstoff: H	Phosphor: P	Gold: Au	Eisen: Fe
Quecksilber: Hg	Helium: He	Zink: Zn	Phosphor: P
Neon: Ne	Sauerstoff: O	Magnesium: Mg	Aluminium: Al

4. Natriumoxid Na_2O; Aluminiumoxid Al_2O_3; Magnesiumsulfid MgS; Kohlenstoffdioxid CO_2; Schwefeltrioxid SO_3.

Wir erklären chemische Reaktionen mit dem Dalton-Atommodell (72)

Magnesium + Schwefel ⟶ Magnesiumsulfid

Kupfer + Schwefel ⟶ Kupfersulfid

Wir stellen Reaktionsgleichungen auf (74)

1. b) Kupfer(II)-oxid + Wasserstoff ⟶ Kupfer + Wasser
   c) Eisen(III)-oxid + Zink ⟶ Eisen + Zinkoxid
   d) Kupfer(II)-oxid + Aluminium ⟶ Kupfer + Aluminiumoxid

2. b) Kupfer(II)-oxid: CuO, Wasserstoff: H_2, Kupfer: Cu, Wasser: H_2O
   c) Eisen(III)-oxid: Fe_2O_3, Zink: Zn, Eisen: Fe, Zinkoxid: ZnO
   d) Kupfer(II)-oxid: CuO, Aluminium: Al, Kupfer: Cu, Aluminiumoxid: Al_2O_3

3. b) $CuO + H_2 \longrightarrow Cu + H_2O$
   c) $Fe_2O_3 + Zn \longrightarrow Fe + ZnO$
   d) $CuO + Al \longrightarrow Cu + Al_2O_3$

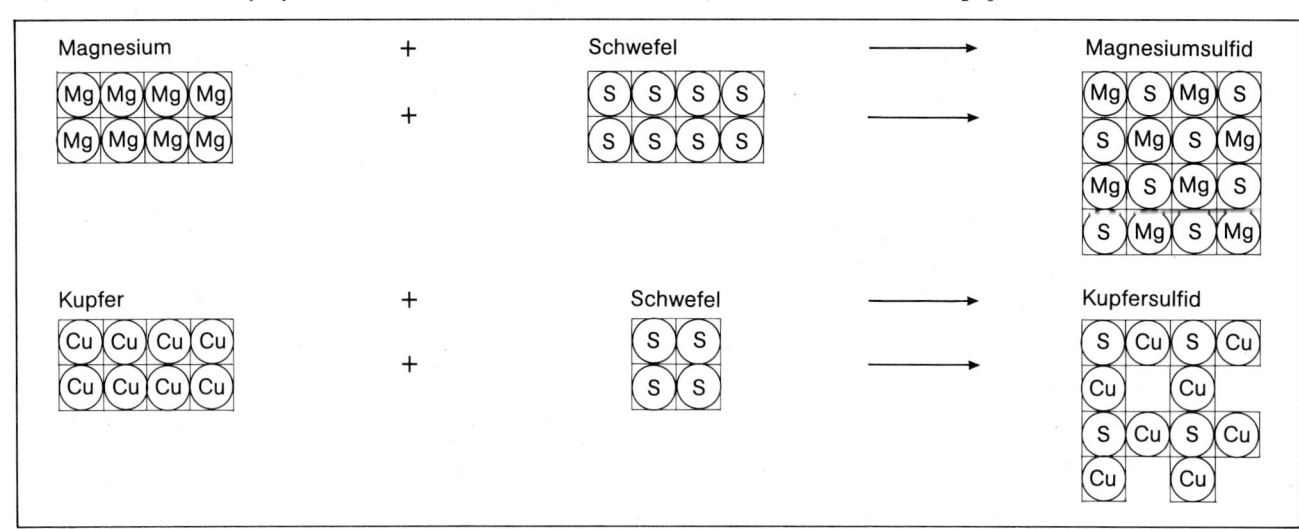

4. b) $CuO + H_2 \longrightarrow Cu + H_2O$
   c) $Fe_2O_3 + 3\,Zn \longrightarrow 2\,Fe + 3\,ZnO$
   d) $3\,CuO + 2\,Al \longrightarrow 3\,Cu + Al_2O_3$

Wir üben das Aufstellen von Formeln (73)

Die Wertigkeit gibt an, wie viele Wasserstoffatome ein Atom eines andern Elements binden oder ersetzen kann.
Blei: II, IV; Eisen: II, III; Phosphor: III, V; Sauerstoff: II; Chlor: I

1. Zeichnerische Ermittlung:

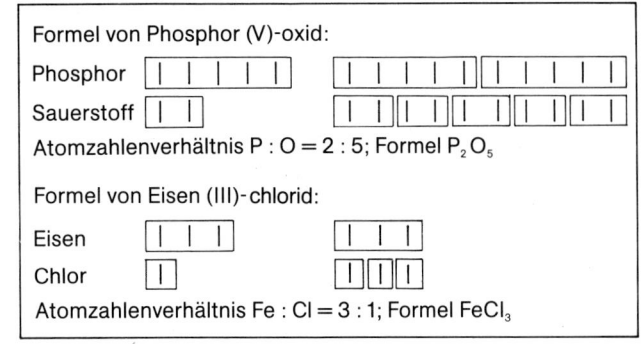

Formel von Phosphor (V)-oxid:
Phosphor | | | | | |
Sauerstoff | | |
Atomzahlenverhältnis P : O = 2 : 5; Formel P_2O_5

Formel von Eisen (III)-chlorid:
Eisen | | | |
Chlor | |
Atomzahlenverhältnis Fe : Cl = 3 : 1; Formel $FeCl_3$

2. Rechnerische Ermittlung:
Blei(II)-chlorid: **1.** Pb, Cl; **2.** II, I; **3.** II · I = 2; **4.** 2 : II = 1, 2 : I = 2; **5.** 1 : 2; **6.** $PbCl_2$
Stickstoff(V)-oxid: **1.** N, O; **2.** V, II; **3.** V · II = 10; **4.** 10 : V = 2; 10 : II = 5; **5.** 2 : 5; **6.** N_2O_5

Experimentelle Ermittlung einer Formel (75)

Tabelle:
m (Sauerstoff): 0,33 g
m (Kupfer): m (Sauerstoff) = 2,64 : 0,33 = 8 : 1
$\dfrac{x \cdot 64\,u}{y \cdot 16\,u} = \dfrac{8}{1}$ $\dfrac{x}{y} = \dfrac{2}{1}$ Formel: Cu_2O_1, vereinfacht Cu_2O
Flaschen: schwarzes Kupferoxid: CuO, rotes Kupferoxid: Cu_2O

Rechnen in der Chemie (76)

1. Schritt: Aufstellen der Reaktionsgleichungen:
a) Schwefel + Sauerstoff ⟶ Schwefeldioxid
   $S + O_2 \longrightarrow SO_2$
b) Kohlenstoff + Sauerstoff ⟶ Kohlenstoffdioxid
   $C + O_2 \longrightarrow CO_2$
c) Wasserstoff + Sauerstoff ⟶ Wasser
   $2\,H_2 + O_2 \longrightarrow 2\,H_2O$

2. Schritt: Atommassen einsetzen:
a) S: 32 u O_2: 2 · 16 u = 32 u SO_2: 32 u + 32 u = 64 u
b) C: 12 u O_2: 32 u CO_2: 44 u
c) H_2: 2 · 1 u = 2 u O_2: 32 u H_2O: 18 u

3. Schritt: Atommasseneinheit u durch Masseneinheit g ersetzen:
a) 32 g Schwefel + 32 g Sauerstoff ⟶ 64 g Schwefeldioxid
b) 12 g Kohlenstoff + 32 g Sauerstoff ⟶ 44 g Kohlenstoffdioxid
c) 4 g (= 2 · 2 g) Wasserstoff + 32 g Sauerstoff ⟶ 36 g Wasser

4. Schritt: gesuchte Stoffportion ausrechnen:
a) 32 g Schwefel ergeben 64 g Schwefeldioxid
45 g Schwefel ergeben   x g Schwefeldioxid
$$x = \frac{64 \cdot 45}{32} = 90$$
b)   12 g Kohlenstoff ergeben 44 g Kohlenstoffdioxid
300 g Kohlenstoff ergeben   x g Kohlenstoffdioxid
$$x = \frac{44 \cdot 300}{12} = 1100$$
c) Für 36 g Wasser werden 4 g Wasserstoff benötigt
Für 45 g Wasser werden x g Wasserstoff benötigt
$$x = \frac{4 \cdot 45}{36} = 5$$

5. Schritt: Antwort
a) Bei der Verbrennung von 45 g Schwefel bilden sich 90 g Schwefeldioxid.
b) Bei der Verbrennung von 300 g Kohlenstoff bilden sich 1100 g Kohlenstoffdioxid.
c) Um 45 g Wasser zu erhalten, müssen 5 g Wasserstoff verbrannt werden.

Prüfe dein Wissen: Alkalimetalle (77)

1. Die Eigenschaften der Alkalimetalle. Die Alkalimetalle werden unter *Paraffinöl* aufbewahrt, da sie sich an der *Luft* schnell mit einem *Belag* überziehen. Alkalimetalle sind so weich, daß man sie mit dem *Messer schneiden* kann. Am härtesten ist *Lithium*. Mit Wasser reagieren Lithium, Natrium und Kalium zu *Wasserstoff* und den entsprechenden Hydroxiden. Die Hydroxide sind *ätzend*, mit Wasser bilden sie *alkalische Lösungen*. Von den drei Metallen reagiert *Kalium* am heftigsten mit Wasser. Aufgrund ihrer ähnlichen Eigenschaften faßt man die Metalle Lithium, Natrium und Kalium zu einer *Elementgruppe* zusammen, zu dieser gehören auch die Elemente *Rubidium* und *Caesium*.

2. a) Wirft man ein kleines Stück Natrium in Wasser, so bildet sich sofort ein Würfel, der im Wasser niedersinkt. Die Natriumportion wird schnell kleiner und verschwindet, gleichzeitig bilden sich Schlieren. Wird der Lösung Phenolphthalein als Indikator zugesetzt, zeigt die Grünfärbung der Indikatorlösung die Bildung einer sauren Lösung an. Dampft man die Lösung ein, bleibt ein Feststoff zurück, bei dem es sich um Natriumoxid handelt. Taucht man in das Gas, das bei der Reaktion von Natrium und Wasser entsteht, einen glimmenden Holzspan, so leuchtet dieser hell auf.
b) Wirft man ein kleines Stück Natrium in Wasser, so bildet sich sofort eine Kugel, die sich auf der Wasseroberfläche zischend hin- und herbewegt. Die Natriumportion wird schnell kleiner und verschwindet, gleichzeitig bilden sich Schlieren. Wird der Lösung Phenolphthalein als Indikator zugesetzt, so zeigt die Rotfärbung der Indikatorlösung die Bildung einer alkalischen Lösung an. Dampft man die Lösung ein, bleibt ein Feststoff zurück, bei dem es sich um Natriumhydroxid handelt. Taucht man in das Gas, das bei der Reaktion von Natrium und Wasser entsteht, einen glimmenden Holzspan, so erlischt dieser.
3. a) Lithium, b) Natrium, c) Caesium, d) Kalium.

Die Flammenfärbung verrät ein Alkalimetall (78)

1. Durch das Cobaltglas wird das gelbe Licht verschluckt.
2. Lithiumchlorid: rot; Natriumchlorid: gelb; Kaliumchlorid: violett.

Was hat Calcium mit den Alkalimetallen gemeinsam? (79)

1. 2. Arbeitsschritt-Beobachtungen: An den Calciumkörnern bilden sich Schaum und Blasen, das Wasser wird aus dem Reagenzglas verdrängt. Die Flüssigkeit wird trüb. Nach einiger Zeit setzen sich weiße Flocken ab.
2. Arbeitsschritt-Deutung: Calcium reagiert mit Wasser zu einem Gas und zu einer trüben Lösung, einer Suspension.
3. Arbeitsschritt-Beobachtungen: Die Knallgasprobe verläuft positiv.
3. Arbeitsschritt-Deutung: Bei dem Gas handelt es sich um Wasserstoff.
5. Arbeitsschritt-Beobachtungen: Die Lösung wird rot.
5. Arbeitsschritt-Deutung: Es ist eine alkalische Lösung entstanden.
2. a) Das Entstehen einer alkalischen Lösung ist auf die Hydroxid-Gruppe zurückzuführen.
b) Es handelt sich um eine Lösung, sonst würde mit Phenolphthalein keine Rotfärbung eintreten. Man könnte einen Teil der Suspension in eine Porzellanschale filtrieren und das Filtrat eindampfen. Es müßte ein Feststoff zurückbleiben.
c) Calcium + Wasser ⟶ Calciumhydroxid + Wasserstoff.
d) Es handelt sich um gelöstes Calciumhydroxid. Man könnte eine kleine Portion des Feststoffes, der im Filterpapier zurückbleibt, in dest. Wasser lösen und mit einigen Tropfen Phenolphthalein-Lösung versetzen. Es müßte eine Rotfärbung der Lösung eintreten.
e) Calcium reagiert ebenso wie ein Alkalimetall mit Wasser zu einem Hydroxid und Wasserstoff. Calcium reagiert weniger heftig mit Wasser als Natrium.

Was ist der MAK-Wert? (80)

1. 5 ml! Der MAK-Wert beträgt 0,5 ml/m³. Da 10 000 Liter 10 m³ sind, befinden sich in 10 000 l Luft 10 · 0,5 ml = 5 ml Chlor.
2. Das Volumen des Raumes beträgt 150 m³. Da der MAK-Wert des Broms 0,7 mg/m³ beträgt, dürfen sich in dem Raum höchstens 150 · 0,7 mg = 105 mg Brom befinden. In dem Raum darf nicht gearbeitet werden.

Salzbildung – nicht sichtbar, aber nachweisbar (81)

Auswertung des 1. Versuchs: 1. Beim Hineinschütten des Zinkpulvers in den Erlenmeyerkolben brodelt die Flüssigkeit in einem Moment an einigen Stellen. Der Inhalt des Erlenmeyerkolbens erwärmt sich ein wenig. Nach dem Schütteln sind keine Iodkristalle mehr vorhanden. Die Flüssigkeit ist gelb. Graues Zinkpulver setzt sich am Boden ab.
2. Der Inhalt des Erlenmeyerkolbens hat sich erwärmt. Dies ist ein Hinweis für den Ablauf einer chemischen Reaktion. Die Iodkristalle sind nicht mehr vorhanden. Da Iod nur wenig in Wasser löslich ist, sollte der größte Teil des Iods reagiert haben.
Auswertung des 2. Versuchs: Sowohl bei der Zugabe der Silbernitrat-Lösung zu dem Filtrat als auch der Zinkiodid-Lösung bildet sich ein hellgelber Niederschlag. Bei der Zugabe der Nachweislösung zu dem Filtrat fällt ein braungelber Niederschlag aus. Ein solcher Niederschlag bildet sich auch beim Zutropfen der Nachweislösung zu der Zinkiodid-Lösung.
2. In dem Filtrat ist Zinkiodid gelöst, also haben Zink und Iod zu Zinkiodid reagiert.
3. Man könnte das Filtrat in eine Petrischale gießen und das Lösungsmittel verdunsten lassen. Es müßte ein weißer Feststoff zurückbleiben.

Prüfe dein Wissen: Aufbau des Periodensystems (85)

1. und 2.

	I	II	III	IV	V	VI	VII	VIII
1	1,008 H 1							4,0 He 2
2	6,9 Li 3	9,0 Be 4	10,8 B 5	12,0 C 6	14,0 N 7	16,0 O 8	19,0 F g 9	20,2 Ne 10
3	23,0 Na 11	24,3 Mg 12	27,0 Al 13	28,1 Si 14	31,0 P 15	32,1 S 16	35,5 Cl g 17	39,9 Ar 18
4	39,1 K 19	40,1 Ca 20					79,9 Br fl 35	83,8 Kr 36
5	85,5 Rb 37						126,9 I f 53	131,3 Xe 54
6	132,9 Cs 55							

g: gasförmig
fl: flüssig
f: fest

3.

Gruppe	– senkrechte Spalte
Periode	– waagerechte Zeile
Hauptgruppe	– römische Ziffer
Ordnungszahl	– Zahl links unten am Elementsymbol
Zahlenwert der Atommasse	– Zahl links oben am Elementsymbol
I. Hauptgruppe	– Alkalimetalle
Edelgase	– VIII. Hauptgruppe
II. Hauptgruppe	– Erdalkalimetalle
Halogene	– VII. Hauptgruppe

4. Name des Elements: Magnesium

Wir untersuchen Zinkiodid-Lösung mit Hilfe des elektrischen Stroms (86)

1. An der Elektrode, die mit dem Pluspol der Spannungsquelle verbunden ist, sinken dicke, gelbbraune Schlieren herab. Nach einiger Zeit ist die Flüssigkeit in diesem Schenkel gelb. Auf der anderen Elektrode bildet sich ein hellgrauer Belag.

2. An der Elektrode, die mit dem Pluspol der Spannungsquelle verbunden ist, hat sich Iod gebildet. Eine wäßrige Iodlösung sieht gelb bis braun aus. Auf der anderen Elektrode hat sich Zink gebildet. Dieses sieht in feinverteilter Form hellgrau aus. Bei der Untersuchung der wäßrigen Zinkiodid-Lösung mit Hilfe von Gleichstrom sind die Elemente entstanden, aus denen das Salz auch gebildet werden kann.

3. Elektrolyse

Hinweise: Sollte in der Chemiesammlung kein Zinkiodid vorhanden sein, kann auch eine entsprechende Lösung aus Zinknitrat und Kaliumiodid eingesetzt werden. Wenn die Spannung nach kurzer Zeit noch einmal kräftig erhöht wird (z. B. auf über 20 V), kann meist neben der Bildung eines hellgrauen Belages auch das Entstehen schöner Kristalle an der Elektrodenspitze beobachtet werden.

Prüfe dein Wissen: Atombau und Periodensystem (88)

1. Der Kern eines Atoms ist aus Protonen und Neutronen (mit Ausnahme des Wasserstoffatoms) aufgebaut. In der Hülle befinden sich die Elektronen. Diese Elementarteilchen unterscheiden sich in ihrer Masse und Ladung. Alle Atome eines Elements haben die gleiche Anzahl von Protonen und Elektronen, sie stimmt mit der Ordnungszahl überein. Die Masse eines Elektrons ist sehr klein, sie kann deshalb bei der Ermittlung der Gesamtmasse vernachlässigt werden.

2.

Element	Symbol	Ordnungszahl	Zahl der Protonen	Zahl der Neutronen	Zahl der Elektronen	Atommasse in u
Helium	He	2	2	2	2	4
Fluor	F	9	9	10	9	19
Schwefel	S	16	16	16	16	32
Kalium	K	19	19	20	19	39
Iod	I	53	53	74	53	127
Gold	Au	79	79	118	79	197

3.

Schalenmodell

Mg: Massenzahl 24, Ordnungszahl 12, 2. Hauptgruppe, 3. Periode, Elementsymbol Mg

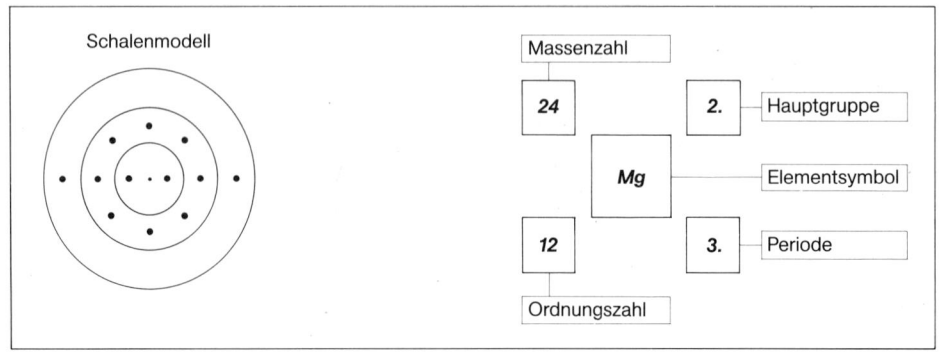

Ionenbildung und Ionenaufbau (89)

1.

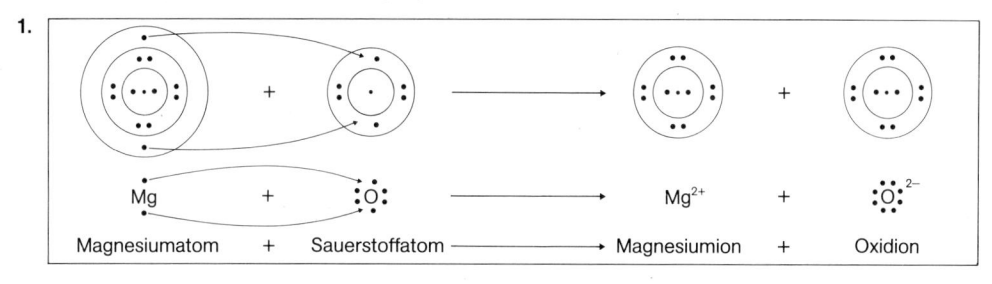

Mg + :Ö: ⟶ Mg²⁺ + :Ö:²⁻

Magnesiumatom + Sauerstoffatom ⟶ Magnesiumion + Oxidion

2. a)

Teilchen	Anzahl der Elektronen	Anzahl der Protonen	elektrische Ladung	Anzahl der Außenelektronen	Symbol
Natriumatom	11	11	neutral	1	Na
Natriumion	10	11	einfach positiv (1+)	8	Na⁺
Magnesiumatom	12	12	neutral	2	Mg
Magnesiumion	10	12	zweifach positiv (2+)	8	Mg²⁺
Kaliumatom	19	19	neutral	1	K
Kaliumion	18	19	einfach positiv (1+)	8	K⁺
Sauerstoffatom	8	8	neutral	6	O
Sauerstoffion	10	8	zweifach negativ (2−)	8	O²⁻
Schwefelatom	16	16	neutral	6	S
Sulfidion	18	16	zweifach negativ (2−)	8	S²⁻

b)

Ne	Na⁺	Mg²⁺	O²⁻
Ar	K⁺	S²⁻	

Ionenbildung im Modell (90)

1.

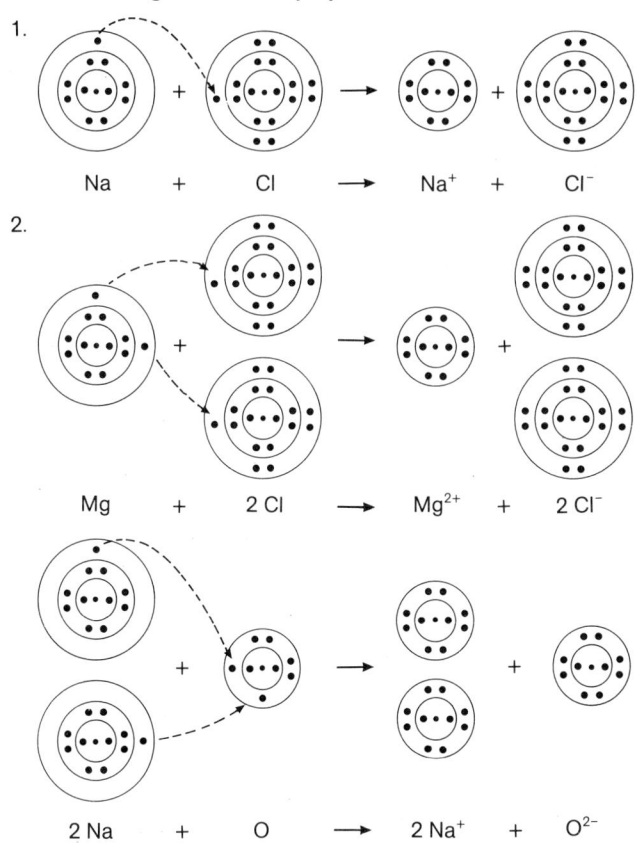

Na + Cl ⟶ Na⁺ + Cl⁻

2.

Mg + 2 Cl ⟶ Mg²⁺ + 2 Cl⁻

2 Na + O ⟶ 2 Na⁺ + O²⁻

3.

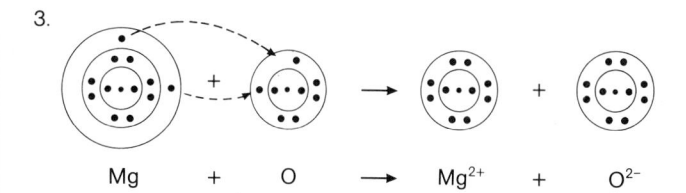

Mg + O ⟶ Mg²⁺ + O²⁻

Anmerkungen:
Die statische Darstellung der Reaktionen ist nicht das Ziel der Benutzung dieser Modelle. Vielmehr kann man die Elektronenübergänge dynamisch (wie in einem Trickfilm) darstellen. Die Abbildungen links vom Reaktionspfeil stellen also jeweils den Anfangszustand, die rechts vom Reaktionspfeil den Endzustand der Reaktionen dar.
Besonders sinnvoll ist es, die Reaktionsabläufe gemeinsam mit den Schülern auf einem Tageslichtprojektor zu entwickeln. Dazu kann man die Kopiervorlagen auf Folien fotokopieren und ausschneiden. Um die durchsichtigen Modellfolien zu färben, kann man sie mit durchsichtiger, farbiger Klebefolie bekleben.

Kristalle, die man wachsen sieht (92)

1. Der Kristall schwimmt an der Oberfläche. Von dem Kristall aus wachsen nach allen Seiten lange, farblose Kristalle in die Lösung. Es steigen Schlieren nach oben zu dem Kristall. Nach einiger Zeit wachsen auch Kristalle vom Boden aus.

2.

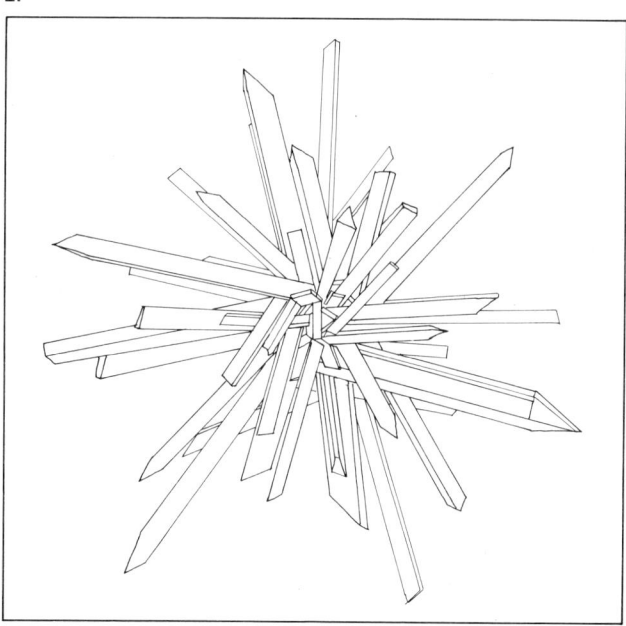

Hinweis: Die Reste der erstarrten Lösungen und Kristalle können für diesen Versuch erneut eingesetzt werden.

Wir züchten einen großen Kristall (93)

1. Am Tag erwärmt sich die Lösung, die Lösung ist nicht mehr gesättigt, die Kristalle lösen sich (z. T. nur teilweise) auf, der Kristall aus der Schlinge löst sich z. T. und fällt heraus. In der Nacht

224

kühlt sich die Lösung ab, die Kristallisation setzt ein, die Kristalle wachsen wieder.
2. Die Lösung ist nicht gesättigt. Der Kristall löst sich auf.

Wir basteln Kristallmodelle (94)

1. z. B. Steinsalz

2. z. B.

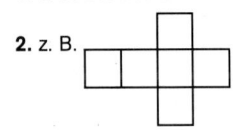

3.2 1. Dipyramide, 2. Oktaeder, 3. Sechseckprisma

Prüfe dein Wissen: Elektrolyse und Elektronenübergänge (96)

1. a) und b)

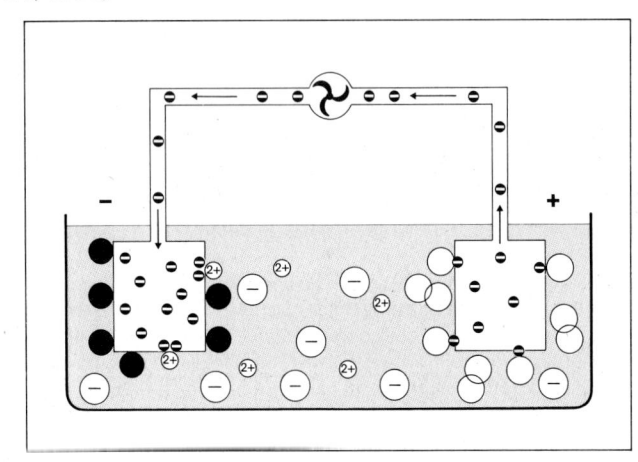

c) $Zn^{2+} + 2e^- \longrightarrow Zn$
d) Ein an der Kathode ankommendes Zinkion erhält aus ihr zwei Elektronen. Durch Aufnahme von zwei Elektronen entsteht aus einem Zinkion ein Zinkatom.
e) $2\,Cl^- \longrightarrow 2\,Cl + 2\,e^-$
$2\,Cl \longrightarrow Cl_2$
f) Die ankommenden Chloridionen geben jeweils ein Elektron an die Anode ab. Die entstehenden Chloratome vereinigen sich zu Chlormolekülen.
2. Die negativ geladene Elektrode enthält mehr Elektronen als die positiv geladene Elektrode. Bei der Elektrolyse werden die positiv geladenen Ionen, die Kationen, von der negativ geladenen Elektrode, der Kathode, angezogen. Sie nehmen an dieser Elektrode Elektronen auf. Die negativ geladenen Ionen, die Anionen, wandern zur positiv geladenen Elektrode, der Anode. Sie geben an diese Elektrode Elektronen ab.

Teilchen	Kreissymbol	chem. Symbol
Elektron	⊖	e^-
Zinkion	②⁺	Zn^{2+}
Zinkatom	●	Zn
Chloridion	⊖	Cl^-
Chloratom	○	Cl
Chlormolekül	◯◯	Cl_2

Wie viele Elektronenpaare finden wir in Molekülformeln? (97)

1.

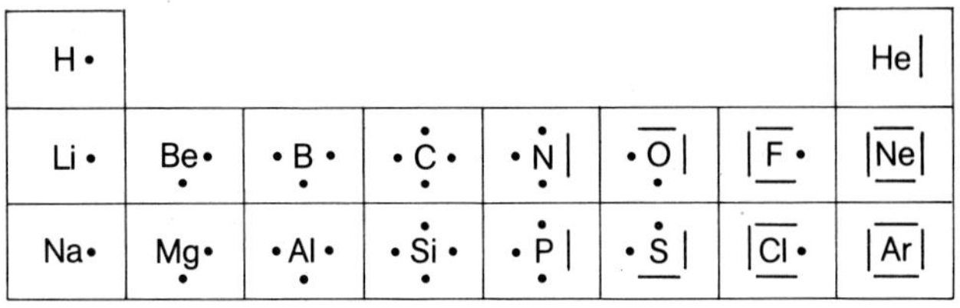

H•							He|
Li•	Be•	•B•	•C•	•N|	•O|	|F•	|Ne|
Na•	Mg•	•Al•	•Si•	•P|	•S|	|Cl•	|Ar|

2.

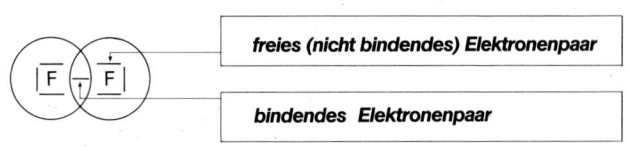

|F̄|–|F̄| → freies (nicht bindendes) Elektronenpaar
→ bindendes Elektronenpaar

3. a)

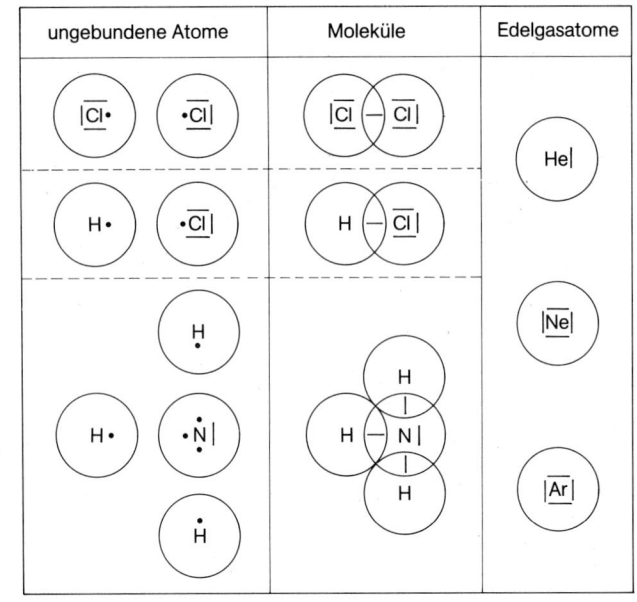

ungebundene Atome	Moleküle	Edelgasatome
|Cl• •Cl|	|Cl|–|Cl|	He|
H• •Cl|	H–|Cl|	|Ne|
H• H• •N| •H	H–N(H)(H)–H	|Ar|

b) Die Wasserstoffatome weisen jeweils zwei (wie das Heliumatom), die anderen Atome acht Außenelektronen (wie die übrigen Edelgase) auf.

Molekülbildung im Modell (98)

2.

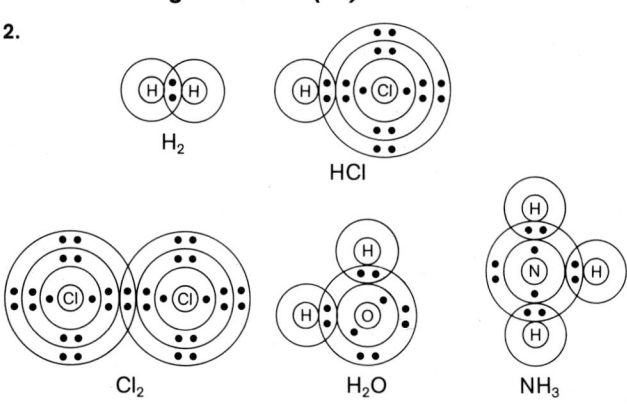

H_2, HCl, Cl_2, H_2O, NH_3

Anmerkungen:
Wenn man die Kopiervorlagen auf Folien fotokopiert, erhält man durchsichtige Folien, bei denen die Überlappung der Aufenthaltsräume der Elektronen deutlicher wird. Solche Modellfolien eignen sich auch zur Projektion mit dem Tageslichtprojektor. Um die Folien zu färben, kann man sie mit durchsichtiger, farbiger Klebefolie überkleben.
3. Hier wird deutlich, daß sich Schalenmodelle nicht zur Darstellung von Doppel- und Dreifachbindungen eignen. Diese Überlegungen können zu anderen, insbesondere räumlichen Atommodellen überleiten.

Wir erhitzen blaues Kupfersulfat (99)

1. Beim Erhitzen des blauen Kupfersulfates kondensieren zunächst Flüssigkeitströpfchen an den kalten Stellen des Reagenzglases. Nach einiger Zeit treten Nebel aus dem Gasableitungsrohr, und in dem gekühlten Reagenzglas sammelt sich eine farblose Flüssigkeit. Im Reagenzglas bleibt ein weißgraues Pulver zurück. Die Flüssigkeit siedet bei 100 °C. Bei Zugabe der Flüssigkeit zu dem weißgrauen Pulver bildet sich an den Stellen, an denen die Flüssigkeit mit dem Feststoff in Berührung kommt, unter Erwärmen ein blauer Stoff.
2. Ja! Die Flüssigkeit ist farb- und geruchlos und siedet bei 100 °C.
3. z. B. Schmelztemperatur und Dichte
4. Kupfersulfat ohne Wasser (wasserfreies Kupfersulfat)! Bei Zugabe des Wassers zu dem weißgrauen Pulver entsteht ein blauer Stoff, bei dem es sich – wahrscheinlich – um blaues Kupfersulfat handelt.

Hinweise. 1. Der Hinweis auf das schwerschmelzbare Reagenzglas ist aus Sicherheitsgründen vorgenommen worden. Vom Verfasser und seinen Schülern ist dieses Experiment aber schon mehrfach mit normalen Fiolax-Reagenzgläsern durchgeführt worden. Nur bei permanentem Erhitzen an einer Stelle kann es dazu kommen, daß das Reagenzglas an dieser Stelle angeschmolzen wird.
2. Der Lehrer kann zunächst blaues Kupfersulfat in einem Vorversuch erhitzen (oder von Schülern erhitzen lassen), um die Schüler zur Problemstellung dieses Versuchs zu leiten.
3. Auch die Dichtebestimmung läßt sich gut durchführen, wenn z. B. 5 ml der Flüssigkeit „eingesammelt" werden.

Bildung und Auflösung eines Natriumchloridgitters im Modell (100)

Zum Aufbau von Ionengittern

Zum Lösungsvorgang von Salz in Wasser (Hydratation)

Anmerkungen:
Besonders sinnvoll ist es, die Vorgänge gemeinsam mit den Schülern auf einem Tageslichtprojektor zu entwickeln. Dazu kann man die Kopiervorlagen auf Folien fotokopieren und ausschneiden. Um die durchsichtigen Modellfolien zu färben, kann man sie mit durchsichtiger, farbiger Klebefolie bekleben.

Was haben saure Lösungen gemeinsam? (101)

1. Versuchsreihe – Auswertung: Alle sauren Lösungen weisen einen sauren Geschmack auf. Farbe bei Zugabe von Universalindikator: Rot bis Orange.
2. Versuchsreihe – Auswertung: Die Knallgasprobe verläuft in allen drei Fällen positiv. Die Metalle (Magnesium, Zink, Eisen) reagieren mit sauren Lösungen, dabei entsteht Wasserstoff.
3. Versuchsreihe – Auswertung: Die Lösungen leiten den elektrischen Strom, also müssen in ihnen frei bewegliche Ionen vorhanden sein.
Aufgabe: Die Schmelze enthält keine frei beweglichen Ionen. Diese werden erst bei Zugabe von Wasser gebildet.
Hinweise: Bei der 2. Versuchsreihe ist darauf zu achten, daß die angegebene Konzentration der Salzsäure ($c = 0,5$ mol/l) eingehalten wird. Ist die Konzentration höher, kann es bei der Zugabe der Magnesiumspäne zu einer heftigen Reaktion kommen, bei der Lösung aus dem Reagenzglas herausgedrückt wird. Ist die Konzentration deutlich niedriger, verlaufen die Reaktionen sehr langsam. Bei sehr reinem Zink kann es vorkommen, daß keine Reaktion einsetzt. Das Zinkpulver sollte dann mit ein wenig Kupferpulver versetzt werden. Diese Anmerkungen gelten sinngemäß auch für die Essigsäure, hier ist die Konzentration von 1 mol/l optimal.
In der 1. und 3. Versuchsreihe kann auch Salzsäure und Essigsäure geringerer Konzentration als 1 mol/l eingesetzt werden.

Säuren und Laugen als „Gegenspieler" (103)

Ergebnisse des 1. Versuchs:	Natronlauge (Tropfenzahl):	0	10	20	30	40
	pH-Wert der Lösung: etwa	1	1–2	1–2	7	12

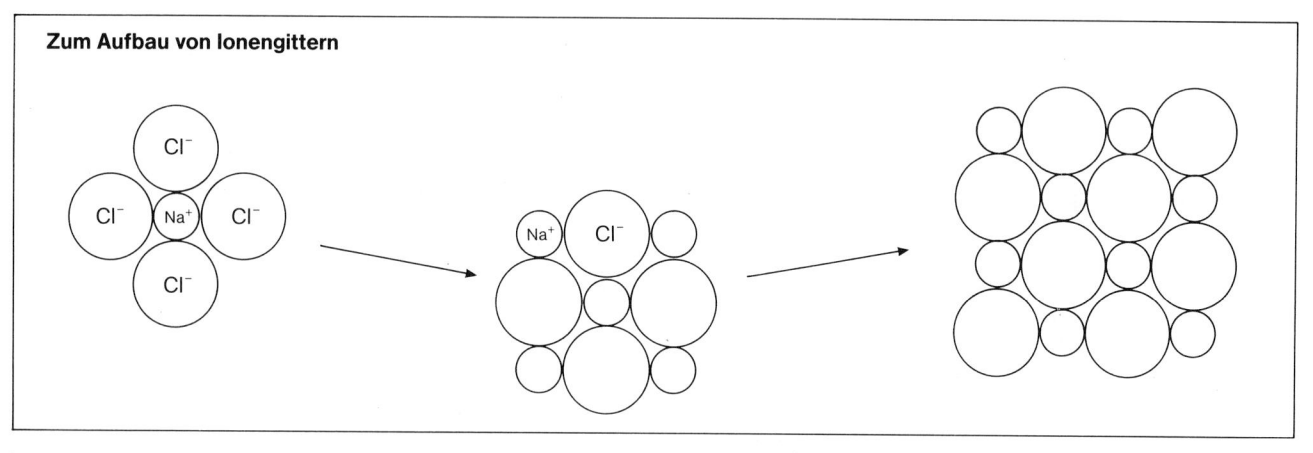

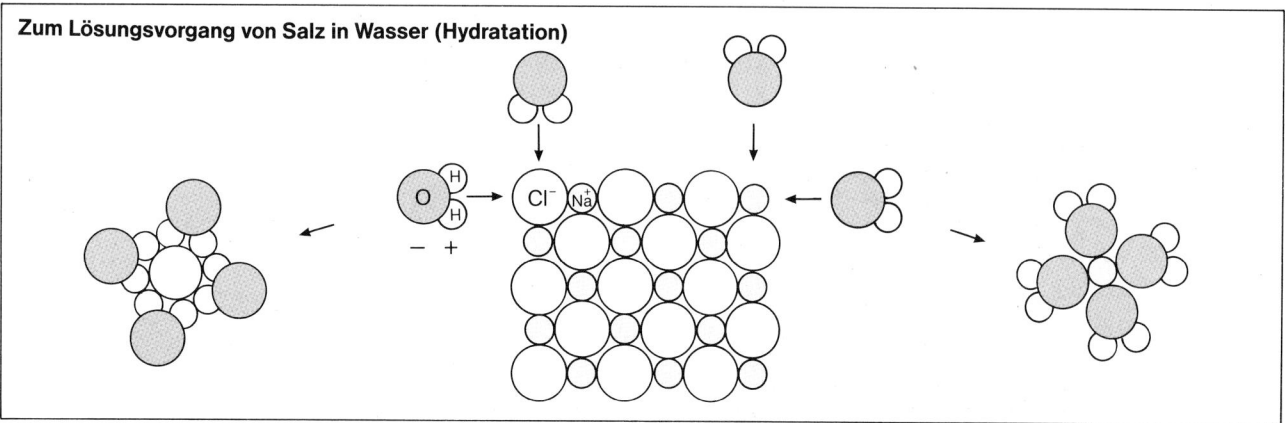

des 2. Versuchs:	Temperatur der Salzsäure:	z. B. 20 °C
	Temperatur der Natronlauge:	z. B. 20 °C
	Temperatur des Gemisches:	z. B. 26 °C

Ergebnis des Vergleichs der Kristalle: Kristalle stimmen in Form und Farbe überein.

Auswertung der Versuche:
1. Salzsäure und Natronlauge heben sich in ihrer sauren bzw. alkalischen Wirkung auf, deshalb können sie als „Gegenspieler" aufgefaßt werden.
2.1 Beim Zusammengeben wird Energie in Form von Wärme frei. Beim Verdunsten oder Eindampfen der Lösung bleibt Natriumchlorid als neuer Stoff zurück.
2.2 Salzsäure + Natronlauge ⟶ Natriumchlorid + Wasser
$H_3O^+ + Cl^- + Na^+ + OH^- \longrightarrow Na^+ + Cl^- + 2 H_2O$

Fülle die Lücken aus: Alle sauren Lösungen enthalten H_3O^+-Ionen, alle Laugen OH^--Ionen. Bei einer Neutralisation reagieren die H_3O^+-Ionen und die OH^--Ionen zu H_2O-Molekülen. Dabei wird Wärme frei. Die allgemeine Reaktionsgleichung für die Neutralisation lautet: $H_3O^+ + OH^- \longrightarrow 2 H_2O$

Zur Anwendung der Neutralisation – Neutralisationsanlage: Im Neutralisationsbecken wird der pH-Wert gemessen, damit die Menge an Lauge oder Säure, die zur Neutralisation notwendig ist, festgesetzt werden kann. Im Kontrollbecken wird der pH-Wert aus Sicherheitsgründen kontrolliert.

Wir verfolgen die Neutralisation mit der Stromstärke (105)

1.
Meßwerttabelle

Volumen der Natronlauge in ml	0	1	2	3	4	5	6	7	8	9	10	11	12	13	14
Stromstärke in mA	355	330	304	275	245	218	190	165	135	108	80	96	110	127	141

2. Bei der Kurve handelt es sich eigentlich um zwei Geraden, die sich bei einer Zugabe von 10 ml Natronlauge schneiden. Bei einer Zugabe von 10 ml wird auch die kleinste Stromstärke gemessen. Die erste Gerade fällt steiler ab, als die zweite Gerade ansteigt.
3. $H_3O^+ + Cl^- + Na^+ + OH^- \longrightarrow Na^+ + Cl^- + 2 H_2O$.
4. a): Vor der Zugabe der Natronlauge liegen die H_3O^+- und die Cl^--Ionen der Salzsäure vor.
b): Bis zur Zugabe von 9 ml Natronlauge liegen H_3O^+-, Na^+- und Cl^--Ionen vor.
c): Bei Zugabe von 10 ml Natronlauge liegen Na^+- und Cl^--Ionen vor.
d): Bei Zugabe von 14 ml Natronlauge liegen Na^+-, Cl^-- und OH^--Ionen vor.
5. Die elektrische Leitfähigkeit der Salzsäure ist aufgrund der sehr beweglichen H_3O^+-Ionen am größten. Reagiert Salzsäure mit Natronlauge, sinkt die Leitfähigkeit. Die gut beweglichen H_3O^+-Ionen werden durch die schlechter beweglichen Na^+-Ionen ersetzt. Sobald nur noch die reine Natriumchlorid-Lösung vorliegt, ist die Leitfähigkeit am geringsten. Hier liegt der Neutralpunkt vor. Die Leitfähigkeit steigt bei weiterer Laugenzugabe wieder an, da jetzt keine H_3O^+- und OH^--Ionen mehr zu H_2O-Molekülen reagieren und damit verbraucht werden, sondern mehr Ionen in die Lösung gelangen. Außerdem verursachen die OH^--Ionen eine höhere Leitfähigkeit, da sie sehr beweglich sind.

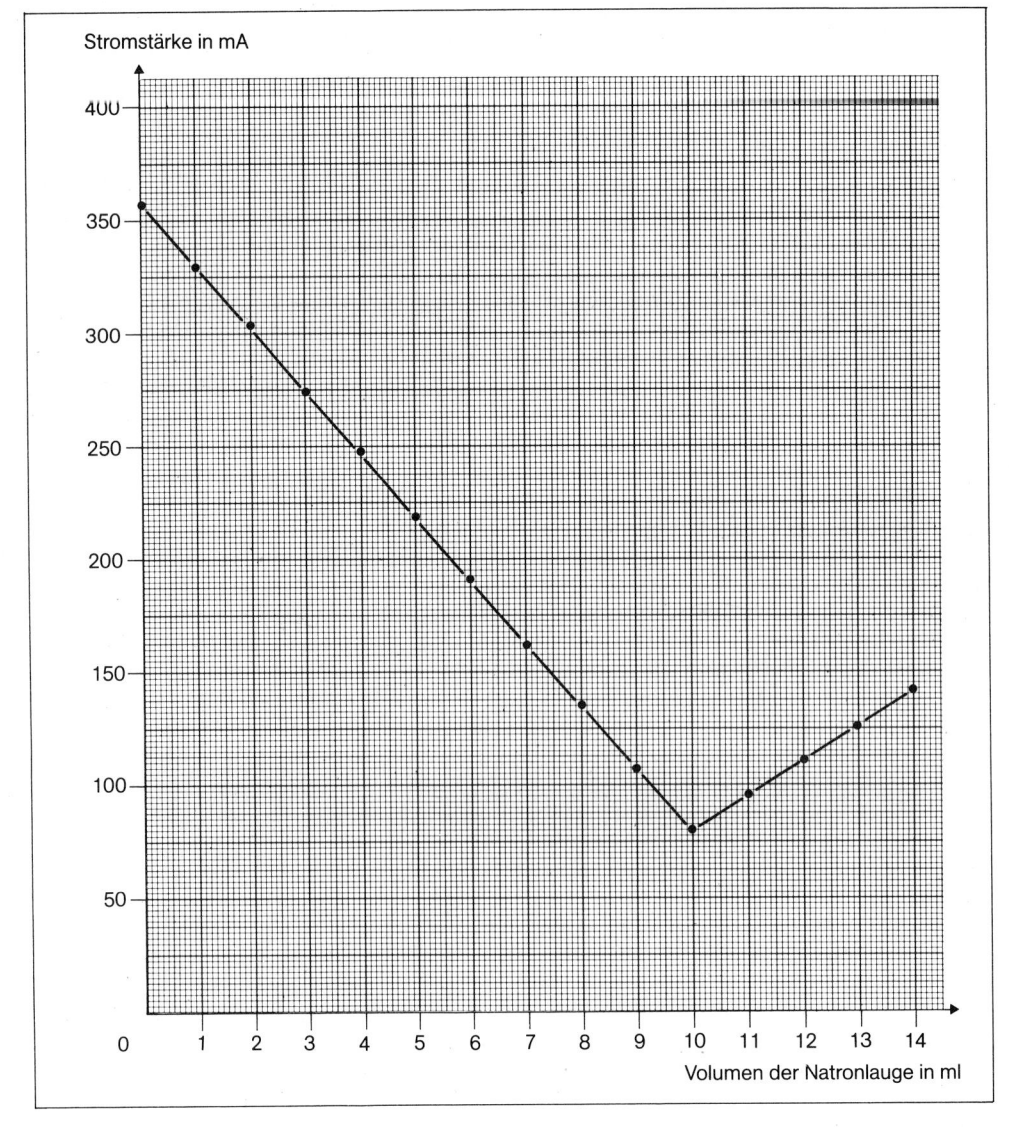

Diagramm:

Wir verfolgen die Temperatur bei einer Neutralisation (107)

1. Meßwerttabelle:

Volumen der Salzsäure in ml	0	2	4	6	8	10	12	14	16	18	20	22	24
Temperatur der Lösung in °C	23,6	26,4	28,3	29,8	31,2	32,1	33,1	33,9	34,5	35,1	35,4	34,5	33,5

Bei der Neutralisation reagieren H_3O^+- und OH^--Ionen zu Wassermolekülen, dabei wird Wärme frei; dies führt zu einer Erwärmung der Lösung. Bei jeder Zugabe von 2 ml Salzsäure reagiert die gleiche Anzahl von H_3O^+-Ionen, allerdings wird das Volumen der Lösung jeweils größer, es muß deshalb eine immer größere Stoffportion erwärmt werden. Außerdem wird Energie an die Umgebung abgegeben. Bei einer Zugabe von 20 ml ist die Neutralisationsreaktion beendet. Die weitere Zugabe der kühleren Salzsäure aus der Bürette führt zu einer Abkühlung der Lösung im Kunststoffbecher.

Diagramm:

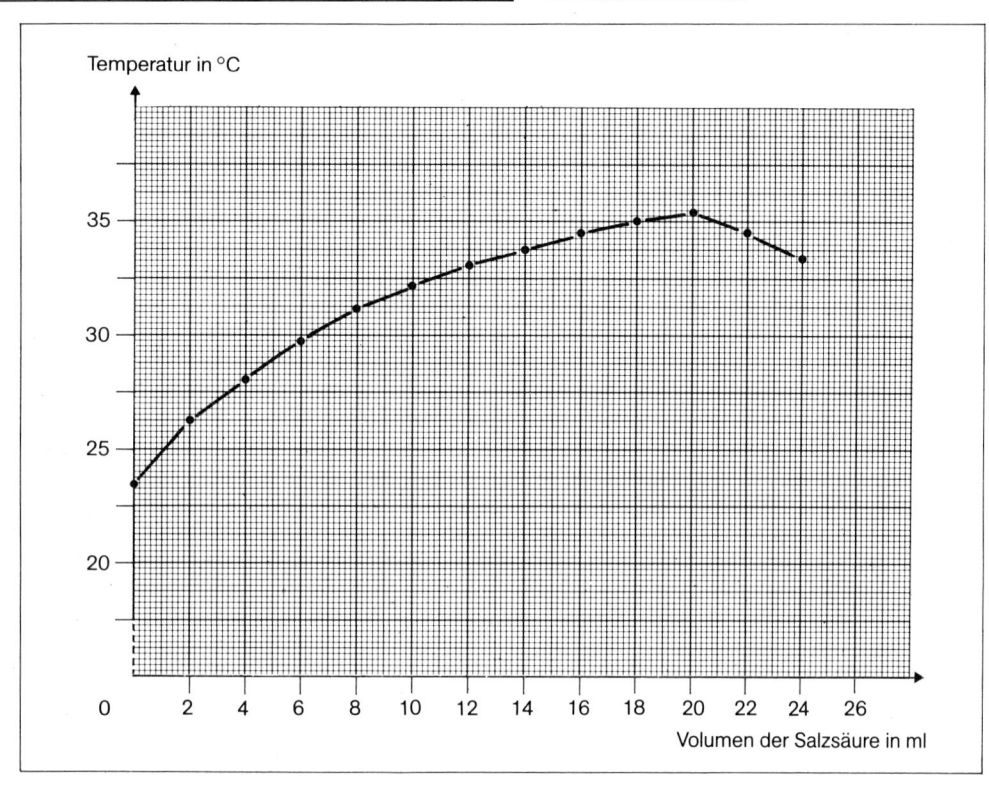

2. $H_3O^+ + Cl^- + Na^+ + OH^- \longrightarrow 2\,H_2O + Na^+ + Cl^-$.

3. Die Temperatur steigt bis zu einer Zugabe von 20 ml an, wobei der Temperaturanstieg allerdings nicht gleichmäßig, sondern nach jeder Säurezugabe meist etwas geringer ausfällt. Nach einer Zugabe von insgesamt 22 ml fällt die Temperatur wieder.

Universalindikator (109)

gelb		Bromthymolblau		blau		
gelb				Thymolblau		blau
rot	Methylrot			gelb		
		farblos			Phenolphthalein	rosa
rot	orange	gelb	grün	grünblau	blau	violett
4	5	6	7	8	9	10

H_3O^+- und OH^--Ionen im Modell (110)

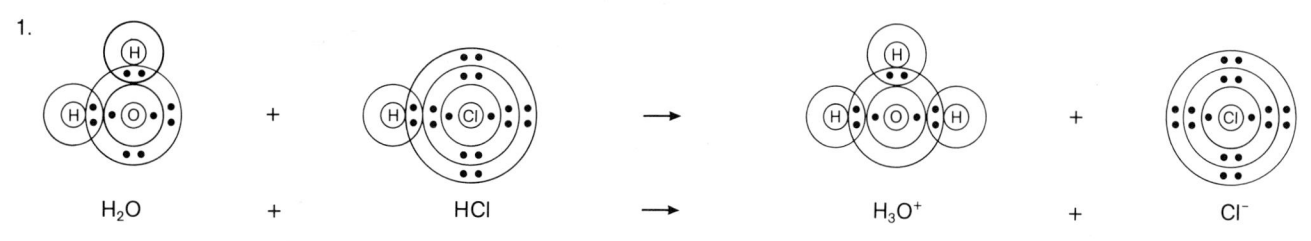

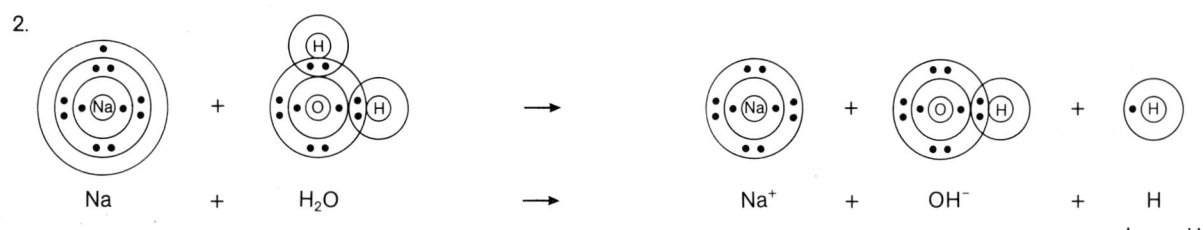

1.

$H_2O \quad + \quad HCl \quad \longrightarrow \quad H_3O^+ \quad + \quad Cl^-$

2.

$Na \quad + \quad H_2O \quad \longrightarrow \quad Na^+ \quad + \quad OH^- \quad + \quad H$

Je zwei Wasserstoffatome bilden ein Molekül!

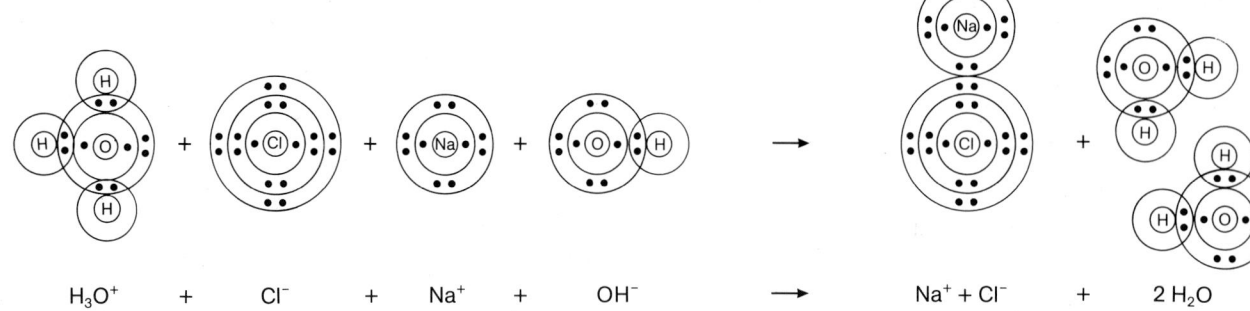

3.

H_3O^+ + Cl^- + Na^+ + OH^- ⟶ $Na^+ + Cl^-$ + $2 H_2O$

Anmerkungen:
Diese Kopiervorlage ist eine Ergänzung der Kopiervorlagen „Ionenbildung im Modell" und „Molekülbildung im Modell". Einige Modelle dieser beiden Kopiervorlagen werden für die Aufgaben benötigt.
Die statische Darstellung der Reaktionen ist nicht das Ziel der Benutzung dieser Modelle. Vielmehr kann man die Elektronenübergänge dynamisch (wie in einem Trickfilm) darstellen. Die Abbildungen links vom Reaktionspfeil stellen also jeweils den Anfangszustand, die rechts vom Reaktionspfeil den Endzustand der Reaktionen dar.
Besonders sinnvoll ist es, die Reaktionsabläufe gemeinsam mit den Schülern auf einem Tageslichtprojektor zu entwickeln. Dazu kann man die Kopiervorlagen auf Folien fotokopieren und ausschneiden. Um die durchsichtigen Modellfolien zu färben, kann man sie mit durchsichtiger, farbiger Klebefolie bekleben.

Eigenschaften von Diamant und Graphit (111)

Versuch 1: Auswertung: Diamant besteht aus Kohlenstoffatomen. Beim Verbrennen entsteht Kohlenstoffdioxid, das Kalkwasser trübt.
Frage: Graphit besteht wie Diamant aus Kohlenstoffatomen. Graphit und Diamant sind verschiedene Modifikationen des Elements Kohlenstoffs.
Versuch 2: Beobachtung: Nur beim Bleistift leuchtet die Glühbirne.
Auswertung: Graphit ist ein elektrischer Leiter, Diamant ein Nichtleiter. Im Graphitgitter können sich Elektronen in den Schichten bewegen.

Eigenschaften	Diamant	Graphit
Aussehen	farblos, durchsichtig, lichtbrechend	schwarz, glänzend
Härte	sehr hart	sehr weich
elektrische Leitfähigkeit	keine	gut
Spaltbarkeit	schwer spaltbar	leicht spaltbar
Dichte	3,5 g/cm^3	2,3 g/cm^3

Entstehung des Sauren Regens (113)

Versuch 3: Beobachtung: Das Indikatorpapier zeigt eine saure Lösung an.
Erklärung: Schwefeldioxid bildet mit Wasser Schweflige Säure.
1. $S + O_2 \longrightarrow SO_2$; $SO_2 + H_2O \longrightarrow H_2SO_3$.
2. Luftschadstoffe: Schwefeldioxid und Stickstoffoxide; Verursacher: Verkehr, Haushalte, Industrie, Kraftwerke

Rauchgasentschwefelung (114)

1. und 2. Siehe Abbildung unten

Technische Herstellung der Schwefelsäure (115)

1.
1 Schwefel wird mit Luft zerstäubt und zu Schwefeldioxid verbrannt: $S + O_2 \longrightarrow SO_2$.
2 Im Kontaktofen wird Schwefeldioxid mit Hilfe eines Katalysators, Vanadium(V)-oxid, zu Schwefeltrioxid oxidiert:
$2 SO_2 + O_2 \longrightarrow 2 SO_3$.
3 Der Wärmetauscher entzieht dem Gasgemisch Wärme. Bei Temperaturen über 600 °C würde ein Teil des Schwefeltrioxids zerfallen.
4 Im Zwischenabsorber wird bereits entstandenes Schwefeltrioxid zu Schwefelsäure umgesetzt:
$SO_3 + H_2O \longrightarrow H_2SO_4$.
5 Im Endabsorber wird Schwefeltrioxid von konzentrierter Schwefelsäure aufgenommen, wobei es mit dem Wasser in der Säure reagiert: $SO_3 + H_2O \longrightarrow H_2SO_4$.
2. Verunreinigungen würden die Wirksamkeit des Katalysators herabsetzen.
3. „Kontakt" ist ein technischer Begriff für Katalysator.

Wir fertigen einen Gipsabdruck an (116)

Natürlicher Gips kommt in der Natur oft in Form schöner Kristalle vor. Natürlicher Gips enthält noch Kristallwasser, deshalb lautet die Formel $CaSO_4 \cdot 2 H_2O$. Durch Gipsbrennen bei 130 °C erhält man gebrannten Gips, der nur noch ein Viertel seines ursprünglichen Kristallwassers enthält. Die Formel des gebrannten Gipses lautet daher $CaSO_4 \cdot \frac{1}{2} H_2O$.
Rührt man gebrannten Gips mit Wasser an, so erhärtet der Brei nach kurzer Zeit, man sagt, der Gips „bindet ab".

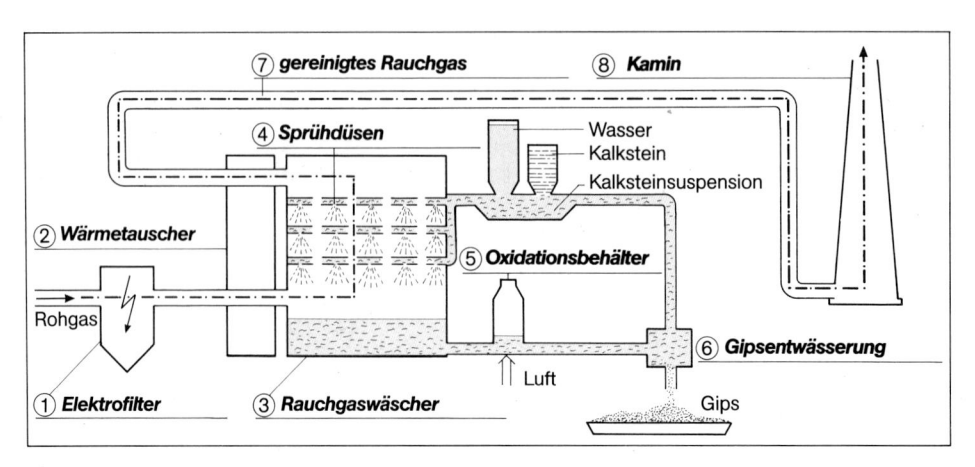

Wir experimentieren mit Schwefeldioxid (117)

Auswertung:

Zeit	SO$_2$-Anteil 200–260 ppm	SO$_2$-Anteil 2–3 ppm	Kontrollversuch ohne SO$_2$
1. Tag	Gartenkresse fängt an zu welken	Keine Veränderung	Keine Veränderung
2. Tag	Gartenkresse ist verwelkt, Samen keimen nicht	Gartenkresse fängt an zu welken, Samen keimen nicht	Gartenkresse wächst, Samen keimen
4. Tag	Gartenkresse ist abgestorben, Samen keimen nicht	Gartenkresse ist verwelkt, wenige Samen keimen	Gartenkresse wächst, Keimlinge wachsen

Fragen:
1. Aus der Natriumhydrogensulfitlösung entweicht Schwefeldioxid. Es verbindet sich mit Wasser zu Schwefliger Säure.
2. Schwefeldioxid schädigt Pflanzen. Bei höherem Schwefeldioxidanteil in der Luft sterben die Pflanzen ab.
3. Schwefeldioxid ist ein Atemgift. Es reizt die Schleimhäute und schädigt die Atmungsorgane.

Kohlenstoffdioxid als Treibgas (119)

Versuch 1: Beobachtung: Aus dem Gemisch entweicht ein Gas, das Kalkwasser trübt.
Erklärung: Das entweichende Gas ist Kohlenstoffdioxid.
Versuch 2: Das Backpulver enthält Natriumhydrogencarbonat und eine Säure. Die Reaktion setzt aber erst ein, wenn Wasser hinzugegeben wird.

Wasserhärte (120)

Versuch 1: Beobachtung: Der Niederschlag löst sich wieder auf.
Versuch 2: Beobachtung: Es bildet sich ein Rückstand aus Kalk im Reagenzglas.
Auswertung: Calciumhydrogencarbonat bewirkt die Wasserhärte.
Aus Calciumhydrogencarbonat wird Kohlensäure abgespalten, die in Kohlenstoffdioxid und Wasser zerfällt.

Aufgabe:
Kohlenstoffdioxid löst sich in Regenwasser:
$CO_2 + H_2O \longrightarrow H_2CO_3$
Kohlensäure löst Kalkstein auf:
$CaCO_3 + H_2CO_3 \longrightarrow Ca(HCO_3)_2$
Kohlenstoffdioxid und Wasser verdunsten:
$Ca(HCO_3)_2 \longrightarrow CaCO_3 + H_2O + CO_2$

Nitratnachweis im Salat (121)

Ergebnis:

Pflanzenteile	Nitratgehalt, mg/kg
Äußere Blätter	7000
Äußere Blätter, ohne Mittelrippe	2500
Äußere Blätter, ohne Mittelrippe, gewaschen	2000
Innere Blätter	2000
Innere Blätter, ohne Mittelrippe	1500
Innere Blätter, ohne Mittelrippe, gewaschen	1000

Aufgaben:
1. Äußere Blätter nicht verwenden, gründlich waschen.
2. Er darf täglich ca. 200 mg Nitrat zu sich nehmen.
3. Aus Nitrat entsteht im Körper Nitrit, das die Sauerstoffaufnahme ins Blut beeinträchtigt. Außerdem entstehen krebserregende Nitrosamine.

Düngung und Nahrungsmittelqualität (122)

Ergebnisse:

Probe	Nitratgehalt, mg/kg	Ascorbinsäuregehalt, mg/kg
Kartoffel aus Anbau mit Mineraldünger	> 100	> 100
Kartoffel aus Anbau ohne Mineraldünger	> 50	> 300

Aufgaben:
1. Beim Anbau mit Mineraldünger zeigt sich ein höherer Nitratgehalt.
2. Beim Anbau ohne Mineraldünger zeigt sich ein höherer Vitamin-C-Gehalt.
3. Beide Proben überschreiten den Höchstwert nicht.

Wir stellen Glas her (124)

1. Die Mischung wird bei hoher Temperatur geschmolzen, allmählich zähflüssig und erstarrt beim Abkühlen.
2. Die erstarrte Schmelze ist durchsichtig, hart und spröde, hat eine glatte Oberfläche, leitet den elektrischen Strom nicht.

Glas – Eigenschaften und Bedeutung (125)

1.

Eigenschaften	Glas (Normalglas)	Eisen / Stahl
Verformbarkeit bei Zimmertemperatur	äußerst spröde	verformbar
Lichtdurchlässigkeit	durchsichtig	nicht durchsichtig
Verhalten beim Erhitzen	erweicht, bevor es schmilzt	glüht, läuft blauschwarz an
Beständigkeit gegen saure Lösungen	trifft zu	trifft nicht zu
Elektrische Leitfähigkeit	Nichtleiter	gut
Wärmeleitfähigkeit	gering	gut

2.

Kälte- und Wärmeschutz	Angriffsschutz	Sichtschutz	Licht, Sicherheit	Sonnenschutz
Brandschutz	Zuschauerschutz	Schallschutz	Personenschutz	Verletzungsschutz

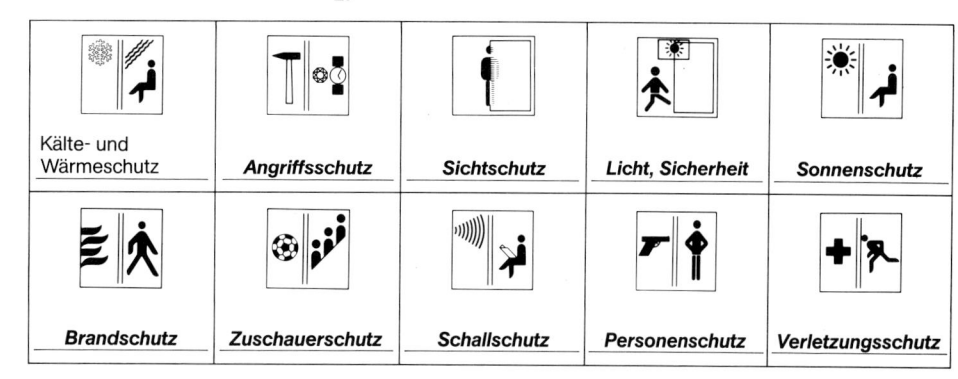

3. Als Glaswolle zur Wärme- und Schallisolierung; als Glasgewebe zur Verstärkung von Kunststoffen (Glasfiber) bei Sportgeräten, Schutzhelmen u. a.

Glas – Herstellungstechniken im Wandel der Jahrtausende (126)

Blatt 1:
1. Glasblasen (z. B. von Spezialgeräten und Schmuckgläsern)
2. Mit dem Glasblasen gelang es, durchsichtiges Glas herzustellen. Das geblasene Glas kommt bei der Bearbeitung nicht mit kühleren Fremdkörpern in Berührung. Ein vorzeitiges Erstarren wird dadurch verhindert; das geblasene Glas bleibt durchsichtig.
3. a) Römisches Gußverfahren: Glasschmelzen wurden in feuchte Holzformen gegossen und ausgebreitet. Gußglas ist nicht klar durchsichtig.
b) Walz- und Streckverfahren: Eine lange Glasblase wurde an den Enden geöffnet und durch ein Holz erweitert. Der noch heiße Glaszylinder wurde längs eingedrückt, mit einem heißen Eisen an einer Seite geöffnet, ausgebreitet und an einer Scheibe geglättet.
c) Schleuderverfahren für Mondglas: Eine geblasene Glaskugel wurde geöffnet und zur Scheibe geschleudert. Dabei mußte das Glas immer wieder erhitzt werden, damit es verformbar blieb.

Blatt 2:
1. Ziehverfahren nach Fourcault (1905): Langsames Abkühlen der Scheiben in Kühlschächten verhindert ein vorzeitiges Erstarren.
2. Gußglas ist undurchsichtig und muß in einem aufwendigen Verfahren mit Schleifmitteln feingeschliffen und blankpoliert werden. Floatglas kann ohne Nachbearbeitung als Spiegelglas verwendet werden.
3. Zinn entwickelt bei 1000 °C zu Beginn des Floatbades keinen störenden Dampf und ist an der Austrittsstelle bei 600 °C noch flüssig (Schmelztemperatur von Zinn 231,9 °C).
4. Verwendung: Windschutzscheiben, Schutzglas an Maschinen u. a.
Herstellung: Beim Verbundglas werden zwei Sicherheitsglasscheiben durch eine Kunststoff-Folie miteinander verklebt. Zerbrochene Verbundglasscheiben bleiben noch durchsichtig, da Bruchstücke an der reißfesten Folieneinlage haften.
5. Fensterscheiben und Spiegel bestehen aus Kalknatronglas (Normalglas). Rohstoffe sind Quarzsand (SiO_2, Siliciumdioxid), Soda (Na_2CO_3, Natriumcarbonat) und Kalk ($CaCO_3$, Calciumcarbonat).

Keramische Werkstoffe (128)

1. Beim Brennen entweicht Wasser. Die silicathaltigen Tonteilchen erweichen an der Oberfläche und verkleben miteinander (Sintern), nur ein Teil wird völlig geschmolzen. Der Ton wird hart und fest. Keramik enthält daher neben glasartigen noch kristalline Bereiche.
2.

Tonwaren	Töpferware	Steingut	Steinzeug	Porzellan
Beschaffenheit der Scherben	porös, gelbrot	porös, weißgrau	dicht, graubraun	dicht, weiß
Rohstoffe zur Herstellung	Töpferton	heller Ton	heller Ton	Kaolin
Anwendung	Blumentopf	Waschbecken	Fliesen	Vasen

3. Tonwaren enthalten hauptsächlich Aluminiumsilicate (Ton), Oxidkeramik besteht dagegen aus verschiedenen Metalloxiden.

Wie wird Zement hergestellt? (129)

1. 25 % Ton (Aluminiumsilicat) und 75 % Kalk.
2. Zu unterstreichende Wörter: Walzenbrechern, Mischbett, Mühlen, Silos, Ofenanlage, Wärmetauscher, Drehrohrofen.

Vorgänge im Drehrohrofen: Das Rohstoffgemisch wird im Drehrohrofen erhitzt, wobei zunächst Wasser und Kohlenstoffdioxid entweichen. Dann wird es bei ca. 1450 °C bis zur Sinterung gebrannt. Dabei bilden sich Calcium-, Aluminium- und Eisensilicate. Es entsteht eine harte, zusammengebackene Masse, der Zementklinker.
3. Beim Abbinden von Zement reagieren die beim Brennen entstandenen Silicate mit Wasser. Die Reaktionsprodukte bilden faserartige Kristalle, die ineinander verfilzen und so das Gefüge stark verfestigen.

Zement und Beton (130)

1. a) Römischer „Beton" enthielt Kalk als Bindemittel, daher ähnelt er dem Kalkmörtel.
b) Da Zementmörtel im Gegensatz zu Kalkmörtel auch unter Wasser erhärtet und festbleibt, bezeichnet man ihn als Wassermörtel.
2. Zement, Kies mit Sand.
3. a) Man mischt 50 kg Zement und 25 l (25 kg) Wasser; Wasserzementwert = 25/50 = 0,5.
b) Wasserzementwert = 10/25 = 0,4.
4. Werden in Beton Stahlstäbe oder -gitter eingelegt, erhält man Stahlbeton. Er vereinigt in sich die Härte und Druckfestigkeit des Betons mit der Zugfestigkeit des Stahls.

Vom Kalkstein zum Kalkmörtel (131)

Versuch 1: Beobachtung: Das Kalkwasser wird trübe. Erklärung: Beim Brennen des Kalksteins entweicht Kohlenstoffdioxid.
Versuch 2: Beobachtung: Das Gemisch wird warm, der Indikator färbt sich blau. Erklärung: Es entsteht ein Hydroxid.
Versuch 3: Beobachtung: Das Mörtelstück in Kohlenstoffdioxid wird schnell hart. Erklärung: Beim Abbinden von Kalkmörtel reagiert er mit Kohlenstoffdioxid. Es entsteht wieder Calciumcarbonat.

Wir vergleichen die Baustoffe Gips, Kalkmörtel und Zement (132)

Versuch 2:

	Gips	Kalkmörtel	Zement
	Rg 1: hart	Rg 1: hart	Rg 1: hart
	Rg 2: hart	Rg 2: weich	Rg 2: hart
	Rg 3: weich	Rg 3: weich, zerlaufen	Rg 3: hart

Versuch 4:

	Gips	Kalkmörtel	Zement
Härte	hart	hart	sehr hart
Verhalten in Wasser	erweicht	keine Veränderung	keine Veränderung
Zugabe von verdünnter Salzsäure	keine Veränderung	starkes Aufschäumen	schwaches Aufschäumen

Auswertung: Gips härtet unter Wasseraufnahme, aber nicht unter Wasser. Kalkmörtel und Zement bleiben auch unter Wasser hart.
Bei der Reaktion von Kalkmörtel bzw. Zement mit Salzsäure bildet sich Kohlenstoffdioxid (Aufschäumen). Mit Salzsäure können Carbonate nachgewiesen werden. Gips enthält keine Carbonatverbindungen.

Aufgaben:
1. Gips enthält Calciumsulfat $CaSO_4 \cdot 1/2\, H_2O$; Kalkmörtel enthält Calciumhydroxid $Ca(OH)_2$; Zement enthält Calciumsilicat $(CaO)_3 \cdot SiO_2$.
2. Gips bzw. Zement reagieren beim Abbinden mit Wasser. Beim Abbinden von Kalkmörtel dagegen reagiert Calciumhydroxid mit dem Kohlenstoffdioxid der Luft; dabei entstehen Wasser und Calciumcarbonat.

Redoxreihe der Metalle und ihrer Ionen (134)

1.

	Zn^{2+}	Cu^{2+}	Ag^+
Zn		+	+
Cu	−		+
Ag	−	−	

2. $Zn + Cu^{2+} \longrightarrow Zn^{2+} + Cu$
$Zn + 2\,Ag^+ \longrightarrow Zn^{2+} + 2\,Ag$
$Cu + 2\,Ag^+ \longrightarrow Cu^{2+} + 2\,Ag$

3. Mg   Zn   Fe   Cu   Ag   Au
Mg^{2+} Zn^{2+} Fe^{2+} Cu^{2+} Ag^+ Au^{3+}

Weiterführende Aufgabe: Der Wasserstoff bzw. die Hydroxoniumionen stehen zwischen Eisen und Kupfer bzw. den Fe^{2+}- und den Cu^{2+}-Ionen. Magnesium, Zink und Eisen reagieren mit sauren Lösungen, Kupfer nicht. Eisenatome können noch Hydroxoniumionen reduzieren, Kupferatome nicht.

Elektrischer Strom aus einem Redoxprozeß (136)

Auswertung:
1. Auf dem Kohlestab hat sich Kupfer abgeschieden.
2. Kupferionen sind zu Kupferatomen reduziert worden.
$Cu^{2+} + 2\,e^- \longrightarrow Cu$
3. Zinkatome sind zu Zinkionen oxidiert worden.
$Zn \longrightarrow Zn^{2+} + 2\,e^-$
4.

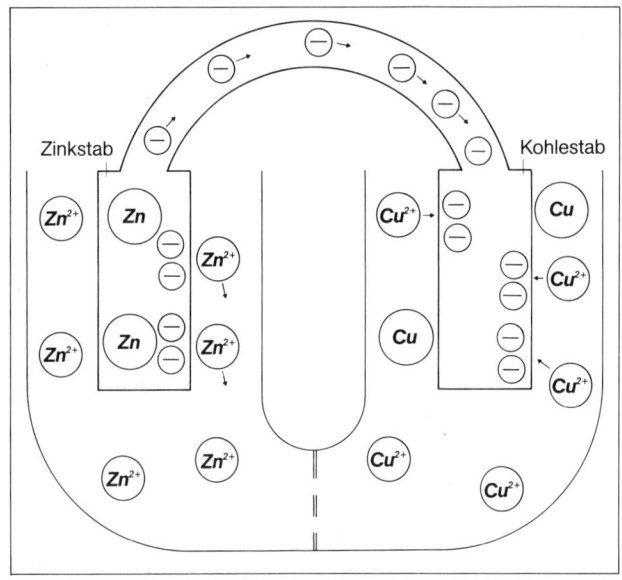

Hinweise: Bei den Versuchen des Verfassers wies die galvanische Zelle eine Spannung zwischen 1,2 V und 1,4 V auf. Die Stromstärke betrug zwischen 12 mA und 15 mA beim Betreiben des Kleinelektromotors. Es kann nur ein Kleinelektromotor eingesetzt werden, der schon bei der obigen Spannung und einer geringen Stromstärke läuft. Der Lehrmittelhandel bietet einen solchen Kleinelektromotor an, der sich bei vielen Versuchen der Elektrochemie sehr bewährt hat (z. B. Conatex-Didactic, Lehrmittel GmbH, Postfach 1407, D-6680 Neunkirchen/Saar, Preis ca. 100 DM). Mit einigem Glück kann man einen solchen Motor – allerdings ohne Gehäuse – mit Propeller in Bastelgeschäften für etwa 10 DM bis 20 DM erwerben.

Weiterführende Aufgaben:
1. Ohne Trennwand berühren sich der Zinkstab und die Kupfersulfat-Lösung sofort. Die Elektronen würden direkt von den Zinkatomen auf die Kupferionen übertragen und nicht durch den Draht fließen.
2. Zwischen der Kupfersulfat-Lösung und der Lösung um den Zinkstab muß ein Ladungsausgleich zwischen positiv und negativ geladenen Ionen stattfinden können.

Von der Redoxreihe zur Spannungsreihe (138)

Spannungen der galvanischen Zellen:
a) Spannung der galvanischen Zelle aus der Zink/Zinknitrat- und der Kupfer/Kupfersulfat-Halbzelle: z. B. 0,95 V.
b) Spannung der galvanischen Zelle aus der Zink/Zinknitrat- und der Silber/Silbernitrat-Halbzelle: z. B. 1,37 V.
c) Spannung der galvanischen Zelle aus der Kupfer/Kupfersulfat- und der Silber/Silbernitrat-Halbzelle: z. B. 0,42 V.

Versuchsauswertung:
1. Betrachtet man die Spannungen, erkennt man, daß sich die Spannung einer der drei galvanischen Zellen jeweils aus den Spannungen der anderen beiden Zellen berechnen läßt.
a) Spannung aus der galvanischen Zelle aus der Zink/Zinknitrat- und der Silber/Silbernitrat-Halbzelle: 0,95 V + 0,42 V = 1,37 V.
b) Spannung der galvanischen Zelle aus der Zink/Zinknitrat- und der Kupfer/Kupfersulfat-Halbzelle: 1,37 V − 0,42 V = 0,95 V.
c) Spannung der galvanischen Zelle aus Kupfer/Kupfersulfat- und der Silber/Silbernitrat-Halbzelle: 1,37 V − 0,95 V = 0,42 V.
2. Nein, es hätte die Bestimmung der Spannungen von zwei galvanischen Zellen genügt.
3. a) Spannung der galvanischen Zelle aus einer Blei/Bleinitrat- und einer Kupfer/Kupfersulfat-Halbzelle: 0,95 V − 0,58 V = 0,37 V.
b) Spannung der galvanischen Zelle aus einer Blei/Bleinitrat- und einer Silber/Silbernitrat-Halbzelle: 1,37 V − 0,58 V = 0,79 V.

Hinweise: Die Auswertung der 1. und 3. Aufgabe läßt sich dadurch unterstützen, daß die Spannungen in Form von Strecken dargestellt werden. In der Aufgabenstellung fehlt bewußt dieser Hinweis, um den Schülern die Möglichkeit zu geben, selbst den Lösungsansatz zu finden.

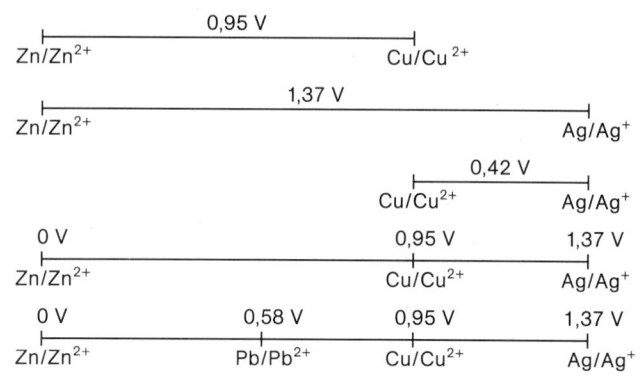

Die hier angegebenen Spannungen sind vom Verfasser mehrfach gemessen worden. Aus ihnen läßt sich der gesetzmäßige Zusammenhang gut herausarbeiten.
Die Spannungen, die in der Literatur angegeben werden, beziehen sich auf Salzlösungen, deren Metallionenaktivitäten 1 mol/l betragen. Diese Aktivität wird in der Regel auch mit Lösungen der Metallionenkonzentration 1 mol/l nicht erreicht.
In den vorgeschlagenen Versuchen beträgt die Metallionenkonzentration jeweils etwa 0,1 mol/l. Hierbei ist der Chemikalienverbrauch wesentlich geringer. Die Lösungen können bei der vorgeschlagenen Versuchsanordnung auch mehrfach eingesetzt werden.

Wir verkupfern einen Schlüssel (139)

Auswertung:
1. Der Schlüssel überzieht sich mit einem schönen dunkelroten Kupferbelag. $Cu^{2+} + 2\,e^- \longrightarrow Cu$.
2. Das Kupferblech wird in dem Teil, der in die Lösung taucht, hellrot. Es gehen Kupferionen in Lösung, deshalb ändert sich auch die Zahl der Kupferionen in der Lösung nicht.
$Cu \longrightarrow Cu^{2+} + 2\,e^-$.

Hinweise: Die Gasentwicklung an den Elektroden kann verhindert werden, wenn man bei geringerer Spannung elektrolysiert. Es gilt auch die Regel, daß die Metallüberzüge um so fester und glatter werden, je kleiner die Stromstärke ist. Allerdings dauert die Verkupferung dann auch länger. Unter den in der Anleitung angegebenen Bedingungen gelangt man zu durchaus zufriedenstellenden Ergebnissen.

Wir vernickeln eine Münze (140)

Auswertung:
1. Die Münze überzieht sich mit einem hellgrauen Belag, der nach dem Polieren sehr schön glänzt. Nickelionen aus der Lösung werden an der Münze reduziert zu Nickelatomen.
$Ni^{2+} + 2\,e^- \longrightarrow Ni$
2. Am Nickelstab oder -blech werden Nickelatome zu Nickelionen oxidiert, deshalb ändert sich die Zahl der Nickelionen in der Lösung nicht. $Ni \longrightarrow Ni^{2+} + 2\,e^-$

Hinweise: Natürlich kann man die Münze auch mit einer Krokodilklemme halten, diese muß dann aber während des Galvanisierens an einer anderen Stelle der Münze befestigt werden, damit auch die Befestigungsstellen vernickelt werden. Außerdem wird auch die Krokodilklemme vernickelt. Mit einer Bohrmaschine und einem Spiralbohrer (d = 1,5 mm) ist es sehr einfach, eine Münze zu durchbohren. Die Gasentwicklung an den Elektroden kann verhindert werden, wenn man bei geringerer Spannung elektrolysiert. Es gilt auch die Regel, daß die Metallüberzüge um so fester und glatter werden, je kleiner die Stromstärke ist. Allerdings dauert die Vernickelung dann auch länger. Unter den in der Anleitung angegebenen Bedingungen gelangt man zu durchaus zufriedenstellenden Ergebnissen. Eisengegenstände können erst nach vorhergehender Verkupferung vernickelt werden.

Wir zerlegen eine quecksilberfreie Zink-Kohle-Batterie (141)

1. a) Metallmantel aus weichem Metall, b) Hülle aus glattem Papier, c) an der Papierhülse hängt unten eine Metallscheibe (Bodenkontaktscheibe), d) oben ist das Papier mit einer klebrigen, schwarzen Masse verbunden, auf der eine Metallscheibe (Polkappe) liegt, e) dann folgt ein Metallbecher (Zink), in dem ein Kohlestift und ein schwarzer Stoff oder ein Stoffgemisch steckt, f) zwischen dem schwarzen Stoff oder Stoffgemisch und dem Metallbecher ist eine weitere Papierhülse, g) zwischen der schwarzen, klebrigen Masse und dem Metallbecher befindet sich eine glatte Papierscheibe.
2. Sowohl das schwarze Stoffgemisch als auch das Aktivkohlepulver leiten den elektrischen Strom, das Aktivkohlepulver allerdings schlechter.
3. a) In beiden Fällen wird angefeuchtetes Indikatorpapier grünblau. Es riecht in beiden Fällen nach Ammoniak. b) Es bildet sich ein weißer „käsiger" Niederschlag.
4. In beiden Fällen ist der Zinkionennachweis positiv.

Auswertung:
1. Der Versuch 2 weist auf Aktivkohle (Kohlenstoff) als Bestandteil des Stoffgemisches hin, aus Versuch 3 geht hervor, daß ein Teil des Gemisches Ammoniumchlorid ist. Aus dem 4. Versuch geht hervor, daß der innere Becher aus Zink besteht.
2. Der äußere Metallmantel enthält Informationen zur Batterie, er schützt auch den Zinkbecher vor Umwelteinflüssen. Das glänzende Papier zwischen äußerem Metallmantel und Zinkbecher dient der Isolation und Abdichtung. Die an dem Papier hängende untere Scheibe dient als Minuspol. Der schwarze, klebrige Stoff dichtet den Zinkbecher an seiner Öffnung ab. Die glatte Papierscheibe zwischen dem schwarzen, klebrigen Stoff und dem schwarzen Stoffgemisch im Innern des Zinkbechers dient als Abdeckscheibe. Die obere Kappe dient als Kontakt zur Kohleelektrode. Die Kohleelektrode ist die Ableitelektrode. Das schwarze Stoffgemisch besteht wenigstens aus Aktivkohlepulver, Braunstein und Ammoniumchlorid. Braunstein ist das Oxidationsmittel. Kohlenstoff dient als Elektronenleiter, Ammoniumchlorid als Elektrolyt.

Hinweise: Sowohl die erste Seite als auch beide Seiten dieser Kopiervorlage lassen sich gut mit der Kopiervorlage „Aufbau und Wirkungsweise einer Zink-Kohle-Batterie" kombinieren.

Aufbau und Wirkungsweise einer Zink-Kohle-Batterie (143)

1.

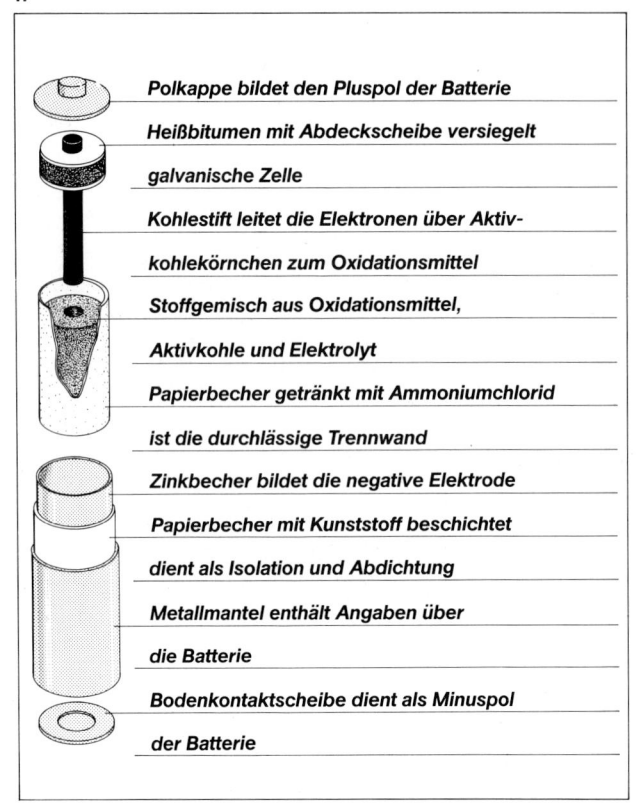

Bauteil	Funktion
Polkappe	bildet den Pluspol der Batterie
Heißbitumen mit Abdeckscheibe	versiegelt galvanische Zelle
Kohlestift	leitet die Elektronen über Aktivkohlekörnchen zum Oxidationsmittel
Stoffgemisch aus Oxidationsmittel, Aktivkohle und Elektrolyt	
Papierbecher getränkt mit Ammoniumchlorid	ist die durchlässige Trennwand
Zinkbecher	bildet die negative Elektrode
Papierbecher mit Kunststoff beschichtet	dient als Isolation und Abdichtung
Metallmantel	enthält Angaben über die Batterie
Bodenkontaktscheibe	dient als Minuspol der Batterie

2. Die Elektronen fließen vom Zinkblech über die Lampe zum Kohlestift und von dort über Aktivkohlekörnchen zu den Braunsteinteilchen.

Isotope – Aufbau der Atome (144)

1.

	Protonen	Neutronen	Elektronen
Anzahl	3	4	3
Masse in u	3	4	0 (0,00054)

2. 7: Massenzahl; 3: Kernladungszahl; Li: Elementsymbol.

3.

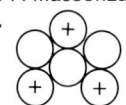

4. Atome mit *gleicher Kernladungszahl* und *unterschiedlicher Neutronenzahl* nennt man *Isotope*.

5.

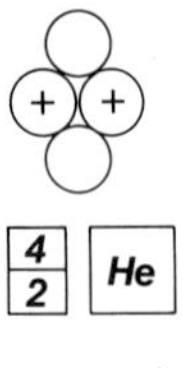

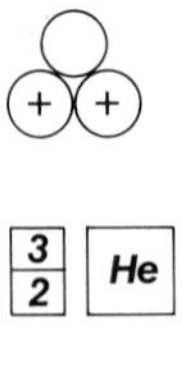

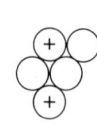

$^{4}_{2}He$ $^{3}_{2}He$ $^{5}_{2}He$

6.

Element symbol	Anzahl der Neutronen	Anzahl der Protonen	Kernladungs- zahl	Massenzahl	symbolische Darstellung	Kurzschreib- weise
Cl	18	17	17	35	$^{35}_{17}Cl$	Cl 35
K	21	19	19	40	$^{40}_{19}K$	K 40
H	1	1	1	2	$^{2}_{1}H$	–
U	143	92	92	235	$^{235}_{92}U$	U 235

Die Entstehung radioaktiver Strahlung (145)

1.

Art der Strahlung	α-Strahlung	β-Strahlung	γ-Strahlung
Ladung	positiv	negativ	neutral
Bestandteile	Heliumkerne	Elektronen	Energie

2. $^{226}_{88}Ra \xrightarrow{\alpha} {}^{4}_{2}He + {}^{222}_{86}Rn + \gamma\text{-Strahlung}$

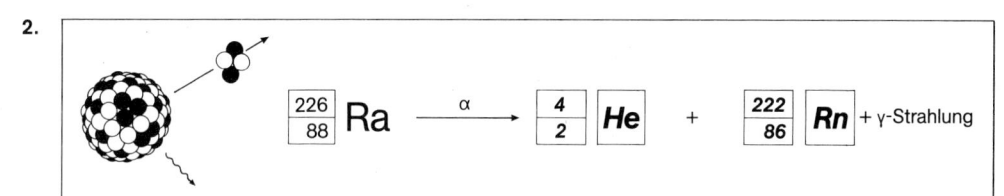

Aus dem Radiumkern fliegt ein α-Teilchen. Die Massenzahl nimmt deshalb um 4, die Kernladungszahl um 2 ab. Es ist das Element Radon entstanden. Gleichzeitig wird γ-Strahlung frei.

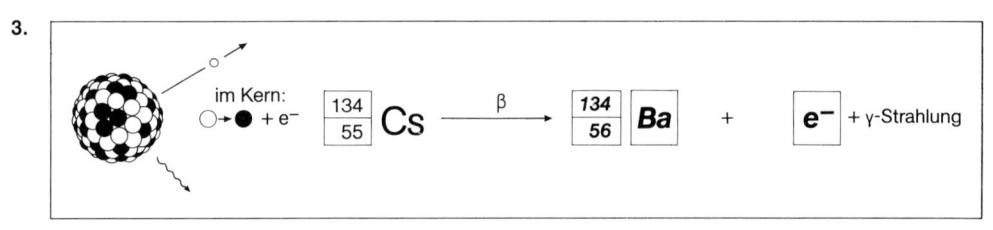

3. im Kern: $\circ \rightarrow \bullet + e^-$

$^{134}_{55}Cs \xrightarrow{\beta} {}^{134}_{56}Ba + e^- + \gamma\text{-Strahlung}$

Im Kern wandelt sich ein Neutron in ein Proton und ein Elektron um. Das Elektron fliegt aus dem Kern. Die Kernladungszahl erhöht sich um 1, die Massenzahl bleibt gleich. Es ist das Element Barium entstanden. Gleichzeitig wird γ-Strahlung frei.

Zerfallsreihen und Halbwertszeit (146)

1. $^{235}_{92}U \xrightarrow{\alpha} {}^{231}_{90}Th \xrightarrow{\beta} {}^{231}_{91}Pa \xrightarrow{\alpha} {}^{227}_{89}Ac \xrightarrow{\beta} {}^{227}_{90}Th \dashrightarrow {}^{207}_{82}Pb$

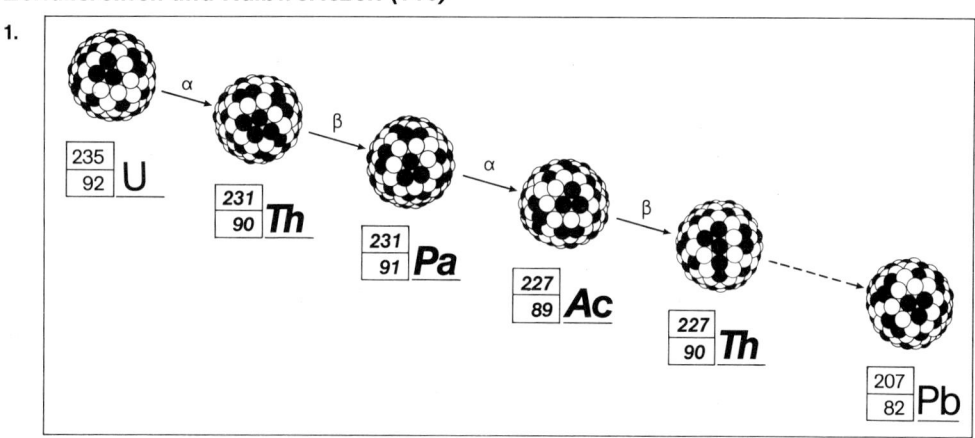

2. 10 kg — **5 kg** nach 30 a — **2,5 kg** nach 60 a — **1,25 kg** nach 90 a

Masse des noch vorhandenen Caesiums in kg (Zeit in Jahren)

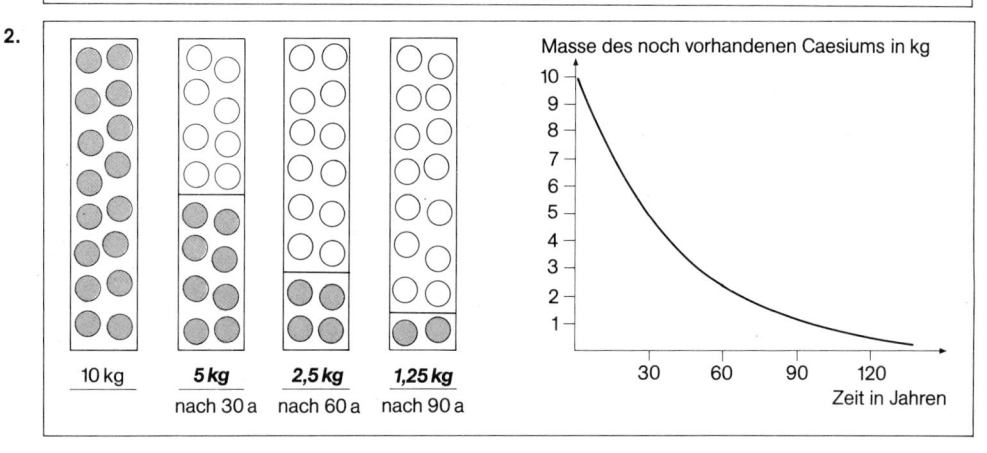

3. Zeit, in der die Hälfte aller anfänglich vorhandenen radioaktiven Atome zerfallen ist.

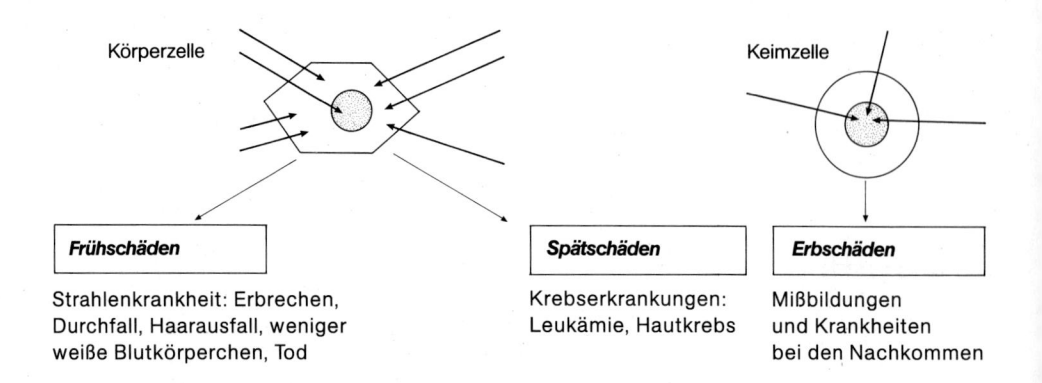

Frühschäden — Körperzelle
Strahlenkrankheit: Erbrechen, Durchfall, Haarausfall, weniger weiße Blutkörperchen, Tod

Spätschäden
Krebserkrankungen: Leukämie, Hautkrebs

Erbschäden — Keimzelle
Mißbildungen und Krankheiten bei den Nachkommen

Wie stark strahlt eine radioaktive Substanz? (147)

1. Die Teilchen des Gases im Zählrohr werden durch die Strahlen ionisiert. Es entstehen Stromimpulse, die von einem Zähler registriert werden.
2. a) Der Stoff mit der höheren Zählrate ist stärker radioaktiv.
b) Jeder Impuls bedeutet, daß ein Atomkern zerfallen ist.
3. Linkes Bild: Aktivität = 4 Bq
Rechtes Bild: Aktivität = 2 Bq
4. Probe A ist stärker belastet. Probe A: 5 Bq/l; Probe B: 2 Bq/l
5. In 1 kg Uran zerfallen in jeder Sekunde $2,5 \cdot 10^7$ Uranatome.

Natürliche und künstliche Strahlenbelastung des Menschen (148)

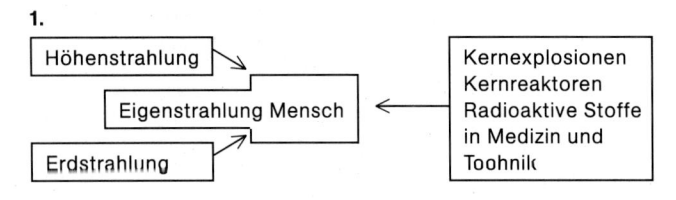

1.
Höhenstrahlung → Eigenstrahlung Mensch ← Kernexplosionen, Kernreaktoren, Radioaktive Stoffe in Medizin und Technik
Erdstrahlung →

2.
1. Natürliche Ursachen: K 40 →
Physikalische Halbwertszeit: $1,28 \cdot 10^9$ a
Biologische Halbwertszeit: 58 d
Speicherorgan: Muskeln

Künstliche Ursachen: ← Sr 90, I 131

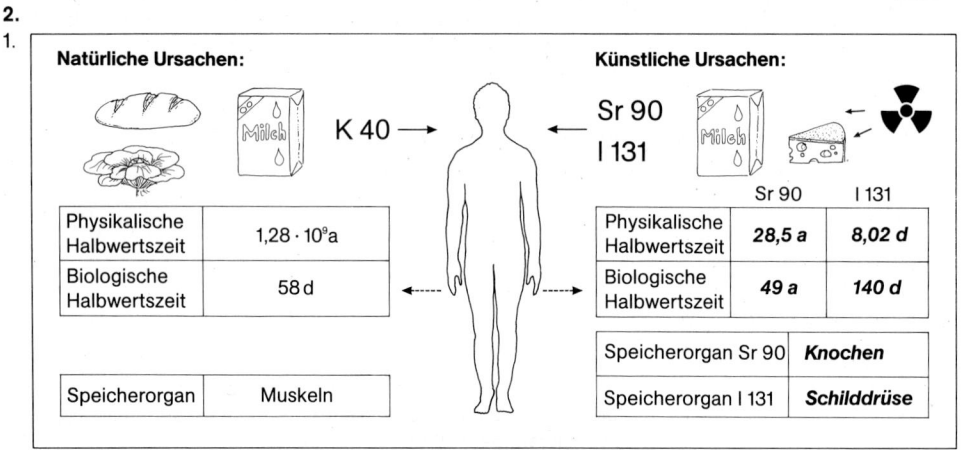

	Sr 90	I 131
Physikalische Halbwertszeit	28,5 a	8,02 d
Biologische Halbwertszeit	49 a	140 d
Speicherorgan Sr 90	**Knochen**	
Speicherorgan I 131		**Schilddrüse**

2. Z. B. Tschernobyl: I 131 wurde freigesetzt und kam durch Wind und Regen auf die Viehweiden, wo es das Vieh mit dem Gras aufnahm.
3. Zeit, in der die Hälfte des aufgenommenen Stoffes ausgeschieden wird.
4. Die beiden Isotope unterscheiden sich nicht in ihren chemischen Eigenschaften.
5. Bei I 131 keine, bei Sr 90 große Langzeitbelastung.

Die Wirkung radioaktiver Strahlung auf den Menschen (149)

1. Radioaktive Strahlung ist sehr energiereich, so daß beim Durchgang durch Stoffe Ionen erzeugt werden. Atome und Moleküle der Zellen werden dadurch in ihrer biologischen Funktion geschädigt.
2. α-Strahlung schädigt äußerlich nur die Haut, β-Strahlung dringt ca. 5 mm ein, γ-Strahlung wird beim Durchgang abgeschwächt. Die biologische Wirkung von α-Strahlung ist 20 mal größer als die von β- und γ-Strahlung.
3. Siehe Abbildung oben.
4. Blutbildende Organe, Keimdrüsen, Magen-Darm-Trakt, Haut.

Die Kernspaltung (150)

1. Ein in den Kern fliegendes Neutron spaltet den Kern in zwei unterschiedlich große Kerne. Diese und drei Neutronen fliegen mit großer Geschwindigkeit auseinander. Zusätzlich wird radioaktive Strahlung frei.

a) $^{235}_{92}U + ^{1}_{0}n \longrightarrow ^{144}_{56}Ba + ^{89}_{36}Kr + 3\,^{1}_{0}n$

b) $^{235}_{92}U + ^{1}_{0}n \longrightarrow ^{148}_{58}Ce + ^{85}_{34}Se + 3\,^{1}_{0}n$

2. 3 / 9 / 27

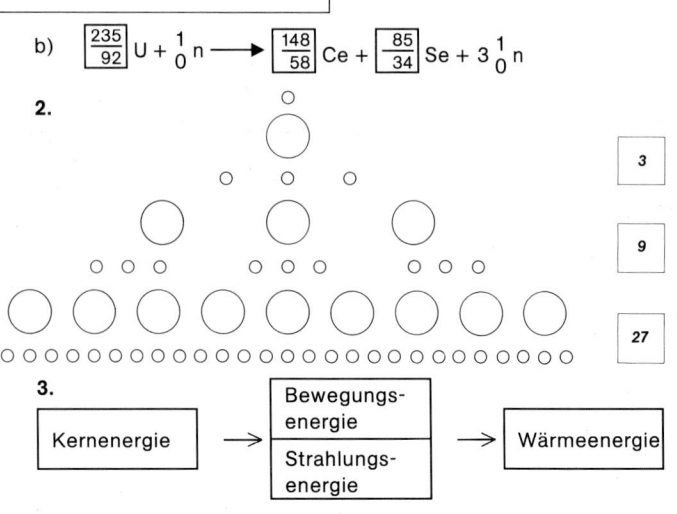

3. Kernenergie → Bewegungsenergie / Strahlungsenergie → Wärmeenergie

Das Kernkraftwerk (151)

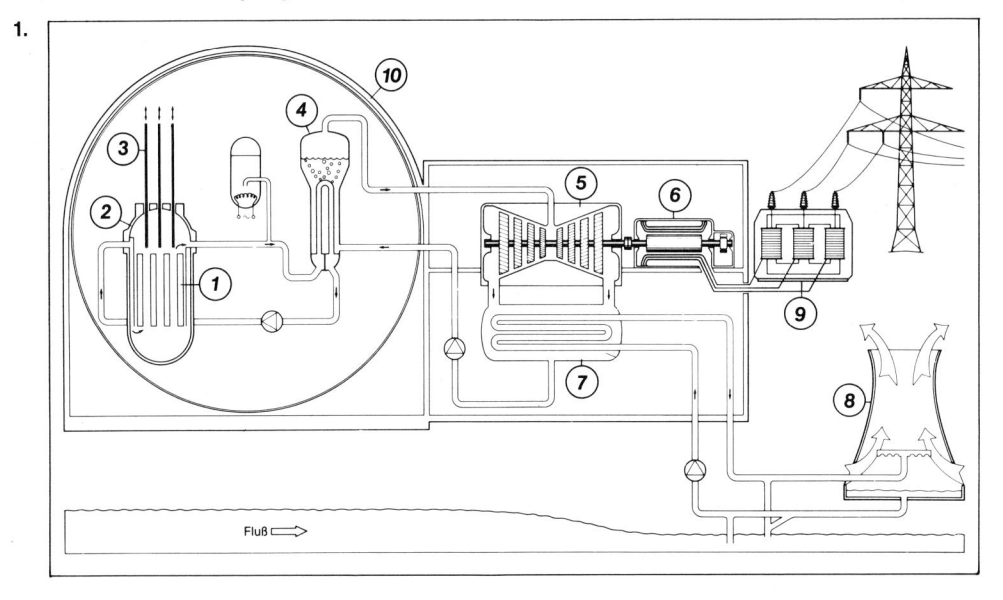

1.

2. a) Natürlich: 0,7 % U 235, 99,3 % U 238; Brennstäbe: 3 % U 235, 97 % U 238.
b) 1. Brennstab: U 235-Kerne werden gespalten, Energie wird frei; 2. Regelstab: regelt den Spaltprozeß, indem mehr oder weniger Neutronen eingefangen werden; 3. Moderator; 4. Kühlmittel: Als Moderator bremst das Wasser schnelle Neutronen zu langsamen ab. Als Kühlmittel übernimmt es die beim Spaltprozeß entstandene Energie.
3. Kernenergie $\longrightarrow$ Wärmeenergie $\longrightarrow$ Bewegungsenergie $\longrightarrow$ elektrische Energie.

Sicherheit und Entsorgung (152)

1. 1. Brennstoff-Kristallgitter, 2. Brennstabhülle, 3. Reaktordruckgefäß, 4. Sicherheitsbehälter mit Ringspalt, 5. Biologischer Schild, 6. Reaktorgebäude.
Begründung für Unterdruck: Es kann nur Luft von außen in das Gebäude hineinströmen.
2. a) Uran 238 95 %, Uran 235 1 %, Plutonium 1 %, Spaltprodukte 3 %.
b) 1. Zwischenlagerung: Brennelemente kommen in ein Wasserbecken, die Spaltprodukte mit kurzen Halbwertszeiten zerfallen fast vollständig; 2. Wiederaufbereitung: Uran und Plutonium werden von den Spaltprodukten getrennt. Uran und Plutonium sind wiederverwertbar; 3. Abfallbearbeitung: hochradioaktive Stoffe werden in Glas, weniger radioaktive in Edelstahlfässern oder Zement eingeschlossen; 4. Endlagerung: die radioaktiven Abfälle werden in Salzstöcken endgelagert.

Anwendung radioaktiver Strahlung in Medizin und Technik (153)

1. a) Man bringt eine radioaktive Iodverbindung in die Blutbahn. Es sammelt sich in der Schilddrüse an. Mit einer Gamma-Kamera wird ein Bild aufgenommen.
b) γ-Strahlung zerstört die Krebszellen. Gesunde Zellen, die auch angegriffen werden, können wieder regenerieren.
2. a) Die Strahlungsintensität wird durch die Folie vermindert. Schwankt die Intensität, ist die Dicke ungleichmäßig. b) Bei Undichtigkeit der Schweißnähte entsteht auf dem Film eine stärkere Schwärzung. c) Vorteile: Durch die Bestrahlung werden Keime abgetötet. Nachteile: Lebensmittel werden chemisch verändert, der Vitamingehalt verringert sich.
3. C 14 ist radioaktiv und zerfällt mit einer Halbwertszeit von etwa 5730 Jahren. Die Intensität der Strahlung läßt Rückschlüsse auf das Alter zu.

Kohle – Energieträger und Rohstoff (154)

1. siehe Abbildung unten

2. a) Erhitzen von Kohle unter Luftabschluß auf etwa 1000 °C (Trockene Destillation)
b) Es besteht hauptsächlich aus Wasserstoff, Methan und Kohlenstoffmonooxid.
c) Man erhält Koks, der als Reduktionsmittel bei der Eisengewinnung und als Brennstoff verwendet wird.
d) Ammoniak färbt feuchtes Indikatorpapier blau. Mit Bleisalzpapier weist man Schwefelwasserstoff nach (Bildung von braunschwarzem Bleisulfid).

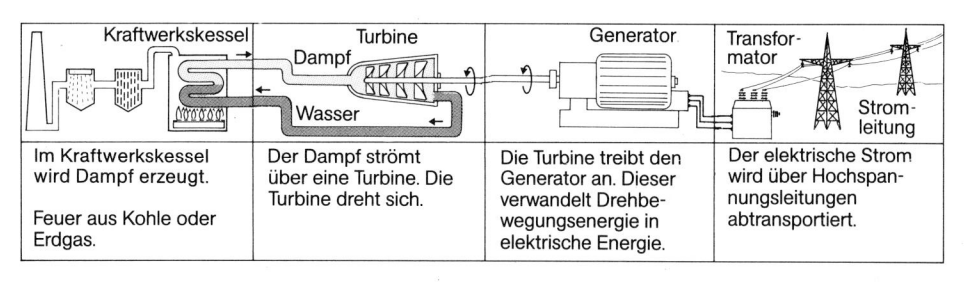

Kraftwerkskessel	Turbine	Generator	Transformator
Im Kraftwerkskessel wird Dampf erzeugt. Feuer aus Kohle oder Erdgas.	Der Dampf strömt über eine Turbine. Die Turbine dreht sich.	Die Turbine treibt den Generator an. Dieser verwandelt Drehbewegungsenergie in elektrische Energie.	Der elektrische Strom wird über Hochspannungsleitungen abtransportiert.

Fraktionierte Destillation von Rohöl (155)

1. und 2.

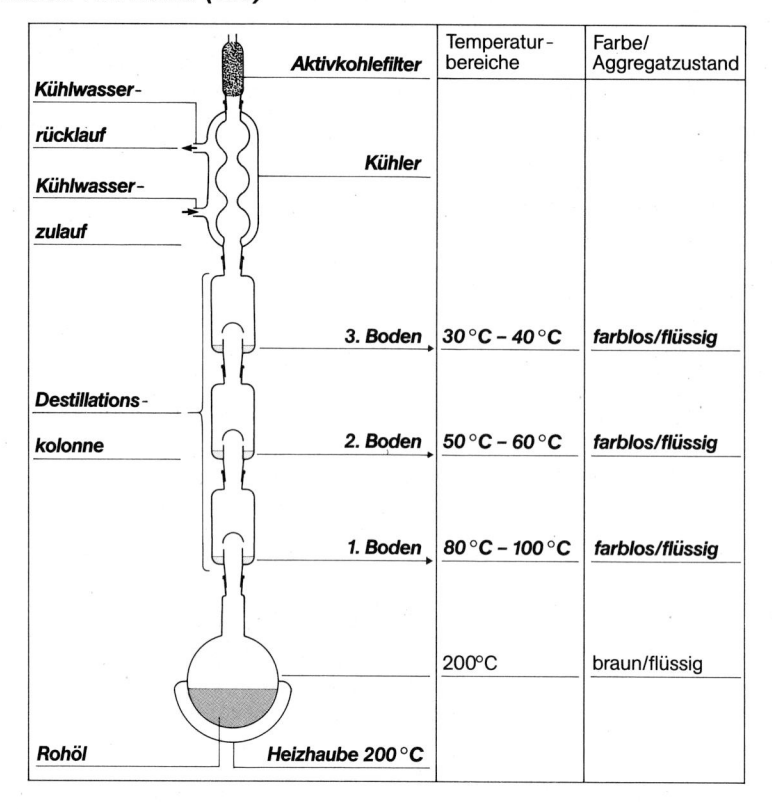

	Temperaturbereiche	Farbe/Aggregatzustand
3. Boden	30 °C – 40 °C	farblos/flüssig
2. Boden	50 °C – 60 °C	farblos/flüssig
1. Boden	80 °C – 100 °C	farblos/flüssig
	200 °C	braun/flüssig

Beschriftungen der Apparatur: Aktivkohlefilter, Kühlwasserrücklauf, Kühler, Kühlwasserzulauf, Destillationskolonne, Rohöl, Heizhaube 200 °C

3. Je niedriger die Proben sieden, um so leichter sind sie entflammbar. Je niedriger die Proben sieden, um so geringer ist die Rußbildung der Flamme.

Rohölfraktionen – Produkte und Eigenschaften (156)

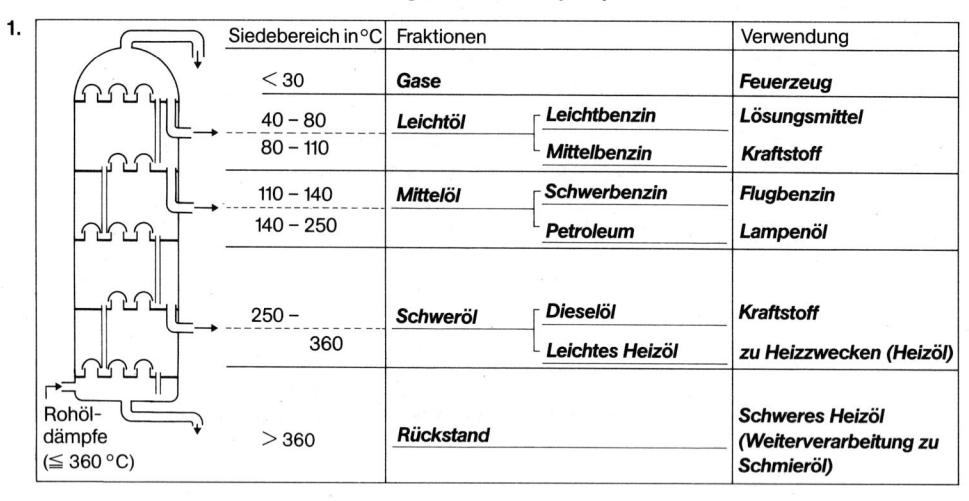

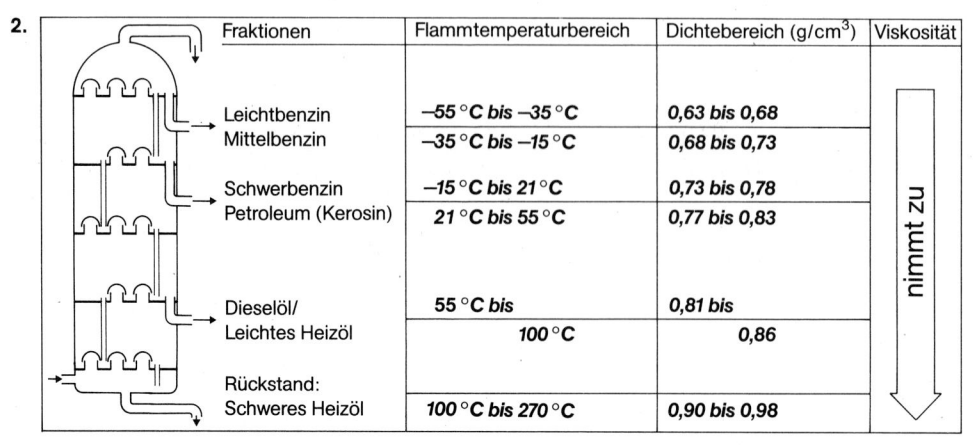

1.

Siedebereich in °C	Fraktionen		Verwendung
< 30	Gase		Feuerzeug
40 – 80	Leichtöl	Leichtbenzin	Lösungsmittel
80 – 110		Mittelbenzin	Kraftstoff
110 – 140	Mittelöl	Schwerbenzin	Flugbenzin
140 – 250		Petroleum	Lampenöl
250 – 360	Schweröl	Dieselöl	Kraftstoff
		Leichtes Heizöl	zu Heizzwecken (Heizöl)
> 360	Rückstand		Schweres Heizöl (Weiterverarbeitung zu Schmieröl)

Rohöldämpfe (≤ 360 °C)

2.

Fraktionen	Flammtemperaturbereich	Dichtebereich (g/cm^3)	Viskosität
Leichtbenzin	–55 °C bis –35 °C	0,63 bis 0,68	nimmt zu
Mittelbenzin	–35 °C bis –15 °C	0,68 bis 0,73	
Schwerbenzin	–15 °C bis 21 °C	0,73 bis 0,78	
Petroleum (Kerosin)	21 °C bis 55 °C	0,77 bis 0,83	
Dieselöl/Leichtes Heizöl	55 °C bis 100 °C	0,81 bis 0,86	
Rückstand: Schweres Heizöl	100 °C bis 270 °C	0,90 bis 0,98	

3. Schmieröle können nur im Vakuum unzersetzt destilliert werden.

Rohölprodukte – Untersuchung von Umweltgefahren (157)

Versuch 1: a) Der Geruch nach Heizöl ist selbst bei einer Verdünnung von 1:1 000 000 noch wahrnehmbar.
Versuch 2: In der mit Heizöl „verseuchten" Watte kann kein Wachstum beobachtet werden, die Kresse stirbt ab.
Versuch 3: Schwefeldioxid: < 10 ppm.

Energieträger und ihre Nutzung (158)

1. Braunkohle/Steinkohle ⟶ Kohlekraftwerk ⟶ elektrische Energie ⟶ Licht
Rohöl ⟶ Raffinerie ⟶ Heizöl ⟶ Wärme oder
Kohle ⟶ Koks ⟶ Wärme
Rohöl ⟶ Raffinerie ⟶ Benzin ⟶ Bewegungsenergie
2. a) 33% b) 51% c) 16%
3. a) Heizöl, Erdgas, Steinkohle, Holz
b) – Verbesserte Wärmedämmung durch Isolierung von Wänden und Fenstern
 – Energiesparende Heizungssysteme (moderner Heizkessel, niedrige Temperaturen)
 – Richtige Raumtemperatur einstellen, Lüftungszeiten verringern, nicht unnötig heizen
 – Nachts Temperatur absenken
4. Energieverbrauch in 24 Std.: 1,5 kWh; pro Jahr: 547,5 kWh.

Fossile Energieträger oder Sonne, Wind und Wasser? (159)

1. Kohle, Erdöl: 84,5%.
2. Sonnenenergie, Wasserkraft, Windenergie, Energie aus Biomasse (Biogas), Erdwärme, Gezeitenenergie, Umweltwärme, Holz u. a.
3. b) In der Bundesrepublik gibt es nur ca. 1600 Sonnenstunden pro Jahr; Energiespeicherung für Zeiten mit geringer Sonneneinstrahlung problematisch, großer Flächenbedarf für Spiegelanlagen; Stromerzeugung noch zu teuer; Solarenergie gilt im Gegensatz zur Wasserkraft und Windenergie als eine mögliche Zukunftsenergie.
c) Wirtschaftliche Nutzung möglich bei Windgeschwindigkeiten von 5 m/s und mehr sowie 2500 Betriebsstunden im Jahr; wegen fehlender Energiespeicherung meist nicht unabhängig von herkömmlichen Kraftwerken zu betreiben; Probleme mit komplizierter und empfindlicher Technik.

Der Kohlenstoffkreislauf (160)

1. Ursache für die CO_2-Zunahme in der Luft ist die Verbrennung fossiler Energieträger (hauptsächlich Erdölprodukte und Steinkohle) sowie der Rückgang von Pflanzen (Waldrodung, Bodenvernichtung, Verbauung der Landschaft).
2. Nimmt die Zahl der Pflanzen ab, wird weniger CO_2 durch Fotosynthese gebunden. Durch Brandrodung wird zudem viel CO_2 in die Atmosphäre abgegeben.

Treibhaus Erde: Ursachen und Folgen (161)

1. Das Eis an den Polen beginnt zu schmelzen, der Meeresspiegel steigt; Folge sind Überschwemmungen von Küstengebieten. Trockenzonen und Wüsten dringen nach Norden in fruchtbare Gebiete vor; Folgen sind Dürre, Mißernten und Hungersnöte. Klima- und Vegetationszonen sowie Meeresströmungen verschieben sich.
2. Außer Kohlenstoffdioxid CO_2 noch Methan CH_4, fluorierte Chlorkohlenwasserstoffe FCKW, Ozon O_3 und Spurengase.
3. Sumpfgas aus Sümpfen und Mooren durch Faulen organischer Stoffe oder aus Reisfeldern (künstliche Sümpfe durch Überflutung); Ausströmen von Erdgas bzw. Grubengas (aus Kohlebergwerken); Methan entsteht auch durch celluloseverdauende Bakterien in Rindermägen.

Prüfe dein Wissen: Eigenschaften der Alkane (162)

1. a) C_nH_{2n+2}
b) C_2H_6 C_3H_8 C_5H_{12} C_6H_{14} C_8H_{18} $C_{12}H_{26}$ $C_{17}H_{36}$
2. Die Schmelz- und Siedetemperaturen der Alkane steigen mit zunehmender Kettenlänge der Moleküle an (mit Ausnahme der Schmelztemperatur von Propan), weil die Anziehungskräfte zwischen den Molekülen mit wachsender Kettenlänge zunehmen. Aggregatzustand von C_1 bis C_4 gasförmig, ab C_5 flüssig, ab C_{17} fest.
3. a) Bei langsamem Erwärmen wird die Temperatur der Flüssigkeit abgelesen, bei der sich die Dämpfe über ihr erstmals entflammen lassen.
b) Mit steigender Siedetemperatur und wachsender Kettenlänge der Alkane beobachtet man auch eine Zunahme der Flammtemperaturen.
c) Je niedriger die Siedetemperatur ist, um so tiefer ist die Flammtemperatur, um so stärker ist die Verdunstung und um so höher die Feuergefährlichkeit.
d) Je länger die Molekülketten der Alkanmoleküle sind, um so stärker rußen und leuchten die Flammen. Alkane mit langkettigen Molekülen verbrennen nur unvollständig. Dabei scheiden sich Rußteilchen ab, die in der Flamme aufleuchten.

Isomerie (163)

1. a) links: 2-Methylhexan; rechts: 2,4-Dimethylpentan
b) links: 2-Methylbutan; rechts: 2,2-Dimethylpropan
c) links: 2,3-Dimethylpentan; rechts: 3-Ethylpentan
d) links: 3,5-Dimethylheptan; rechts: 4-Ethyl-2-methylhexan
2. a) 1-Penten   b) 2-Penten
3. a)
```
       -C-
-C-C-C-C-C-C-
       -C-
```
b)
```
       -C-
-C-C-C-C-C-C-
       -C-
       -C-
```

Halogenalkane gefährden die schützende Ozonschicht der Erde (164)

1. Sie haben eine niedrige Siedetemperatur, sind daher leicht flüchtig. Ihre Wärmeleitfähigkeit ist gering, sie sind daher wärmedämmend. Sie sind hydrophob und sehr reaktionsträge.
2. Kältemittel in Kühlschränken und Klimaanlagen; Treibgase in Spraydosen und zur Schaumstoffherstellung.
3. a)

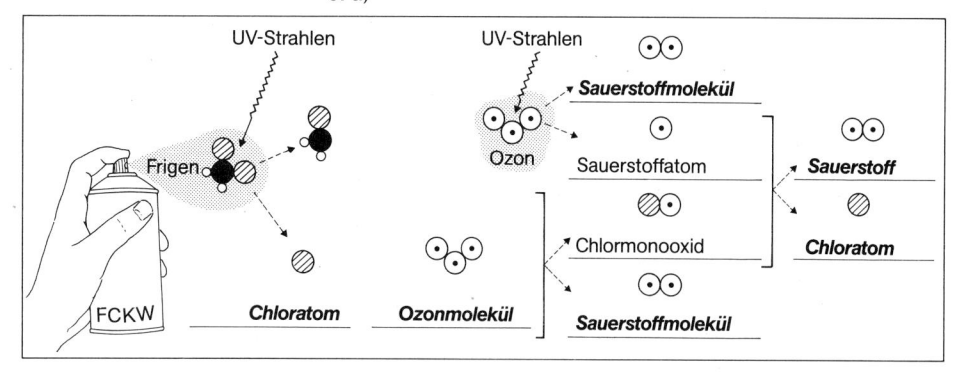

Hauptsächlich für den Ozonabbau verantwortlich: Dichlordifluormethan (Frigen) CCl_2F_2 und Trichlorfluormethan CCl_3F.
b) Plankton stirbt ab, Pflanzenwachstum ist gehemmt, Rückgang der Ernteerträge, Verstärkung des Treibhauseffekts, Zunahme von Hautkrebs beim Menschen, Gefahr von Mutationen (Erbänderungen), Störung des ökologischen Gleichgewichts.

Vom Rohöl zum Benzin (165)

1. a) Zusammensetzung von Destillatbenzin:

Normalalkane	45 %
Isoalkane	24 %
Alkene	1 %
Cycloalkane	20 %
Aromaten	10 %

Destillatbenzin enthält mehr kettenförmige und weniger verzweigte und ringförmige Alkane. Der Anteil an Alkenen ist gering.
b) Destillatbenzin enthält überwiegend kettenförmige Alkane mit niedriger Octanzahl. Sie sind sehr klopffreudig und entzünden sich schon bei niedrigen Temperaturen.

2. a) Zusammensetzung von Reformatbenzin:

Normalalkane	16 %
Isoalkane	38 %
Alkene	1 %
Cycloalkane	5 %
Aromaten	40 %

Im Unterschied zu Destillatbenzin enthält Reformatbenzin mehr ringförmige und verzweigte Kohlenwasserstoffe.
b) Beim Reformieren werden unter Einwirkung von Platinkatalysatoren und Temperaturen von ca. 500 °C kettenförmige Alkane in ringförmige und verzweigte Kohlenwasserstoffe umgewandelt.

3. a) Beim katalytischen Cracken werden langkettige Alkanmoleküle in kleinere, gesättigte und ungesättigte Moleküle aufgespalten. Dabei verwendet man einen Katalysator.
b) Zusammensetzung von Crackbenzin:

Normalalkane	12 %
Isoalkane	27 %
Alkene	41 %
Cycloalkane	5 %
Aromaten	15 %

Im Unterschied zu Destillatbenzin enthält Crackbenzin sehr viel mehr ungesättigte Verbindungen.

Bewußt Autofahren – Energie sparen (166)

1. Kurze Strecken zu Fuß oder mit dem Fahrrad zurücklegen, öffentliche Verkehrsmittel benutzen, Fahrgemeinschaften bilden.

2. a) Geschwindigkeit verringern (geringerer Benzinverbrauch), Ampelphasen beachten (weniger bremsen bzw. beschleunigen), Überholen (Lückenspringen, Spurwechsel) vermeiden, dann spart man wenig Zeit, aber viel Benzin.
b) Geschwindigkeitsbegrenzungen bedeuten geringeren Treibstoffverbrauch, weniger Lärm (Gesundheitsschutz) und weniger Unfälle (höhere Verkehrssicherheit).
c) – richtiger Reifendruck bedeutet geringeren Rollwiderstand und damit weniger Treibstoffverbrauch
– nicht mit leerem Gepäckträger fahren, denn das kostet über 11 % mehr Treibstoff
– Vergaser, Zündanlage, Ventile und Luftfilter richtig warten (spart Treibstoff und bedeutet weniger Abgase)
– bei Stau oder Ampeln Motor abstellen.

Wir experimentieren mit einem Abgaskatalysator (167)

1. Stickstoffoxide: Dräger 20/a (20–500 ppm, n = 2)
V1: 20 ppm, V2: 10 ppm
Kohlenstoffmonooxid: Dräger 0,5 %/a (0,5–7 Vol.-%, n = 1)
V1: 1 Vol-%, V2: 0,1 Vol-%
2. Die Reaktionen verlaufen beim erhitzten Katalysator vollständiger.

Katalysator – geregelt oder ungeregelt (168)

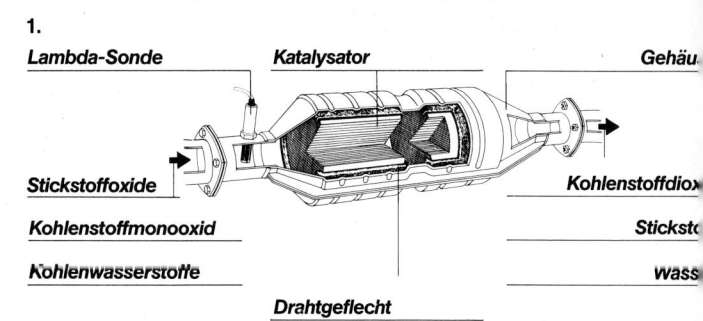

1.

2. Platin, Rhodium, Palladium.
3. Dreiweg-Katalysator, Lambda-Sonde mit Regelung.
4. Stickstoffmonooxid + Kohlenstoffmonooxid ⟶ Stickstoff + Kohlenstoffdioxid
$2\,NO + 2\,CO \longrightarrow N_2 + 2\,CO_2$.
5. Das Schwermetall Blei würde als Katalysatorgift die Edelmetalle überziehen, die dadurch als Katalysatoren inaktiv werden.

Prüfe dein Wissen: Kohlenwasserstoffe im Vergleich (169)

1. Siehe Tabelle

Name	Ethan	Ethen	Ethin
Molekülformel	C_2H_6	C_2H_4	C_2H_2
Strukturformel	H–C(H)(H)–C(H)(H)–H	$H_2C=CH_2$	$H-C\equiv C-H$
Chemische Bindung zwischen C-Atomen	Einfachbindung	Doppelbindung	Dreifachbindung
Stoffgruppe	Alkane	Alkene	Alkine
Beobachtung beim Verbrennen	nicht rußend	rußend	stark rußend
Anzahlverhältnis von C : H-Atomen	C : H = 1 : 3	C : H = 1 : 2	C : H = 1 : 1
Reaktion mit Brom – Beobachtung	Entfärbung bei Belichten oder Erwärmen	rasche Entfärbung	langsame Entfärbung
– Reaktionsprodukte (Molekülformeln)	$C_2H_5Br + HBr$	$C_2H_4Br_2$	$C_2H_2Br_4$
– Reaktionstyp	Substitution	Addition	Addition

2.

Name Molekülformel	Strukturformel	Stoffgruppe gesättigt/ungesättigt	Reaktion mit Brom (Beobachtung, Reaktionstyp)
Hexan C_6H_{14}	H-C-C-C-C-C-C-H (mit H-Atomen)	Alkane gesättigt	Entfärbung bei Belichten oder Erwärmen Substitution
Hexen C_6H_{12}	H-C=C-C-C-C-C-H (mit H-Atomen)	Alkene ungesättigt	rasche Entfärbung Addition
Cyclohexan C_6H_{12}	(Ringstruktur)	Cycloalkane gesättigt	Entfärbung bei Belichten oder Erwärmen Substitution
Cyclohexen C_6H_{10}	(Ringstruktur mit Doppelbindung)	Cycloalkene ungesättigt	sehr rasche Entfärbung Addition
Benzol C_6H_6	(Benzolring)	Aromaten ungesättigt	Entfärbung bei Erwärmen (mit Katalysator) Substitution

Wir stellen Alkohol durch Gärung her (170)

2.

	Gäransätze	1	2	3
	Ausgangsstoffe	Traubensaft	Traubenzuckerlösung mit Hefe	Traubenzuckerlösung
1. Stunde	**Beobachtungen:**			
	im Kalkwasser	unverändert	unverändert	unverändert
	im Gäransatz	schwache Gasentwicklung	schwache Gasentwicklung	unverändert
3. Tag	im Kalkwasser	milchige Trübung	milchige Trübung	unverändert
	im Gäransatz	stärkere Gasentwicklung	stärkere Gasentwicklung	unverändert
5. Tag	im Kalkwasser	weißer Niederschlag	weißer Niederschlag	unverändert
	im Gäransatz	Schaumbildung	Trübung der Lösung	unverändert
7. Tag	im Kalkwasser	weißer Niederschlag	weißer Niederschlag	unverändert
	im Gäransatz	keine weitere Veränderung	keine weitere Veränderung	unverändert
	Alkoholnachweis	positiv	positiv	negativ
	Deutung	durch Gärung entstehen Alkohol und Kohlenstoffdioxid	durch Gärung entstehen Alkohol und Kohlenstoffdioxid	ohne Enzyme der Hefe erfolgt keine Gärung

3. Ohne Hefe kann in der Traubenzuckerlösung keine Gärung erfolgen.

Gefahren durch Alkoholmißbrauch im Straßenverkehr (172)

1. Fahrgeschicklichkeit, Reaktions- und Konzentrationsvermögen sowie Farbempfindlichkeit der Augen für rotes Licht lassen nach; das Blickfeld ist eingeengt (Tunnelblick); Hell-Dunkel-Anpassung der Augen ist gestört.

2. Der Fahrer fährt wie ein Anfänger; Reaktionsabläufe sind gestört, durch Enthemmung und Euphorie kommt es zur Selbstüberschätzung der Fähigkeiten.

3. Schon unter 0,5 Promille verschlechtert sich das Reaktionsvermögen; unter 0,8 Promille ist das Sehvermögen eingeschränkt; die Unfallgefahr steigt.

Ethanol – Eigenschaften und funktionelle Gruppe (173)

Versuch 1: Der Ethanolstrahl wird stärker abgelenkt als der Benzinstrahl, da Ethanolmoleküle polar sind.

Versuch 2: Ethanol ist sowohl in Wasser als auch in Benzin löslich.
Aufgaben:
1. Die Löslichkeit von Ethanol in Wasser ist durch die polare OH-Gruppe im Molekül begründet, da sie ähnlich polar gebaut ist wie Wassermoleküle. Die Alkylgruppe ist unpolar wie Decanmoleküle, daher ist Ethanol auch in Decan löslich.
2.

	Ethanol	Wasser	Propan
Siedetemperatur	+ 78 °C	+ 100 °C	− 42 °C
Molekülmasse	46 u	18 u	44 u
Strukturformel	H H H−C−C−O H H H	H−O H	H H H H−C−C−C−H H H H

Begründung:
Die polare OH-Gruppe in Wasser- und Ethanolmolekülen führt zur Wasserstoffbrückenbildung. Die Anziehungskräfte zwischen Wasser- und Ethanolmolekülen sind deshalb groß. Wasser und Ethanol weisen daher wesentlich höhere Siedetemperaturen als Propan auf.

Prüfe dein Wissen: Alkanole im Vergleich (174)

1.

Name	Molekülformel	Molekülmasse	Brennbarkeit	Löslichkeit in Wasser / Benzin
Methanol	CH_3OH	32 u	brennt mit blauer Flamme	+ / teilweise
Hexanol	$C_6H_{13}OH$	102 u	brennt rußend, gelbe Flamme	− / +

2. Methanol ist aufgrund der polaren Hydroxylgruppe in Wasser gut löslich. Da der Einfluß der unpolaren Methylgruppe gering ist, löst es sich in Benzin meist nur teilweise.

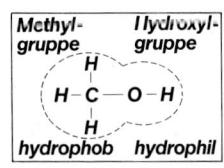

3. a) $2\,CH_3OH + 3\,O_2 \longrightarrow 2\,CO_2 + 4\,H_2O$
Bei der Verbrennung von Methanol entstehen weniger schädliche Abgase.
b) Seine Verbrennung liefert weniger Energie, man benötigt daher mehr Methanol als Benzin pro Fahrkilometer (größerer Tank), Änderungen an Motor und Kraftstoffleitungen sind erforderlich. Methanol ist zur Zeit noch teurer als Benzin.

4.

Name	Butan	Propanol	Hexan	Propantriol
Strukturformel	H H H H H−C−C−C−C−H H H H H	H H H H−C−C−C−O−H H H H	H H H H H H H−C−C−C−C−C−C−H H H H H H H	H H H H−C−C−C−H OH OH OH
Molekülmasse	58 u	60 u	86 u	92 u
Aggregatzustand	gasförmig	flüssig	flüssig	zähflüssig
Siedetemperatur	− 1 °C	97 °C	69 °C	290 °C

Zwischen unpolaren Molekülen, wie z. B. Butan bzw. Hexan, bilden sich keine Wasserstoffbrücken. Je mehr polare Hydroxylgruppen ein Molekül enthält, um so mehr Wasserstoffbrücken und damit größere Anziehungskräfte bestehen zwischen den Molekülen, um so höher ist die Siedetemperatur.

Formaldehyd in der Diskussion (175)

1. Für Wohn- und Aufenthaltsräume dürfen nur unbeschichtete E 1- oder beschichte E 2-Platten verwendet werden, E 3-Platten werden kaum mehr hergestellt.
2. MAK-Wert: 8stündige Formaldehydbelastung; gesunde Erwachsene.
Grenzwert für Wohnräume: 24stündige Formaldehydbelastung; Kinder und ältere Menschen.
3. Dehydrieren von Methanol (von dem Alkoholmolekül werden Wasserstoffatome abgespalten):
$CH_3OH + CuO \longrightarrow HCHO + H_2O + Cu$

Essigherstellung – früher und heute (176)

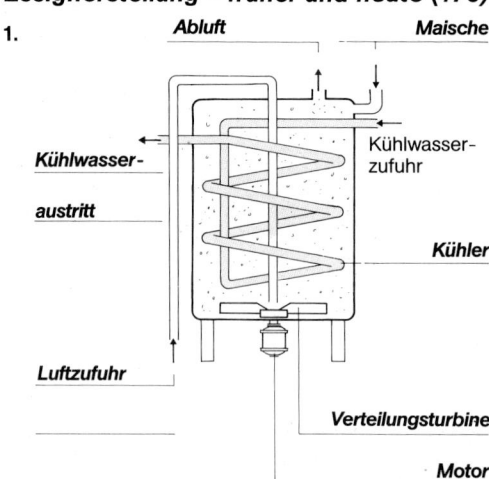

1.

2. Aufgrund ihrer großen Oberfläche können die Späne dichter mit Bakterien besiedelt und besser belüftet werden.
3. Beispiel für eine Tabelle:

Essigsorte	Ausgangsstoffe	Zusatzstoffe
Salatessig	aus 1/3 Wein und 2/3 Branntwein hergestellt	Branntweinessig, Weinessig, Salz, Zucker, natürliche Aromastoffe

Wie Lebensmittel haltbar gemacht werden (177)

1.

Physikalische Verfahren	Chemische Verfahren
Wärmezufuhr: Pasteurisieren (Vollmilch), Sterilisieren (H-Milch) Wärmeentzug: Kühlen (Frischmilch), Gefrieren (Geflügel, Gemüse) Wasserentzug: Gefriertrocknen (Kaffee), Wärmetrocknen (Dörrobst)	Konservierungsstoffe (Feinkostsalate), Pökeln (Fleischwaren) Räuchern (Fisch, Schinken) Salzen (Käse, Fisch) Zuckern (Marmelade) Säuern (Gurken)

2. a) E 236 Ameisensäure (Methansäure) HCOOH
E 260 Essigsäure (Ethansäure) CH_3COOH
E 280 Propionsäure (Propansäure) C_2H_5COOH
b) Sie wirken gegen Grün- und Blauschimmel; die Schale ist nicht zum Verzehr geeignet.

Chemische Konservierungsstoffe – Sorbinsäure und Benzoesäure (178)

1. Sorbinsäure wirkt eher gegen Schimmelpilze, Benzoesäure dagegen hemmt das Wachstum von Bakterien. Daher werden sie häufig kombiniert zugesetzt. Beispiele: Fischmarinaden, Feinkostsalate, Fleischsalat, Salatsoßen u. ä.

2. Sorbinsäure

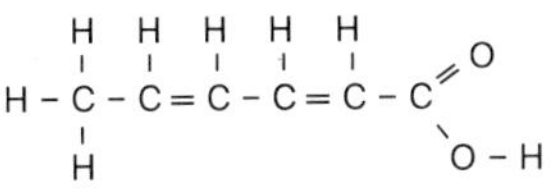

$$H-\underset{H}{\overset{H}{C}}-\overset{H}{C}=\overset{H}{C}-\overset{H}{C}=\overset{H}{C}-C\overset{\nearrow O}{\searrow O-H}$$

mehrfach ungesättigte Carbonsäure

Benzoesäure

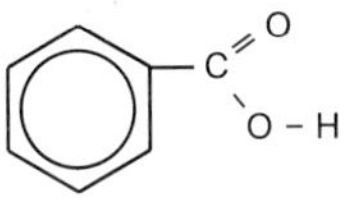

Benzolring mit $-C(=O)-O-H$

aromatische Carbonsäure

3. z. B. für 50 kg Körpergewicht: Sorbinsäure 1,25 g und Benzoesäure 0,25 g.
Benzoesäure ist im Gegensatz zu Sorbinsäure gesundheitlich nicht unbedenklich.

Prüfe dein Wissen: Stoffe mit funktionellen Gruppen (179)

1.

Aufgabe a)	H-C-C-O-H (Ethanol)	H-C-C(=O)-O-H	H-C-C(=O)-H	H-C-C-H mit OH OH	H-C-O-C-H
Aufgabe b)	Hydroxylgruppe	Carboxylgruppe	Aldehydgruppe	Hydroxylgruppen	Ethergruppe
Aufgabe c)	Alkanol	Alkansäure	Alkanal	Alkandiol	Ether
Aufgabe d)	Ethan*ol*	Ethan*säure*	Ethan*al*	Ethan*diol*	Dimethyl*ether*
Aufgabe e)	polar hydrophil	polar hydrophil	polar hydrophil	polar hydrophil	unpolar hydrophob
Aufgabe f)	78 °C	118 °C	21 °C	197 °C	−24 °C

2. A. Propantriol (Glycerin); B. Butansäure (Buttersäure); C. Methanal (Formaldehyd).

Wir stellen Ethansäureethylester her (180)

Beobachtungen:
1. Es entsteht eine einheitliche Lösung. Die Lösung erwärmt sich, und der Geruch ändert sich.
2. Vorher: typischer Essiggeruch; nachher: Geruch nach Klebstoff.

Aufgaben/Auswertung:
1. Reaktionsschema:
Ethansäure + Ethanol ⟶ Ethansäureethylester + Wasser.
Reaktionsgleichung:

$$CH_3-C\overset{\nearrow O}{\searrow O-H} + H-O-CH_2-CH_3 \longrightarrow$$

$$CH_3-\overset{O}{\underset{\|}{C}}-O-CH_2-CH_3 + H_2O$$

2. Der Ester ist in Wasser wenig löslich, dagegen in Benzin in jedem Verhältnis. Die Moleküle des Esters sind weitgehend unpolar und weisen keine den Wassermolekülen ähnliche polare funktionelle Gruppen im Molekül auf.

Wir stellen einen Aromastoff her (181)

Beobachtungen:
1. a) Es riecht noch stark nach Essig. b) Es riecht angenehm aromatisch.
2. Nach Zugabe von konzentrierter Schwefelsäure erwärmt sich die Lösung, und der Geruch ändert sich.

Aufgaben/Auswertung:
1. Die Lösung erwärmt sich spürbar.
2.
Ethansäure + Butanol ⟶ Ethansäurebutylester + Wasser

$$CH_3-C\overset{\nearrow O}{\searrow O-H} + H-O-(CH_2)_3-CH_3 \longrightarrow$$

$$CH_3-\overset{O}{\underset{\|}{C}}-O-(CH_2)_3-CH_3 + H_2O$$

Ester als Aromastoffe – Chemiker ahmen die Natur nach (182)

1. a) Natürliche Aromastoffe werden aus Naturprodukten gewonnen, künstliche im Labor entwickelt und dort auch hergestellt.
b) Fruchtbonbons, Fruchteis, Backwaren, Pudding, Brausepulver, Tee u. a.

2.
Butansäure + Methanol ⟶ Butansäuremethylester + Wasser

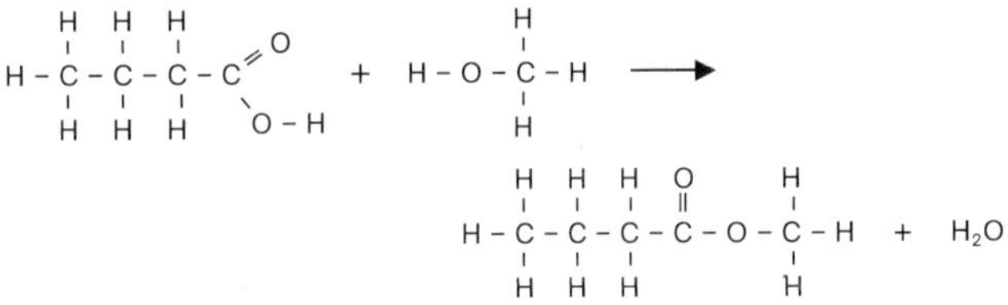

$$H-\underset{H}{\overset{H}{C}}-\underset{H}{\overset{H}{C}}-\underset{H}{\overset{H}{C}}-C\overset{\nearrow O}{\searrow O-H} + H-O-\underset{H}{\overset{H}{C}}-H \longrightarrow$$

$$H-\underset{H}{\overset{H}{C}}-\underset{H}{\overset{H}{C}}-\underset{H}{\overset{H}{C}}-\overset{O}{\underset{\|}{C}}-O-\underset{H}{\overset{H}{C}}-H + H_2O$$

3.

$$H-\overset{H}{\underset{H}{C}}-\overset{O}{\underset{\|}{C}}-O-\overset{H}{\underset{H}{C}}-\overset{H}{\underset{H}{C}}-\overset{H}{\underset{H}{C}}-\overset{H}{\underset{H}{C}}-\overset{H}{\underset{H}{C}}-H$$

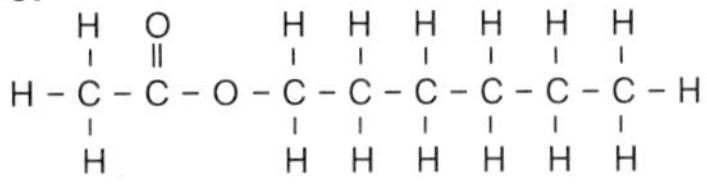

4.

Name	Methansäure	Methanol	Methansäuremethylester
Siedetemperatur in °C	101	65	32
Strukturformel	$H-C(=O)-O-H$	$H-\underset{H}{\overset{H}{C}}-O-H$	$H-\overset{O}{\underset{\|}{C}}-O-\underset{H}{\overset{H}{C}}-H$

Die Ester besitzen eine niedrigere Siedetemperatur als die Alkansäuren oder Alkanole, aus denen sie gewonnen werden, da ihre Moleküle untereinander keine Wasserstoffbrücken bilden können.

Aufbau und Eigenschaften der Fette (183)

1. Die Hydroxylgruppen des Glycerins können im Fettmolekül mit bis zu drei verschiedenen Fettsäuren verestert sein.
2. a)

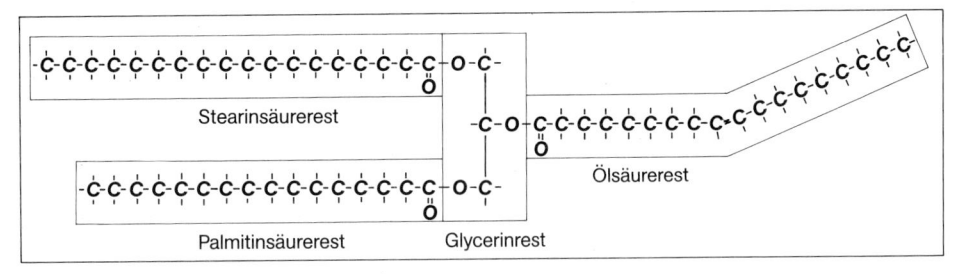

Stearinsäurerest – O–C(=O)– | Glycerinrest | –C(=O)–O – Ölsäurerest
Palmitinsäurerest – O–C(=O)– | |

b) Wegen der langen Alkylreste sind Fette hydrophob und lösen sich daher in hydrophoben Lösungsmitteln; wegen fehlender OH-Gruppen sind sie nicht wasserlöslich.

3. a) Man zerreibt etwas Speisefett auf einem Pergamentpapier, so daß ein Fettfleck entsteht. In einer Porzellanschale rührt man Magnesiumoxid mit Benzin zu einer streichfähigen Masse an. Die Paste wird sofort auf einen Fettfleck gestrichen. Nach etwa 5 Minuten entfernt man die Reste.
b) Porzellanschale, Glasstab, Spatel, Pergamentpapier.
c) Magnesiumoxid, Benzin, Speisefett (Aceton, Ethansäureethylester).
d) Das Benzin verdunstet, der Fettfleck verschwindet fast völlig.
e) Das Fett wird vom hydrophoben Lösungsmittel Benzin herausgelöst und vom Magnesiumoxid aufgenommen. Nach dem Verdunsten des Benzins wird das Fett mit den Resten des Magnesiumoxids entfernt.
(Statt Benzin können auch andere lipophile Lösungsmittel, z. B. Aceton, Ethansäureethylester u. a. verwendet werden.)

Wir prüfen den Emulsionstyp von Hautpflegemitteln (184)

Versuch 1: Beobachtung: Wasser färbt sich blau, Öl durch Sudanrot dagegen rot.

Versuch 2:

	Hautcreme bzw. Salbe	Färbung	Emulsionstyp
Probe 1	Fettcreme	rot	Wasser-in-Öl
Probe 2	Körperlotion	blau	Öl-in-Wasser
Probe 3	Handcreme	rot	Wasser-in-Öl
Probe 4	Make-up (Beispiel)	rot	Wasser-in-Öl
Probe 5	Reinigungsmilch	blau	Öl-in-Wasser

Fragen:
1. Durch Zugabe von Emulgatoren wird die Entmischung verzögert.
2. Durch Zugabe von Konservierungsstoffen wird das Wachstum von Bakterien und Mikroorganismen gehemmt.

Fette und Fettsäuren (185)

1. Essentielle Fettsäuren sind lebenswichtige Verbindungen, die der Körper des Menschen nicht selbst aufbauen kann und die daher mit der Nahrung aufgenommen werden müssen. Sie sind mehrfach ungesättigte Fettsäuren, die zwei oder mehr Doppelbindungen im Molekül enthalten.
2. a) Gesättigte Fettsäuren sind: $C_{11}H_{23}COOH$ Laurinsäure, $C_{13}H_{27}COOH$ Myristinsäure, $C_{15}H_{31}COOH$ Palmitinsäure und $C_{17}H_{35}COOH$ Stearinsäure.
Ungesättigte Fettsäuren sind: $C_{17}H_{33}COOH$ Ölsäure, $C_{17}H_{31}COOH$ Linolsäure und $C_{17}H_{29}COOH$ Linolensäure.
Sie enthalten Doppelbindungen im Molekül.
b) Kokosfett: 92% gesättigte Fettsäuren, 8% ungesättigte Fettsäuren.
Leinöl: 10% gesättigte Fettsäuren, 90% ungesättigte Fettsäuren.
Je höher der Anteil der gesättigten Fettsäuren ist, desto härter ist ein Fett und um so höher ist der Schmelzbereich. Flüssige Fette haben einen hohen Anteil an ungesättigten Fettsäuren und daher auch einen niedrigen Schmelzbereich.
c) Die Iodzahl gibt an, wieviel Gramm Iod von 100 g Fett addiert werden. Je höher der Anteil an Molekülen gesättigter Fettsäuren ist, desto mehr Iodmoleküle können gebunden werden, um so größer ist auch die Iodzahl.

Geschichte der Margarineherstellung (186)

1. Man verwendet Früchte und Samen von Ölpflanzen überwiegend der Tropen und Subtropen; vor allem Sojaöl, Sonnenblumenöl, Erdnußöl, Baumwollsaatöl, Kokosfett, Palmöl und Palmkernfett.
2. Die heute meist verwendeten Pflanzenfette sind flüssig und damit nur bedingt geeignet für die Herstellung eines streichfähigen Produkts. Durch Hydrieren (Addition von Wasserstoff) lassen sich flüssige in feste Fette umwandeln.
3. Emulgatoren fördern die Entstehung einer Emulsion und verzögern die Entmischung von flüssigem Fett und Wasser. Bei der Margarineherstellung wird als Emulgator Lecithin zugesetzt, das in Eigelb und verschiedenen Pflanzenzellen vorkommt.
4. Schweineschmalz und Rindertalg sind ebenfalls tierische Fette. Sie werden durch Ausschmelzen von Speck gewonnen. Butterfett gewinnt man durch Schlagen des Milchrahms, der aus Vollmilch abgetrennt wurde.

Gewinnung von Pflanzenölen – früher und heute (187)

1. a) Ölgewinnung durch Auspressen.
Die Ölsaaten werden in Brechern zerkleinert, zwischen Walzen zerdrückt und in einer Wärmpfanne auf etwa 80° C vorgewärmt, damit die Pflanzenöle dünnflüssiger werden und sich leichter auspressen lassen. Das so zerkleinerte Gut wird in Schneckenpressen ausgepreßt. Der verbleibende Rest kann als Viehfutter verwendet oder bei noch geringem Ölgehalt extrahiert werden.
b) Ölgewinnung durch Extrahieren
Die zerkleinerten und vorgewärmten Ölsaaten durchlaufen auf einem Förderband die Extraktionsanlage. Dabei werden sie mit einem Lösungsmittel (meist Hexan) besprüht. Das Öl-Hexan-Gemisch wird unten aufgefangen und anschließend durch Destillation getrennt.
Das Hexan kann erneut zur Extraktion eingesetzt werden. Das restliche Schrotgut wird als Tierfutter verwendet.
2. Raffination: Das Öl wird zunächst entsäuert; durch Lauge und Wasser werden störende Fettsäuren entfernt. Durch Zugabe von Bleicherde werden farbige Stoffe gebunden. Filter halten Verunreinigungen und Bleicherde zurück. Das klare, helle Öl wird im Vakuum mit Heißwasserdampf behandelt, um unerwünschte Geruchs- und Geschmacksstoffe zu entfernen. Man erhält raffiniertes Speiseöl.

Seifenherstellung früher und heute (188)

1. Soda Na_2CO_3 (und Natron $NaHCO_3$) aus Salzseen
$2\ C_{17}H_{35}COOH + Na_2CO_3 \longrightarrow 2\ C_{17}H_{35}COONa + CO_2 + H_2O$.
2. Herstellung von Seife in 2 Stufen:
a) Spaltung der Fette mit heißem Wasserdampf (Hydrolyse) und Abtrennen der entstandenen unlöslichen Fettsäuren vom löslichen Glycerin.
b) Neutralisation der Fettsäuren mit Natronlauge (bzw. Natriumcarbonat).
3. Fett + Lauge $\longrightarrow$ Seife + Glycerin

Warum sind Seifenanionen waschaktiv? (189)

1.

2. a) Der hydrophile Kopf des Seifenanions dringt in das polare Wasser ein, der hydrophobe Alkylrest ragt heraus.
b) Die Seifenanionen bilden mit Wasser kugelförmige Verbände, damit die hydrophilen COO^--Reste dem Wasser zugewandt bleiben.
c) Die hydrophoben Alkylreste lagern sich an Öl bzw. Fett an, während die COO^--Reste dem Wasser zugewandt bleiben.

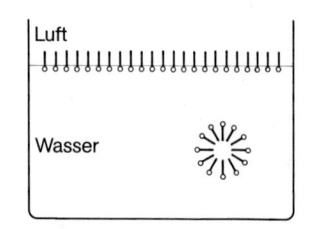

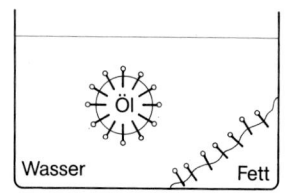

3. Die hydrophoben Gruppen ragen jeweils in die Luft, die beiden hydrophilen Gruppen in der Wasserhülle sind einander zugewandt.

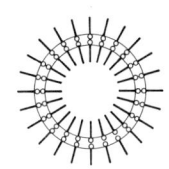

4.

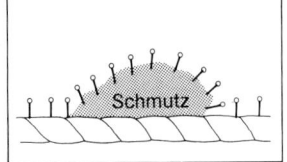

a) Benetzen von Schmutz und Faser

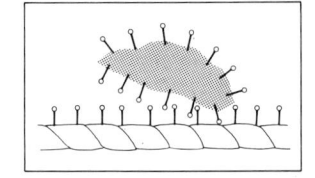

b) Ablösen des Schmutzes

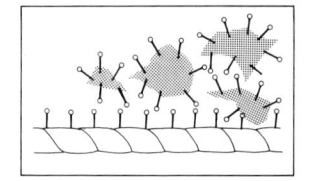

c) Schmutzzerteilung (Emulgieren, Dispergieren)

Seife und Wasserhärte (190)

Versuch 1

	dest. Wasser	Natriumchlorid-lösung	Magnesiumchlorid-lösung	Calciumchlorid-lösung	Kaliumcarbonat-lösung
Kernseife	+ +	+	−	−	+
Neutralseife	+ +	+	−	−	+
WAS	+ +	+	+	+	+

Versuch 2 Beurteilung der Probe: z. B. 16–21 °dH, hart, Härtebereich 3.

Aufgaben:
1. Calcium- und Magnesiumionen sind die Härtebildner.
2. Seifenanionen reagieren mit den im harten Wasser enthaltenen Ca^{2+}- und Mg^{2+}-Ionen zu schwerlöslicher Kalkseife.

Seife – das ideale Reinigungsmittel? (191)

1. a) Die Rotfärbung von Phenolphthalein zeigt eine alkalische Lösung an.
$C_{17}H_{35}COO^- + H_2O \longrightarrow C_{17}H_{35}COOH + OH^-$
b) Wolle verfilzt; Brennen in den Augen; Reizung der Haut.
2. a) Im Wasser beobachtet man weiße Flocken. Es entstehen unlösliche Fettsäuren.
$C_{17}H_{35}COO^- + H_3O^+ \longrightarrow C_{17}H_{35}COOH + H_2O$
b) Die im Schweiß enthaltenen Säuren und Salze reagieren mit den Seifenanionen und setzen dadurch die Waschwirkung der Seife herab.
3. a) Seifenanionen reagieren mit den in hartem Wasser enthaltenen Calcium- und Magnesiumionen. Dabei bildet sich ein weißer Niederschlag von Kalkseife.
b) $2 C_{17}H_{35}COO^- + Ca^{2+} \longrightarrow (C_{17}H_{35}COO)_2 Ca$
c) Kalkseife führt zu Ablagerungen („Grauschleier") und Verkrustungen des Gewebes. Die Wäsche wird hart und brüchig, sie verliert ihre Saugfähigkeit und vergilbt. Der Seifenverbrauch steigt.

Wir untersuchen die Zusammensetzung von Waschmitteln (192)

Versuch 1
Dest. Wasser: grün (pH 7); Vollwaschmittel: blau (pH 10); Feinwaschmittel: blau (pH 9).
Anmerkung: Der pH-Wert von mehrfach dest. Wasser ist 7. Meist wird „dest. Wasser" aber durch Ionenaustauscher gewonnen. Dieses weist wegen des noch gelösten Kohlenstoffdioxids meist einen pH-Wert von etwa 5,8 auf.

Versuch 2
Seife: weißer Niederschlag; Vollwaschmittel: milchig weiße Trübung; Feinwaschmittel: milchig weiße Trübung.
Erklärung: Seifenlösung bildet mit Salzsäure schwerlösliche Fettsäuren.

Versuch 3
Natriumsulfat: weißer Niederschlag; Vollwaschmittel: weißer Niederschlag; Feinwaschmittel: weißer Niederschlag.
Erklärung: Sulfate bilden mit Bariumionen schwerlösliches Bariumsulfat.

Versuch 4
Polyphosphat: Rotfärbung verschwindet; Vollwaschmittel: Rotfärbung verschwindet; Feinwaschmittel: Rotfärbung verschwindet.
Erklärung: Die Rotfärbung ist ein Nachweis für Fe^{3+}-Ionen. Härtebildende Ionen werden wie Fe^{3+}-Ionen von Polyphosphat gebunden. Deshalb verschwindet die Rotfärbung.

Versuch 5
Natriumperborat: Entfärbung; Vollwaschmittel: Entfärbung; Feinwaschmittel: keine Entfärbung.
Erklärung: Natriumperborat spaltet atomaren Sauerstoff ab. Durch Oxidation werden Farbstoffe zerstört (Bleichwirkung).

Versuch 6
Optischer Aufheller: blaues Leuchten; Vollwaschmittel: blaues Leuchten; Feinwaschmittel: kein Aufleuchten.
Erklärung: Der optische Aufheller zieht auf die Faser auf. UV-Strahlen werden durch ihn in sichtbares Licht (vorwiegend blau) umgewandelt.

Versuch 7
Enzymlösung: Gelatine wird zersetzt; Vollwaschmittel: Gelatine wird zersetzt; Feinwaschmittel: Gelatine wird zersetzt.
Erklärung: Gelatine besteht aus Eiweiß. Eiweißspaltende Enzyme lösen sie auf.

Auswertung:

	Vollwaschmittel	Feinwaschmittel
pH-Wert	pH 10	pH 9
Seife	+	+
Natriumsulfat	+	+
Enthärter	+	+
Bleichmittel	+	−
optischer Aufheller	+	−
Enzym	+	+

Waschen und Umweltschutz (194)

Aufgabe:
Dosierhinweise auf der Waschmittelpackung beachten und den in der Packung liegenden Meßbecher verwenden; Fassungsvermögen der Waschmaschine voll ausnutzen und bei normal verschmutzter Wäsche auf Vorwäsche verzichten, spart Waschmittel, Wasser und Energie;
Weißwäsche bei 60 °C statt bei 90 °C waschen, spart viel Energie; häufiger Feinwaschmittel verwenden, da sie weder Bleichmittel noch optische Aufheller enthalten;

auf Waschmittel mit Phosphat verzichten, belastet weniger die Gewässer;
Wasserhärte testen oder beim Wasserwerk erfragen; möglichst weiches Wasser verwenden, spart Tenside;
eventuell separate Wasserenthärtungsanlage einbauen, verringert den Tensidverbrauch im Haushalt;
auf Weichspüler verzichten; sie beschichten die Fasern unnötig mit kationischen Tensiden, die bei der nächsten Wäsche wieder mit anionischen Tensiden entfernt werden müssen;
Sparprogramme wählen, wenn die Waschmaschine nicht voll ist.

Waschmittelinhaltsstoffe gefährden Mensch und Umwelt (195)

1 Perborate; 2 Polyphosphat; 3 Waschmittel; 4 Schmierseife; 5 Oberflächenspannung; 6 Silicate; 7 hydrophob; 8 Enzym; 9 Wasserhärte; 10 Natriumcarbonat; 11 Emulsion; 12 Seifen; 13 Schaum; 14 Wasser; 15 Kalkseife; 16 Natronlauge; 17 Tenside; 18 Dispergieren.
Lösung: Optischer Aufheller.
1. Feinwaschmittel enthalten keine Weißtöner (optische Aufheller).
2. Sie müssen die härtebildenden Ca^{2+}- und Mg^{2+}-Ionen entfernen, Kalkablagerungen auf Geweben und in der Waschmaschine verhindern und die Reinigungswirkung unterstützen.

Wir untersuchen Nahrungsmittel auf Glucose (196)

Versuch 2

Nahrungsmittel	Farbänderung	Nachweisergebnis
Glucose	ziegelrot	+
Haushaltszucker	keine	–
Fruchtzucker	orangerot	+
Traubenzucker	orangerot	+
Tomatensaft	rot	+
Zwiebelsaft	gelb-orange	+
Bienenhonig	orangerot	+

Aufgabe:
Zur raschen Aufklärung, ob im Harn eines Menschen Glucose ausgeschieden wird, kann der Glucoseteststreifen eingesetzt werden.

Wir untersuchen Stärke (197)

Versuch 1 Die Iod-Kaliumiodid-Lösung zeigt keine Stärke mehr an, dagegen ist die Fehling-Probe positiv, d. h. Stärke wurde gespalten.
Versuch 2 Der Glucosenachweis verläuft positiv.
Versuch 3 z. B. Brot +, Kartoffeln +, Teigwaren +, Erbsen +, Puddingpulver +, Bananen –, Körperpuder +

Bierherstellung (198)

1. Unterstreichungen: Malz, Maische, Läuterbottich, Treber, Würze; Siedepfanne, Hopfen, gekühlt; Gärkeller, Lagertanks, Nachgärung.

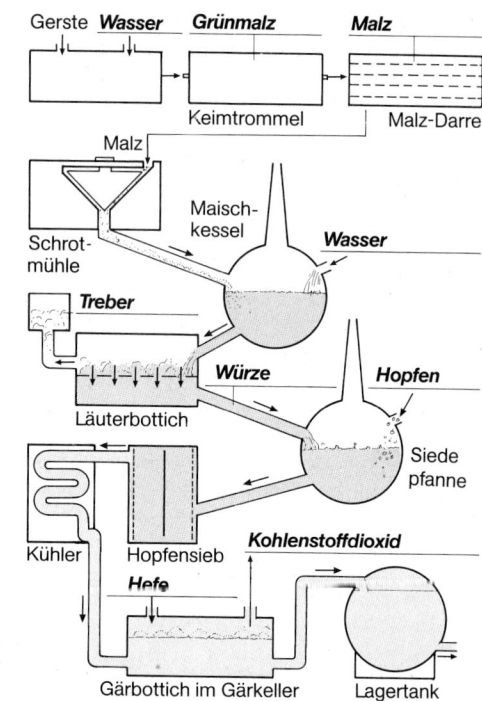

2. Malz, Hopfen, Hefe, Wasser.
3. Die bei der Gärung verwendete Hefe steigt entweder an die Oberfläche oder sinkt während der Gärung zu Boden.
4. Getränk mit den typischen Geschmackseigenschaften von Bier, jedoch einem sehr geringen Anteil von Alkohol.

Wie sind Kohlenhydrate aufgebaut? (199)

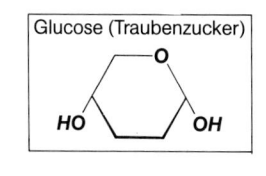

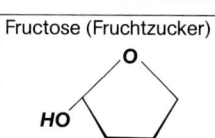

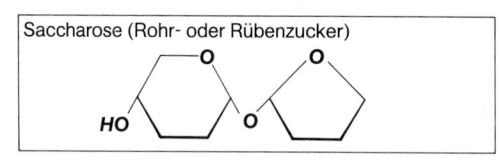

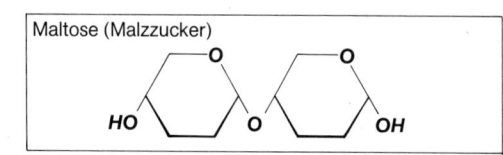

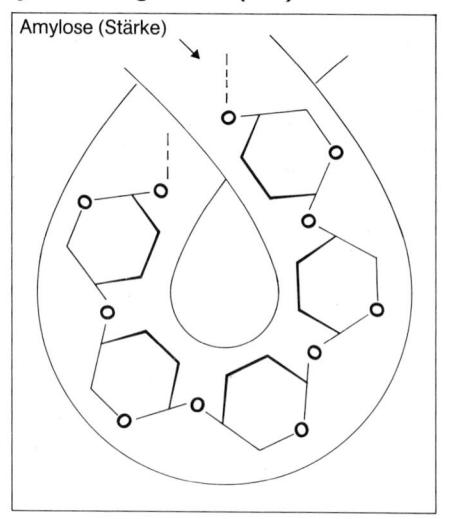

Wir untersuchen eine Eiweißlösung aus Eiklar (200)

Versuch 4

Erhitzen	weißer, flockiger Niederschlag
Zugabe von verdünnter Salzsäure	weiße Trübung nach einiger Zeit
Zugabe von Ethanol	weiße Trübung
Zugabe von Bleinitratlösung	weißer, flockiger Niederschlag
Zugabe von alkalischer Kupfersulfatlösung	Violettfärbung

Auswertung/Aufgaben:
1. Durch Erwärmen oder Chemikalieneinwirkung (Eiweißgifte) kann der räumliche Bau der Eiweißmoleküle zerstört werden, da sich dabei die Wasserstoff- und Schwefelbrücken leicht lösen. Das Eiweiß gerinnt.
2. a) Biuretreaktion: Violettfärbung von alkalischer Kupfersulfatlösung.
b) Xanthoproteinreaktion: Gelbfärbung beim Einwirken von konzentrierter Salpetersäure auf Eiweiß.

Aminosäuren und Peptidbindung (201)

1. Das aufgenommene Eiweiß ist nicht vollwertig. Es fehlen die acht essentiellen, lebenswichtigen Aminosäuren in der Nahrung, die im menschlichen Körper nicht aufgebaut werden können.

2.

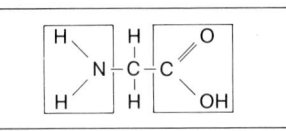

$-NH_2$ Aminogruppe
$-COOH$ Carboxylgruppe

3.

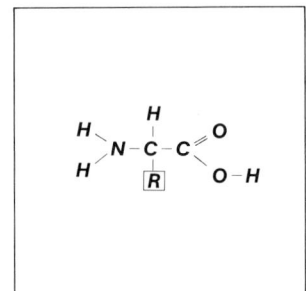

Die Aminogruppe ist an das der Carboxylgruppe benachbarte Kohlenstoffatom gebunden. Aminosäuren unterscheiden sich durch die am zweiten Kohlenstoffatom gebundenen Reste.

4.

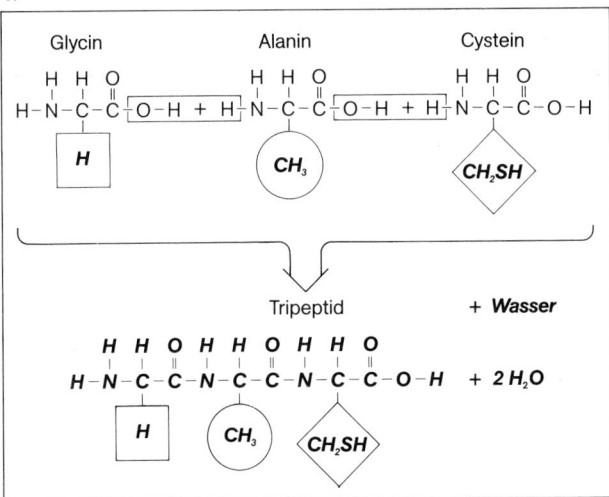

Jedes Aminosäuremolekül enthält zwei funktionelle Gruppen. Bei der Bildung von Peptiden reagiert jeweils die Aminogruppe des einen Aminosäuremoleküls mit der Carboxylgruppe des anderen Moleküls unter Abspaltung eines Wassermoleküls (Kondensation).

Die Eiweißstruktur bestimmt die Frisur (202)

1. a)

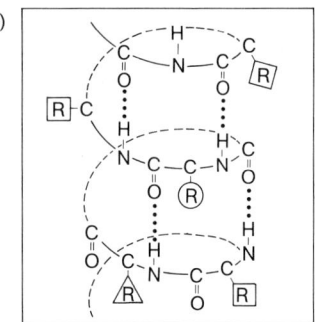

Begründung: Die Polypeptidspirale wird in der Längsrichtung durch Wasserstoffbrücken stabilisiert, da zwischen den polaren Gruppen der Peptidbindung starke Anziehungskräfte wirken.
b) Die Peptidspiralen werden durch Wasserstoff- und Schwefelbrücken quer miteinander verknüpft.
c) Im Molekül von Cystein sind Schwefelatome gebunden.
2. Bei erneuter Wassereinwirkung nehmen die Haare wieder die natürliche Form an.
3. Die Haut am Haaransatz sowie Augen und Augenlider müssen geschützt werden; Schutzhandschuhe tragen, durch Probeanwendung allergischen Reaktionen vorbeugen.

Naturfasern – Produkte von Tieren und Pflanzen (203)

1. a) Glycin, b) Serin, c) Glycin, d) Alanin, e) Glycin, f) Alanin.
2. Geruch und Indikatorfarbe weisen auf Ammoniak hin. Wollfäden bestehen demnach aus Eiweiß, dessen Moleküle Stickstoffatome enthalten.
3. Baumwolle ist reine Cellulose, aufgebaut aus Glucoseringen.

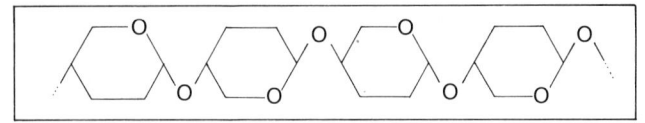

4. Von oben nach unten: Synthesefasern, Wolle, Synthesefasern, Baumwolle, Wolle, Synthesefasern.

Wir lernen Kunststoffe unterscheiden (204)

Versuch 1

Kunststoffprobe	PE	PVC	PS	PMMA	PTFE
Schwimmverhalten in Wasser	schwimmt	sinkt rasch	sinkt sehr langsam	sinkt rasch	sinkt sehr rasch
Schwimmverhalten in Glycerin	schwimmt	sinkt	schwimmt	schwebt	sinkt
Auswertung (Dichte im Vergleich)	< 1,0 g/cm³	> 1,26 g/cm³	> 1,0 bzw. < 1,26 g/cm³	~ 1,26 g/cm³	> 1,26 g/cm³

Versuch 2

Schwimmverhalten in Wasser	Schwimmverhalten in Glycerin	Brennverhalten	Verhalten beim Erhitzen im Reagenzglas	Färbung von Indikatorpapier	Beilsteinprobe
schwimmt	schwimmt	brennt mit leuchtender Flamme, tropft, nicht rußend	schmilzt, siedet ohne Verkohlung	keine	negativ

Es handelt sich um Polyethen (PE).

Polymerisation – Polykondensation (205)

1. Die erste Zeile stellt Monomere mit Doppelbindungen dar, die zweite Zeile das Makromolekül.

2.
$$\begin{array}{c}H\\H\end{array}\!\!>\!\!C=C\!\!<\!\!\begin{array}{c}H\\Cl\end{array} + \begin{array}{c}H\\H\end{array}\!\!>\!\!C=C\!\!<\!\!\begin{array}{c}H\\Cl\end{array} + \begin{array}{c}H\\H\end{array}\!\!>\!\!C=C\!\!<\!\!\begin{array}{c}H\\Cl\end{array} \cdots \xrightarrow{\text{Polymerisation}} \cdots -C-C-C-C-C-C- \cdots$$

3.
$$n\,HO-\underset{(CH_2)_4}{C}-C-OH + n\,H-\underset{(CH_2)_6}{N}-N-H \xrightarrow{\text{Polykondensation}} \cdots -\underset{(CH_2)_4}{C}-C-\underset{(CH_2)_6}{N}-N-\cdots + n\,H_2O$$

4.

Alkandiol + Dicarbonsäure + Alkandiol + Dicarbonsäure → Polyester + Wasser

Synthesefasern – Fäden aus der Retorte (206)

1. b) Naturfasern: Wolle, Seide, Baumwolle, Leinen; Synthesefasern: Polyester, Polyamid, Polyacryl.

2.

Fasertyp	Polyamid	Polyacryl	Polyester
Monomere	Adipinsäure, 1,6-Diaminohexan	Acrylnitril –	Ethandiol, Terephthalsäure
Reaktionstyp	Polykondensation	Polymerisation	Polykondensation
Handelsnamen	Nylon	Dralon, Orlon	Diolen, Trevira

Kunststoffe – Eigenschaften, Struktur und Verarbeitung (207)

1. Linkes Bild: Duroplast, hart, nicht schmelzbar, stark vernetzt
mittleres Bild: Elastomer, weich, gummielastisch, nur vorübergehend verformbar, schwach vernetzt
rechtes Bild: Thermoplast, plastisch verformbar, beim Erwärmen verformbar, unvernetzt.

2. Behälter: Thermoplast; Getränketanks: Duroplast; Schläuche: Thermoplast; Bootskörper: Duroplast; Fahrzeugreifen: Elastomer.

3. a) Links: Tiefziehen; Mitte: Spritzgußverfahren; Rechts: Blasen
b) Beim Blasen von Folien wird plastischer Kunststoff durch eine Ringdüse gedrückt und der Schlauch durch eingeblasene Luft geweitet.

Kunststoffe und Recycling (208)

2. Duroplaste lassen sich nicht schmelzen, sondern zersetzen sich beim Erhitzen. Nur sortenreine Thermoplaste lassen sich einschmelzen und zu neuen Produkten formen.

3. Bei der Pyrolyse werden Kunststoffabfälle bei höheren Temperaturen unter Luftabschluß zersetzt. Die dabei entstehenden Destillate enthalten wertvolle Rohstoffe, die erneut zur Herstellung von Kunststoffen verwendet werden können. Die Rückstände enthalten aber auch Schadstoffe, deren umweltgerechte Beseitigung noch Probleme bereitet.